浙江文獻集成

李慈銘日記

第七册

同治十一年六月初一日起
同治十三年十一月三十日止

［清］李慈銘 著
盧敦基 主 編
何勇强 副主編

浙江大學出版社 ZHEJIANG UNIVERSITY PRESS ·杭州

本册目録

同治十一年六月初一日至同治十三年十一月三十日
(1872年7月6日—1875年1月7日)

桃花聖解盦日記癸集

桃花聖解盦日記己集起壬申六月

同治十一年六月初一日至十二月十五日（1872年7月6日—1873年1月13日）

同治十一年壬申夏六月甲寅朔　晨陰，旋日出，上午密雨，午晴。得潘星翁書。以所著《小鷗波館文集》屬閱，且索序。即復。得施敏先書，送倪豹臣畫扇來。自書舊作湖塘詩詞數首于星翁所畫村居圖後，即懸之坐右。得香濤書，屬爲人代撰壽序，潤筆十六金。以近日小極不能作駢語，即復辭之。夜五更時又雨。

初二日乙卯　小暑，晨陰，上午晴雨不定，午又大雨，至夜不絶。得伯寅書，索還《順治搢紳録》，即復。校《三國志》數葉。是日卯初初刻八分小暑，六月節。夜雨至三更始止。終日疲困殊甚，夜患耳鳴。

初三日丙辰　晴。剃頭，作書致香濤，還《三國志》及《鄭學録》。集録乙丑以後詞共得二十三首，刪去二首。署吏告本司掌印郎中禧晟病故。夜閲《山海經》。

初四日丁巳　晴，熱甚，始换絺袒。謝夢翁來久談。夢翁言其先世本山陰昌蒲漊人，明時遷揚州。閲《山海經》。作書致史寶卿，詢其疾，得復。印結局送來前月印結銀八兩八錢五分。邸鈔：詔：封皇后父翰林院侍講崇綺爲三等承恩公，其妻宗室氏、宗室氏、瓜爾佳氏，俱封爲公妻一品夫人。

初五日戊午　晴，酷暑，下午有風，微聞雷聲。爲潘星翁文鈔寫一跋，即作書致之。閲《孫淵如文集》。得星翁復書。作片致朱肯夫，約明日同至金鼇玉蝀橋觀荷花。比日覺羸疾轉甚，若舍書又無可消遣，因遣人買棋子、棋局、采選圖等物，然又無人可共也。夜有雷電，五更有急雨，是夕熱甚，不能寐。

邸鈔：英翰爲原任安徽壽春鎮中營游擊護理總兵，咸豐五年在廬州剿賊陣亡之何朝亮奏請予謚。許之。謚勇烈。

初六日己未　晨有溦雨，終日陰曀。今日既恐有雨，肯夫又以事不來，遂罷觀蓮之興。買紅白者數朵，插之瓶中，解嘲而已。補録丁巳季冬觀葬林烈婦七古一首于初集詩丁中，此詩初爲齊、梁、初唐幽綺宛轉之辭，繼改之，多用空處著筆，近于中唐，以太滑删之。近復加以典實，託于比興，始録存之，蓋無遺恨矣。

邸鈔：左宗棠奏請添設甘肅慶陽府安化縣分防董志鎮縣丞。略云：陝回入甘後即竄踞董志原地方，同治八年克復。查該處爲安化寧州鎮，原三州縣分轄，南自涇河北岸賈家門泊起，北至駟馬關、大樂澗、景山等處止，袤幾三百里，東界馬運河、赤城，西包銷金關、泉水鎮，廣逾二百里。漢設彭陽縣，隋改彭原，唐武德元年置彭州，貞觀元年仍以彭原名，宋復改彭陽，又分置彭原縣，元始廢之。明代至今相沿，未設官吏。地距安化、寧州鎮原各治所均八九十里及百餘里，錢糧詞訟一切經理乏人，政教不行，奸宄易于藏匿，漢唐歷代建置州縣，實有深意。安化縣所轄董志鎮地方，舊設經制外委一員，茲擬添設縣丞一員，駐劄于此，會同巡緝其轄境，計其民屯地一千八十四頃六十畝八分，歲額征民屯地丁銀一千八百五十六兩零，夏秋糧九百四十八石四升零。均擬撥歸該縣丞管轄征收，以專責成。並請添設鄉學訓導一員，仿照隆德縣分駐莊浪縣丞學額之案，由安化縣原設學額十五名内撥給三名，統歸知縣考取，該縣丞定爲煩要之缺，名爲董志縣丞，由本省佐雜人員内揀補升調，該訓導由部銓選相應，請旨飭部核議，並請照例頒發新設縣丞、訓導各員銅印，以昭信守。詔：該部議奏。

初七日庚申　初伏，晨微陰，巳後晴，酷暑。得譚研孫片，招飲廣和居，作片辭之。研孫來。陳桐叔來。徐壽蘅師柬邀明日文昌館聽戲，即作書辭謝。

初八日辛酉　晴，酷熱，有爽氣，晡後微陰，有暴風，旋止，晚晴。曬篋中書。徐壽蘅師來，詢疾狀。

初九日壬戌　晴。

閲鄭子尹《説文逸字》，所補凡一百六十五文。其中頗有確者。然其病在過信《玉篇》《廣韵》《韵會》諸書及《釋文》《文選注》所引，以爲堅據。至于香部補馣馤，疒部補癩癘，此正犯元朗水族著魚、飛禽安鳥之譏。其儿部補免字曰：『子脱胞也，从二儿，即人字。上儿母也，下儿子也，从[illegible]省。』[illegible]爲女陰。以爲此婦人生挽之正字。無論《説文》自有挽字，訓生子免身，不應複出，而其取義纖巧猥褻，亦已甚矣。且僅據《玉篇》儿部有免，而即撰造此説，欲以補許，尤爲無稽。段氏補免于兔部，其説已鑿。子尹駁段之非，而不自知其惑愈甚。許君自敘言本九千三百五十三文，今據大徐本已多七十八文；重一千一百六十三文，今大徐本已多百一十六文。安丘王菉友擬據原數以删，而子尹欲據它書以補，皆好古而又師心者也。免字不見許書，固爲可疑，錢竹汀氏謂兔有免音，兔善走，故引申之誼爲脱免。其理亦通，終似彊爲之説，要不能以臆決定爲何部之脱耳。

胡甘伯郎中來。晡後作書致壽蘅侍郎，并賦七律一章云：『日日閑庭倚樹吟，蕭疏散髮不勝簪。浮生久竭憂時淚，多病常懷去國心。猶喜門墻鄰絳帳，自慚桃李託清陰。幽憂未得陪佳賞，悵絶成連一曲琴。』眉批：比鄰徐壽蘅侍郎招飲以疾賦詩爲謝。夜得壽蘅師和詩二首。四更辟歷忽震，有急雨。

初十日癸亥　晴，晡後陰。閲《劉申甫集》。其才力足雄一時，而學術不足法。復次前韵二首致壽師，此酬應之恒例，詩不足存也。中有二語云：『時危遑恤飢寒事，身賤難論出處心。』則予今日之實録矣。黄昏時微雨。

十一日甲子　晴，微陰，頗涼。潘市丈來，不晤。詣徐壽蘅師，祝太師母壽，晤紱丈及譚敬甫、福建陳庶常。作片致沈能虎，還其扇面。閲《繹史》，誤字甚多，校其開闢原始、皇王異説二卷。晚涼坐庭中讀書，甚佳。

邸鈔：體仁閣大學士管理吏部事務朱鳳標三疏請因病開缺。上諭：朱鳳標年逾七旬，精力尚健，襄贊綸扉，深資倚畀。今以病未就痊，復請開缺，情辭懇摯，自應勉如所請。著以大學士致仕，加恩賞食全俸，俾資頤養，用示眷懷耆碩至意。　以瑞麟爲文華殿大學士，李鴻章爲武英殿大學士。以協辦大學士吏部尚書文祥爲大學士，管理工部事務。以刑部尚書全慶協辦大學士。以户部尚書寶鋆爲吏部尚書。以兵部尚書載齡爲户部尚書。以前閩浙總督英桂爲兵部尚書。

十二日乙丑　晴，晡後陰，雷，有雨，晚晴，甚涼，夜又微雨。爲姚樫甫撰其尊人致堂太守五十壽序，散文不起草。致堂歷任河南劇縣，有吏材，兹摘其署祥符令時佐卞布政沮止米利堅夷酋建天主堂事，發揮言之，頗有精采。以壽文既可厭，而此事自以卞君之力，致堂或效指蹤要，不得掠美。我輩立言，當爲後世傳信計，故不録副。夜撰允臣輓詩五律二章：『東閣傳經早，含香侍玉京。外郎三署轉，君以回避歷補工部主事，刑部、户部員外郎。任子一官輕。自足闈房玩，羞争閥閲名。彼哉誇食飾，臨汝與安成。』『及我聯車笠，相親獨過群。一言知什襲，君得予片紙隻字皆藏去。十載愈殷勤。志業期孤子，音容斷暮雲。賜阡碑未立，凄絶又銘君。君乞予撰文勤公碑文，尚未上石云。』眉批：輓周允臣户部文俞二首。

十三日丙寅　晴。作書致賈琴巖，以姚氏壽文屬其轉寄，并略言古文之法，非壞于八家，壞于茅鹿門以後之評八家者。雖方望谿之文有義味，姚姬傳之學有本原，而尚陋習相沿，惑于挑剔吞吐，開合照應，以摇曳爲神致，以斷續爲離奇。數字之文，必有針綫脉絡；一行之簡，亦須起伏映帶。此學究之蠱毒中人最深者也。

閲《劉申甫集》。其《論語述何》篇，誤據《北堂書鈔》，以『女爲君子儒』章何晏注爲何休注，遂妄斷邵公有《論語注》，其謬既不待言，而以此注『君子儒以明道，小人儒則矜其名』二語，謂漢儒中惟董江都及邵公能道之，馬、鄭諸儒皆所不知。真是寱語風譫，大惑不解。二語，集解本作馬曰，皇疏亦作馬融曰，邢正義作孔曰，《史記·弟子列傳》集解引作何晏曰，以其見于何氏集解也。書鈔遂誤作何休曰。申甫知讀舊鈔本《北堂書鈔》，而不知讀注疏，自來郢書燕説，無如是之可笑者。流毒潰疽，遂有如今日之戴附生。竊其糞穢，以成夢書，急當以大黄峻藥，痛下其疾，令出狂汗者也。

得琴巖復，寥寥數語，似不以予言爲然。朱鼎甫來，言其郡人浦江張御史景青頗能留心漢學。御史爲己酉拔貢生，由吏部郎改今官者也。近日都中講經學者，有户部主事閻汝弼，山西壽陽人，甲辰進士；禮部主事周悦讓，山東蓬萊人，丁未進士；皆五六十歲人矣。樸學自守，久滯不遷，世亦無人知之。剃頭。

十四日丁卯　晴，晨至上午有風，甚爽，午後酷熱如故。書允臣輓詩，并送奠分錢十千。牧莊來，贈楹聯蠟版宣紙一副。作書致周生文令。夜有電，微雷不雨。

邸鈔：命吏部尚書單懋謙協辦大學士稽察欽奉上諭事件處兼充翰林院掌院學士。文祥、李鴻藻各充武英殿總裁。沈桂芬充國史館正總裁。上諭：本年秋季朝審情實各犯著停勾决。

十五日戊辰　晴，酷暑，下午有微風，暑甚不能讀書。料檢壬戌以後詩，以初集卷己所附壬戌四詩歸入卷更。得壽蘅師書，言恩竹樵、俞蔭甫新刻《吴中唱和集》。蔭甫首和竹樵《常州夜泊》七律無粗迂蒲韵，因各賦《無題》《游仙》等詩數十首。今欲廣之，擬都中古迹十餘題，皆用其韵以存勝事。和韵既甚可笑，况用此曹所作者耶！即作復書，言夙不喜和人詩，况恩君俗吏，俞君于此事亦無所知，彼自以寄寓吴門，有所干乞，故相應和，我輩似不必效矉，以爲集中之玷也。生喜直言，不計開罪于人，往往如是。殷蕚庭來夜話。夕熱尚盛，略無好風，對此等人，悶損欲絶。蕚庭待朋友極有性情，而云喜與我談，則不可解。

邸鈔：詔：江西布政使文輝來京，另候簡用。以前山西布政使劉秉璋爲江西布政使。詔：湖北安陸府知府艾浚美、雲南東川府知府孔昭鈖均開缺送部引見。二人俱監生。

十六日己巳　晴。先祖側室張節母生日，供以瓜果素饌。閲《玉臺新詠》。欲購郭茂倩《樂府詩集》不得。始吃西瓜，以冰沁之。竇卿來。連夜月佳，今夕又有風，頗凉，徐壽師兩次來招清談，往過之。而坐有其鄉人一，塵垢孝廉，相對談命，汗臭觸人，風月變色矣。壽師乞撰其太翁七十雙壽序。

邸鈔：吏部左侍郎魁齡、副都統誠明均補授總管内務府大臣。孚郡王補授内大臣。吏部尚書寶鋆補授閲兵大臣。

十七日庚午　大暑，中伏。微晴多風，下午復酷熱。吕定子入都來訪。改訂壬戌歲暮所作擬古樂府四首，其題爲《鷄鳴歌》《枯魚過河泣》《烏夜啼》《君馬黄》。元本題下皆注曰『敕某也』，今去之而加一總序，且稍隱約其詞云。是日亥正二刻三分大暑，六月中氣。

十八日辛未　晴，酷熱，午時微陰。趙心泉來，偕至廣和居早食。作片邀香濤、肯夫、廖伯，香濤以婦病辭。偕朱、謝二君暢談，過午而歸。廖伯約後明日同至金鼇玉蝀橋看荷花。閲《玉臺新詠》。

夜二更時廖伯改期，明日看荷十刹海。

十九日壬申　微陰，多風，晡後溦雨。廖伯辨色來叩門，遂呼車同過陳六舟許，入宣武門、西安門，過金鼇玉蝀橋。朝日艷映，橋之兩岸，紅荷盛開，丹樓碧山，矗立水際。經神武門，過大高殿，明世宗所建大高元殿也，以奉三清，金碧巍焕。出地安門，由鐘鼓樓迤西至十刹海，土名南河，實即積水潭，明人所評净業湖者也。周回約三里許，荷花極盛，南岸樹陰夾峙，第宅相望，多臨街爲樓，或爲水榭，緑窗映之。西岸稍荒寂，惟故協揆麟文端第最華整，朱樓重闌，極似江南，高柳帶拂，尤爲佳勝。香濤、肯夫、廉生、吴清卿、顧緝庭及陸編修懋宗已先在，有新爲浙江糧道歸者，名奇克坦泰，居其地，因借其樓憩焉。午後奇君以酒饌相款于别室。是日觀荷者士女填集，百貨列衢，臨水樹下，居人各設几席賣茶。偕肯夫循堤柳周行湖邊，至麟氏樓而回。晡後再過金鼇玉蝀橋。溦雨數作，荷香襲人，宫殿在烟林雲水間，頗有仙山縹渺之想。偕肯夫憑欄看鷺鷥，徘徊久之。傍晚歸。

二十日癸酉　晨至上午密雨，午後稍晴。連夕疾動。

二十一日甲戌　晴。夜凉，似有雨。

邸鈔：廣順補授上駟院卿。

二十二日乙亥　陰晴蒸溽。胡荄甫送所書楹聯來。陳蓮峰自陳州來，以湖北同知候引見。洗足至股。

二十三日丙子　終日密雨屢作，下午雷鳴不止。剃頭。三日來理董癸亥、甲子兩年詩，計删去十三首，補作十一首，所補者皆關系家國之故，前曾略發其端而未暇作詩者，或有斷句而未成篇者。其改定者又十之三四，共得七十一首，含壬戌詩十三首，以今日録畢。傍晚大雨，雷，至夜二更後稍止，閲《竹垞集》。

二十四日丁丑　晴。爲伯寅所藏《順治搢紳録》題七古一章：『章皇御宇十八載，百官名簿猶留傳。河間好事廣文獻，襲以錦韜函以檀。覃谿梧門各考索，如摘經史争鉤玄。或據庶常殿辛丑，或證西樵居學官。互相參訂决龍紀，孝陵嬗代重光年。朱公題詩阮公跋，蕙西長句尤精堅。録本無歲月，以庶吉士載至辛丑科張公玉書等十人，又王氏士禄時尚爲助教，故翁、法兩君皆决爲辛丑，大興相國有題詩，儀徵相國有跋，邵氏懿辰長歌尤佳。侍郎古癖甚前哲，得之不啻珍珠船。朅來示我發函讀，官制半與明相沿。我稽聖祖初繼極，勳戚俌政頗自專。復改殿閣爲三院，學士稱大僅六員。又停御史出巡按，盡畀督撫一事權。此冊殿閣輔臣九，聊城去位銜猶聯。内外臺列按臣職，姓名無一留雕鐫。援以定歲更知月，實在夏季秋以前。考《會典》諸書，順治十八年六月改殿閣大學士，復爲内三院，省翰林院官。七月定制：每院滿漢大學士各一員。是年六月，又罷各省巡按。此冊大學士尚有九人，皆以殿閣系銜，翰林院尚有掌院學士，胡兆龍以下各官，都察院及各省下皆尚列巡按銜而無其人，又聊城傅公以漸以是年四月予告回籍，此冊大學士九人外，尚有少保兼太子太保、武英殿大學士、兵部尚書官銜一行，而空其姓名，考之則聊城故官也，以此知必在是年五、六月間。只惜涿州馮銓長揆席，黑頭閹孽猶餘羶。次輔吴江金文通亦媪相，貳臣傳裏徒撁顔。一丞一令落嶺嶠，清端忠毅名長懸。傅忠毅宏烈時爲韶州同知。于清端成龍時知羅城縣。豈非爵秩本外事，不因貴賤分愚賢。自兹迄今歲二百，朝暮變滅如浮烟。大者勳節次文藝，王詩汪筆今猶憐。王漁洋時爲揚州推官，汪苕文時爲户部郎中。侍郎年位足展布，論思所暇勤丹鉛。澤州京江特俯視，陳文貞、張文貞，時皆爲庶吉士。儀徵獻縣堪隨肩。我喜此書得所主，願君扃護同郎環。蘭臺柱下藉搜補，他日千金購此編。』作書致伯寅，并索所刻李氏賡芸《炳燭編》、吴氏卓信《喪禮經傳約》、胡氏祥麟《易消息圖説》。作書致肯夫。作片致蓴庭。得伯寅復、肯夫復。

二十五日戊寅　晨陰曀，小雨，上午有風漸霽，午晴，傍晚溦雨，入夜漸密，更餘大風雨。出門答拜吕定子、陳蓮峰、葛俊卿，晡後歸。復出詣吴清卿，不值。詣肯夫談，傍晚而歸。得李若農學士師五月間寧都書，并惠銀十六兩。

二十六日己卯　晴有風，晡後忽有小雨，即止。閲吴頊儒《喪禮經傳約》。僅十一葉。邀定子、研孫、竹篔、陳蓮峰、吴松堂、葛俊卿、家雅齋飲福興居，晡時歸。得香濤書。

閲《炳燭編》。鄦齋篤守其師錢竹汀家法，隨事考訂，皆實求其是，不爲高遠驚俗之談。其書既未寫定，又中奪于仕宦，未老横霣，故所著精密遠不逮其師。然有訂正《養新録》及《金石跋尾》者各數條，皆足爲詹事功臣。蓋吴門之學，自惠、江、王、錢遞傳，皆以平實切近爲主，拾遺補闕。雖所就有小大之殊，而爲功于古人，不誤于來學，其致一也。嘉定小邑，經儒獨多，皆私淑錢氏之教。自常州莊氏説經，恃其高識雄力，好爲荒渺之論，自託于西京微言，而不知實爲南宋餘唾。數十年來，吴門頗爲所染，而嘉定獨不稍變，此亦論學術者所當知也。此編本四大帙，爲目甚繁，鄦齋之孫用光所手輯，亂後獨存。伯寅言其中多録它書及未竟之説，蓋隨時纂録，以俟更定者。因屬陳培之、胡甘伯兩户部及吾鄉趙妄子共删校之，釐爲四卷，梓以行世。然昔賢著述，具有苦心，刊定從韋，談何容易。陳、胡二君，吾不知其優絀，至以妄子參之，則鄦齋之寃已甚矣。今此四卷中，篇葉無多，而尚有直録前人之説數條，如幽人閻妻及《老子》國字諸條。又誤字不知凡幾，則校者之學可知耳。鄦齋著述，自時文外一無所見，惟錢氏《廿二史考異拾遺》中采其説數事。今是書得傳其略，亦足慰考古者之心，而伯寅所刻諸書，亦以此爲最佳也。

二十七日庚辰　晴暑蒸溽。閲《炳燭編》。作片致吴清卿。屬繪城西老屋圖，得復。得張梅巖是月十二日新城學舍書，并所著《試律》一册，屬改定且求序。三千里外，忽承通問，婣戚勤懇，求定文字，情不可却，而《試律》既不足言，梅巖又不甚工，序之政不易也。周生文令來。夜熱甚。

邸鈔：存誠奏病難速痊，懇請開缺。詔：賞假一月調理。以靈桂兼署禮部尚書。英元署理步軍統領。鄭親王慶至署理鑲白旗漢軍都統。廷煦署理倉場侍郎。英元本任。察杭阿署理户部左侍郎。延煦本任。

二十八日辛巳　終日陰雨，晡後尤密。

邸鈔：以太常寺少卿夏家鎬爲通政司副使。

二十九日壬午　終日大風，時有微雨。曉卧中疾動。終日録乙丑年詩。聞永定河又決數十丈，文安被灾尤甚，而合肥相國方疏報永定河大工合龍，奬敘員弁。又奏清苑縣知縣李逢源、廣平府知府長啓，均報境内麥秀兩岐，繪圖呈樣，有云：『在盛世豈矜瑞應，草木自貢其菁華。而畿郊豫兆豐穰，宵旰冀紓夫廑念，執穗話漁陽舊事，適徵雙穎之嘉祥，獻芹亦野老愚衷，敢壅九重之觀聽。』一時士論頗藉藉焉。

秋七月癸未朔　密雨，至晡後稍稀。讀丁小疋所補《周易鄭注》。風雨作凉，蕭騷殊甚。羈人窮巷，黯然不憀。印結局送來前月分結銀二十三兩六錢，此入都後第一次利市也。

初二日甲申　晨微雨，終日薄晴。吴清卿來。剃頭。作致傅節子閩中書。

致孫子九汀州書云：『子九老長兄坐右：去歲中冬，肅裁一牋，託節子轉寄，想早達清覽。閩南郟北，山川阻長，鱗羽罕逢，寤寐多念。惟道體綏福，頤情詠歌，琴德暢其羈懷，書味永其暮境。名山仰望，結契彌深。顧念積悴之身，百年難得，奇窮之厄，兩人所同。兄已愒陰，弟非茂齒。素心不沫，碧雲爲期。惟願鏡湖之南，稽山之北，各營一頃，比屋三間，睥睨林泉，消摇雲物，爇魚菽以祀先，蓄鷄黍以待客。經史之書，足供於目；市朝之事，不拂於心。近出則笠屐足勝，遠游亦舟輿無闕。分釀户之酒，半勺亦醺；收山客之茶，一甌常辨。種花當檻，藝名香以相聞；縛竹成籬，劚巨笋而入饌。水環階下，匪恃井泉；鳥語檐間，無須絲竹。以兹没世，何異登仙。雖備艱苦于中年，冀補桑榆于晚景。而兄則依栖遠幕，寸管誰耕；弟則浮湛冗員，一囊空索。茫茫息壤，勞勞畢生，何處青山，可供買隱？相期白首，終不渝盟而已。今春都下文讌頗盛，消寒之後，繼以春游。或排日以看花，或選寺而鬥酒。尋極樂之柰樹，訪花之之海棠。觴詠偶停，策蹇亦出。量松報國，則朱育相從；肯夫編修。品藥天寧，則許詢共坐。竹篔編修。悵牡丹於崇效，崇效寺牡丹已枯。玩丁香於憫忠。雖杖頭或虚，而清談不廢。月前數日，又爲十刹海之游：荷花接天，臨以樓榭；柳陰夾岸，帶以宫墻。鷺絲一群，時落金闕；騶騎十里，多傍香車。蓋自玉蝀以西，花苑以北，湖連净業，山映玉泉，時見采蓮之舟，不斷鳴鐘之寺。酒帘茶市，大似江南；鰕菜稻田，益思鑑曲。此所謂排終身之積慘，求數刻之暫歡。知者以爲陽狂，不知者以爲兒戲，而豈知六街買醉，出餓隸之剩囊；聯騎蹋歌，當窮涂之慟哭。幽憂孤憤，有不可以言宣者焉。平生著述，理董爲難。壬戌以來，作詩絶少。昨今雨歲，篇什較多。比稍編次，約得詩八百六七十首，分爲十卷；詞百三十闋，合計千篇。都爲兩册，皆棄餘之敝帚，劫後之星灰，删之又删，信而未信，藏之石室，以待後人而已。輦下稱詩，香濤最勝，由其學有經法，志懷忼慨，本末洞達，真未易才。其餘董君研樵，刻意中唐；謝君麐伯，專心老杜。雖或窘于邊幅，或僅獵其皮毛，而其人皆君子之徒，所業自光明可憙。益歎無本之學，客氣之言，必至日見冰銷，水落石出矣。工者視爲繡鞶，拙者比于琱朽，下則爲優伶之末技，上則爲風雅之罪人。泚顙已遲，捫心徒悔，良足歎也。故鄉近日頗有人材：眉叔詩漸成家，秋子文而好事，皆清淑所萃，風流可稱。而學之鋭進，才之卓出者，尤推陶子珍孝廉，經術詞章，務爲其上，英絶領袖，殆在斯人。次則孫生子宜，亦異才也。潘侍郎所刻《越三子集》及河南重刻《王孟調集》，各奉二部。其一以致季貺。是三君者，年力相齊，悲其篇翰猶新，音徽已遠，得傳一二，爲幸已多。展念平生，所期遂止。讀其羈旅懷人之什，流連對酒之篇，僨彼笑言，想同腹痛。孟調歸骨之事，姚孟縣已助廿金，弟於昔冬書致其戚張秀才，詢以都門發殯，應否易棺，津逮而還，當致何地，而迄今未復，莫解所由。宜俟得其來書，再爲醵金，便圖般運耳。經歲通書，不覺覼縷，惟闔寓平善，順時餐衛，盛眷在里，消息頻聞，老嫂令郎，均安貧多清吉。風便惠復，不盡欲言。」

初三日乙酉　晨小雨，巳後晴。賓卿來。李子和督部送别金十二兩來，賞來使二千。伯寅柬訂初五日祭鄭司農。陳蓮峰來。夜詣壽蘅師談，以致子九、節子書，乞其轉託李制軍附至閩中。并以《越三子集》、河南重刻《王孟調集》各三册，寄子九、節子及周季況。

初四日丙戌　未正三刻八分立秋，七月節。上午陰，下午晴。得肯夫書，饋家製月餅十枚，即作小狀復謝，犒來使一千。得香濤書，催十刹海觀荷花詩。得孫琴士陝西書。

初五日丁亥　晴，酷暑，上午雲合，有雷，竟不雨。上午赴伯寅之招，麐伯、香濤、廉生、逸山、荄甫、清卿、緝廷、鶴巢、六舟先後至，傍晚始散。是日與麐伯、香濤、清卿諸君，約以初八日集劉家園泛舟，園在十刹海之西北，河之東有漁屋豆棚，池周五里半爲蓮芡，有小舟二三可坐，都中所罕見也。蔡梅盦來，不晤。陳蓮峰送銀十二兩來，再還之，不可。

邸鈔：上諭：以漕運總督張樹聲署理江蘇巡撫。恩錫回江蘇布政使本任。文彬仍署理漕運總督。

初六日戊子　晴，酷暑。作書致蓮峰，犒其使錢四千。牧莊來，談至下午去。

初七日己丑　晨陰，傍午有急雨，終日靉靆溽暑。先君子生日，設瓜果、湯茗、麵食、焄凫，午後供饋畢。作小啓致肯夫，以比日暑甚，欲罷明日泛舟之役也。

初八日庚寅　晴，酷暑，傍晚雲合，雷電，澂雨即止。敫金甫來。下午浴。香濤邀夜飲，辭之。邸鈔：文祥授體仁閣大學士。

初九日辛卯　上午晴，下午陰，晡後小雨，入夜不止。作書致伯寅、致香濤。録補近年詩。

初十日壬辰　晨密雨，旋止，巳後晴。剃頭。肯夫來。録改近年詩，閲《毛詩紬義》。

十一日癸巳　晴，酷熱。閲《毛詩紬義》。作片致香濤，詢十刹海泛舟之期，得復。得房師陳訏堂先生六月二十日嘉興縣署書，并惠銀二十兩。先生蓋以仁和令攝嘉興令也。書中言李爽階署山陰令，正丁憂，接署者爲許嘉德，字修來，江蘇人。

十二日甲午　晴，有爽風，似秋氣至。慈安皇太后萬壽節。

十三日乙未　晴，有風。作書致竹篔，詢署嘉興令是否陳訏師，又嚴菊師曾否已到嘉興府教授任。出門詣廖伯潘家河沿新寓，閲海豐吴氏所藏《楊大洪擊閹疏稿》半篇，以真行書之，梁山舟爲補完，後有戚鶴泉、馮柳東諸君題跋。晤謝夢翁，詣肯夫久談。又詣寶卿而歸。得香濤書，約十七日夜泛十刹海，宿廣業寺。得竹篔復言，訏師以夏初權嘉興，菊師此時亦可之任。蕚庭來，不值。

十四日丙申　晴熱。以中元節，祀曾祖考妣、祖考妣、先君、先妣。蕚庭再來，方供饋，不晤。謝夢翁約十七日宴賓齋夜飲。子蓴來。文章文瀾縣丞山西書，要求非分，甚可歎笑。

十五日丁酉　酷熱。先君子忌日，并祭先本生祖考妣。作書致肯夫，饋以蒸鳧一。

十六日戊戌　酷暑。陳蓮峰來，同至廣德樓，聽三慶部，喧穢鬱蒸，甚不可耐，傍晚歸。牧莊來，不值。得伯寅書，屬題鄭君像。敖金甫約十九日飲萬福居。夜雨。

邸鈔：曾璧光、周達武奏貴州下游苗匪一律肅清。詔：曾璧光等調度有方，俟該省上游肅清，全黔底定，再行降旨，一併施恩。提督鍾開蘭等賞給頭品頂戴，鍾有思賞給三代正一品封典。總兵宇文秀賞穿黄馬褂，並交軍機處記名，遇有提督缺出，儘先奏請簡放。鄧千勝交軍機處記名，遇有提督缺出，儘先奏請簡放並賞給三代正一品封典。道員曾紀鳳等均賞給二品頂戴並兩代二品封典。總兵李得貴交軍機處記名，遇有提督缺出，請旨簡放，並賞穿黄馬褂。提督龔生環等均賞穿黄馬褂。馬承宗等均遇有提督缺出，儘先奏請簡放。張錫卿賞换瑚蔾巴圖魯名號。楊恩澤賞换剛安巴圖魯名號。道員吴自發賞加布政使銜。知府張觀鈞免補知府，以道員仍留四川，儘先補用，並賞戴花翎。總兵熊得勝等均交軍機處記名，遇有提督缺出，請旨簡放。鄒有聲交軍機處記名，遇有提督、總兵缺出，儘先奏請簡放。熊復元賞加提督銜，並賞换額特和恩巴圖魯名號。周章達等均交軍機處記名，遇有提督缺出，請旨簡放。餘升賞有差。另片奏籌防籌餉出力各員，並四川、江西籌濟餉需之司道等，請分別奬勵等語。道員趙崇慶等均賞加布政使銜。吕序程賞戴花翎。四川布政使王德固等均交部從優議敘。道員鍾肇立賞加布政使銜。前江西廣饒九南道景福賞加布政使銜。四川總督吴棠、前任成都將軍崇實援黔籌餉，不分畛域，均交部從優議敘。　三等承恩公崇綺賞給委散秩大臣。

十七日己亥　終日雨。録戊辰以前詩訖，爲第八卷，謝夢翁來速飲，以雨作片辭之。

邸鈔：禮部尚書步軍統領總管内務府大臣鑲白旗漢軍都統管理理藩院兼管太常寺鴻臚寺事務宗

室存誠卒。上諭：存誠老成練達，辦事慎勤，由宗人府理事官洊陟正卿，宣力有年，克盡厥職。兹聞溘逝，悼惜殊深。加恩賞給陀羅經被，派貝勒載治帶領侍衛十員即日往奠，照尚書例賜恤，並賞銀五百兩，由廣儲司給發，經理喪事。伊子二品蔭生明厚賞給員外郎，俟及歲時交部學習行走，用示篤念耆臣至意。旋予謚勤恪。以理藩院尚書靈桂爲禮部尚書。以都察院左都御史皂保爲理藩院尚書。以倉場侍郎英元爲都察院左都御史。以户部左侍郎延煦爲倉場侍郎。以刑部左侍郎志和爲户部左侍郎兼管三庫事務。以禮部右侍郎恩承爲刑部左侍郎。以盛京兵部侍郎綿宜爲禮部右侍郎。以都察院左副都御史繼格爲盛京兵部侍郎。工部尚書崇綸佩帶總管内務府印鑰。户部右侍郎桂清補授總管内務府大臣英元補授步軍統領。鄭親王慶至補授鑲白旗漢軍都統。兵部尚書英桂管理理藩院事務。

上諭：前據德泰奏，駐藏辦事大臣恩麟擅賞戴琫花翎及巡閱營伍，並未親到，蒙混入奏各節。當經降旨，令恩麟明白回奏。兹據奏稱，上年剿辦不法總堪布班墊頓，因戴琫拉旺奪結帶隊奮勇，賞給翎枝，當經咨明。達賴剌麻其巡閱後三汛營伍一節，因番民苦瘠，由各番官呈請免往，從前奏報，漏未聲敘。至巡捕戈什哈等酌給翎枝，並未給與印照各等語。恩麟各節雖事出有因，究屬不合，著交部議處，即著來京當差。通政使副使承繼賞副都統銜，爲駐藏辦事大臣。

十八日庚子　晴。作書致香濤。得香濤柬約，改日泛十刹海。作書致王子常寧海緱城書院，并寄贈《越三子集》，作片託其鄉人吴琮玉叔，刑部。寄去。以京錢百三千，贖還所質佩表等物。

十九日辛丑　終日陰。剃頭。作片致牧莊。徐壽蘅師來，寶卿來，陳蓮峰來，同留夜飯後去。夜雨。

邸鈔：上諭：御史邊寶泉奏督臣呈進瑞麥恐滋流弊並請將永定河合龍保案徹銷各摺片。國家愛養黎元，惟期年穀順成，從不侈言符瑞。李鴻章前以直隸清苑縣暨廣平府等屬呈報麥秀兩岐，據以入奏，並將麥樣進呈。在該督雖不至意存粉飾，第恐各該地方官藉此導諛貢媚，殊于吏治，民風大有關繫。嗣後各該督撫務當勤恤民隱，于地方水旱情形隨時察看，力求補救，不得率以瑞應嘉祥鋪張入告，用副朝廷痌瘝在抱之意。近聞永定河北岸堤工潰決，順天南路及保定、天津所屬州縣均有水患，兼有被蝗之處。著李鴻章迅速查明永定河決口及各州縣被灾情形，究竟若何，據實具奏。前據李鴻章奏保永定河合龍出力人員，摺内聲稱全河兩岸堤埝均已培補堅厚，何以又復潰決，在工各員所司何事，著李鴻章查明參奏，並著該部將前項保案即行徹銷。

二十日壬寅　卯初一刻九分處暑，七月中。上午溦雨陰曀，下午雨。爲壽蘅師撰其太翁《漁城先生七十雙壽序》，以整散兼行之，凡九百餘字，不存稿。作片致敖金甫辭飲。是日甚凉，夜須綿被。

邸鈔：上諭：李鴻章奏稱上月大雨時行，河水盛漲，消泄不及，各堤多有蟄動，北下汛十七號水高過堤，大溜越過，搶救不及，隨致漫口，請將在工各員分别參辦，並自請議處等語。永定河堤工前經李鴻章奏報合龍，並稱兩岸堤埝均已培補堅厚。乃爲時未久，即有决口之處，在工各員未能小心防護，咎無可辭。石景山同知王茂壎、永定河道李朝儀，著革職留任，以示懲儆。李鴻章督率無方，著交部議處。上諭：稽察内務府事務御史秀文等奏工部製造庫支領内務府款項，有揑飾蒙混情弊，並該部製造金册，請仿照禮部一律辦理各摺片，著工部查明具奏。

二十一日癸卯　晴，上午甚凉。得劉仙洲書，約夜飲福隆堂。作書致壽蘅師并壽序。下午詣謝夢翁談，詣香濤談，晚同赴劉仙洲之招。坐有李總督鶴年之子，新得拔貢，年少浮蕩，真近時之子弟也。是日感凉，身熱小病，夜先歸。

邸鈔：上諭：彭玉麐、英翰、劉坤一奏特參長江水師庸劣員弁，請旨分別革懲一摺。江西湖口中營前哨守備兩江補用副將黄振鼇等六人即行革職。吴城營左哨都司記名提督鄧金楚、後哨守備記名總兵尹坤山、右哨千總記名總兵黄得勝、後哨千總儘先副將譚宏亮，均撤任察看。吴城營右營把總記名總兵劉永勝等四人，即行革職，不准留營。安慶營前哨守備已升都司儘先副將趙俊秀、前哨守備記名總兵葛定有，均革去提督銜，以觀後效。右哨千總記名總兵萬品文等六人均革職，不准留營。署前哨千總儘先都司劉福田等四人，均即行革職，永不敘用。署華陽營游擊左哨都司總兵李正和于該營前哨外委守備賀桂林强買民婦，不爲究處，轉加袒護，殊干軍紀，本應嚴懲，姑念該員從征多年，著有勞績，著即撤任，革去提督銜總兵，以副將歸部銓選，不准留營。賀桂林即行革職，永不敘用。華陽營左哨千總記名總兵任啓耀等二人，均即行革職，不准留營，以肅軍律。以左春坊左庶子鍾寶華爲翰林院侍講學士。

二十二日甲辰　晴。殷蕚庭來，留共午飯去，傭人徐七十隨陳蓮峰還紹興，給以十金，又付王福寄家四金。晨起覺小極，午後身益熱，痔發，食粥。温味秋來，以所繪三山紅樹圖見交，適卧不得晤。

二十三日乙巳　晴凉。作片致譚研孫，屬補填楹帖。作書致秦秋伊，索畫《吼山秋望圖》，以儷語行之，與前日所作致子常書皆有名理清言，不墮宋以後體格。以走筆所成，不暇錬句，皆未録副。許竹篔來久談。竹篔近刻意學駢文，質敏氣鋭，具有領悟。作書致孝達，爲蓮峰催書楹帖。遣人至文采齊刻字鋪購《越三子集》十部，每部實銀二星。浙江糧道如貫九如山來，新分本司主事李嗣鶴來，俱不晤。作書致季弟，寄回《越三子集》八部，以二部分贈曉湖、慎齋，又重刻《王孟調集》五部，以一部贈曉湖，又《湖塘村居圖》兩幅，潘侍郎所書楹帖兩幅，以一贈丁幼薌。作書致王妹夫。作書致孫子宜，并《越三子集》四部。爲陳蓮峰作書致楊豫庭，并贈以《越三子集》一部。夜飯後，詣蓮峰寓送行，贈以《越三子集》。以家書及各件俱付緝石賫回，又致秦秋伊、王眉叔、陶子珍、胡梅卿、王寅生各《越三子集》一部。二更歸，痔又發，終日食粥。

邸鈔：上諭：文煜奏請陛見一摺。文煜著俟李鶴年到任後來京陛見。福州將軍即著李鶴年兼署。

二十四日丙午　晴，有涼風，落葉滿庭，傍晚陰。終日痔發，身熱。卧閱《文選旁證》。牧莊來，夜飯後去。夜雨雷電，二更後大雷雨。

二十五日丁未　晴。痔發身熱。上午勥起，至謝公祠吊陳同叔季父子鶴尚書之喪，送奠分四千。晤研孫、施敏先，少坐而歸。蕚庭來，言江寧新刻《史記》《兩漢》以加寬建毛紙印者，都中須十五金。

邸鈔：貝勒奕劻充崇文門正監督。理藩院右侍郎弘德殿行走。廣壽充副監督。此與前日户侍桂清之管内務府，皆所以調劑弘德殿也。

二十六日戊申　晴。閲《校禮堂集》。作片致寶卿，得復。

邸鈔：命工部左侍郎明善往查東陵更衣殿應修工程，及端閔固倫公主園寢饗堂坍漏情形。

二十七日己酉　上午晴，下午陰。謝惺齋約今晚飲如松館。寶卿來。牧莊來。比日小病不憀，讀書無緒，甚覺精神疲苶。

今日閲邸鈔邊御史參駁李合肥奏進瑞麥疏，援證古今，名論侃侃，其略云：自漢迄唐，臣下競言祥瑞，其始倡之者一二人，其弊至于一草一木，爭獻無已，侈逸上心，愚惑天下，莫此爲甚。宋太祖乾德四年，澶州濮陽縣麥秀兩岐，至五六岐，各數十本不等。神宗時深州麥兩岐者四十畝，徽宗政和二年，蔡州麥一莖兩岐至七八岐，近約十餘畝，遠或連野。一代如此，它代更不可枚舉。少居鄉里，每見麥非甚歉，雙岐往往有之。或以得氣偏厚，或因地力有餘，物理之常，何異之有？即以瑞應言之，漢章帝時大臣以嘉穀芝草之瑞，議改元章和，當時何敞據經義面責宋由、袁安，由、安懼不敢答。至元馬端臨纂《文獻通考》，乃舉歷代祥瑞統謂之物異。夫祥且謂之異，今以恒有無異之物而以爲祥，可乎？上年直隸水灾之大，爲數十年所未有，至不獲已，而集捐外省，發粟京倉，迄今田廬没于水中者，所在多有。二麥收成多者不過五六分。近聞永定河北岸又行潰決，順天南路州縣暨保定、天津各屬各河亦多漫溢，秋稼半淹，並間有被蝗之處。雙岐之祥，抑又何取！原摺亦稱，盛世豈矜瑞應。明知之而故蹈之，抑又何歟！至于漁陽舊事，乃其時民殷物阜，百姓樂張堪之爲政而歌之。今直隸灾患頻仍，小民流離可閔，乃竟飾爲瑞應，上瀆宸聰，而又援據古人，以爲比例，陽爲歸美于朝廷，陰實自譽其政績。竊恐此端一開，地方官相率效尤，務爲粉飾，流弊有不可勝言者。同治元年殿廷考試，庶吉士嚴辰曲意頌揚，奉旨嚴飭，中外同欽。夫嚴辰草茅一新進耳，猶且明降諭旨，以戒將來。况督撫大吏倡言祥瑞，于治道人心關系尤鉅。相應請旨訓飭，庶各省有所儆惕，不致長浮夸而荒實政，天下幸甚云云。可謂明目張膽，詞嚴義正者矣。舉世睡夢中得此快疏，令人振竦，廢疾爲之頓起。

作片致惺齋辭飲。爲牧莊書扇，即作片送去。

夜撰《壬申七月五日鄭司農生日集潘侍郎鄭盦記》：『泝自蒼姬德衰，素王道應，尼山感禱，空桑闞誣。既綜述作之原，遂有庚子之拜。然而奠楹夢譣，傳經術分，西河謹其親承，蘭陵宏其私淑。暴秦灰滅，炎漢薪傳。蓋多抱殘守闕之功，未有摧陷霩清之力。懔乎一綫，岐出千涂。自周敬王壬戌之年，至漢順帝丁卯之歲，月在鶉尾，日紀攝提，凡歷六百有五年，而後大儒出焉。迹其通孳六藝，遍注群經，網三代之微言，括兩漢之精詁。江河不廢，贊歎奚窮。至于異代虬蠹，俗儒疻痏，自王肅、孫毓、虞翻、李譔，冥行擿埴，私臆測天。方術卮言，旋同沃雪。下至六季，亂王、梅之學。兩宋標道學之名，流及有明，益爲大惑。咄彼張孚敬程敏政之奸妄，敢議俎豆于宮墻，既干非聖之誅，奚取下愚之覺。事非待辨，道乃益光。若夫訂范史之訛文，補本傳之撰著，感知本郡，得游學于周秦；追念舊君，謂見容于父母，則作不容者，固爲衍字；云群弟者，猶是郢書。《戒子書》中云：『不爲父母群弟所容。』陳氏鱣據元槧范書無不字正之，是矣。俞氏正燮據《御覽》引別傳作『爲父母郡所容』，以鄭君爲鄉佐時，太守杜周甫爲除吏，録使就學，故云『爲父母郡所容』，去廝役之吏也。父母郡即父母之邦，近丁氏晏撰《鄭君年譜》亦言之，范史《杜密傳》亦載此事，知原本如此。至《周禮注》，迄今盛行，而反見遺漏。《孝經注》遭唐已駁，而竟得備書。以此爲疏，尤同無識。豈有武子之家學，未讀淹中；仲寶之宏通，不如書簏。豫章家學，未窺三禮之全；子元噧言，覈于六藝之論。《六藝論》敘《孝經》云：『玄又爲之注。』寫官偶脱，自可證以謝承；《北堂書鈔》引《續漢書·鄭君傳》多與范同，章懷注亦云：『謝承書載鄭所注與此略同。』可知范多本謝，不容兩家皆忘《周禮》之注。石室猶存，不必信彼樂史。《寰宇記》引《孝經》序有『念昔先人』語，謂是康成允孫所作。又云今費縣南城山有石室，俗云是康成注《孝經》處。況自青浦王氏昶。記遺書之目，績谿胡氏培翬。成考證之篇，山陽丁氏晏。譜其年，遵義鄭氏珍。著其録。各殫搜舂，無事贅陳。惟其紹述文宣，繼武洙泗，列其顯證，蓋有數端。生在東州，不出齊魯之境；運際季漢，何異定哀之朝。官虛從乎大夫，年各靳其耋歲。八十曰耋。益恩隕難，豈洙泗水之悲；小同有文，庶幾述聖之肖。黄巾下拜，則彈琴解匡簡之圍；元城病留，則微服避桓魋之厄。綜其出處，事有同符。緬彼降生，道原一揆。豈非孔垂赤制，鄭應蒙孫，隱與漢爲始終，實傳教于絶續。以故六郊三禘，發視掌之未詮；緯候讖圖，演閉房之餘緒。禮堂寫定，直接删修；鄭志編成，雅同《論語》。賓碩之論，早擬以東家；仲遠之稱，競折以十哲。此龍蛇徵夢，見告于至哲人；而河嶽降靈，相差以提月。至聖生日爲今八月二十一日。然則別傳所載，幸留廣記之編。亦猶素書兆祥，僅見赤高之紀也。嗚呼！趙商片石，既礪以之俱移；承節新碑，又金源之補立。遺書半佚，聖緒幾湮。景運聿開，斯文復振。見契憲廟，有質實深淳之褒；重祀孔廷，先劉向鄭衆賈逵服虔而復。碩儒代起，咸奉經神。古誼遞宣，遂刊僞學。鄭龕侍郎，嫥精雅詁，癖耆典墳。世家東吴，與惠江爲鄉里；擢第北闕，匹洪孫之科名。法儀鄭之名堂，踵司農而拜職。爰集同志，肅炷瓣香，碧雲撫塵，清風奉手。花竹和氣，篴映于一庭；彝鼎古芬，匒匌乎四坐。秀眉明目，猶見禮容；幅巾布衣，不稱官閥。生時萍梗，幾逢袁紹之杯；少陵詩：『江上徒逢袁紹杯。』今日椒馨，尚修文舉之敬。慈銘少而失學，老愧無聞，每當發篋之陳，輒有望洋之歎。隨車挾策，敢自比于塵囊；識字觸墻，願長依夫帶草。抽豪作記，附千秋通德之門；盍識樂群，證此日讀書之社。是日集者，胡澍甘伯、陳彝六舟、謝維藩麐伯、許賡颺鶴巢、陳喬森木夫、張之洞孝達、吴大澂清卿、顧肇熙緝廷、嚴玉森汝成、王懿榮正孺及慈銘共十二人。』

夜有雹。

二十八日庚戌　上午晴，下午雲合有風，微雨，旋霽。痔大發，多卧。閲《莊子》。

邸鈔：候選道戈鑑照布政使軍營立功後病故例議恤，並給其父母一品封典。從湖南巡撫王文韶請也。

二十九日辛亥　晴。剃頭。得寶卿書，言近有鄉人何姓者歸，可附寄信物。痔更甚，服龍眼汁。

邸鈔：上諭：桂清奏司員于咨部要件未經回明率請標畫請交部議處一摺。內務府銀庫司員于咨行户部請領銀兩，稿内未經該堂官商定，輒加入欠撥銀兩字樣，呈請崇綸標畫先行，實屬膽大自專。

郎中英綬，員外郎連蔭、札拉芬，均交吏部議處，以示懲儆。另片奏該侍郎入直時與該衙門堂官商議將英綬等連銜參奏。明善是日未經入直，春佑、魁齡俱稱雖畫此稿，一時未能查出，誠明亦稱知有其事。不料崇綸聲稱是伊主意等語。崇綸何以不與該侍郎等商議，輒標畫先行，明善等是否均經標畫，著崇綸、春佑、魁齡、明善、誠明據實明白回奏。

三十日壬子　晴陰相間。肯夫來。王信甫來。印結局送來是月結銀十六兩一錢。

邸鈔：吴棠奏四川成綿龍茂道孫濂年力已衰，難期振作。詔：孫濂原品休致。以户科掌印給事中謝膺禧爲成綿龍茂道。

八月癸丑朔　晨晴，上午後陰，晡有日景。得肯夫書。作書致寶卿，問何君行期，得復。録前日所爲《鄭司農生日記》于鄭君像上方，即作書致伯寅，得復。夜二更後，大雨達旦。

邸鈔：上諭：崇綸等奏遵旨明白回奏一摺。内務府前次奏撥户部銀一百四十萬兩，經户部覆奏，七、八月間約可供撥銀五六十萬兩。是户部酌量動撥之款，衹有此數。即因用款不敷，尚須添撥，亦應奏明，請旨遵行。乃該司員英綬等此次出具印領文稿，意存蒙混，輒請崇綸標畫先行。崇綸亦不與同官商酌，遽准該司員于文尾加入下欠八十萬兩之語，實屬輕率。崇綸著交部議處。春佑、魁齡、明善、誠明不加查察，隨同標畫，亦屬疏忽，均著交部議處。

上諭：前因御史秀文等奏工部製造庫支領内務府款項有捏飾蒙混等弊，當諭令該部查奏。茲據查明無弊，該御史所奏，著毋庸議。另片奏稽察内務府御史並無兼查工部之責，請飭毋庸干預等語。著都察院堂官飭令稽察内務府御史，嗣後恪遵定例，于例應稽察衙門之外，不得再有干預。如實有應查事件，亦著由内務府轉行，以免紛歧。

初二日甲寅　密雨至巳稍止，晡後漸晴。作片致何達夫户部，詢其族兄聽濤何日準行，得復。作致季弟書，并寄家用銀十二兩，以二兩寄仲弟。又以緑布四丈寄二妹、三妹，以磨菰、杏仁十斤分寄内子、大妹、季弟、穎堂、僧慧。作書致何竟山，屬其精拓三老、大吉窆石各碑數通寄都，贈以《越三子集》。閲《研六室文鈔》。夜有偷入庭中，覺之，逐去。

初三日乙卯　晴。作片致何達夫并信銀諸物託轉寄，得復。閲《研六室文鈔》。是日以京錢八千買一狗。雅齋來。

初四日丙辰　晴。閲《研六室文鈔》。署中知會送考通商衙門章京，注以不願。夜鈔書兩葉。

初五日丁巳　晨小雨，巳後晴，酉初一刻九分白露，八月節。作片致肯夫，取還《毛詩稽古編》，并借阮儀徵所刻孫淵如撰《鄭康成年譜》，得復。閲《鄭司農年譜》，孫氏星衍官山東督糧道時所撰。阮文達撫浙時，取陳氏鱣舊撰之譜補益之，又屬談氏泰以四分術推鄭君生年朔閏，合刻爲一卷。其中但於范書本傳以外，剌取《後漢紀》及《世説注》《御覽》《廣記》所引别傳成之，不及近時丁儉卿所譜爲詳。是日録《九經三傳沿革例》竟。

初六日戊午　晴，有風。謝麐伯來。進城答拜如貫九觀察，出城詣同鄉何聽濤，俱不晤。答拜温味秋、王蓮塘，名祖源，新選四川龍安知府。晤味秋。詣何達夫、濮紫泉，俱晤。傍晚歸。朱修伯來，殷蕚庭來，俱不值。作片致蕚庭。閲《毛詩稽古編》。晚忽身熱不快。

初七日己未　晴。作片致何達夫，贈以《越三子集》。作書致肯夫，還《鄭君年譜》，得復。蕚庭來邀觀劇及夜飲，辭之。身熱食粥。閲《毛詩稽古編》。

初八日庚申　晴。曾祖生日，供饋。得壽蘅師書并屏紙一幅，屬作壽詩。香濤來。

程瑶田《九穀考》最稱精覈，然其辨粱爲今之小米，其在田時曰禾，禾實曰粟，粟實曰米，米名曰粱，北方人食以粟爲主，故但呼穀呼米，猶南人食以秔即稻。爲主，亦但呼稻爲穀爲米。禾、粟、米本粱之專稱，而黍、稷、稻亦假借通稱之，其説皆是。而謂在北時嘗目驗小米之白苗穀黑米白者黏，赤苗穀黄者亦有黏，赤苗穀赤者最黏，則予嘗遍詢南北人，俱言未見小米有黏者。又以爲小米之采。俗作穗。獨垂而向根，故禾字象形。然稻采亦下垂，惟高粱、即稷。黍、麥等不爾。

邸鈔：詔：以協辦大學士吏部尚書單懋謙爲大學士，管理兵部事務。以工部尚書毛昶熙爲吏部尚書。以都察院左都御史李鴻藻爲工部尚書。以刑部右侍郎桑春榮爲左都御史。工部右侍郎錢寶廉調刑部右侍郎。以署倉場侍郎宜振爲工部右侍郎兼管錢法堂事務。邵亨豫實授陝西巡撫。前倉場侍郎畢道遠補原官。

初九日辛酉　晴。比夕疾連動，憊甚。爲壽蘅師撰壽詩七律一章，即書致之，得復。得香濤書，即復。剃頭。

初十日壬戌　晴。上午詣浙紹鄉祠拜壽，晤嘉興人徐亞陶刑部，壽師留觀劇，辭歸。得伯寅書，饋節銀二十兩，即修小狀復謝。得謝麐伯書，薦更夫吕升來。晡後步詣寳卿小坐。詣肯夫久談。夜乘月偕過香濤，適逸山、清卿、廉生及胡石坨户部皆在坐，遂設飲清談，至二更而歸。朱鼎夫來，不值。

邸鈔：刑部尚書龐鍾璐丁母憂，以新授都察院左都御史桑春榮爲刑部尚書。以吏部左侍郎胡家玉爲左都御史。吏部右侍郎彭久餘轉左侍郎。以工部左侍郎童華爲吏部右侍郎。以内閣學士何廷謙爲工部左侍郎。彭久餘缺胡瑞瀾兼署，何廷謙缺劉有銘兼署，夏同善缺童華兼署。

十一日癸亥　晴。

十二日甲子　晴。作書致肯夫，以前夕孝達言得舊槧《爾雅》，其《釋器》『米者謂之糪，作米生謂之糪』。予以此句既與上『搏者謂之糷』文法相對。《周禮·内饔》：『豕盲眡而交睫，腥。』注：『腥當爲星，聲之誤也。肉有如米者似星。』《禮記·禮運》：『飯腥而苴熟。』孔疏：『飯用生稻之米，故云飯腥。』案此腥字亦當作星，然則《爾雅》所謂米者，正謂飯中有似星之米，故郭注云『飯中有腥』，蓋以腥字釋米字。飯中有腥者，謂飯中有米也。郭正用鄭語。腥亦當作星，《説文》：『腥，星見食豕，令肉中生小息肉也。』是腥本从星取義，而小息肉者，即《左傳》所謂瘯蠡，形亦似星，與星亦可相通借。《釋文》引李巡云：『米，飯半腥半熟。』正以飯半腥半熟五字釋米字。腥是胜字之借。《説文》：『糪，炊米者謂之糪。』炊謂煮作飯也。煮作飯而有米煮謂之糪，是正用《爾雅》語，而慮單出米字，人或不曉，故加炊字以明之，言此謂已炊而仍似米者也。段氏讀炊爲句，郝氏以炊字爲衍，皆非。糪即今越俗所謂僵心飯，其對搏者曰米者，此古人措辭之工，若作米生，則不辭矣，以米無不生者也。近人貴宋元舊槧，其中誠有創獲，但須深思博考，以求其通，不則觀岳倦翁《沿革例》所言，其時宋本之誤，已不勝僂指。若執一古本異文，輒欲輕改相承經籍，郢書燕説，流爲丹青，其害正不淺耳。得肯夫復。壽蘅師來，不晤。

邸鈔：以户部廣東司郎中錫縝爲江西督糧道。平景蓀告病。

十三日乙丑　晴。

邸鈔：以前刑部左侍郎恩齡爲都察院左副都御史。以前兵部左侍郎徐樹銘爲太常寺少卿。恩前降二級調，徐降四級調。詔：廣西布政使康國器來京另候簡用。以前廣東布政使文格爲廣西布政使。文格前以湖南布政調廣東被劾，詔來京，旋命赴甘肅軍營差委。以記名道沈保靖爲江西廣饒九南道。毛鴻圖未抵任，病故。

保靖，江蘇舉人，李合肥所薦舉。

十四日丙寅　晴熱。楊理庵來，不晤。署中送秋季養廉銀十二兩九錢六分來。香濤柬來，約明日偕肯夫、逸山、廖伯、六舟、味秋、清卿醵飲天寧寺。肯夫饋肉及蒲桃受肉。比夕月甚佳，常露坐賞之。頻日讀經，亦時有所得。

十五日丁卯　晨晴，巳後陰，下午微晴。上午詣劉副都師、徐侍郎師賀節，午歸。旋出廣寧門，俗呼彰義門，金之京城正西門也。與此無涉。至天寧寺。香濤、肯夫、廖伯、逸山已先在，僅五人耳。香濤攜酒，肯夫攜燒鴨、饅頭，廖伯攜月餅，逸山攜果品，予攜蟹四十螯。寺後土榭，已爲人占，飲於一小室中。寒氣可掬也。晡後登土山，坐磐石，望西山、盤山諸峰。薄暮六舟方至，廖伯已先歸矣。是日聞胡荄甫於昨日卒，身後棺斂之費，一皆伯寅侍郎任之，今日廉生往爲之經紀矣。晚入城，是日還節賚煤、米、酒食及賃屋、庸僕之費，共京錢二百四十千。

十六日戊辰　晨晴，巳後陰，微晴，晚雷電小雨，夜四更後大雨。閲《五經異義疏證》。

十七日己巳　晨雨，至巳止，晡後晴。先妣忌日，供饋于室。

閲《五經異義疏證》。恭甫此書，真經義之淵藪。其中采證極博，而不輕加斷制，尤爲謹嚴。如明堂一事，遍耆自漢以至並時汪容甫、孫淵如、阮儀徵諸家，而不自立論。但載萬中書世美説一條，以駁孫説之誤。禘郊等義亦然。蓋古制既無確據，而諸家聚訟，紛如亂絲，論其違則各有據依，論其合則皆參臆見，故羅列異同，以俟人之自擇，此最可法者也。

十八日庚午　晴。吴蓉圃來。何達夫來。作致陳藍洲書，致王眉叔書，致陶子珍書。

邸鈔：詔：截留江北運米十萬五千八百餘石，振濟順天附近永定、滹沱兩河被淹各州縣。從李鴻章請也。

十九日辛未　晴。作致平景蓀書。致族弟品芳書。作片致濮紫泉，屬轉寄藍洲書。作書致肯夫，屬其大郎録拙文《鄭君生日記》兩篇，將以寄景蓀、紫畛。作書致竇卿，乞録拙文《七居》兩篇，以寄曉湖、景蓀。閲《經讀考異》。肯夫處借來《珍藝宧叢書》。

二十日壬申　上午晴，下午微陰，傍晚雷，風。剃頭。

閲《珍藝宧叢書》中《毛詩考證》《尚書考證》兩種。其意本主考列文字異同，而時佐以新意。其解《書》『我舊云刻子』爲『亥子』，云即《易》『荄滋之明夷』，『荄滋』當作『亥子』，言殷以亥子亡也。『庶群自酒』爲當作『眉酒』，《説文》：『眉，鼻息也。』『圻父薄韋』爲韋即衛字，薄者，迫也，言司馬迫守邊衛也。『烝祭歲』爲烝同蒸，禋祀用燎也。『王賓殺禋』爲殺當作秉，古文希與秉形近而誤，王賓謂二王之後，秉禋即秉璋也。皆令人失笑。惟解薄韋稍爲近理。然鄭及僞孔，皆以『若疇圻父』爲句，下文『定辟』二字，總上三卿。惟蔡傳讀『圻父薄違』爲句，『宏父定辟』爲句，則定君專屬司空爲不辭矣。其它改讀文句，尤多迂妄。其解《詩》多取段氏《毛詩小學》、阮氏《校勘記》之説，較《書》爲優。而解『先祖匪人』爲匪當作棐，先祖指后稷，棐人即便人，則尤怪妄矣。莊氏之學，大氐如是。其諸書中惟《弟子職集解》爲最佳，以多用洪稚存箋釋本，故聲音訓詁，文從字順，古誼湛然。次則《五經小學述》，雖寥寥數葉，未成之書，而依據《説文》，參證近儒諸説，尚有可取者也。

邸鈔：上諭：彭玉麟奏提督傷病未痊請開缺回籍調理等語。長江水師，關繫緊要。黄翼升自簡任提督以來，巡閲操防，是其專責。有庸劣不職各員，即應隨時參劾。乃直至彭玉麟巡閲各鎮，該提督始行會銜參奏，殊屬顢頇。所收外來候補人員至二百七十餘員之多，亦屬不合。本應即予懲處，姑念該提督從前帶兵江上，屢著戰功，從寬免其置議。長江水師提督黄翼升著准其開缺回籍調理。福建水師提督李成謀調補長江水師提督。以直隸大名鎮總兵彭楚漢爲福建水師提督。

作書致香濤、肯夫、逸山。作片致寶卿、鼎甫，俱約明日夜飯。得香濤復，言婦病甚篤。

二十一日癸酉　丑正一刻十三分秋分，八月中。晨晴。上午大雨，午漸晴，下午後陰有雷，晡後又雨。祀曾祖考妣、祖考妣、本生祖考妣、先考妣。寓中地窄，器皿不具，故不能祭及高祖。魚羹稷饋，鋪席黯然。作書致肯夫，饋以曼頭、梨、柰。逸山書來，以雨辭飲。鼎甫來，肯夫、寶卿來，夜飲至更餘散。三更後雹，大雷雨。

邸鈔：上諭：彭玉麟奏酌籌水師事宜請旨遵行一摺。長江水師控制數省，關繫綦重。彭玉麟所陳四條，切中時弊，深堪嘉尚。提督一缺，管轄江面五千餘里，非有智識閎遠、天資忠亮、秉性剛方、威克厥愛、操守清廉、敬慎畏法者，難以勝任。著統兵大臣及各直省督撫隨時留心，自現任候補提鎮以至偏裨足任此缺者，即行密保，候旨簡用。軍營以誠樸爲先，水師初設，均能勤咨耐勞，所向有功，乃近來竟有修飾廚傳、講求應酬等事，種種惡習，深堪痛恨。所有各營攤派名目，著永遠禁革。倘有仍蹈故轍者，即照剋扣軍餉例治罪。該管督撫提鎮徇隱不參劾者，一併治罪。長江水師經兵部議定，不得攙用別項水師人員，定章最嚴。近來該管提鎮有意見好，濫收外來人員，一標至二百數十員之多。迨經彭玉麟查閱，且有並無其人者。營制紛雜，幾不可問。著照該侍郎所擬提標酌留三四十員，各標酌留一二十員，此外概行遣徹，各員弁用竣後不准再行濫收。提督、總兵，本屬平行，長江水師，豈容致異。即著遵照定制，各總兵所屬汛地員弁缺出，即由該管總兵揀員署理，咨明提督請補。如提督敘補非人，該管總兵亦即咨明更正。另片奏請停止水師肄習弓箭，以期專精一技。水師本以槍礟爲優劣，何得藉口演習弓箭，致開陸居之漸。著照所請，所有長江水師及江蘇新改之外海、内洋、内河水師，均著專習槍礮，該提督隨時操演。經此次訓諭後，該提督及各該管督撫等務當隨時訪察，用副朝廷廑念東南、整飭戎行至意。將此通諭知之。

上諭：金順自簡放烏里雅蘇臺將軍後，督帶所部，由甘肅、寧夏起程赴任。行至山西包頭地方駐劄，屢次有旨嚴催，徘徊不進。嗣據該將軍瀝陳赴任，未能迅速，自請交部議處，并請帶隊赴甘肅甘凉鎮番一帶，效力前驅。朝廷格外施恩，不加譴責，俯允所請，原冀其力圖振作，稍贖前愆。乃遲至數月，始據奏稱馳抵寧夏籌布鎮番防剿事宜，并無起程前往甘凉之語，且以會剿蒙地竄匪爲詞，直欲安坐寧夏郡城，遥爲控制，實屬意存取巧，大負委任。金順著開烏里雅蘇臺將軍之缺，交部嚴加議處。仍著迅速拔隊，剋期西進。倘再遲延，朝廷惟有執法從事，毋謂言之不豫也。懔之。以科布多參贊大臣長順署理烏里雅蘇臺將軍。徐道奎補授直隸大名鎮總兵。

二十二日甲戌　上午陰，下午晴。傍晚又雲合，有雷風。爲王蓮伯撰《樂生會碑記》，即作書致蓮伯。得肯夫書，送令郎所録文來。新分本司主事劉鍾宿來。夜三更後大雨，至曉不止。

二十三日乙亥　上午雨，晡後微晴，旋陰有雷。再作一紙，致子珍言丁小雅所輯鄭易數事，又詢其所輯《爾雅古注體例》。再作一紙致景蓀，詢越中山水古蹟數事。寫題董峴樵校韵圖詩致子珍。以佩表質得京錢六十緡。

邸鈔：詔：廣東布政使鄧廷枏來京另候簡用。以廣東按察使俊達爲布政使。以河南開歸陳許道張瀛爲廣東按察使。英翰奏特參庸劣不職安徽候補知府甘時化、繁昌縣知縣何元炳、阜陽縣知縣王國均等。詔降革改教有差。

二十四日丙子　晨小雨，上午大雨，午稍止，晡後又雨。閲陳甫《左海文集》、臧在中《拜經日記》。作書致肯夫，得復。

邸鈔：直隸保定府知府任道鎔升河南開歸陳許道。周壽昌補授貴州安義鎮總兵。

二十五日丁丑　晴。閲臧在中《拜經日記》。得趙桐孫天津書。作復李若農師書、陳訏堂師書，乞若師購求王仁圃《漢魏遺書》、王實齋《大戴禮記解詁》。晚雲起有電，夜風發，小雨，三更時密雨大風。

二十六日戊寅　晴，風。發所作諸書。閲焦里堂《易經書經補疏》。其中頗備訓詁，足爲王、枚功臣。其序言輔嗣未嘗廢象，僞傳有勝鄭注，皆偏譎之辭。濮紫泉來。得藍洲八月朔日書。夜再作書致藍洲，以浙撫有修省志之議，來詢條例大略也。是日驟寒，須綿衣。

邸鈔：廣西桂林府知府謝棨照升右江兵備道。刑部郎中王衮授直隸保定府遺缺知府。

二十七日己卯　晨晴，巳刻陰，溦雨，旋止，終日陰寒，晚又雨。作片致紫泉，以藍洲書及子珍書屬轉寄。得紫泉書，又復。閲《簡莊綴文》。孝達移居賈家胡衕，柬約明日夜飲。

邸鈔：詔：單懋謙爲文淵閣大學士。詔：發京倉大米二萬石，户部銀兩六萬兩，振濟順天府被水各州縣。從萬青藜等請也。詔：已故一等承恩公德懋所遺之爵，照例以三等承恩公世襲罔替。德懋，孝德顯皇后弟也。　升廣西太平府龍州同知鹿傳霖爲桂林府遺缺知府。傳霖，定興人，忠節公善繼之後，父丕宗，貴陽府知府，殉難，謚壯節，壬戌進士。

二十八日庚辰　晨晴，旋陰，有風兼雨，巳後復晴。

閲《左傳賈服解輯注》。其中論丘甲一條，八百乘一條，俱引《司馬法》以申服、賈之説，極爲明晰。

因取凌曉樓《四書典故覈》、黄薇香《論語後案》、焦里堂《孟子正義》及江慎修《周禮疑義舉要》、沈果堂《周官禄田考》、胡雒君《儀禮釋官》諸書證之，惟金檠齋《禮箋》之説，足相發明。蓋以人計者爲共賦之法。《周禮·小司徒》所謂凡起徒役，無過家一人，《司馬法》所謂九夫爲井云云，即《小司徒》之『大事，致民』，金氏所謂正卒是也。以家計者爲出軍之法，《小司徒》所謂『惟田與追胥，竭作』，《司馬法》所謂夫三爲屋云云，即《小司徒》之『大故，致餘子』，金氏所謂羡卒是也。

傍晚答拜吴蓉圃，不值。即赴孝達之招。同坐爲荇翁、味秋、清卿、廉生、周伯蓀、黄漱蘭。是日聞逸山出都，肯夫移居慈谿館。

邸鈔：右春坊右庶子許應騤轉補左春坊左庶子。以翰林院侍讀林天齡爲右庶子。

二十九日辛巳　上午晴，下午陰。閲《金氏禮箋》。印結局送來本月結銀十九兩五錢。課僕粘窗補壁。

邸鈔：恭親王等奏纂輯《剿平粤匪方略》四百二十卷，《剿平捻匪方略》三百二十卷告成，表進。詔：恭親王賞加二級，並奉慈禧皇太后頒賞御書『訏謨辰告』扁額。文祥、寶鋆、沈桂芬、李鴻藻均賞加二級。提調候補宗人府府丞朱學勤賞二品頂戴。太僕寺卿朱智賞二品頂戴，並加隨帶二級。内閣侍讀學士許庚身以三品京堂候補，並加隨帶二級。鴻臚寺少卿周瑞清以四品京堂候補，並俟補缺後賞加三品銜。候補五品京堂徐用儀俟補缺後以四品京堂候補，並加隨帶二級。員外郎靳邦慶以本部郎中缺出，無論題選咨留，即行奏補，並俟補郎中後賞加道銜。員外郎李廷簫俟截取知府得缺後，賞加鹽運使銜。以道員在任歸候補班前補用郎中史崧秀俟截取知府得缺後，以道員在任歸候補班前補用先换頂戴。員外郎葉衍蘭賞隨帶加三級。翰林院侍讀學士文澂遇有三品缺出開列在前，先换頂戴。

編修梅啓熙、吳仁傑均遇有應升之缺開列在前，並賞加侍講銜。司經局洗馬楊紹和遇有四品缺出開列在前，並俟補缺後賞加三品銜。餘升賞有差。計共超擢者九十三人，中書邵文煦以主事籤掣缺分煩多之户、刑兩部，無論題選咨留即補，此亦向來所未見也。

九月壬午朔　晴。剃頭。詣文昌館吊胡荄甫，賻四千。詣光州胡氏兄弟，欲乞石槎繪村居圖也，不值。賀肯夫移居，亦不值。詣謝惺齋，爲王孟調遷殯事。詣敖金甫、吕定子，俱暢談。定子處觀惲南田小楷書所作詩卷，傍晚歸。閱沈氏《周官禄田考》。

初二日癸未　晨晴，旋陰。閱《周官禄田考》。其説多與胡氏《儀禮釋官》合，而與程易疇《溝洫畺理小志》亦互相發明。施敏先來，言將以知府分發四川。肯夫來。

初三日甲申　晴，傍晚忽雨。閱《金氏禮箋》。

得傅節子四月間福州書，并六合徐彝舟鼒所著《未灰齋文集》八卷，外集一卷，《讀書雜釋》十四卷，《小腆紀年》二十卷。其目列未刻者，有《周易舊注》十二卷，及《禮記彙解》《月令異同疏解》《四書廣義》《説文引經考》《小腆紀傳》《明史藝文志補遺》《延平春秋》蓋言鄭氏事。諸書。其《小腆紀傳》，節子去年書來，言已購得之，則諸書皆非虚目矣。

《讀書雜釋》自十三經以次，間及子史，多主《説文》及近儒惠、段、王、阮之説，本原詁訓，雖未見精深，而參證折衷，實事求是，無鑿空逞臆之談。文則散儷，皆非當家，且多酬應之作。然其論説諸篇，頗多名議。

其《春秋書子同生説》云：桓六年經書子同生，《公羊》以爲久無適子，喜國有正。左氏謂十二公惟子同適夫人之長子，備禮故書。向疑其不然。莊公二年至六年經書夫人姜氏會齊侯者三，享齊侯者一，如齊師者一，書奸者屢焉。《春秋》之例，內大惡諱。君夫人禽獸之行，大惡也，胡弗諱？夫《春秋》之諱不書者，聖人有不忍書者也。《春秋》之書不諱者，聖人有不敢諱者也。《齊風·猗嗟》章之序曰：『人以爲齊侯之子焉。』《穀梁傳》曰：『疑故志之，時曰同乎人也。』蓋齊魯之間，臣民疑惑，流言錯繆，有以呂秦、牛晉之事疑莊公者。聖人懼是説行，則我周公、魯公之祀忽焉斬也。因詳考舊史，桓三年秋九月齊侯送姜氏于讙，夫人始至自齊，六年九月丁卯子同生，此三年中，無夫人會齊侯事，則子同爲桓公子確乎不惑矣。故書子同生，而又慮後人疑魯史于夫人會齊侯之事不盡書也，故五年之中五書之，頻煩不諱，則子同生以前之三年無是事，而子同之爲桓公子，益確乎可不惑矣。床第之言不逾閾，豈故以牆茨不可道之醜播之後世哉？《穀梁》曰：『疑故志之。』蓋深得聖人之微意也，惜乎范寧、楊士勛之不能發其微也。案送姜氏于讙者，文姜之父齊僖公禄父也。桓十四年經始書冬十有二月丁巳齊侯禄父卒。是時襄公始即位，十八年公與夫人姜氏始如齊。三傳之經皆同，則《春秋》之恉，本自章顯。《左氏》又載申繻之諫及齊侯通焉之語，其事尤明。徐氏更取莊二年以後之屢書夫人如齊，以明不諱內大惡者，所以昭舊史之實，而先君繼體疑似之辨爲重，則夫人內亂禽獸之行爲輕，故不得已而不暇諱也，深得《春秋》屬辭比事之教。聖人所謂知我罪我，即在此等，深心特筆，萬世共見，其有功經學，非淺鮮也。

又《刑部尚書贈太子太保史公致儼神道碑》，代阮文達撰，其中有云：嘉慶己未，元副朱文正公珪爲總裁，宮保中式第一名。仁宗問元曰：會元是汝揚州人？元對以寒士有品學及居尊經閣讀書狀。自注云：自元副至書狀四十五字，相國增入。又云：是科得人最盛，績學如武進張惠言、高郵王引之、歙縣鮑桂星、全椒吴鼒、福州當作閩縣。陳壽祺、德清許宗彦、栖霞郝懿行、武威張澍。其通顯揚歷中外者，則自湯相國金釗、盧敏肅坤以下，又數十人，而宫保爲之冠。是年太史奏五星聚奎，文正因作《五緯聯珠圖》，議者謂國家科目，斯最盛也。其後銘辭，亦注相國自撰。曰：『五星聚奎，爲文之祥，人文大啓，爲邦家光。尚德緩刑，皋陶拜颺，帝用刑官，空冬居陽。故所褒者，學行爲長。一曰明允，再曰純良。以此銘碑，佳城後昌。』可見嘉慶四年之榜空前絶後，亦文達一生最得意事也。銘文亦甚爾雅，可補入文達集中，故録之。

初四日乙酉　晴，有風。閲《讀書雜釋》。江右人劉良荃同知字覺岸來，節子所託附書者也。書外附銀四兩，又碑帖四種，則皆付浮沉矣。作書致香濤，商九日游事。作復趙桐孫書。傍晚步詣殷萼庭小坐，又詣肯夫夜飯，談至二更歸。得香濤書。是日在肯夫處見山東人柯劭忞詩一册。柯爲肯夫庚午所取士，年僅十八，詩皆十七歲以前作，擬古歌謡，俱戛戛獨造，語不猶人，五七言古近體學六朝三唐，亦皆老成。肯夫言其少孤，被母教《史》《漢》《文選》，皆全讀成誦，過目不忘，著有《文選補注》，洵異才矣。

初五日丙戌　晴。作片致胡石槎户部義贊乞畫《湖塘村居圖》。作書致香濤，詢重九游事。作書致肯夫，以《徐彝舟文集》送閲。

閲《楊汀鷺文鈔》，其文僅十八首。惟《致范少蘭書》，簡絜有六朝家法。駢體之佳者，《記南字本音》，以《詩經》南字皆協侵韵，證以《説文》『草木至南方有枝任』之語，謂古讀南如任，《説文》以音爲訓，南、男同音，故男之誼亦爲任，其説致確。又《正祭次序備忘之記》，據三《禮》及《詩・楚茨》，以推天子諸侯正祭之禮，分節詮解，雖鮮所斷制，而明晰可觀，其名則仿顧千里《學制備忘之記》也。即此三篇，可以傳汀鷺矣。

得香濤復。

邸鈔：上諭：彭玉麟著署理兵部右侍郎。童華毋庸兼署。前據彭玉麟奉懇陛見後回籍養疴，本日召見時復再三陳請。彭玉麟辦事認真，深堪嘉尚。刻下傷疾已痊，精神亦健，特令留京供職，用示朝廷倚任至意，毋得固辭。上諭：署兵部右侍郎彭玉麟前在軍營打仗受傷，允宜優加體恤，著加恩在紫禁城騎馬。

初六日丁亥　晴。閱《平津館文稿補鈔·擬請復孔子王爵表》一篇。作書致王廉生，詢其尊人行期，并乞代速胡石查畫。作片致許竹篔，屬轉寄桐孫天津書。作片致寶卿，約過談。吕庭芷來，留談至晚去。寶卿來同吃餅。肯夫來。香濤來。

初七日戊子　晨正一刻四分寒露，九月節。晴。閱《平津館稿》。又補鈔自敘一首及目録。胡石查來。殷蕚庭來。胡鐵龕兵部義質來。閱《問字堂集》。

初八日己丑　晴，風。作致朱海門太守成都書。吾邑士夫，惟海門有風節。近聞其守敘州，日坐堂皇治屬邑獄事，案無留牘，屬令畏法，犴訟爲清，政聲流聞。移守蜀郡，敘人言循吏者，自道光間貴州張布政日晸嘗守是郡，清名第一，今推朱君也。自出都後，未有一信至京師，與予自乙丑後，亦未通問。有傳其欲歸者，故作書詢之。作片致王廉生，以寄海翁書，乞其尊人龍安太守附去。作片贈寶卿以《孫淵如文集》自《問字堂》至《平津館》凡五集。剃頭。長沙王編修先謙來，不晤。得香濤柬，約明日醵飲龍樹寺。始換風門。

邸鈔：升山西太原府知府程豫爲雁平兵備道。

初九日庚寅　晴。上午答拜劉良荃，不晤，即歸。午步詣肯夫，已先往陶然亭矣。即顧車赴之，坐客甚衆，南西兩廳，已不可入。登文昌閣，肯夫偕杭人四五輩在焉。憑檻看西山久之。是日雲物清曠，巖岫朗列，樹翠遠呈，塔影孤竦。南望宫闕，金碧竫深。遂同至龍樹寺，車由蘆葦中行，蕭颯如江湖。入寺之北院，庭芷、麐伯、清卿、六舟、廉生已先至，味秋、荇翁、香濤亦相繼來。設飲，至日落始罷。同登看山樓，暮靄蒼然，群鬟髣髴矣。月上偕肯夫同車歸。

初十日辛卯　晴。買菊花六盆。爲實卿書直幅。作書致肯夫，致濮紫泉，俱爲十四日進内觀典禮事。牧莊來。鄉人王通判經、王通判綬兄弟來，不晤。得肯夫復。閲孫頤谷《讀書脞録》。

十一日壬辰　晨陰小雨，巳後晴。得紫泉書。步詣實卿，復同至何達夫館中，小坐而歸。得朝鮮人閔致庠樞判書，及其國王李氏二十八世謚號名字，并贈茶、墨、箋、扇四事，附其賀大婚及冬至使來也。

閲《顔氏家訓》，補正其注三條。許思妣一條，失注出《世説・政事》篇許柳兒思妣，名永。反支一條，失引《漢書・游俠・陳遵傳》注，是張竦事。木旁作鬼爲魁一條，失引郭忠恕《佩觿序》。此書趙敬夫注，爲一生精力所萃。盧弓父爲之補。其後有重校正補注者七事，又補遺者七事。又錢曉徵補正者十四事。而以予之淺學健忘，覺其中漏略者尚多，甚矣，此事之難也。

邸鈔：御史穆緝香阿授山西太原府遺缺知府。

十二日癸巳　晴暖如春。閲《文選旁證》。自初九日至明日，皇后奩具由大清門迎入大内，士女擁觀。棋盤街左右以填道，久屏車騎，京官皆由宣武門出入矣。皇城以内，花燈采棚，直接乾清門。工部司官分日守視直宿朝房，侍衛輪班掌燭去櫛，士夫皆花衣補服交錯宫門。作書致紫泉，約十四日同入内。下午詣竹篔，不值。至蓮花寺，訪紫泉，久坐。出詣香濤，不值。詣蕚庭，並晤董金門拔貢。蕚庭爲代購得竹紙初印翁注《困學紀聞》，遂携以歸。

邸鈔：以詹事府詹事黄鈺爲内閣學士兼禮部侍郎銜。

十三日甲午　晴和。閲《文選旁證》。作片致肯夫，約明日同入内。作片致蕚庭，仍取所蓄貓歸。得肯夫復。得潘紱丈書，借《湖海詩傳》，即復。

十四日乙未　晨陰有微雨，終日微晴多陰。是日皇上寅刻御保和殿，命禮部尚書靈桂、禮部右侍郎徐桐持節，爲册立皇后正副使，取桂子桐孫意也。申刻，復御殿臨遣鳳輿，受百官朝賀。惇親王福晉□□□氏、恭親王福晉瓜爾佳氏，率命婦八人往迎，皆騎馬儀從，出大清門，至皇后府。聞内中禮多如民間。開臉者，侍郎崇厚之夫人也。妝飾上輿者，兩福晉也。夜寅刻，自府迎入大清門，進交泰殿，拜天地及壽星、竈君。奉進皇上、皇后湯圓子者，亦兩福晉也。煮湯圓子者，禮王之福晉也。朝士及未有官者，傾城入内，具朝衣冠者託名朝賀，具公服者託名差使，婦女皆列坐通衢，觀迎奉出入。予以覓車不得，遂不往。紫泉來，肯夫來，皆邀予同往者。作片約寶卿過談，則亦入城矣。閲《文選旁證》。夜月甚佳。

邸鈔：詔：委散秩大臣承恩公崇綺加恩以内閣學士候補員外郎。鳳秀加恩開缺以四品京堂候補。

十五日丙申　陰，微有日景，夜月甚皎，更餘大風起，忽雨，終夜有風震撼。閲《爾雅》及《説文》。因補注《説文》段注，得四事。一㝮字，段引玄應老人寸脉衰之説。案㝮當从宀，从叜省。宀者，老人宜居屋下也，叜音范，爪象皮包𡿺，人象臂，夊爲足。老人面皺，故皮包𡿺，此以子籒文作巤證之。𡿺象囟有髮，北象臂，人象脛，几者床，兒宜在床上，叜宜在屋下。巛象巤有髮，爪象叟無髮，又以宂爲宂人在屋下，窳爲懶人在屋下證之也。今《說文》無窳字，見玄應所引。又叜在夂部，訓爲𡿺蓋。案下既有臂有夊，則不僅指𡿺蓋。　一岵屺字。段據毛傳『岵無草木，屺有草木』，以許氏及《爾雅·釋名》爲誤，謂岵之言瓠落，屺之言荄滋。故毛曰『父尚義，母尚恩』。案尚義尚恩，皆主其章末『猶來無止』『猶來無棄』句言之，疏說甚明。岵者，怙，冒也，憮也；屺者，圮，落也，陊也，此孔冲遠謂毛傳轉寫之誤，無可疑也。　一𠫓字，段從小徐本于𠫓下加『𠫓即《易》突字也』六字，而古文㐬下去『即《易》突字』四字，以惠氏改《易》突字作㐬爲紕繆。案《釋文》『《易》突字』下云：『舊又湯骨反。』湯骨者，㐬字之音也。所云舊者，陸氏據王弼本，則舊爲鄭、荀所傳古文本。是雖不出𠫓及㐬字，而舊本之有作𠫓或㐬者無疑也。《玉篇》：㐬，古文，今作突，則尤古《易》作㐬，今《易》作突之明證。許先稱《易》突如其來如及說解者，明經傳假借之例也。後出古文㐬字云即《易》突字者，明《易》古文本作㐬也。　一亂字。段改『治也』爲『不治也』。案下又云从乙治之，則既受治矣，何得仍云不治？惟𠬪部既有𤔔訓治，此字音義皆複，且乙亦無治義，疑此專爲《論語》『《關雎》之亂』亂字，樂歌將終，重理其亂曰亂，此鄭君、朱子《論語注》及王叔師《楚辭注》、韋弘嗣《國語注》意皆同。从乙者，象其音之曲而達，氣之軋而出也。

得紱翁書。

十六日丁酉　晨小雨，終日陰寒有風。閲《爾雅》。作片致牧莊，約同閲廠市。

《爾雅·釋山》首曰河南華，河西嶽，河東岱，河北恒，江南衡。末又云泰山爲東嶽，華山爲西嶽，霍山爲南嶽，恒山爲北嶽，嵩高爲中嶽。鄭君注《周禮》，于《大司樂》用前說，于《大宗伯》用後說，固疑未能定而兩存之。邵氏《正義》主前說，以後說爲漢世之儒所附益，謂以霍當衡，多言始于漢武；而嵩高之爲中嶽，亦始于漢初。郝氏《義疏》駁之，以爲《爾雅》前標五山，後列五嶽，其河南華云云，未嘗系以嶽稱。案：《堯典》言四岳，《周禮·職方》言九鎮，而《大司樂》則曰四鎮五嶽，明九州九山，其五相承稱嶽，其四無嶽名則稱鎮，與《職方》山鎮九之稱，互文見義，何得又别稱五山？古今經典，未有此説。此郝氏之臆決，不如邵説爲長。

十七日戊戌　晴，霜高氣爽。讀《爾雅》。作復傅節子書，再贈以《越三子集》《邵位西集》《消夏唱和詩》各一部，即作片致劉覺岸，屬附寄。夜月甚佳。

十八日己亥　晴寒有風。剃頭。得殷蕚庭書，爲購得《十國春秋》，昭文周氏翻刻本也。魯魚甚多，價銀三兩五錢。此書十餘年前越中書肆多有，不過銅錢七百耳。即作書復蕚庭。以京錢三十二千買高麗參一斤六兩，將以寄家。蕚庭偕董金門來。

夜閲《十國春秋》吴、南唐、前蜀三家。志伊采取極博，後之考據家，多不能知其出處。然稍乏識斷，其好用書法之謬，及主歐史誤以南唐祖建王恪爲吴王恪，予已於丙辰年日記中詳論之。今略摘其小舛者：如楊渥追號爲烈宗，而誤作烈祖，不特《通鑑》諸書所載皆同，且使渥果號烈祖，南唐何以肯襲其號以尊先主？此必不然者也。後主分賜諸臣金，自首于曹彬者乃張洎，而誤以爲張佖。佖于後主始終不失臣節，安得有此？女冠耿先生，馬令言其事鄭文寶親得之徐率更，率更則目睹者。然但云元宗殂後不知所終而已。其攝去宋太后與道士酣飲之事，惟陸務觀書載之，至爲無稽，或存之附注亦可，而竟入正文。徐鉉求見後主，遂以悔殺潘佑之言奏于太宗。此出宋人小説，蓋誣善之辭。鼎臣雖欠後主一死，而其拳拳舊君，自不容没。觀所撰吴王碑文，婉而能直，亦是人所難能。且後主在宋，當時雖設禁防，而潘慎儀尚爲記室，張洎猶時往丐索，何獨鼎臣須請旨始見？吴氏亦直載之，不加考駁，皆爲失當。

十九日庚子　晴，下午微陰。買菊花十餘盆，付直五千。下午答拜王編修先謙，王經、王綬兄弟，黄侍讀體芳。送王知府祖源之行，晤王編修及番禺人張編修清華。又詣香濤，晤周荇丈，小坐而歸。比日暮秋多風，寒陰黯寂，生事甚窘，舊疾屢發。偶出詣人，所至鉏鋙，加以弟妹無書，親朋絶問，斷鴻落葉，俯仰悽然。羈士之窮，殆無逾此。安得山中斗室，消摇卒歲耶！閲《十國春秋》。

邸鈔：慈安皇太后、慈禧皇太后懿旨：皇帝寅紹丕基，于今十有一載。親賢夾輔，共濟時艱。兹當大婚禮成，自應特沛恩施，用彰勞勩。其近支王公勳舊後裔亦宜一體施恩，以光慶典。惇親王著加恩在紫禁城内坐四人轎，毋庸進領侍衛内大臣班，並免帶豹尾槍差使。伊子載濂著封奉恩輔國公。恭親王輔政多年，勳勞懋著，前于咸豐十一年十月間命以親王世襲罔替，因該親王再三懇辭，允俟親政之年，再行辦理。現在皇帝大婚禮成，親政伊邇，著即加恩，以親王世襲罔替。醇郡王著晉封親王。伊子載湉著賞給頭品頂戴。孚郡王著賞加親王銜。惠郡王奕詳著賞加親王銜。郡王銜貝勒載治著賞食郡王俸。奉恩鎮國公奕謨著賞加貝子銜。禮親王世鐸、睿親王德長、肅親王隆懃均著賞穿四團正龍補服。鄭親王慶至、豫親王本格、怡親王載敦、克勤郡王晉祺、順承郡王慶恩均著賞戴三眼花翎。莊親王奕仁之子載勛著賞給委散秩大臣，御前大臣上學習行走。貝勒奕劻著賞加郡王銜，補授御前大臣。貝勒載漪、載澂、載瀅均著賞食貝勒俸。貝子載容著賞加貝勒銜。奉恩鎮國公奕湘、奕梁均著賞加貝子銜。定郡王溥煦，貝勒奕絪，貝子綿勳，奉恩鎮國公載綱、載遷、溥芸、溥楙、榮毓、桂豐，奉恩輔國公載岱、榮頤、續銘、載燦、裕恪、載帛、純堪、端秀，均著賞加二級。御前大臣伯彦訥謨祜之子貝勒那爾蘇著加恩在御前行走。景壽之子志勳著加恩賞給六部員外郎，俟及歲時分部行走。軍機大臣、大學士文祥著在紫禁城内坐二人肩輿。太子少保銜尚書寶鋆著賞加太子太保銜。尚書沈桂芬、李鴻藻均著賞加太子少保銜，以示行慶推恩之至意。

二十日辛丑　晴。閱《十國春秋》後蜀、南漢、閩三家。

邸鈔：慈安皇太后、慈禧皇太后懿旨：皇帝大婚禮成，所有内廷行走及執事諸臣，亦應一體獎勵。弘德殿行走侍郎徐桐、桂清、廣壽均著賞加頭品頂帶。詹事府右春坊右庶子林天齡著遇有應升之缺，開列在前。前任内閣學士翁同龢著賞給頭品頂帶，上書房行走。侍郎黄倬、童華，國子監祭酒章鋆著賞加一級，南書房行走。侍郎潘祖蔭著賞給頭品頂帶。内閣學士黄鈺著賞加二級。翰林院侍講孫詒經、徐郙均著遇有應升之缺，開列在前。禮部、工部堂官均著賞加二級。總管内務府大臣崇綸之子候選郎中壽昌著以四品京堂候補。春佑之子頭等侍衛謙德著賞加副都統銜。二等侍衛謙光著賞給頭等侍衛。明善著賞加太子少保銜。魁齡著賞加三級。誠明著賞戴花翎。前任總管内務府大臣、大學士瑞常之子郎中文暉著以五品京堂候補。尚書存誠之子員外郎明厚著以六部郎中用。武備院卿師曾、奉宸苑卿毓清均著賞加總管内務府大臣銜。師曾之子候補郎中文鑑著以郎中即補。毓清之子候補員外郎麟雯著以員外郎即補。粤海關監督崇禮著賞加總管内務府大臣銜，並賞加二級。步軍統領英元、左翼總兵榮禄、署右翼總兵成林均著賞加二級。其修理街道等兵丁，由户部撥銀一萬兩，著英元等分别賞給，以示體恤。

慈安皇太后、慈禧皇太后懿旨：前因皇帝冲齡踐祚，時事多艱，諸王大臣等不能無所禀承，姑允廷臣垂簾之請，權宜辦理。並諭俟皇帝典學有成，即行歸政。十一年來，夕惕朝乾，未敢稍懈。皇帝緝熙典學，日就月將，當春秋鼎盛之時，正宜親總萬幾，與中外臣工共求治理，宏濟艱難，以仰酬文宗顯皇帝付託之重。著欽天監于明年正月内選擇吉期，舉行皇帝親政典禮，一切應行事宜及應復舊制，著軍機大臣、大學士會同六部九卿，敬謹妥議具奏。同日又奉懿旨：壇廟大祀，典則崇隆，皇帝尤應躬親致祭，以嚴對越。著自本年冬至大祀圜丘爲始，皇帝親詣行禮，所有一切應辦事宜，著各該衙門敬謹豫備。

二十一日壬寅　晴，上午微陰。閲《十國春秋拾遺》，周氏昂所補者，各條下不系以出處，殊謬。

二十二日癸卯　巳正三刻十三分霜降，九月中。終日陰寒有風。作片致蓴庭，以《十國春秋》託其代還。比日窘甚，以夾袍褂什質庫，得錢六十千，又可舉數日火。畱狗死。夜閲《潛研堂集》。

二十三日甲辰　晴和。閲《潛研堂集》。史竇卿、何達夫來。壽蘅師柬訂廿六日文昌館樂宴。夜有風。

二十四日乙巳　晴。閲洪稚存《漢魏音》。謝夢漁來。譚研孫來。肯夫來。同官松郎中松林柬訂廿六日浙紹鄉祠樂宴。

二十五日丙午　晴和。閲《淮南子》，以王石渠《讀書雜志》、劉端臨《淮南補校》諸書訂正之。夜作書致肯夫。

二十六日丁未　晴和。遣人至文昌館浙紹鄉祠辭飲。同官歐陽仲蓀來，不晤。劉覺岸送來節子所寄銀四兩，即作片復。晡後步詣肯夫，談至夜二更歸。周生文令來。作書致吴清卿，催畫得復。

邸鈔：上諭：彭玉麟奏傷疾未痊懇請開缺回籍一摺。侍郎彭玉麟平日辦事認真，勤勞夙著。玆據奏稱，帶兵江上十有餘年，傷疾未痊，仍懇回籍調理。覽其情詞懇摯，姑允所請。彭玉麟著開署兵部右侍郎缺，回籍調理。新授長江水師提督李成謀初膺重任，一切情形未能盡悉，著該侍郎順道馳赴長江一帶，督同李成謀布置周妥，再行回籍。嗣後每年著巡閱一次，遇有應行參劾及變通之處，准其專摺具奏。應需辦公經費，著兩江、湖廣各總督奏明，交該侍郎支領，以副朝廷慎重江防之意。

二十七日戊申　晨晴，上午微陰，午後大風。剃頭。徐壽師復以書招飲文昌館，冒風赴之。坐有其鄉人一御史張姓，倚老詅癡；一舉人廖姓，談星騰穢，可謂無妄之灾矣。傍晚歸。寫單，約謝夢翁、敖金甫、劉仙洲、劉覺岸、謝惺齊廿九日夜飲。

邸鈔：翰林院編修韋業祥爲貴州學政。命肅親王隆懃進惇親王領侍衛内大臣班，並帶豹尾槍差使。

二十八日己酉　晴寒，有風。閱《淮南子注》，以《説文》訂之，王石臞謂其所載一曰云云，皆本是許注，其説似未確。許竹篔來，久談，至晚去。

邸鈔：以鴻臚寺卿岐元爲通政司副使。

二十九日庚戌　晴。得謝夢漁書，以小疾辭飲。下午詣研孫，晤。詣伯寅，不值。送翁巳蘭行，則已去矣。遂歸。晚詣庭芷，晤談。遂至福興居，敖金甫、劉覺岸已先在，殷萼庭、董金門、劉仙洲、謝惺齋相繼至，飲至二更後歸。印結局送來是月公費銀十二兩七錢。

三十日辛亥　晴。

閲梁元帝《金樓子》。此書于《永樂大典》中掇拾而成，不免奇零斷續，其脱誤處亦甚多。元帝爲人險薄忮忍，所長不過艷詩小賦，故此書大半勦襲子史中語，間及文藝，而《立言篇》有云：『周公没五百年有孔子，孔子没五百年有太史公，五百年運，余何敢讓焉？』幾於病狂之言。又其《興王篇》，歷敘其父武帝之爲齊明所委任，《后妃篇》歷敘其母宣修容云本姓石，揚州會稽上虞人，武帝賜姓阮。《梁書》作餘姚人。

之爲齊少帝蓋鬱林王。始安王所寵幸；可謂不識羞耻。

惟其時古書多存，偶一引用，亦足以證佐見聞。如云：『居家治理可移於官。何也？治國須如治家，所以自家刑國。』此可證《孝經》舊本『居家理』下無故字，『理治』與『治理』，傳寫偶異耳。元行冲疏言故字明皇所加，信而有徵。云：『菁茅，薪草也，《書》尊其貴；王睢，野鳥也，《詩》重其辭；羊雁，賤畜也，《禮》見其質；蘽棘，鄙木也，《易》以定刑。』此足見古贄字祇作質。又如《世説》載楊氏子答孔坦夫子家禽語，此作楊子州答孔永。《晉書》載習鑿齒、釋道安四海、彌天之語，此作習語云：『四海習鑿齒，故故來看爾。』道安應曰：『彌天釋道安，無暇得相看。』蓋皆以韵語取勝。截去下兩句，則無謂矣。《顔氏家訓》載江南一權貴誤讀《蜀都賦》注『蹲鴟，芋也』爲羊字，此作王翼于宋孝武坐呼羊肉爲蹲鴟，翼即向謝超宗求觀鳳毛者。《後漢書·張奂傳》載其子猛殺刺史邯鄲商，此云漢張猛、皇甫商少而相善，爲狎既過，乃至相殺。按《三國志·龐淯傳》注引魚豢《典略》亦作邯鄲商，則此書誤也。

《四庫提要》謂《南史·徐妃傳》言元帝著《金樓子》以道其穢行，今此書無之。按今本既非完書，而其述宣修容事有云：『及饋人失禮，接之彌篤，每語繹曰：妒婦不憚破家，況復甚於此者也。』所云饋人，猶今言室人，此即斥徐妃事。又《志怪篇》云：『余丙申歲婚，初昏之日，風景韶和。末乃覺異，妻至門而疾風大起，折木發屋，無何而飛雪亂下，帷幔皆白，翻灑屋内，莫不縞素。』『至七日之時，天景恬和，無何雲翳，俄而洪濤波流，井溷俱溢，昏曉不分。』按此不過一雪一雨，何足爲怪。而備載之，蓋著其兆之不祥，知全書所指斥者，必尚多矣。其《雜記篇》云：『余作《金樓子》未竟，從荆州還都，時有言是鍛真金爲樓子者來詣余。三爵之後，往往乞借《金樓子》玩弄之。』亦可爲談噱之助。至其《立言篇》云：『潘岳賦云，太夫人御板輿，乘輕軒，柳垂陰，車結軌，或宴于林，或宴于沚，兄弟斑白，兒童稚齒，稱福壽以獻觴，咸一懽而一喜。嗟夫，天下之至樂，唯斯而已矣！天下之至樂，唯斯而已矣！忽忽窮生，百年之内，曷由復如此矣！』此則令永感之人，誦之流涕。

周生文令書來，約初四日過飲其家，且送《孝經鄭注》三種來，即復之。予擬自今冬始録《孝經》《爾雅》《弟子職》《急就章》四書也。《孝經》取鄭注本、明皇石臺本，著其同異，并昚合其注。《爾雅》取雪窗本、吴元恭本，邵、郝二本，注則合問經堂臧拜經、黄右原所輯古注及郭注録之。《弟子職》取尹知章注及洪稚存、莊珍執、孫雨人三家注。《急就章》取王厚齋補注。既可熟文，并以習楷，它日有貲，當刻以授家塾教童子焉。

冬十月壬子朔　晴和。

閲《孝經》鄭注及洪筠軒所輯《補證》，臧在東所輯鄭氏解，日本國鄭注本。錢同人序雖舉其《孝治章》以昔訓古，見《公羊傳疏》，『聘問天子無恙』諸語，見《太平御覽》，《聖治章》『上帝者，天之别名也』，見《南齊書·禮志》暨《困學紀聞》。凡三條合于鄭義，謂非僞撰。然其它文辭多不類鄭君，故阮文達深疑之。臧氏所輯，密于洪氏，而體例謹嚴，則洪爲優。臧氏于開卷『仲尼居』《釋文》引鄭作凥，下即曰『凥當作居』。以隸書寫篆文，自稱正體者，發端于南宋毛居正、岳珂等，而近時學者爲尤甚。案此經以凥字爲不可依，《顔氏家訓》已言之。盧弓父補注《家訓》即深韙其説。臧爲盧之弟子，其《拜經日記》中亦備言以古改經之非。同時嚴氏可均亦持是論。故嚴則深譏汲古閣毛氏刻書之非體，臧則痛詆惠松崖臆改《周易集解》之妄。然兩君所主者，唐石經耳。開成立石，多用張氏《五經文字》之説。張氏所主，則漢熹平石經。熹平即非全出蔡中郎之手，而爾時行用隸書，半參俗體，即《五經文字》所載，偏旁乖繆，不勝僂指。蓋許叔重所謂『馬頭人爲長』『人持十爲斗』，陸德明所謂『席下著帶』『惡上安西』者，漢隸往往有之。如必守經典相承之俗字，而以改者爲謬，則《説文》等書可不作矣。苟于形聲不失，體從省借，相沿已久，誠不須變改，以駭流俗。又或描摹象形，非篆非隸，涉于怪瑣。如郭忠恕、戴侗諸人，亦爲好古之過。若如臧氏《日記》所舉宋槧《禮記》，个不作箇，脩不作修，鍾不作鐘，宜不作宜、宂，昔不作昝，衤不作示，遅不作遲，蓋不作葢，並不作竝，甞不作嘗，爽不作爽，屬不作屬，退不作退，直不作直，賔不作賓，旨不作旨，會不作會，愽不作博，袁不作袁，陰不作陰，龜不作龜，賛不作贊，暴不作暴，弃不作棄，畝不作畆，教不作敎，沿不作沿，聰不作聰，肉不作肉，損不作損，以爲古意可法，是則古之所行，雖俗當遵，今之所改，雖正亦失，勢必字形悉淆，書恉盡昧，開史之臆改，賢于沮、蒼；市魁之趨便，勝於周、孔，不亦謬哉。且毛、岳二家，未精小學，其所訂正，大率因時。觀《六經正誤》《九經三傳沿革例》所言，非有據依之本，輒不敢改，何嘗有以隸寫篆之事？《孝經》鄭本，字自作尻，必以爲非，亦可謂少見多怪矣。善夫近人俞理初之言曰：『字之當正者，正以經典之多俗字也。若尋常底下之書，亦任之而已。今人乃以經典承用者爲不可改，是大惑也。』此可以息俗儒之喙。

吴清卿約明日午飲朝鮮使，以祖妣忌日辭之。仙洲邀午飲宴賓齋，晡後詣蕚庭便道赴之，坐有李姓、賈姓兩御史，劉姓吏部，牛飲犬狺，目無禮法。近日都中士夫狂愚自大，行冢坐屍，蓋一轍也。傍晚先歸。姚樫甫來，不值。

夜閲翁注《困學紀聞》。此書十年前觀之頗熟，以爲遺漏者鮮矣。今重復之，則覺經説中可補正者甚多。蓋翁載青全是眘録之學，略無心得。而王氏于經雖喜蒐羅古誼，其于名物訓詁，領會未深，多囿于宋季義理膚淺之談。而漢儒家法，動多窒礙，故近儒如張皋文、丁小疋謂王氏尚未足與言鄭學也。載青歷官中外，奪于吏事，其自序言質于中表邵二雲、同年王穀塍以成此書，蓋極一生之力。肯夫言曾見其稿本，皆取名刺紙背，雜鈔碎録，散夾書中，因薈萃而條附之，實未有所辨證也。安得取其説經諸條，依據漢學，疏通證明，則裨益後人，功尤鉅矣。《紀聞》閻注之精，何評之簡，全箋之覈，皆非易及。

邸鈔：慈安皇太后、慈禧皇太后懿旨：欽天監奏遵旨選擇吉期一摺。皇帝親政典禮，著于明年正月二十六日舉行。所有應行事宜，著各該衙門敬謹預備。詔：廣西按察使佛爾國春來京另候簡用。前貴州布政使湖北巡撫嚴樹森賞四品頂戴，署理廣西按察使。

初二日癸丑　晴和。祖妣倪太君忌日供饋。

書肆送嘉慶御纂《明鑑》來，兩淮奉敕刻本也。書共二十二卷，仿范祖禹《唐鑑》而作。初命大學士曹振鏞、戴均元，尚書戴聯奎、秀寧爲總裁，侍講朱珔爲總纂。二十三年，以進呈卷中于萬歷朝事載入太祖開基武功，加以頌揚，而咎明之用人不當，奉嚴旨申飭，以爲非體。且卷帙過繁，視唐加倍，總裁交部議處，總纂及纂修嚴議。因改命大學士托津、章煦，尚書英和、和寧爲總裁，翰林李象鶤爲總纂，王家相、吴慈鶴、戚人鏡、郭尚先爲纂修。其例言取材自《明史》外，惟《綱目三編》《通鑑輯覽》《明臣奏議》矣。

清卿復來速飲，晡後詣之。朝鮮正使朴珪壽，字瓛卿，年六十餘矣。香濤、麐伯、顧緝庭、陸雲生、王廉生皆在。朴君言戊辰歲英夷犯平壤，彼爲平壤觀察使，擊敗之。庚午復入犯，辛未又犯江華島，皆不得志去。朴君今官禮曹判書。猶中朝之禮部尚書。其弟瑄壽，字温齋，著《説文解字翼徵》十四卷，取鐘鼎文字以證《説文》，多駁許君舊解。其所據者，薛氏《鐘鼎款識》之外，惟阮文達《積古齋鐘鼎款識》，間一引馮雲鵬《金索》、苗夔《説文聲訂》諸書耳。彼國見聞既少，書籍不多，而能究悉形聲，參稽經義，往往獨抒所見，亦難能也。清卿蓄菊花數十盆，盆皆青緑甆，或雜以古銅盎，几施青氈，高下庋之。波黎窗外亦列十數盆，夜燃燭數十枝，錯峙花間，内外照映，殊足佳賞。清卿又憙購古器，室中鐘鼎盤罍，蒼緑斑剥，茶壺皆宜興佳窑，又出一古鏡，彫鏤極精，有篆文云：『初興辟雍建明堂，然于疑即單于。遷土作侯王，子孫復具治中央。』骨董家以爲真漢鏡也。更餘歸。濮紫泉來，不值。

予舊取《中説》注引古語『上士閉心，下士閉門』，以對『剛日讀經，柔日讀史』，爲聯語。去年除夕寫門對，一時未暇撰句，仍取用之，而京師士夫，紛然傳説，其賢者以爲奇絶，不賢者以爲怪妄，然未有能知出處者，蓋《困學紀聞》亦無人一翻閱也，不學可笑，一至于此。近日所至觸迕，每一出門，歸輒惝惘若失，既不能處柴車土室，屏絶人事，惟有效焦先、孫登，杜口而已。《中説》注本尚有『中士閉口』一句。予絶意將迎，泯情榮伍，刺無輕入，交鮮雜賓，閉心閉門，差爲不愧。而未能摩兜結舌，自附陽瘖，往往論學于小兒，示文于傖父，此以不免爲世詬病也。

初三日甲寅　晴。閲《困學紀聞》翁注。作片致廖伯，爲公宴朝鮮使事。下午有風，微寒。自取水澆菊花，且小芟剪之。

初四日乙卯　晨晴，上午微陰，下午陰寒。作致傅節子書，并寄丁韵琴以《王孟調集》一册，行卷一本，向其求任渭長人物小幅，韵琴尚寓福州也。致節子書中，勸其先將《明季五藩封爵宰輔七卿表》撰成刊行，又宜仿《史記·秦楚之際月表》例爲《五藩月表》一書，以唐、魯兩王並起，魯又下涉桂王，而桂王立後，又有紹武自立事，非表其大事，年經月緯，不能明也。午後詣劉良荃，交節子書。入城答姚樫甫，詣賈琴巖，俱不值。晡後還寓。得廖伯書。周生來速飲，傍晚坐車赴之，夜初更歸。

《南齊書·高帝紀》《梁書·武帝紀》皆載系出蕭何，何子酇定侯延，延後五世爲望之，小顔《漢書》

注已糾其妄，其僞撰固不待言。惟兩紀載自何至整凡二十世，名位皆同。惟第十二世吴郡太守永，《梁書》作冰，蓋字相似而誤。而《齊書》云整生即丘令儁，儁生輔國參軍樂子，樂子生皇考承之，字嗣伯。後追尊曰宣皇帝。《梁書》云整生濟陰太守鎋，鎋生州治中副子，副子生南臺治書道賜，道賜生皇考順之，齊高帝族弟也。後追尊曰太祖文皇帝。是齊、梁分支于淮陰令整。按其名字，儁、鎋爲同父兄弟，樂子、副子爲從父兄弟，承之、道賜爲從祖兄弟。而齊高帝名道成，其兄名道度、道生，不應與其族父同以道字系名。疑《梁書》敘世系，于副子下脱去一代，其人亦當以之字系名。而道賜與齊高帝爲族兄弟，則順之乃高帝族子也。疑史文既脱，而後人妄改子字爲弟以實之耳。至之字系名，六朝祖孫數世累見者多有。當時習俗，固不拘也。

三更後小雨。比日患痔，連三夕，又疾動。

邸鈔：慈安皇太后、慈禧皇太后懿旨：皇后之父家著擡入鑲黄旗滿洲。詔：前禮部侍郎殷兆鏞仍在上書房行走。中允歐陽保極仍在南書房行走。陳席珍補授雲南迤西道。此人四川監生，以商販積貲報捐道員，今川督吴棠所薦舉也。

初五日丙辰　晨陰，上午漸霽，午後晴，晡後復陰。作片致清卿。得譽伯書。

《南齊書·孝義·吴達之傳》云：『河南辛普明，僑居會稽，自少與兄同處一帳。兄亡，以帳施靈座。夏月多蚊，普明不以露寢見色。兄將葬，鄰人嘉其義，賻助甚多。普明初受，後皆反之，贈者甚怪。普明曰：本以兄墓不周，故不逆來意，今何忍亡者餘物以爲家財。』此事吾鄉府縣志流寓者皆失載。又《韓靈敏傳》云：『諸暨東洿里屠氏女，父失明，母痼疾，親戚相棄，鄉里不容。女移父母遠住苧蘿，晝樵采，夜紡績，以供養。父母卒，親營殯葬，守墳墓不肯嫁。』此足爲苧蘿生色，府志列女雖已采之，而徵苧蘿故事者，但知西子，不知屠女。

南齊沛國劉子珪瓛、子敬璡兄弟，立身行事，足爲六朝第一流，漢儒之篤實，宋儒之謹嚴，皆不是過。惜皆歷仕宋、齊，陷二臣之律。二君非慕榮進，子珪尤無宦情，屢次辭官，難進易退，而當時不以此爲嫌。使無宋儒大聲疾呼，嚴其限斷，在三之節，克守者稀矣。二劉若生宋、元以後，兩廡俎豆，不當首及之哉。女不以醮二夫爲耻，士不以仕易姓爲非，此古人之所難，今人之所易也。

《水經·漸江水》篇注云：湖水謂長湖，即今之鏡湖。『側有白鹿山，山北湖塘上舊有亭，吴黄門郎楊哀明居于弘訓里，太守張景數往造焉，使開瀆作埭，埭之西作亭，亭埭皆以楊爲名』。所云白鹿山、弘訓里、楊埭、楊亭，今皆莫知其處。哀明之人，亦無可考。古今以哀爲名字者，化虎之牛哀以外，惟東漢有楊由字哀侯，蜀郡成都人。湖塘之名，始見于此。

邸鈔：上諭：安徽布政使吴坤修前在湖南、湖北、江西、安徽等省帶兵剿賊，著有勞績，其在藩司任内，吏治亦能整飭。現因積勞病故，殊堪矜憫，著照布政使議恤。以安徽按察使裕禄爲布政使。

初六日丁巳　晨陰，大霧至午始散，上午晴。

皇侃《論語義疏》十卷，亦乾隆中得之于日本，論者或與《孝經》孔傳、《孝經》鄭注並疑其僞，然疏解詳密，條理秩然，文法辭氣，大類六朝，必非彼國所能贋作。其所引自江熙所集十三家外，有樊光、王朗、張憑、見《隋志》。梁冀、當作覬，晉人，見《隋志》。殷仲堪、沈居士、沈峭、熊埋、所引凡七八條皆作埋。褚仲都、見《隋志》。顔延之、顧歡、秦道賓、太史叔明、見《隋志》。琳公諸家。又引虞氏贊一條，即《隋志》所載『《論語》九卷，鄭玄注，晉散騎常侍虞喜讚』也。又引虞喜曰一條，述《説苑》孔子見伯子事。疑即《隋志》所載『《論語新書對張論》十卷，虞喜撰』者也。又引張封溪曰一條。又《公冶長》下云『别有一書，名爲

《論釋》』云云。即載公治長解鳥語事。其餘佚文古義，往往而有，正不必以偶與《釋文》不合疑之。

《南齊書·顧歡傳》不載其注《論語》。《隋書·經籍志》《經典釋文·序録·論語》下皆無其名，而皇氏《義疏》則于『夫子之求之也』下引顧歡云：『夫子求知乎己，而諸人訪之於聞，故曰異也。』于『吾與汝弗如也』下引顧歡申苞注曰：『回爲德行之俊，賜爲言語之冠，淺深雖殊，而品裁未辨，欲使名實無濫，故假問孰愈。子貢既審回、賜之際，又得發問之旨，故舉十與二以明懸殊愚智之異，夫子嘉其有自見之明，而無矜克之貌，故判之以弗如，同之以吾與汝，此言我與爾雖異而同言弗如，能與聖師齊見，所以爲慰也。』『詩書執禮』下引顧歡曰：『夫引網尋綱，振裘挈領，正言此三，則靡典不統矣。』『與其潔也』下引顧歡曰：『往謂前日之行也，夫人之爲行，未必可一，或有始無終，或先迷後得，故教誨之道，潔則與之，往日非我所保也。』『未知生下』引顧歡曰：『夫從生可以善死，盡人可以應神，雖幽顯路殊，而精誠恒一，苟未能此，問之無益，何遽問彼耶？』『回也其庶乎』下引顧歡云：『夫無欲於無欲者，聖人之常也；有欲於無欲者，聖人之分也。二欲同無，故全空以目聖；一有一無，故每虛以稱賢。案：此中注『一曰屢，猶每也，空猶虛中也』之說。賢人自有觀之，則無欲於有欲。自無觀之，則有欲於無欲。虛而未盡，非屢如何。』凡六條，此足徵顧有《論語注》甚明，而諸家紀載皆失之。

皇疏于名物典制，亦不甚詳，然皆下己意。所引各家，大率空言名理，無一徵實者。《鄉黨》一篇，遂絶無采用之説，惟載江熙語四條，亦皆泛説耳。蓋六朝人以此佐清言，《易》《老》之外，即及于《論語》《中庸》，故戴顒、梁武皆有《中庸注》，而郭象、袁宏、孫綽、張憑、蔡謨、庾翼、顔延之、陶弘景、殷仲堪、顧歡，皆談玄名宿，附託聖經，以至宋明帝、梁元帝、見《金樓子》。僧智略、釋慧琳，無不注《論語》矣。

作書致周生文令，爲撰字曰勉詒，一曰幼聞。付賃屋錢三十六千七百。是日祖妣余太君忌日，以明日合薦。

邸鈔：以江南鹽法道孫衣言爲安徽按察使。

初七日戊午　巳正二刻五分立冬，十月節。晴和。曾祖妣倪太君生日，上午供饋。楊理庵來訂初十日飲天福堂。得吴清卿書，并以朴温齋《説文翼徵》送閲。

閲《説文翼徵》。朴君頗識偏旁，折衷經注及《釋文》，體例秩然，深爲可取。惟彝器之屬，本多贋作。自宋以來，言古文奇字者，大率皮傅臆决，强不知以爲知。流及近世，模糊影響，郢書燕説，更不可問。温齋生于僻陋，目不見鐘鼎真款，所列文字，皆采自《博古圖》《薛氏款識》《阮氏款識》三書，寫刻傳訛，滋不足據。而《説文》亦僅見相沿誤本，如朱氏、孫氏、祁氏之刻，段氏、錢氏、桂氏之注，概未之聞。其于經注，亦惟守《書》之僞孔傳、蔡傳，《詩》之朱傳，以爲據依，輒以輕詆許書，于阮氏亦屢加駁詰，至謂陳祥道、薛尚功輩不足責備。又于文字，但知求聲，不知求義。且言古籀不作尖鋒，《説文》《汗簡》諸書，形摹皆失，而以科斗爲野言，點漆燒錐爲妄説，古人之巧，豈不能聚豪爲筆，屑煤爲墨，則誠荒外怪誕之言矣。其中一知半解，不無足取。于聲韵通轉，亦有微悟。如謂元有兀聲，釁有微聲，乃有仍聲，其見出二徐之上。又以古文上作二，與二形相似，謂《詩·皇矣》『惟此二國，其政不獲』，毛傳『二國謂殷、夏也』，上文無言夏事者，此二國當是上國，上國謂殷也，毛傳當本作『上國，謂殷是也』。鐘鼎夏作亘，與是字近而誤。説甚有理。

晚作書，還清卿《翼徵》，得復。

初八日己未　大風陰寒。作復朝鮮閔致庠樞判書，此君官刑曹侍書，侍書即中國之侍郎也，其奉使皆加判樞密銜。并贈以《越三子集》一部，箋紙四束。作書致香濤、致肯夫。雅齋來。更夫吕升，家人言其懶不任僕媪皆以爲過。予初亦游移，而姬人力從臾之。姬性執而愎，事予不謹，以此等事甚可取，故予亦能容也。

事，辭之去。念其天寒尚無絮衣，因解所服綿襦與之，且給京錢四千，令買綿褌。此人受庸未及兩月，

嘉慶以後之爲學者，知經之注疏不能遍觀也，于是講《爾雅》、講《説文》。知史之正雜不能遍觀也，于是講金石、講目録，志已偷矣。道光以後，其風逾下。《爾雅》《説文》不能讀而講宋版矣，金石目録不能考而講古器矣。至于今日，則詆郭璞爲不學，許君爲蔑古。偶得一模糊之舊槧，亦未嘗讀也，瞥見一誤字，以爲足補經注矣。間購一缺折之贋器，亦未嘗辨也，隨摸一刻畫，以爲足傲漢儒矣。金石則歐、趙何所説，王、洪何所道，不暇詳也，但取黄小松《小蓬萊閣金石文字》數册，而惡《金石萃編》之繁重，以爲無足觀矣。目録則晁、陳何所受，焦、黄何所承，不及問也，但取錢遵王《讀書敏求記》一書，而厭《四庫提要》之浩博，以爲不勝詰矣。若而人者，便足抗衡公卿，傲睨人物，游談廢務，奔競取名，然已爲鐵中之錚錚、庸中之佼佼，不可痛乎！

得肯夫復。閲《梁書》。是日巳初刻，皇上至慈寧宫，上慈安皇太后徽號曰端裕，慈禧皇太后徽號曰端佑。晚風益横，入夜不絶。

初九日庚申　晴，大風，寒。作書致濮紫泉。肯夫、琴巖來，偕至廣和居小飲。午後同肯夫詣安徽會館公宴朝鮮使臣朴瓛卿，荇丈、鏖伯、香濤、味秋、廉生、清卿皆至。飲于碧玲瓏館，頗有竹石清池，曲欄垂楊映之，爲最佳處。晚歸。夜閲《梁書》。是日始有冰。

初十日辛酉　晴，有風。理庵來催飲，午赴之，坐有肯夫、章采南祭酒鋆及其同年楊頤、費延釐等翰林四五人，傍晚歸。朱鼎甫來，不值。

夜閲《隋書》。《隋書》之《誠節傳》，即《忠節傳》也。此必本王劭《隋書》，因避文帝父忠之諱而立此目。唐代不應仍避隋諱，此魏徵輩之失檢。其中如《皇甫誕傳》云『以無逸誠義之後』，『誠義』即『忠義』也。《何妥傳》云：『若信有此言，威不從訓，是其不孝；若無此言，面欺陛下，是其不誠。不誠不孝，何以事君！』『不誠』皆即『不忠』也。此類甚多，不可枚舉。

宋子京《新唐書》盡刊詔令表奏駢儷之作，誠爲過當，然自晉、宋、齊、梁以下諸史，繁文浮悄，疊矩重規，飾僞崇誣，良爲可厭。《隋書》稍加簡擇，較有體裁。其傳論諸篇，雖承用偶儷，而辭意質直，殺而不繁。此房、魏諸公浮華漸掃，其功不可没也。如《文四子傳論》云：『慎子有言曰：「一兔走街，百人逐之。積兔於市，過者不顧。」豈其無欲哉？分定故也。房陵分定久矣。高祖一朝易之，開逆亂之源，長覬覦之望。』又云：『自古廢嫡立庶，覆族傾宗者多矣。考其亂亡之禍，未若有隋之酷。《詩》曰：「殷鑒不遠，在夏后之世。」後之有國有家者，可不深戒哉！』此等名言法誡，不愧良史。自宋以後，奉敕修史之臣不敢爲此言矣。又楊玄感等傳論，發揮隋氏興亡之由，其辭甚美。又云：『隋之得失存亡，大較與秦相類。始皇并吞六國，高祖統一九州，二世虐用威刑，煬帝肆行猜毒，皆禍起于群盜，而身殞于匹夫。原始要終，若合符契矣。』亦名論也。

是日更寒，街巷冰凍皆遍。慈禧皇太后壽節。

十一日壬戌　晴寒，有風。感寒不快。閲《梁書》。

十二日癸亥　晴寒，有風。感寒不快，多卧。作書致琴巖，託其代催姚樫甫壽文潤筆。閲《梁書》。夜洗足。

邸鈔：詔：都察院左都御史英元、鑲白旗蒙古都統崇實均加恩在紫禁城内騎馬。

十三日甲子　晴。濮紫泉來。剃頭。施敏先來。吕庭芷來。閲《梁書》。新畜一小尨。

十四日乙丑　晴。得琴巖書，送來姚樫甫潤筆五十金，即復。輯注《後漢書》第四十卷《孝明八王傳》。肯夫約十七日晚飲。

十五日丙寅　晴，兩日來稍和。作書致肯夫，作片約蕚庭、竇卿閲廠市。得肯夫復。得清卿書，贈漢鏡拓本并高麗墨兩笏，即復。蕚庭來，偕至瑠離廠閲書，至寶珍堂、寶經堂，俱小坐。寶經堂有廣東聚珍版三《通》，索價百六十金，殿版。《皇朝三通》索價八十金。鮑刻《太平御覽》索價三十金，予以十六金不成。至寶森堂晤肯夫，同閲鈔本《皇宋太平治迹統類》《千頃堂書目》，朱稻孫《三體摭韵》，都中韓氏藏書也。俱索價二三十金。予購得明槧《藝文類聚》及張刻仿宋本《鹽鐵論》。晚偕蕚庭坐車歸。竇卿來，肯夫來，俱不值。得族弟品芳九月廿二日書，言戚族中大小平安，惟五房雲生弟病故。而政之雲生之姊適王氏，辛酉之變，偕其夫政投河死。丁卯，予彙入族黨死事録中，交采訪局請恤。而政之兄潮，先冒政名，襲其縣丞職，以己之名及從九品銜貤其弟，妄報督團陣亡，先得優恤。及予所請者，復奉恩旨旌恤。潮之父賢，本猾吏，習無文，遂令潮投牒訴縣，顛倒真僞，誣枉生死。縣以申局，達于巡撫。巡撫楊君故憒憒，檄局問後請者主名，疑其爲挾讎而妄報也。予因移書于局曰：殉節至貴，請恤至榮，而候選之縣丞至賤也。讎其人而目之以忠義，阻其數百年無選期之縣丞，而爲之請世襲罔替之雲騎尉，雖至愚者，必不出此。且彼既夫婦同死，王氏所請者何以不及其婦？予之所請者，因李女而及其夫，必不忍以既死之族妹，僞撰一偕死之夫名，欲讎其人而反讎其族妹，是其曲直真僞，似不待辨而明。局復飭縣以詰王，王父子狡不承，而雲生又懦甚，且以貧乞小沾益于王也。故王益無忌，持前説益堅。予亦旋入都，至今年七月間而巡撫疏至，則據王某狀，以後請者爲誤，請註銷恤典，且没其妻女死事矣。予讀之，大駭。曾與孝達諸君謀之，而俱以雲生之弱茶爲不足任也。夫以族妹死難之明白，予之深悉，而力任其事，一蠹吏作僞，遂不能自伸其説，不可歎哉！今雲生又死，事更無可爲。因牽連記之，以爲予疚。輯注《後漢書》第四十一卷李恂至橋玄傳。夜又風。

邸鈔：詔：前太常寺少卿楊泗孫仍在南書房行走。

十六日丁卯　晴。輯注《後漢書》第四十二卷崔駰等傳。

十七日戊辰　晴。曾祖考忌日，供饋。

閲《傳經堂叢書》，烏程凌氏所刻也。《周易翼》十卷，凌堃厚堂著，其妻金匱安璿珠爲之箋注，并附《釋義》六則，前有朱氏珪、劉氏權之、阮氏元三序及自敘。《尚書考疑》一卷，凌鳴喈覺甫著。至《舜典》『禋于六宗』句止。皆搜采異文古訓，爲之折衷。《尚書述》一卷，凌堃著。至《舜典》『烈風雷雨弗迷』句止。《學春秋理辯》一卷，凌堃著。據安璿珠跋，稱此書有七十二卷，稿已七易，今所刻僅第三卷《王朝列國紀年》而已。《孟子補義》十四卷，凌江著，節取趙氏章句，而博采諸説以佐之，頗爲簡要，其弟堃及奎又爲之補益，前有自序。《凌氏易林》一卷，凌堃著，餘姚桑梓敬亭等注，蓋皆自注而託名者也。《告蒙編》一卷，凌堃著，皆與其門人問答經史之語。《史記短長説》二卷，凡四十則，不知何人所著。王弇州謂齊之耕野者所得，疑爲戰國逸策，蓋無稽之言，明凌迪知稚哲、凌以棟稚隆舊録于《史記評林》之首者也。《疏河心鏡》一卷，凌鳴喈著，言治河之法。《讀詩拙言》一卷，明陳第季立著，論古詩音韵之略，前有一行云凌鳴喈訂誤，然未見有凌訂語也。《東林粹語》三卷，凌鳴喈輯高、顧諸公講學之語。《相地指迷》十卷，凌堃輯述蔣大鴻諸家之書，以闢地師之妄。前有自序，痛言沙水惑人之害，停喪求地之不孝，謂不得已，而輯此書以救之。然《天玉》諸經，玄詭已極，揚薪止沸，未見其可。《青玉館集》一卷，明凌遂知著，乃《高帝紀事》之一也，用編年法，至洪武六年止，其曾孫景曦爲之注。《德輿子》五卷，凌堃著，安瓚珠注。篇各爲名，而又有法言、區言、巽言、僾言四總目，文類艱澀，而理致可觀。郝氏懿行爲之序。《德輿集》一卷，凌堃著，多記事之文，亦峭潔自喜。《盤谿歸釣圖題辭》一卷，凌鳴喈歸里時同人題贈之作也。鳴喈一字泊齋，嘉慶(□□)〔壬戌〕進士，官兵部主事，以上疏論馬政罷歸。厚堂字仲訥，鳴喈之子，江之弟。道光辛卯舉人，官金華教諭，殉寇難。其説經皆本漢詁，而自闢門户，無所依傍，與包慎伯、魏默深一輩人爲友。古文峻厲，亦復似之。泊齋所著尚有《讀詩蠡言》、厚堂尚有《致用雜記》。此書無總序總目，蓋厚堂子鏞、鎬等所輯，以資力不敷，故或僅刻一卷以見其凡耳。

是日取銀贖所質衣裘、佩表等，共京錢一百二十千。又買高麗參錢五十千。肯夫來催飲，晚坐車赴之。庭芷、香濤、廖伯、六舟、味秋、清卿已先在。飲畢歸，已二更矣。

十八日己巳　晴。

閲黄氏《士禮居叢書》。《周禮鄭氏注》十二卷，重雕嘉靖十六行十七字本。經四萬九千三百八十四字，注十一萬二千七百六十六字。以紹興間集古堂董氏雕本校之，有蕘圃所校札記一卷，《儀禮鄭氏注》十七卷，景宋刻嚴州本。經五萬六千百一十五字，注七萬九千八百二十字。以明葉石名萬君景鈔宋本《釋文》、宋刻單疏本及張忠甫《儀禮識誤》、李如圭《儀禮集釋》校之，有蕘圃校録一卷。傅崧卿本《夏小正》一卷，景明袁褧重刊宋本。以《通志堂經解》本及惠松崖手鈔本校之，有蕘圃校録四葉。又長洲顧梧生鳳藻《夏小正經傳集解》四卷，《國語韋氏解》二十一卷，重雕宋明道二年本，常熟錢氏所景鈔者，以重刻宋公序本及段氏玉裁校本、惠氏棟閲本校之，有蕘圃札記一卷。《戰國策高氏注》三十三卷，重刻宋剡川姚氏本，以至正乙巳吴氏師道本及鮑彪本互勘，有蕘圃札記三卷。《梁公九諫》一卷，賜書樓舊鈔本，錢遵王《讀書敏求記》載之，記唐狄仁傑諫則天九事，不知撰人，前有序及宋范文正《梁公廟碑》。歐陽忞《輿地廣記》三十八卷，重雕宋刻初本，朱竹垞曝書亭所藏者，以舊鈔本及淳祐重修本校之，有蕘圃札記二卷。《汲古閣珍藏祕本書目》一卷，毛斧季手寫與潘稼堂求售者，書下皆注價幾兩幾錢。《季滄葦藏書目》一卷，蕘圃所手寫。孫慶增從添《藏書記要》四則。龐安常《傷寒總病論》六卷，景宋刻本，有蕘圃札記一卷。洪氏遵《集驗方》五卷，重刊宋本。《博物志》十卷，汲古閣景寫宋連江葉氏本，蕘圃録副刻之粤東者。《焦氏易林》十六卷，常熟陸敕先貽典校。宋本《宣和遺事》二卷，亦稱宋本重刊。《百宋一廛賦》一卷，顧千里撰，蕘圃自注而手寫者。汪本《隸釋刊誤》一卷，蕘圃與顧千里取崑山葉氏舊鈔本及貞節居袁氏廷檮鈔本、隆慶四年錢氏鈔本，以正錢唐汪氏刻本之誤。又附刻《張船山詩選》六卷，《同人唱和詩》一卷，爲潘榕皋奕雋《虎丘雜詩》十四絶句，蕘圃與吴玉松雲依韵和之，共二十種。其有目而未刻者，惠氏棟《兩漢人物志》及蕘圃所著《盲史精華》《百宋一廛書録》《蕘言》共四種。又附刻蜀大字本《論》《孟》《孝經》三經音義，以版大别行。

蕘圃多藏古本，校勘精細，其《周禮》《儀禮》《國語》《國策》四種，誠爲可貴。《易林》及《輿地廣記》，雕槧亦精絶可愛。毛、季兩家書目，已近於骨董家所爲。至《梁公九諫》《宣和遺事》，皆村俗小書，牴牾誕妄，且字句錯誤，明是市井流傳，不足一噱，蕘圃徒以爲述古堂舊物而刻之。豈知也是翁不過錢氏一輕薄家兒，稍弄唇吻，江湖稗販，何知讀書耶？若船山諸人詩，則尤無足論矣。自來刻叢書者，往往喜夾入一二小説村詩，以自累其書，良可怪也。

十九日庚午　晴。午詣譚研孫家，賀其子娶婦，送禮錢十千。答拜歐陽仲蓀、家雅齋，俱不值。

詣朱鼎甫，晤修伯之子子清，年僅二十餘，亦喜聚書，而談次輒詆顧千里校書之妄。又言二十一史南監本勝北監本，北監本勝殿本。其實是非所在，恐再讀二十年書，未能知也。近日聰俊子弟甚不多見，而又爲浮説所中如此。傍晚歸。肯夫來，不值。夜雜輯《後漢書注》，至三更止。

《博物志》云：『婦人妊娠未滿三月，著婿衣冠，平旦左繞井三匝，映詳疑誤。影而去，勿反顧，勿令人知見，必生男。』周日用注云：『知女則可依法，或先是男，如何？余聞有定法，定母年月日與受胎時日算之，遇奇則爲男，遇偶則爲女，知爲女，復即可依法。』周日用未知何時人，然《郡齋讀書志》《文獻通考》皆已載之，則必北宋以前人矣。所云定男女法，今俗行之，用加除法，多譣。

《藝文類聚》引《益部耆舊傳》曰：嚴遵爲揚州刺史行部，聞道旁女子哭聲不哀，問之。云夫遭燒死。遵敕吏輿屍到，令人守屍，曰當有物自往。吏白有蠅聚頭所。遵令披視，得鐵錐貫頂。考問，以淫殺夫。案陶宗儀《輟耕録》載元姚忠肅公天福勘縣令妻頂顖釘迹事，與此略同，今里俗小説又傅會以爲包孝肅事。

二十日辛未　晴和如春，地氣微潤。雜輯《後漢書注》。研孫來。得肯夫書，贈墨四挺，即復謝。是日以京錢七十千購得繭袍羊裘一件，又以五十千購得狐皮馬褂料一件。

邸鈔：劉長佑奏甄别廣西庸劣各員。候補知府朱騰偉才識庸闇，嗜利妄爲；潯州府通判韓鎮岳貪鄙性成，工於欺詐；左州知州孫源任性貪婪，紳民怨恨；凌雲縣知縣劉興讓萎靡不振，操守平常，均請即行革職。從之。

二十一日壬申　終日陰雨。雜輯《後漢書注》。作書致香濤，乞湖北重刻明道本《國語》，得復。夜風，遂晴。

邸鈔：以詹事府少詹事袁保恒爲詹事。翰林院侍講徐郙轉侍讀。前任侍講黄體芳補原官。

二十二日癸酉 辰初二刻五分小雪，十月中。晴寒。雜輯《後漢書注》。

邸鈔：上諭：本日具題冬至禮儀一本，内閣分别票籤進呈。内奉皇太后懿旨誤書皇后懿旨，非尋常疏忽可比。所有漢票籤及看本之中書侍讀，均著查取職名，交部嚴加議處，大學士著交部議處。至本年冬至次日奉慈安端裕皇太后、慈禧端佑皇太后懿旨，著停止行禮。

二十三日甲戌 晴，午後有風。雜輯《後漢書注》。以京錢三十七千買得元色縐紗一丈三尺，付縫人取所購狐皮絨之。肯夫來。

邸鈔：刑部郎中豫章授湖南長沙府遺缺知府。長沙知府童大畬丁憂。山東巡撫丁寶楨奏二品頂戴鹽運使銜廣東候補道李宗沆，陝西延川人，嘉慶癸酉舉人，甲戌進士，明年癸酉重遇鹿鳴，請在就養東省與宴。從之。

二十四日乙亥 晴寒甚。作片致肯夫，乞書族兄葆亭之母馬太宜人八十壽聯及族叔梅坡六十雙壽聯。庭芷以陽湖左恭人自繪《孤舟入蜀圖》册屬。恭人名錫嘉，湖南巡撫輔之女孫，吉安知府曾詠字吟村，四川人，丁未進士。之配也，能詩工畫。

閲《説文拈字》共七卷，王玉樹著。玉樹字松亭，陝西安康人，乾隆己酉拔貢，官廣東州判。卷一爲考經，取《説文》引經之字以考今之經文。卷二爲辨體，取《説文》以辨經籍承用省改、增加字體之異。卷三爲審音，考音韵之流轉、古今之通借也。卷四爲訂誤，訂汲古之妄改、繫傳之失真也。卷五爲校附，考大徐新附之文，辨其得失。六曰正俗，舉時俗行用之字，闢其謬舛。七曰序志，則其目録也。每卷之前有敘，皆爲儷語，以發其凡。末各系贊四韵，其後又附補遺。卷前有伊秉綬、邱庭澻兩序，後有偃師段長基跋。其書成于嘉慶甲子，尚未見段、錢、嚴、桂諸家之書，故所引用自趙凡夫《長箋》後，無所稱説，而證引名通，抉問掐瑕，多與闇合，亦一時之矯矯者矣。中有用古人及近儒説而不出其名者，予嘗隨手翻得一葉，于同字下注駁虞仲翔説云云，全用王氏《尚書後案·顧命篇》語，一字不易。以此推之，掩襲必多，是大病也。

二十五日丙子　晴，寒。爲張梅巖撰其試律序，此真無聊之文矣。中言取士之制，亦足徵掌故，諭風會，吾輩涉筆不可苟也。作復梅巖書，又作書致季弟，屬催詢張念慈秀才以王孟調歸柩事。閲王松亭《説文拈字》，其中時引惠定宇及其師董樸園之説，蓋曾見定宇手批汲古本也。

邸鈔：上諭：吏部奏查明禮部内務府保舉人員分別議駁各一摺。禮部員外郎松林著改爲以道員即選，仍賞加三品銜。王福保、惲彦琦均著改爲以道員即選，仍賞戴花翎，賞加三品銜。餘仍著照原保奬勵。此因該員等承辦大婚典禮，格外出力，是以從優給奬。其餘各員及各該衙門奬敘，均不得援以爲例。謹案：十餘年來，保舉之濫，自軍營始，疆吏效尤。尋常一役一差，輒膺異等之擢。至于餉需、釐税、海運、塘工，既飽筥筐，復超官秩，褻朝廷之名器，阻王路之驅馳。顯樹黨援，陰擅威福。于是京朝官吏，蟻慕蠅鑽，各從臾其長官，巧假借以名目，先設通商衙門章京，不四五年即由額外主事，擢海關道，加二品銜矣。俄而軍機處效之，玉牒館效之，國史實録館效之，不計階級，不論勤惰，捷足者必上品，令色者必最等。金根白芨之校，優于首功；牘背紙尾之鈔，積爲勳閥。近日方略館之薦剡，尤駭聽聞矣。至大婚嘉禮，著代之常，國有司存，各效奔走，而内務府吏，縻帑錢以無萬數，工部製金册，禮部製金寶。御史流次，遂動彈章，稍有人心，亦知自愧，乃競求高擢，劫脅比周，婢膝奴顔，公行白書。有以筆帖式而加布政階者，有以委主事而得即補道者，而翰林之無耻者，亦干乞院長，熏其餘鯹。正白、襄陽兩公，皆豢飯之徒，不知掌故，倖籤黄紙，懼怫後生。以是派書册寶者，皆得超秩晉階，而分撰樂章四十闋之二十人，或遷官，或加銜。友人中如朱肯夫、張孝達皆束修自守，而亦以分撰樂章，隨例皆得侍讀銜。二君以爲深耻，是誠加人一等者矣。松林等三人，初皆保記名道，吏部以是例久停，故格其議。然花翎以賞軍功者也，此謂貂蟬出于禮樂章冕，本于睢麟，今有其人，古無其例。聞醇親王有疏言，爵賞之僭，留中不發，資格虛懸，考課何勸。無競者終廢，懷寶者莫知。濡翼乘軒，奚所底哉！

二十六日丁丑　晴，稍和。剃頭。

閲《説文拈字》，其書大半稗販，凡《尚書》中所有之字，皆直録王氏《後案》。《易》則多本惠氏《易述》，《詩》則多本陳氏《稽古編》，而皆掩爲己説。餘亦不出《釋文》《汗簡》《六書故》《復古編》《丹鉛録》諸書。其最可笑者，如枯字下襲《後案》，引《釋文》載陸璣疏『篦可以爲笞箱』，印本皆爛一箱字，《學海堂經解》本亦作一黑塊，《拈字》遂删去箱字，不知檢《釋文》補之矣。横字下言古黌舍字只作横，因引《鮑昱傳》『修起横舍』，又引《儒林傳》『游庠序横塾』，繼引《後漢書·儒林傳》『更修黌宇』云云。不知『游庠序聚横塾』即出《後漢書·儒林傳論》，而《鮑昱傳》亦在《後漢書》也。其訂正文字，往往與段、錢諸君合，疑已見諸家之書而並諱之。惟校附一卷，折衷是非，頗多可取，足與鈕氏《新附考》、毛氏《新附述誼》並傳耳。

邸鈔：上諭：禮親王世鐸等奏請加上徽號以光鉅典一摺。朕冲齡踐阼，仰賴慈安端裕皇太后、慈禧端佑皇太后垂簾訓政，宵旰勤勞，聖德徽音，超邁前古。兹復欽奉慈綸，命朕于明年正月親政，自應謹遵順治八年、康熙六年成憲，恭上徽號，以繼隆規。我皇太后謙抑爲懷，未蒙俯允。朕竭誠籲懇，始荷聖慈俯鑒群情，勉從所請。一切應行典禮，著各該衙門敬謹辦理。命漕運總督張樹聲署理兩江總督。江蘇布政使恩錫署理江蘇巡撫。何璟丁父憂。日愈，前四川候補知州，卒年八十一。

二十七日戊寅　晨陰，上午雪大作，至晚積二三寸。作書致肯夫，并《説文拈字》，得復。令圬人修竈。始用火爐。雜緝《後漢書注》，夜晴。

邸鈔：鮑源深奏特參山西庸劣各員。詔：山西代州直隸州知州章節文年老多病，公事廢弛，著勒令休致，該員任内虧款仍著查明究追。冀城縣知縣徐炳華性耽安逸，不理民事，著以府經歷縣丞降補。屯留縣知縣龔衍淮聲名平常，著即革職。署交城縣知縣嵩齡才識庸闇，著以縣丞降補。候補知縣陸春圻挾私任性，罔識大體，著以縣丞降補。興縣訓導張心鑑年力就衰，難資訓迪，著勒令休致。餘著照所議辦理。章節文山陰人，龔衍淮會稽人，皆監生。

二十八日己卯　晨日出，旋陰，上午有澂霰。得紱翁書，索和新作《喜雪》詩。即復。雜輯《後漢書注》。

邸鈔：上諭：御史李宏謨奏直隸政務日煩，請添設巡撫一摺。著軍機大臣會同該部議奏。

二十九日庚辰　晴。和潘紱丈《喜雪》詩韵云：『閉户經旬無好事，天教快雪慰詩情。望中樓殿千門曉，夢裏江湖一艇横。爐火自添重幔暖，瓶花多占小窗明。須知上界神仙府，不及先生杖底清。』作書致肯夫。再得黻丈書，復賦一詩索和，又賡答之云：『朝來雀噪凍枝垂，正是晴窗日上時。豈有風塵侵冷巷，自和冰雪寫新詩。茶烟翠竹簾前色，酒幔梅花笛裏思。便欲石湖陪嘯詠，籃輿風帽事相宜。』雜輯《後漢書注》。紱丈索閱日記及詩，以今年春夏日記、春間續鈔詩兩卷復送。

三十日辛巳　晴，上午有風。得伯寅侍郎書，贈銀三十兩并茶葉六瓶，即修狀復謝，返茶葉四瓶，犒使十千。得紱丈書，還日記及詩，再索前留京時日記，即復。再得伯寅書，贈新刻《曾文正公文鈔》一部，共四卷，遵義黎庶昌所編也。又元和陳克家梁叔《蓬萊閣詩録》一册。梁叔爲稽亭工部之孫，道光癸卯舉人，以從提督張忠武幕府死庚申之難。其詩莊雅有法度，即復謝。三得伯寅書，復送所返茶四瓶來。爲伯寅録己巳日記。所劄鈔吾越沈君所撰《諸儒傳論》，得六葉，其全文僅一册，在張存齋處，當致書孫子宜從存齋鈔兩分寄都，且擬屬平景蓀共審定之，不知果是沈清玉作否也。印結局送來是月公費銀十七兩。

閱《曾文正公文鈔》。文正初慕漢學，繼慕宋儒，其古文則服膺惜抱，然筆力自可喜，性情亦真。其江忠烈、羅忠節、李忠武、李勇毅諸公神道碑，事既可傳，而又同艱共苦，周旋百戰，故敘述尤覺真摯。其《大界墓表》《台洲墓表》，爲葬其祖父兩世而作，字字真實，不作一景飾語。《季公芝昌墓志銘》尤多言外之恉，雖義法未純，固不僅藉以人傳矣。末附《求闕齋經史百家雜鈔敘目》仿姚氏《古文辭類纂》之例，而并鈔諸經散入之，自我作古，真蛇足也。

十一月壬午朔　晴，無風，温煦。作書致伯寅，并沈氏所撰傳略。庭芷來。付兩月賃屋錢七十三千四百。縫人製馬褂衣裘錢二十三千八百。得紱翁書，借《素問》，即復。雜輯《後漢書注》。

初二日癸未　終日陰。雜輯《後漢書注》。

初三日甲申　晴和。得瞉丈書，借《禮記集説》及日記，即復。殷蕚庭來，終日始去。予今日本擬輯注《後漢書》數條，粗畢儒林、獨行兩傳，暫乙止之，乘此暖日校士禮居本《國語》，而此君來擾竟晷，以村野驅烏之談，費鉛槧隙駟之日，甚可恨也。夜雜緝《後漢書注》，至四更止，明日暇當校《國語》矣。

邸鈔：上諭：正藍旗蒙古都統靈桂等奏皇后母家擡旗請旨辦理一摺。著將委散秩大臣三等承恩公崇綺本身一支擡入鑲黄旗滿洲。原奏稱事無成例可援，蓋近世后家無蒙古人也。前日擡旗旨下，崇綺公之父賽尚阿具疏謝恩，朝議非之。

初四日乙酉　晴。剃頭。雜輯《後漢書注》。得紱翁書，還日記，即復。夜校《國語·周語》一卷。

初五日丙戌　終日陰。校《國語·周語》兩卷。得紱翁書，還《禮記集説》，即復。再得瞉丈書，借

《顧千里集》。

初六日丁亥　晴和。校《國語·魯語》一卷。賓卿來。作書致牧莊，詢其考取通商衙門章京前日引見曾否記名也。以京錢廿八千買方桌兩事。得紱翁書，還《思適齋集》，即復。

初七日戊子　丑正二刻大雪，十一月節。晴和，晡後陰。校《魯語》一卷。下午詣肯夫久談，傍晚同詣香濤，見其架上書有錢坫獻之《新斠注漢書地理志》十六卷，無序目；元和嚴蔚豹人《春秋内傳古注輯存》六卷，前有王西莊序；秀水張庚浦山《通鑑綱目地理糾繆》六卷；遵義鄭珍子尹《儀禮私箋》八卷；皆平生所未見也。稍暇當次弟借閱之。夜仍至肯夫處飯，初更歸。

邸鈔：上諭：恭上慈安端裕皇太后、慈禧端佑皇太后徽號，著欽天監于明年二月内敬謹選擇吉期舉行。

初八日己丑　微晴，多陰，有風。外祖妣孫孺人忌日，供饋。校《國語·齊語》一卷。夜晴。

邸鈔：詔：布特哈滿洲總管一缺，統率官兵牲丁，地廣事繁，援照呼倫貝爾掌關防總管之例，賞加副都統銜。從黑龍江將軍德英請也。

初九日庚寅　晴，下午微陰。比夕疾動，憊甚。校《國語·晉語》一卷，又半卷。

初十日辛卯　晴，晡後微陰，有風。校《晉語》一卷又半。作片致劉仙洲、王信甫、周生文令、吴松堂，俱約明晚飲廣和居。夜風。

十一日壬辰　晴，風，嚴寒。始裘。校《晉語》半卷。傍晚詣廣和居，劉仙洲、王信甫、周幼芝俱來，并邀紫泉同飲。二更歸。

十二日癸巳　晴，寒甚。賓卿來。詣徐壽蘅師，唁其丁内艱。庭芷來。夜又風。

十三日甲午　晴，寒甚，有風。校《晉語》十數葉。朱鼎甫來。夜作書致内子，并銀十兩，又作一紙致季弟。作致藍洲書，屬轉寄家信。夜五更時雪。

十四日乙未　晴。剃頭。同部戴霖祥郎中之母七十壽辰，送分子四千。肯夫來，借詩集兩册去。校《晉語》一卷。

十五日丙申　晴，晡後陰。作片致肯夫，借木瀆周氏本《周易集解》。作片致紫泉。牧莊來。紫泉來。校《晉語》一卷。

十六日丁酉　晴。校《國語》兩卷，《晉語》畢，至《鄭語》。

《晉語》：『黄帝之子二十五人，其同姓者二人而已：唯青陽與夷鼓皆爲己姓。青陽，方雷氏之甥也。夷鼓，彤魚氏之甥也。其同生而異姓者，四母之子，别爲十二姓。凡黄帝之子，二十五宗，其得姓者十四人，爲十二姓。姬、酉、祁、己、滕、箴、任、荀、當作苟。僖、姞、儇、依當作衣。是也。惟青陽與蒼林氏同于黄帝，故皆爲姬姓，同德之難也如是。』云云。青陽兩見。韋注但云青陽金天氏帝少皞，《史記集解》引虞翻説，即《國語》舊注。《索隱》引舊解，皆讀上文己姓爲姬姓，謂下文是申説上文，故云故皆爲姬姓，而得姓者十四人當讀爲十三人。古四字積畫作亖，與三混。《玉海》引皇甫謐説，遂以夷鼓、蒼林爲一人，小司馬則以下文青陽二字爲玄囂之誤，謂玄囂是帝嚳祖，本與黄帝同姬姓。近俞編修樾則謂下文『青陽與』三字是衍文。

慈銘案：《逸周書·嘗麥解》云：『乃命少昊清。』《漢書·律曆志》引《帝考德》云：『少昊曰清。清者，黄帝之子清陽也。』是少昊金天氏名清，嗣黄帝爲帝者，乃方雷氏之甥己姓，亦曰清陽，即此上文所謂『唯青陽與夷鼓皆爲己姓』者也。其字本作清陽，不作青陽也。下文云『唯青陽與蒼林氏同于黄帝，故皆爲姬姓』者，青陽即玄囂，蒼林即昌意。《史記》云『玄囂是爲青陽』。《漢·律曆志》引《春秋外傳》曰：帝顓頊，『蒼林昌意之子也』。二人皆黄帝正妃嫘祖所生，故皆爲姬姓。蒼林之子帝顓頊高陽氏，青陽之孫帝嚳高辛氏，又相代繼黄帝爲五帝，故云同于黄帝。《大戴禮·帝繫》云：『黄帝居軒轅之丘，娶于西陵氏之子，謂之嫘祖氏，産青陽及昌意。青陽降居泜水，昌意降居若水。』《山海經注》引《世本》云：『黄帝娶于西陵氏之子，謂之纍祖，生青陽及昌意。』《史記·五帝紀》云：『黄帝居軒轅之丘，而娶於西陵之女，是謂嫘祖。嫘祖爲黄帝正妃，生二子，其後皆有天下。其一曰玄囂，是爲青陽，青陽降居江水。其二曰昌意，降居若水。』所説皆同。蓋《史記》即本之《世本》。《世本》本有《帝繫篇》，與《大戴》同。《大戴》此篇與《五帝德》相連，皆爲孔子所論定。左氏受經于孔子，故《國語》所記，足以互證。蓋青陽、蒼林皆正妃之子，當繼黄帝有天下，而以少昊有鳳鳥之瑞，遂避居泜若之水。曰降居者，明其爲退讓而避居也。少昊承緒而立，無所制作，及傳子摯而衰，九黎亂德。《左傳》曰：我高祖少昊摯之立也。蓋少昊及摯爲兩世，皆號金天氏。故《漢志》引帝《考德》曰：清者，黄帝之子清陽也。是其子孫名摯，蓋誤衍一孫字耳。故孔子傳《易·繫辭》及言《五帝德》皆不數之，非謂其不帝也，此説本馬氏《繹史》。太史公誤會其意。又當時《左傳》未行，偶不及見，遂于《五帝紀》中削去少昊一代。後人又以清陽與青陽相混，誤以降居江水者謂即少昊。或云師鳥師居西方，沈約説。或云自江水登帝位，皇甫謐説。而説《國語》者遂紛紛矣。韋注謂方雷西陵氏之姓即嫘祖，皇甫謐《帝王世紀》謂黄帝次妃方雷氏女曰女節，生青陽，沈約《宋書·符端志》謂帝摯少昊氏母曰女節，《漢書·古今人表》謂悔母即嫫母。生倉林，即蒼林。《春秋命曆序》又謂少昊傳八世，顓頊傳二十世。皆異説滋訛，不爲典要。

《魯語》：『幕，能帥顓頊者也，有虞氏報焉。』《鄭語》：『虞幕能聽協風，以成樂物生者也。』韋注皆云：『幕，舜後虞思也。』《史記集解》引賈逵《左傳注》，亦云『幕，舜後虞思也』。此韋氏所本。然詳《左傳》自幕至于瞽瞍無違命之語，及《鄭語》以虞幕與夏禹、商契、周棄並言，而上文云：『夫成天地之大功者，其子孫未嘗不章，虞、夏、商、周是也。』則幕爲舜之先甚明。故鄭衆、杜預注《左傳》皆云：『幕，舜之先也。』而司馬貞、羅泌及國朝馬驌皆駁賈、韋之説。近人汪遠孫、李詒德言之尤詳。然羅泌據先秦時《吕梁碑》云：『舜祖幕，幕生窮蟬。』其文既無所徵信。馬氏《繹史·表》以幕冠舜之先，而上無所承，以爲舜不出于顓頊，尤近臆決。

慈銘案：《大戴禮·帝繫》篇載舜之先窮蟬、《世本》作窮係。敬康、句芒、《史記》及《漢書·人表》俱作句望。蟜牛、瞽叟《人表》作鼓叟。五世名字。《史記》所載同。則其説必出于三代之世。《漢書·古今人表》上中仁人列窮蟬、句望二人，窮蟬以帝子而居第二，與蟜極、帝摯等一例，句望亦列二等，則班氏必有所據。蓋句望即虞幕也，句、虞音近，吴之曰句吴，越之曰於越，亦作于越，見《荀子》。近儒謂于當作干者非，《莊子》《淮南》同。皆長言之疊韵。蓋方音過緩，一字如兩字也。句吴之句，本不讀鉤，《吴語》之句東，《越語》之句無、句東、句章，宋公序《補音》引唐人舊音皆讀如字可證。而吴與虞同字，故《史記》之虞仲周章弟，《漢書·人表》作虞中。中，古仲字。《論語》之虞仲，亦即此人，非仲雍也。即《吴越春秋》之吴仲，《史記》之北虞即《漢書》之北吴。是句、虞同音，字得通也。芒、望皆从亡音，亡音同無。幕从莫音，莫、無音近通借。故《論語》『文莫』，何氏訓爲『文無』，是芒、幕亦通用字也。『虞幕協風成樂』，蓋始受封于虞，而世掌樂官。故《吕氏春秋·古樂》篇云帝堯立，瞽叟『乃拌五弦之瑟，作以爲十五弦之瑟』。是瞽叟亦爲堯掌樂，而世嗣封于虞。故《左傳》云：『自幕至于瞽叟無違命。』而《堯典》稱舜曰虞舜，又二女之降曰嬪于虞，明爲虞國君之子也。近人王崧《説緯》辨舜爲有虞國君之子，其説甚詳。瞽叟非無目之人，亦非庶人後，以聽後妻言，遂憎舜而逐之。此如尹吉甫之賢，亦有伯奇之放，嗣終感舜而底豫允若，始終皆無失德，故亦云無違命也。《史記》云：『五世爲庶人。』又云：『盲者子。』蓋書闕有間，因舜往于田及發于畎畝之中等語，而疑其世爲庶人；因瞽子之語，而誤以爲盲者子，似亦不免傅會。史公博采衆説，苞羅百代，不能無疏舛之處，故述古帝王事往往抵牾。如以鯀爲顓頊之子，則不如《世本》言顓頊五世生鯀之確。《漢書·律曆志》引，又《山海經》言駱明生鮌，高誘《吕覽注》亦曰禹顓頊六世孫。以不窋爲后稷之子，則不如婁敬言后稷至公劉十餘世之確。《周語》云：『昔我先王世后稷。』又云：『及夏之衰，我先王不窋，用失其官。』則不窋已當夏之衰，故其孫公劉當桀之時，方符其世。昔人以夏衰爲太康之世，亦非也。又《山海經》言后稷孫叔均始作牛耕。此等是非顯然，不必曲相瞻護。至《僞孔傳》謂舜父有目不能分別好惡，時人謂之瞽，配字曰瞍，則景撰謬説，不足詰矣。後人皆書瞽叟作瞽瞍，則又誤以矇瞍字當之。《僞孔》云：瞍，無目之稱。

十七日戊戌　晴，無風。祖妣倪太君生日，設祭。校《楚語》一卷。

牧莊來，以《董方立遺書》三册見示。方立名祐誠，陽湖人，初名曾臣，嘉慶戊寅順天舉人，卒時年僅三十三。其兄基誠，字子詵，嘉慶丁丑進士，官户部郎中，爲刻其遺書。首册曰《割圜連比例術圖解》三卷，《橢圜求周術》一卷，《斜弧三邊求角補術》一卷，《堆垜求積術》一卷，《三統術衍補》一卷。次册曰《水經注圖説殘稿》四卷。第三册曰文甲集二卷，文乙集二卷，《蘭石詞》一卷，共十六卷。前有李兆洛所撰傳，張琦及其兄子成孫兩序。子詵言其《水經注圖説》，惟河水自采桑津以下有圖而無説，其圖大徑數尺，故録入《遺書》者，僅其説也。又言方立求得内府輿圖，精校摹繪，旁采方志，博稽掌故，自乾隆迄道光二年，凡疆域之沿革，水道之改易，悉著之于圖。東至費雅哈，西極葱嶺，北界俄羅斯，南至于海，爲直隸至後藏西境阿里共四十一圖。其文甲集，皆散文考據之作。乙集皆駢文。其友方彥聞先序而刻之。其文博麗警秀，足與其鄉人洪北江、張茗柯相抗衡。《興平縣馬嵬堡唐妃楊氏墓碑》，尤絶世之奇作也。

十八日己亥　晴，稍和，晡後陰。校《國語・楚語》畢。

邸鈔：上諭：李瀚章、王文韶奏節婦孝女同時自盡請特賜旌表，並道員處置乖方請旨革職各摺片。湖南已故知府李杏春于咸豐五年在湖北剿賊陣亡，妻朱氏痛夫成瞽。其女嫦貞、娥貞均經許字，立志不嫁，茹素求愈母目。李杏春之兄李光燎勸令開齋，嫦貞等孝思肫篤，堅執己志。李朱氏因伊致誤二女，乘間自盡。嫦貞、娥貞痛母情切，亦即自縊殞命。一門節孝，深堪嘉尚。李朱氏並其女嫦貞、娥貞著一併照例旌表。貴州候補道李光燎操之過切，致釀三命，已屬咎無可辭。且事後復以李朱氏母女吃齋入魔自盡等詞呈報，希圖掩飾己過，居心尤爲險詐。著即行革職，以示懲儆。原奏稱：李杏春，湖南湘鄉人，從羅澤南軍營立功至知府。于湖北通山縣地剿賊陣亡，無子。時李朱氏年三十，矢志守節。李光燎爲立嗣子，旋復夭殤。李朱氏痛夫哭子，致患目疾。二女嫦貞、娥貞，嫦貞許字劉嶽昭之子，娥貞許字黃國熙之姪。同治九年李朱氏雙目失明，嫦貞、娥貞立志不嫁，茹素求愈母目。劉姓擇期迎娶，嫦貞堅不肯行。十一年正月，李光燎由營假歸，接李朱氏母女三人至省城寓所，勸令嫦貞等食葷，堅執不從。二十四日夜，李朱氏用帶自縊，嫦貞、娥貞相隨縊死。次日李光燎即以李朱氏母女吃齋入魔等情呈報。善化縣驗訊通詳。李光燎復廣布謡言，謂地方齋教盛行，李朱氏母女被人蠱惑，且稱其同族李光久之弟婦李蕭氏亦母女吃齋，信口吹誣，致招衆怨。臣等查李蕭氏係原任布政使贈總督謚忠武李續賓之媳，未昏守節之貞婦。李續賓禮法傳家，閨門嚴肅，闔省皆知，臣等素所欽佩。乃李光燎竟敢以無據之詞，牽誣及之，希圖掩飾己過，其居心尤爲險詐。事關名教綱常，未便稍涉姑容。相應請旨，將統帶湘軍鋭字營按察使銜、貴州候補道李光燎即行革職，所統帶鋭字各營酌量遺留，另委妥員接統云云。

十九日庚子　晴和。校《吴語》一卷，《越語》一卷。

二十日辛丑　晴和，晡後微陰。痔發。校《國語》畢。作書致肯夫，復借《周易集解》，得復。夢漁來，不晤。夜鈔補《周易集解》乾彖傳一葉，以舊藏雅雨堂本缺此葉，故取木瀆周氏本鈔補，以周本出于盧本也。歲月侵尋，荒經滋甚，窮年泛覽，終歸無益。擬自明日冬至始，日讀《易》一卦，取兩本互校之。兼點《周易述》五葉。比日校書過勞，五更疾動。

二十一日壬寅　戌正初刻四分冬至，十一月中。上始親祀南郊，先夕宿齋宮，星月輝朖，風塵静宴。是日晴煦如春，晡後微陰。祀曾祖以下三代。朱修伯來，方祭，不及晤。得肯夫書，借杭氏七種，即復，以五種借之。校黄蕘圃《國語札記》。夜校《周易集解》乾卦五葉，又《周易述》五葉。

邸鈔：甘肅西寧道舒之翰以久未到任開缺。署道事郭襄之實授。從左宗棠請也。

二十二日癸卯　晴。得潘星翁書，屬題庚戌闈中所繪藍筆蘭花。校《易》乾卦及坤卦，并讀《周易述》《周易折中》《易漢學》及《經義述聞》《通介堂經説》諸書。惠氏之漢《易》，李氏之宋《易》，皆專門名家，國朝之魁碩也。惠氏并苞衆家，非張氏專守虞《易》者比。王氏力攻虞《易》，徐君詆之尤峻，然皆有卓見，足爲仲翔功臣。

二十三日甲辰　晴和。得伯寅書，問近狀，即復。作書致香濤，借别本《周易集解》。再得伯寅書，以其世父功甫舍人詩三册爲贈。《功甫小集》，脱盡塵俗，於南宋江湖一派，致力最深，其境詣亦絶似。晚年《放蝯》《桐江》《江山風月》等三集，則坐禪喝棒，皆成釋子語矣。復伯寅書。得香濤書，仍以盧本見借，再作書還之。校《易》坤卦及《乾鑿度》三葉。虞説多出《乾鑿度》，讀《易》者不可不讀此書也。

二十四日乙巳　晴。校《易集解》屯卦。作片致陳六舟，問揚州新刻《論語正義》。午詣肯夫久談，晡後歸。牧莊來，不晤。以姬人耳環質錢二十五千。夜校《易》蒙卦二葉，又《乾鑿度》四葉，倦而止。

二十五日丙午　晴有風，仍和。詣文昌館，吊徐壽蘅師太夫人之喪，送奠儀京錢十千。作書致牧莊，言董方立之學。小極，至晚始食。校《易集解》蒙卦至需。書肆取葉丹穎《易守》來。夜疲倦不能校《易》，取近人所刻《漢中書題名》閲之。其中舛漏，蓋不勝指，雖道光二年以前檔册被焚，苦無所據，然自孔憲彝創此稿，合五六人之力，考訂十餘年，而於眼前紀載各家文集盛行之書都不一見，亦可笑矣。隨筆略爲更正十餘條，不及十之一二也。

邸鈔：上諭：錢鼎銘奏請將陣亡知府加恩予謚一摺。河南候補知府王榮烈、顔懷忠于咸豐年間先後剿賊陣亡，業經奉旨賜恤。兹據奏稱，該員等戰功卓著，臨敵捐軀，情甚慘烈。王榮烈、顔懷忠均著加恩予謚。榮烈謚忠毅，懷忠謚誠毅。　貝子銜科爾沁鎮國公棍楚克林沁以捐輸馬匹，賞紫禁城騎馬。户部山東司郎中鈺坤授廣東高州府知府。兵部職方司郎中石峻授雲南雲南府遺缺知府。

二十六日丁未　晨雪微積，終日陰，晚晴。小極，不校《易》，雜閲《曝書亭集》《道古堂集》。得陳六舟片以新刻劉氏父子《論語正義》樣本一册見示，卷七《雍也》一卷，卷十一至十三《鄉黨》三卷，皆題曰『劉寶楠學』。卷十九《季氏》一卷，卷二十三《子張》一卷，皆題曰『恭冕述』。然『井有仁焉』下引俞氏樾説兩條，楚楨豈及見《群經平議》？則亦有叔俛所增入者矣。其書尚未刻成，體例與焦氏《孟子正義》相似，博取衆説，詳而有要，足以並傳。

邸鈔：福建道監察御史樓震授廣東潮州府遺缺知府。

二十七日戊申　終日霒陰。爲潘星丈題庚戌分校禮闈畫蘭三絶句：『宫體紛紛逞意栽，臨風無語獨裵回。分明二十三年恨，曾向空山寫影來。』『隔簾逐隊聽琵琶，孤絶琴心海上槎。千朵白蓮香一瓣，鋪堂誰問趙昌花。』『欲折殷勤不自持，蔚藍雲外寄相思。天寒日暮瀟湘遠，更炙紅爐寫楚辭。』附録星翁原題二絶句：亦今年補題。『煎茶纔罷静焚香，紅燭高燒鳳味堂。我愧萬松居士筆，也來鎖院畫瀟湘。自注：乾隆丙戌，錢籜石先生于禮闈閲卷竣，以藍筆畫蘭一叢，至癸卯秋，復加跋語于上，一時名流題詠甚夥。』『紅紫紛紛未足誇，一叢嫩碧染窗紗。平生心賞知何在，此是空山澹絶花。』作書致吴清卿，催畫。小極，不能讀《易》。

夜點閲《道古堂集》。堇浦以趙清常、錢遵王皆爲藏書之藏書，非讀書之藏書。以汪鈍翁爲文人之説經，以高澹人之《天禄識餘》爲徒嘗禁臠。其言皆確。至謂朱竹垞亦詩人之説經，則過矣。竹垞之學，恐非堇浦所能及也。其碑誌之文，拙于敘事，然徐文穆、梁文莊兩志，獨嚴整有體裁。其它傳畸人瘁士及序記小品，吐屬清華似范、謝，標舉冷雋似皮、陸。《待月巖記》《三殤瘞磚》兩篇，尤一時之獨絶。

邸鈔：鳳秀補授鴻臚寺卿。前護理湖北按察使武昌府知府多山加恩予謚。從翰林院侍講黄毓恩等呈請都察院代奏也。多山，滿洲鑲藍旗舉人，由刑部郎中授湖北襄陽府知府。直隸保定府管河同知陳崇砥升補河間府知府。

二十八日己酉　晴，終日大風。作書致星翁，送畫幅去。印結局送來本月公費銀十八兩六錢。得星翁復。

讀《易守》數卦。葉氏言互而不言變，頗爲謹嚴。其經傳文于每卦彖爻辭之後，次以彖傳象傳，蓋從乾卦之例，而不標彖曰、象曰之文。其乾坤《文言》，仍次《繫傳》之後，此用孔氏《正義》説，以爲夫子本如是。近儒莊珍藝之説亦同。然既非古本，又非今本，似蹈龜兹王驢非驢、馬非馬之譏也。

孔冲遠云：尋輔嗣之意，以爲象本釋經，宜相附近，其義易了，故分爻之象辭，各附其當爻下言之，此則經傳之合，始于王氏甚明。《三國志》高貴鄉公問博士淳于俊曰：『孔子作彖、象，鄭玄作注，其釋經義一也。今彖、象不與經文相連，而注連之，何也？』則當高貴時尚無經傳連合之本甚明。其曰鄭氏注連之者，古者經自爲經，注自爲注。《漢志》：『《易經》十二篇，施、孟、梁丘三家。』下又云章句施、孟、梁丘氏各二篇。上所謂十二篇者，三家經傳之本也。下所謂二篇者，三家所作之注也。注中無經文，故不依篇次，自爲二篇也。《尚書》之經，及歐陽、大小夏侯之章句解故。《詩》之經及《魯故》、《魯説》、《齊故》、《齊傳》、《韓故》、《韓説》、毛之《詩》及《故訓傳》。《春秋》之經及三傳，無不如此，故皆分列其目。唐時義疏，亦尚如此。蓋鄭君傳費氏《易》，《漢書·儒林傳》言費直治《易》無章句，徒以彖象系辭文言十篇解説上下經。所云無章句者，謂費氏不爲經文作章句，惟注夫子之《十翼》，以解上下經之文，誠以《十翼》之義明，則經義自明，其家法最爲謹嚴。而劉向以中古文《易經》校諸家經，則惟費氏經與古文同，又不脱去無咎悔亡句，故東漢大儒陳元、鄭衆、馬融、荀爽皆傳之。《釋文》引《七録》云『費直章句四卷』；《隋志》云：『梁有費直注《周易》四卷，亡。』所謂章句及注者，即其十篇之解説也。昔人謂經傳合于費氏固妄，而誤會班氏無章句之言以爲無注者亦非。兩漢時經無師説者不能傳受，故古文《尚》經、古《禮》經皆亡。使費《易》而一無注解，則僅有一經文之本，何以得傳業爲費氏學？何以欲立于學官？且所云解説者，又何所指也？《後漢書·儒林傳》云馬融爲費氏《易傳》，融授鄭玄，玄作《易注》。所謂傳者，如歐陽尚書之既有章句，又有説義；大小夏侯《尚書》之既有章句，又有解故；魯《詩》之有故有説；齊《詩》之有故有傳；韓《詩》之有故有説有傳也。鄭君作注，乃併經文注之，如注乾彖象傳則先注經文，每卦如此，以補費氏之未備。蓋鄭君之學，網羅囊括，義極通貫，而又謹守家法，如箋《詩》注《禮》有讀爲、讀若、當爲之例，而必不肯改字。其所據者皆别本經文，或先儒之説，確有信依，始用其讀，而于所主之本，不肯徑易，此其所以爲大儒。後人妄謂鄭喜改字，瞽目之言也。其注《易》則謹依費氏文字篇第，而備解經文，又博存别本之經字，以益讀者。後人謂鄭始亂經，一孔之見也。

邸鈔：吴棠奏特參不職各員。四川洪雅縣知縣張文奎才識庸淺；署通江縣知縣黎亘熙治理未諳，均以府經歷縣丞降補。倉溪縣知縣員登魁、渠縣知縣張鍾瑛才具拘謹，均改爲教職。從之。

二十九日庚戌小盡　晴。剃頭。閲張氏所輯《虞氏易禮》及《周易鄭荀義》。夜校《易集解》需卦訖。虞氏言需之九二、九三兩爻變象，皆極支離，惠氏《易述》不取，有以也。

邸鈔：河南巡撫錢鼎銘奏請添設河南鄉試同考官二員，爲十四房。詔：禮部議奏。

十二月辛亥朔　晴。

閲《道古堂集》。堇浦考據之文，多未甚覈。如《毛詩叶韵序》，謂車與華同在麻韵，車音居，始自吴之韋昭，古無居音也。不知唐始有麻韵，古讀華如呼，故荂从雩聲，雩从亏聲，凡麻韵之字，古皆在魚、虞、模、戈、歌五部也。《欣託齋藏書記》謂《儀禮·鄉射》『大夫之觶長受而錯皆不拜』下，注脱二十字，疏脱五十二字，此沿其同館吴氏紱之説。謂下節『卒受者以虚觶降』下注，今文無執觶云云二十字，及疏今文此經云執觶者云云五十一字，當在此節下，今官本已迻改。然戴東原、盧抱經皆以爲非，宋嚴州單注本亦在下節，雖吴説似較近理，要不得竟謂之脱也。《席寶箴遺詩序》謂唐制中書與翰林爲兼官，故知制誥者必學士兼舍人之職。不知唐翰林有院，中書有省，未嘗相兼。翰林學士無定品，亦無定員，除者皆帶它官。舍人爲中書令之屬，正五品，上有定員。中唐以後，多以它官除知制誥，即舍人之職，而不真除舍人。其翰林學士則備顧問，參機密，其任日重，有以中書舍人除翰林學士者，則舍人不過帶官，不復知制誥矣。《張世五世著述記》謂倚相以左史爲官，丘明遂大放厥辭。此以左氏爲倚相之後，乃鄭樵之妄説，黄楚望已駁之矣。蓋其學博綜泛濫，强識而不審思。然每舉一事，元元本本，羅列家珍。如言中書掌故，言家集，言年譜，言家譜，言朋友之服，言期功去官，皆條舉數十事，真不愧博學鴻詞也。惜其《續禮記集説》《北齊書疏證》《金史補》三書，俱無由得見。《三國志補注》雖收入《四庫》，民間亦未版行耳。

得吴清卿書。

初二日壬子　晴，有微風。閲《道古堂集》。寶卿來談終日去。夜閲《讀書脞録》，爲訂補數條。

初三日癸丑　晨晴，巳後陰，溦雪。廖伯約明日晚飲。牧莊來，庭芷來，偕談至晚去。作片致譚敬甫，問明日京察過堂時刻，得復。

初四日甲寅　晨陰，巳後晴。晨入署，赴京察期集。出詣理庵，不值而歸。得清卿書，送所畫《城西老屋圖》來，且以不寐道人金耿庵畫梅册屬題。清卿所居春草閑房，即耿庵故宅，其畫共十二幅，疏花折幹，間襯瘦竹，秀絜絶塵，想見逸民高致。晡後詣蓮花寺，訪紫泉久談。詣蕚庭小坐。晚赴廖伯宴賓齋之招，坐有香濤、味秋、清卿、廉生及福建龔編修。二更歸。

邸鈔：馮譽驥補授詹事府少詹事。

初五日乙卯　晨微晴，終日陰，多風。作書致肯夫，問其婦病。題陽湖女士左冰如恭人錫嘉自繪《孤舟入蜀圖》，得《金縷曲》一首：『三峽猿啼路。恁蒼黄，孤舟載石，素旌衝霧。破冢夢回灘聲惡，猛值打頭風雨。獨憑欄，歌公無渡。那有小郎呼謝述，險存亡，都盡天難訴。女觀下，奠椒醑。恭人自題長歌及跋言，癸亥冬載太守等三棺返蜀至叉魚灘。舟幾覆，恭人奠酒悲歌。俄風浪都息，得亡恙。摩笄能遏蛟龍怒。倏山迴，布帆安隱，清流如故。舐筆篷窗重和淚，點向左芬紈素。增慘澹，孤雲寒樹。我亦無家張元節，犯風湍，歷遍傷心處。我是無家張儉，萬里走江城。恭人大父仲甫中丞琵琶亭南浦詞句也。杜鵑咽，聽題句。』眉批：《金縷曲·題陽湖女士左冰如恭人錫嘉自繪孤舟入蜀圖》。得肯夫復。作書致庭芷，還圖册，得復。賓卿贈羊豪筆四枝。

夜閱《水經注·江水》篇。連日頗患心氣耗損，故雜閱諸書。

初六日丙辰　晴，風。

閱吾鄉孟遠《上張侍讀書》，凡九千四百三十字，以正朝廷、明法度、厚風俗、收人心四事，反覆言之，其文甚曲暢，有大蘇之風。時值聖祖親政之初，而憂盛危明，言必居要。後日三藩之變，若已隱見其端，居然有賈太傅之識。其言督撫餽送之害，胥吏比例之弊及會議之有名無實，則尤切中近日之病。侍讀名貞生，字幹臣。孟君則不知其字里，予已於去年日記言之。

閱吴鋌《因時論》十二首，曰用人，曰進退，曰諫官，曰科舉，曰論士，曰官制，曰律法，曰兵民分，曰財用，曰田制，曰均田限田，曰溝洫。又《前因時論》二十五首，曰銓選、曰南北互選、曰禄俸、曰相權、曰翰林、曰封駁、曰巡按、曰守令、曰吏胥、曰胥役、曰錢幣、曰賦役、曰錢法、曰鈔法、曰屯田營田、曰糴糶、曰均田、曰税斂、曰兵制、曰形勢、曰六藝、曰道學、曰天文、曰高堰、曰鹽法，共三十七篇，篇不過數百字，或不免拘泥古法，因襲陳言，文亦未能警鍊恣肆，然皆確有所見，而辭意簡絜，無泛濫之病。鋌號耶溪，武進人，道光時諸生，定子言其時文尤工，而落託不修威儀。鄉人有吴大頭之目。與吴仲倫友善，入都應京兆試，不中，遂卒於京邸，年未三十也。定子曾識其父，其文亦無刻者。姚春木以與仲倫交，故得入之文録耳。國朝常州人材之盛，真甲於天下也。

孝達約明日晚飲。

初七日丁巳　未初初刻二分小寒，十二月節。晴。自前月校書甚忙，至無暇寫日記，皆草草札記之。邸鈔面紙，今日始自前月初四日後補録之。夜赴孝達宴賓齋之招，肯夫、廖伯、味秋、庭芷、清卿、廉生已先至，二更歸。

初八日戊午　晴。補録日記。蕚庭來。夜閲《戰國策》黄氏《劄記》。黄氏意存闕疑，不主於文從字順，此可爲宋版護法、骨董行家，未足稱讀書種子。然以矯明人妄改之失，則功不細也。

初九日己未　微晴。補録前月日記訖。爲清卿題金孝章俊明墨梅册三絶句：『世外春光不可論，空山冰雪自銷魂。淡雲微月人無寐，獨許清風近墨君。孝章自號不寐道人，畫中間雜叢竹。』『當年桑海剩寒枝，鶴化春歸斷夢思。有自題一絶云：孤山鶴化應無迹，靈谷春歸也斷香。留得一枝寒影在，年年憑仗領風光。一樣孤妍遺世意，水雲琴與霽山詩。』『瑶華又墮吴筠宅，鄭重江南驛使春。絶憶靈巖寒月夜，影娥池畔弄珠人。』此册清卿亂後所重得。作書并畫册致清卿。夜鈔補《人表考》卷五一葉，又《曾文正集》一葉。

初十日庚申　晴。得清卿書。録鄧嶰筠《詩雙聲疊韵譜序例》及林月亭跋。以偶體之文爲考據之學者，國朝諸儒爲獨步。蓋自唐陸元朗、宋郭忠恕後，無能及之。予嘗擬輯爲一編，題曰《國朝駢麗説經文》，真希世之鴻寶也。作書致肯夫，還所借書四册，並問其夫人病。剃頭。得肯夫復，夜四更後大風。

邸鈔：上諭：喬松年奏遵議黄運兩河情形並籌堵運河各摺片。當經諭令文彬、丁寶楨妥議具奏。茲據奏稱，遵議黄河穿運情形，請仍挽復淮徐故道一摺。著軍機大臣會同六部九卿與喬松年前奏各摺片一併妥議具奏。上諭：已故前署陝西城固縣知縣施作霖于咸豐年間在陝西防堵殉難，業經奉旨優恤，著再加恩予謚。從吏部員外郎黄大鶴等呈請，都察院代奏也。謚剛毅。

十一日辛酉　晨陰，巳後晴，終日風，至夜未息。卧起甚遲。録王弇州《袁江流》《尚書樂》《太保歌》樂府三首。弇州才大，實明代第一。觀《袁江流》一篇，洋洋詩史，立言用事，色澤音節，無不入妙。自唐以後，無此作也。予手録之凡三度矣。作片致殷蕚庭，還《明詩綜》。肯夫來。録董方立《楊貴妃碑文》。夜讀《蘭石詞》，方立於此事工力亦甚深，此才真不可及。

十二日壬戌　晴。補寫是月日記訖。

邸鈔：詔：于十三日親詣大高殿祈雪，時應宫等分遣諸王。

十三日癸亥　晴，嚴寒。録董方立《石鼓文跋》《雲溪樂府序》《華蕤館詞序》共三首。《石鼓文跋》數典之瓌製，小學之碩材。《華蕤詞序》艷溢香飛，徐、庾不能逮也。遣人至土地廟市買水仙花四叢，貧家瓦盆，藉以點綴光景。得伯寅侍郎書，饋銀二十兩，即復謝。

十四日甲子　晴。下午步至興聖寺，訪庭芷，見翰林院保送京察一等單十七人，庭芷亦與焉。又訪其鄰房路郎中朝霖，皆久談，傍晚歸。録董方立《送洪右甫序》《方彦聞鶴夢歸來圖序》《與方彦聞書》《答方彦聞書》共四首。送洪序極言縣令之難爲，究悉情變，辭諧而莊。《鶴夢歸來圖序》述閨房之哀樂，敘幽明之感思，結氣迴腸，情文尤絶。夜四更後風起。

邸鈔：福州將軍文煜加恩在紫禁城騎馬。内閣侍讀學士希凱賞給頭等侍衛，爲駐藏幫辦大臣。

十五日乙丑　晴，風嚴寒。讀孟遠《上總憲魏蔚州》兩書，《上大司寇宋長洲書》《上直撫于北溟書》，皆洋洋大篇。上蔚州第一書至六千八百餘字，第二書四千七十餘字。上北溟書三千二百六十餘字，上宋長洲書二千九十字。時當三藩蠢動之後，痛陳吏治之壞、民生之困，究悉事變，無所忌諱。雖間有枝辭累句，不及《上張侍讀書》之曲折疏暢，而以草茅下士，陳説利弊，如指諸掌，國朝二百年來不可多見者也。蔚州第一書歷指用兵機宜，不減杜紫微、劉諫議一輩人。隆冬噤户，朔風怒號，讀此禦寒，氣力增陪。麐伯片來，言前公燕朝鮮人每人派酒食錢十三千二百，即付之。

桃花聖解盦日記庚集起壬申十二月

同治十一年十二月十六日至同治十二年六月二十日(1873年1月14日—1873年7月14日)

同治十一年壬申冬十二月十六日既望丙寅　晴，嚴寒。同司路郎中朝霖來，字覃叔，貴州畢節人。(此處塗抹)作《歲晚讀書寄伯寅侍郎》五古一首：『窮居謀米鹽，度日每如歲。劬學事鉛槧，又苦日易逝。燈爐繫宵明，窗旭趁朝霽。大化無百年，聖狂束一例。窮經有微得，奇甘溢疏糲。迂怪叢世尤，蹎躓受天鈇。故人雲霞姿，獨爲歲寒計。樵蘇時續乏，挹注屢忘惠。霄埃本殊形，文字泯其際。念兹品彙繁，至理實司契。鷄貍分效材，裘葛代爲帝。巧勞容拙安，後至疾前蔽。博髯髻益高，斮趾屨適戾。世故日糾紛，澄觀持其敝。是以古道交，畾没互鏃礪。達期登治平，窮不忘利濟。方今履端近，冲聖親斷制。萬物瞻出震，卿雲粲以麗。内相造辟言，施行得次第。輕重貴審幾，及時必割彗。積患在縱弛，一事百牽曳。冗員塞牛毛，所至成沴厲。才者矜奔馳，愚者安玩愒。首當覈名實，謬説破調劑。承旨冠禁林，四海仰獻替。行見經術昌，群聾醒夢寐。通塞雖睽涂，行藏各造詣。春至蟲卉蘇，端筴我其筮。』

十七日丁卯　晴寒。作書並詩，致伯寅。得路覃叔書，以所作詩及劄記送閲。(此處塗抹)得伯寅復，并以功甫舍人《東津館文集》兩册爲贈，文共三卷，多爲釋子語，小文瑣事，間有意致。復路覃叔書，還其劄記。蓴庭來，不晤。

邸鈔：醇親王奏請續纂《會典》。詔：禮部議奏。

十八日戊辰　微晴，多陰，寒甚。吴清卿約今晚飲廣和居。

閲《吕氏春秋》。《審時篇》云：『得時之稻，大本而莖葆，長稠疏機，穗如馬尾，大粒無芒，搏米而薄糠，舂之易而食之香，如此者不益。』注：『益，息也。』舊校云：『益，一作蒜。』畢校云：『《御覽》八百三十九作森。注：益，息也，義亦難曉。』慈銘案：益即嗌字，嗌、噎聲近相通，蒜、森皆恭之訛，恭，嗌之籀文也。《説文》：嗌，咽也。籀文作恭，上象口，下象頸脉理也。噎，飯窒也。嗢，咽也。咽可訓嗢，即可通噎。《詩·王風》：『中心如噎。』毛傳：『噎憂不能息也。』噎憂二字連讀，噎憂同欭嚘。噎憂不能息者，謂欭嚘而氣息不調也。此言食之不益者，謂食之氣息通利，不致哽噎及欭嚘也。注云息也者，即包得噎、欭兩義，此高氏訓説之簡古處。《漢書·百官公卿表》：『恭作朕虞。』應劭曰：『恭，伯益也。』師古曰：『恭，益之古字。』彼假嗌之籀文恭爲益，此則假益爲嗌。而舊校云一作恭者，乃正字也。

傍晚詣實卿小坐，即赴清卿之招，肯夫、廉生、譽伯及番禺張研樵皆踵至二更後歸。夜閲《賈子新書》。

邸鈔：楊泗孫補太常寺少卿。

十九日己巳　晴。先本生祖父藴山府君生日。府君生於乾隆癸卯，今九十年矣。計自壬子棄養，及今亦已廿年。小子無狀，飢寒流漂，群從皆不振，無一能遵教訓，先疇盡棄，世德將泯。憶府君在時，嘗顧慈而歎曰：『使汝兄弟皆能如汝，吾亦何憂！』烏呼！豈知慈之不肖，至老而無成耶！今日里中兄弟僦屋轉徙，魚羹麥飯，不克具禮，寥落可知。而慈浮沉冗員，孑然孤旅，閉門掃席，僅於稷饋之外，思府君平生所嗜，力能辨者，略具一二味。鼎牲之祭，并屬虚言；松櫝之安，未知何日。烏乎傷哉！庭芷來。予與庭芷交最久，而摯敬亦益至。今日言其曾祖桐城孝廉君諱榮者，與先曾王父爲乾隆丁酉同年。孝廉君之父諱祖輝，洪北江所爲撰《文學吕先生墓表》者也。邀竇卿、鼎夫來，夜飯共食祭餘，談至二更後去。

二十日庚午　晨微雪，晴。劉仙洲約夜飲福惠堂。得竇卿書。閱《賈子新書》。作書致路訪巖，還其詩集。夜赴仙洲之招，福惠堂地本吴碩卿故居。去年碩卿歸吴門，胡荄甫居之。荄甫死，今爲酒食地矣。更餘歸。蕚庭來，不值。

邸鈔：詔：二十一日再親詣大高殿祈雪，時應宫等仍分遣諸王。以李長樂爲湖北提督。

二十一日辛未　晴，風。

閲潘功甫《東津館文集》。其文多見道語。前有小賦數篇，清遠可誦，狀景敘情，間學歸熙甫。小品文字，亦有佳者。其戒浮議、勸力耕，論家庭孝友之事，如《和孝先生説》舍人之伯父理齋先生世璜，榕臯先生子也，私謚和孝。《送朱蘭友宫贊歸養序》，皆足爲格言，蓋不愧善人信人之目也。惟好爲婆羅門語，如《傳先生論》以傳説與佛家之傅大士、花中之傅延年，並稱三傳。《聖人當治國平天下論》謂儒在琉璃瓶中，佛在琉璃瓶外。《吴玉松太守别傳》滿紙禪機葛藤，尤爲自累其書耳。《吴枚庵翌鳳墓志》自言學辛文房《唐才子傳》，《周娘志銘》學昌黎《乳母墓志》，亦皆可觀。

作書致孝達，問其夫人病。作片致肯夫，借彭允初《二林居集》，以《東津館文集》互易之。作片致殷蕚庭。得香濤復。

夜閲《二林居集》，共文二十四卷。其中如《彭秋士志銘》之簡秀，《書鄧自軒先生集後》之雋逸，亦不多見。然天懷憺定，語皆心得，無一矜持造作之言，悠然令音，多可玩味。惜其佞佛參禪，時夾入

《金剛經》字，爲可省耳。

夜風不止。

二十二日壬申　卯正一刻二分大寒，十二月中。晴。剃頭。牧莊來，談至更餘去。兩得路覃叔書。此君年少有志，憙看雜書，而苦于無友，自滿過甚。於詩未知門徑，而狂不可一世，以爲説部數種，此外無學；解吟七字，並時無人。此十六字，近日江湖才子通病。予前日兩與之書，稱美其所作，而稍示以不足之意。今日第一次書兀傲之甚，且詆予爲兔園册子之學。自悔輕見後生，取謿狗曲，失言之責，咎有所歸。因書數行復之云：『僕少失學，今年已將艾矣。業既不進，敢言著述。平生詩文亦不自收拾，稍輯一二，又往往爲戚友耆痂者所傳鈔，久而不還，未知何日得就質于英絶耳。至學問之事，詩爲小道。然非窮力深造，雖有異秉，亦不能遽工。而年少氣盛，每易自滿。僕窮大失居，老而漸悔，比年稍稍温經校書，反求諸心，惟願爲村塾學究，裒兔園册以終老，不願復與後生才隽，馳華飛藻，流宕篇章。足下所投之詩，亦未能盡讀，惟望而知爲英偉之士，故如聾人談天，略道方圓，以塞下問之盛意。若欲僕細加批點，非惟不敢，亦不暇也，率復不宣。』予意以此等妄人，絶之而已。乃彼復以書謝罪，而云：『閣下乃見道之言，令弟等誇多鬥靡者，通身汗下。』又云：『求友如閣下者，不數數覯，幸弗屏之門墻之外。』又未知其所誇者何多，所鬥者何靡也。書此以爲失學子弟輕言取笑之戒。得陳蓮峰九月望日河南書。

二十三日癸酉　晴。閲《二林居集》。午後詣土地廟，欲觀花市。而貨賣麇集，人擁道斷，不复可行。遂反，更詣東頭郎房胡同觀燈，技巧殊絶，其貴者有海山妙鬘諸景一對，須二十金。傍晚歸。祭竈。

二十四日甲戌　晴。紫泉來，久談，承饋十金爲卒歲資。賓卿來。得楊雪漁杭州書，言浙中冬暖，不能著單綿，井水皆濁。路訪巖來，約過談。因復作書與之，略如前書之指，而語加婉。且勉以讀書，毋自足。夜得其答書，則仍作夢寐之言。此人不必復與之言矣。作片致庭芷，贈以《王孟調遺集》一册，又以一册贈路訪巖。連夕疾動。

二十五日乙亥　晴，稍和，無風。撰《三山世隱圖記》：「昔謝客在官，賦始寧之舊墅；放翁遠役，懷魯墟之故居。誠以越東一隅，山水所萃，勝流栖足，雲客宅心。魚鳥親於故人，竹石多於家具。一廛苟有，百城不移。而况稽陰著士，堂構累承。下杜之鄉，屢卜而未遂；瀼西之屋，數世而亦傾。烟水役其夢魂，桑麻存於形想。此《三山世隱圖》所爲作也。三山在郡城西十里，出常禧門，經跨湖橋，村墅漸疏，田疇益展，遠山四映，層青間白。度杏賣橋，湖開若鏡，堤長儗虹，霞艴翠霏，不可殫究。而三山者，高或十尋，廣劣千步，翹鬟橢髻，錯峙水中，名未別於圖經，地各私於農户。斜帶魚罧，旁分鷗磯；烟波忽興，蕩漾無際。田園杝落，相環而居。予家西郭門外，則由霞川橋，渡青田湖而南，出石堰，取三山，視道常禧門爲近。又南則爲畫橋，界長湖以控霧，駕白石而疊鱗，柱簇欄迴，月重星貫。曲港綿絡，漁舟四通。橋之折處，則爲龜山，世所傳方干島也。卷石兀趾，古松卓顛，推排浪中，激齧益瘦。循橋而西，爲湖桑埭，則柳姑祠在焉。康熙之初，先六世祖中書府君，嘗與同郡名士一十九人，踵鐵崖之故事，結詩巢於埭西。衣冠偉然，髣髴月泉之社；文采蔚若，頡頏雲門之游。落花泛觥，垂楊蔽席。白蘋周於文砌，紅蓼亞其朱闌。艷極湖山，人傳圖畫，是以篁村續賦，羡若神仙；陶篁村《續會稽三賦》紀之甚詳，白蘋、紅蓼，亦賦中語也。霞西著書，證其香火。沈徵君復粲著《詩巢香火證因》。既而星散遠宦，風流漸微，府君儤直薇垣，修書朵殿。眷言桑梓，結念漁樵。已營灞陵之田，將遂菟裘之築。闢畦起舍，近季直之賜莊；踞島投竿，跂宏之之高迹。因屬蔣南沙相國爲之圖，汪退谷宫允系以什，而府君自爲文記之，今所傳鑑湖垂釣圖、記及詩是也。嗣是曾王父孝廉君，以禽向之年，絶馳驅之意，散懷泉石，彌卲風期。嘗以春秋佳晨，童冠咸集，試笛於柳姑祠畔。胡床三弄，勝青溪之雅談；紫裘一聲，追黄樓之遺韻。緋桃千樹，因風而競開；紅裙雙鬟，采菱而答唱。獨孤因以裂管，倚樓由兹得名。則有若茹古香尚書，王穀人進士，各填詞記之，而孝廉君自爲之詩也。及先本生王父州佐君，天懷高簡，人倫典型，鄉里祝於少賓，儁艾奉爲有道。杖履近出，時在畫橋；籃輿後隨，半爲田父。每至秋高霜曉，山清氣佳，丹楓擁巖，鳥柏匝涇，萬葉飛舞，時亂落霞，千林通紅，不辨朝日，連村錦張，夾漊花合，炊烟沍爲黼繡，嵐翠供其畫屏，時乃携青雀之舟，繫緑葭之岸，拾枝煮茗，舂葉題詞。循行打稻之家，閑訪鳴鐘之寺。兒童競逐，鳬雁狎遊。入網師之居，或從借笠；闖里儒之塾，亦與言詩。翦韭東畦，牽莼北渚。野籬竹篠，時拂青簾；村舍酒旗，偏礙烏帽。客來不速，月出而歸。嘗賦紅樹絶句十首紀之者也。嗚呼！泝自康熙，以迄道光，朝野承平，代傳高隱。藉武陵橋租之業，無太原地癖之風。蓋自跨湖橋以西，青田湖以南，至清水閘而止，連阡越陌，皆先疇焉。然而逍遥有谷，徒標大小之稱；平泉作莊，虚傳子孫之誡。墻援未成，花竹焉樹，洎經離亂，洊爲丘墟。膏腴之封，悉入於豪右；磽埆之地，半葬以國殤。林壑塵存，風烟屢改。慈銘祖研勉承，寢丘竟失。羈禽繞樹，時念南枝；枯魚暴沙，不忘深澤。爰傳尺素，重繪兹圖。于襄陽之儻逢，郗參軍之竟值，贖渦陽之舊産，補檀橋之精廬。剔壤疏泉，誅茅縛架，臨流選宇，即號祠堂。依林表阡，便營馬鬣。州佐府君時尚未葬。山條水葉，隨魚菽以爲供；秋月春楊，冀魂魄之常悦。八口所贍，十雙繞門，等身之書，千卷環堵。則斯圖也，祖德之述，遠慕乎韋公；郊居之篇，庶幾於沈令爾。』

是日買長桌一，直二十千；便椅四，直二十四千；几二，直八千。夜大風，自題《霞川老屋圖》，得七古一首。

邸鈔：大學士文祥、單懋謙俱充文淵閣領閣事。左都御史胡家玉等俱充經筵講官。上諭：李瀚章、郭柏蔭奏特參庸劣不職各員請分别懲辦一摺。湖北長樂縣知縣曹煊性躭逸樂，聲名惡劣，著革職永不敘用。署興山縣知縣張瑞鴻心地糊塗，措施乖方；候補知縣上官振勳貌似有才，心實譎詐；候補縣丞李文瀾舉動輕浮，不自檢束，均著即行革職。候補知縣鄧經暉才欠開展，心復卑鄙，著以府經歷縣丞降補。候補同知艾慶璞才識平庸，不堪造就；宜都縣知縣張景星才具短絀，辦事遲鈍；署公安縣知縣鄒林年力衰頹，難期振作，均著以原品休致。松滋縣知縣李勖性情迂緩，才具平庸；鄖西縣知縣張文鼎才短識闇，審斷模糊，均著以教職歸部選用，以肅吏治。

二十六日丙子　晴，終日風。以詩及記寫温、吴兩君所繪圖上。吴圖爲僕輩所污，温圖餘幅太長，書字過小，重付裝池家割去，將更寫之。得王芝仙孝廉十月十三日金華書，言其尊人杏泉訓導以奉滿保升學正教諭，而吏部忽選山東益都縣丞，將投牒選郎，屬予爲出印結。然今日見邸鈔，杏泉已改選鄞縣教諭矣。夜風。

二十七日丁丑　晴。予生日。署中送來冬季養廉銀十二兩九錢六分。得寶卿書，胡雲楣送來，借銀三十兩。再書《三山世隱圖記》。呼表糊匠换堂屋窗頂格紙。

邸鈔：甘肅西寧鎮總兵黄武賢開缺回籍省親，以記名提督達桑阿巴圖魯何作霖補授西寧鎮總兵。前任浙江温處兵備道魏喻義補授甘肅蘭州道。

二十八日戊寅　晨陰，上午有溦雪，旋晴。得伯寅侍郎書，惠銀十兩，并饋年糕、豚臑、雙鷄、百合，即修狀復謝，反百合。寶卿來，何達夫來。作書致肯夫，饋以豚臑、雙雉，報我以蘋果、年糕。夜更餘大風，三更時稍歇，具牲醴祀門行户霤之神，四更後就寢。

補録前日自題《霞川老屋圖》詩：『我家世在城西居，翰林吳君爲繪圖。長安塵沙正眯眼，突兀忽見先人廬。二百年來有此屋，東南斜抱兩河曲。先宅本臨横河，後益南闢，遂俯直河。城邊緑樹萬家烟，橋畔朱樓百竿竹。横河北絶官瀆流，烟波浩淼無春秋。鷗梟四散不知處，鳴榔往往聞漁舟。直河西接錢清水，迤邐長流百餘里。估帆日夜排檣來，艷説霞川一灣綺。蓬萊驛路清風多，連雲綽楔垂女蘿。會龍尚記舊朝事，宋理宗潛龍事，詳予所作《會龍橋歌》。卧虹不絶行人歌。放翁詩：行歌西郭虹橋市。先人辛苦一廛寄，舊德清門子孫庇。規制樸陋無敢增，宗族環居莫輕棄。幼騎竹馬携短童，東眷西眷隨所從。鵝鴨時鬧比鄰塾，紙鳶閑趁陂塘風。最憶讀書一弓地，楊柳臨池滴窗翠。擁卷隨師倚樹吟，洗硯呼儔捉魚戲。我生三十行適燕，滄海横溢無愚賢。馬蕃亦逐賈區盡，桑柘一例隨飛烟。歸來城郭都非舊，到岸牽船暫相就。新豐門巷何處尋，安仁故第從誰售。海燕年年繞屋飛，夢中圖畫是耶非。多情惟有霞川水，日望行人萬里歸。』

二十九日己卯　晴，有風。

三十日庚辰　歲除，晴大風。書春聯、春勝。剃頭。計兩日來還債錢五百二十二千有奇，耗銀幾及五十兩，未償者尚及百千。經歲杜門，節衣縮食，而所費如此，長安真不易居也。夜祀先，祀竈，祀屋之故主。大門聯語：『閏餘成歲；孝廉爲郎。』又旁聯云：『癸象泉流潤華嵎鐵；西賡物孰應德春門。』此不過用《説文》雅訓，黏合癸酉歲名鐵門地名耳。然都人少見多怪，又必生議論矣。聽事聯語：『初哉首基履端於始；祓禧禠祜衆福之家。』此亦舊作略改耳。後堂聯語：『一桁花添茶竈韵；半窗書勝蕙爐香。』

邸鈔：上諭：御史游百川奏河運並治關繫至重宜詳籌安辦一摺。著軍機大臣會同六部九卿，與喬松年等前奏各摺片一併妥議具奏。上諭：本日祫祭太廟，讀祝之太常寺少卿慶福聲音洪亮，著加恩賞戴花翎。

同治十二年（一八七三）

同治十二年歲在昭陽亦作尚章。作咢亦作作詻。孟春之月月在畢聚元日辛巳　晴，有風。晨起叩拜先人。上午出門賀年，計歷内外城四十家，晡後歸。書卧室帖子云：『手鈔八千餘紙；《北史·崔逞傳》。臣生四十五年。』《南史·袁昂傳》。

邸鈔：丁寶楨奏懲辦庸劣各員。山東淄川縣知縣湯炳堃、候補知縣周廷夔、富國場大使童錫恭、永阜場大使吕懃均即行革職。壽張縣知縣方鳴皋改教職。招遠縣知縣趙國珍原品休致。從之。

初二日壬午　晴。大風寒甚。先像前供食物。閲夏嗛父《述韵》。夜大風。

初三日癸未　晴，風。先像前供食物。閲江氏《古韵標準》。作片致吕庭芷，得復。夜大風，連日嚴寒，手瘃不能作字，讀書亦甚草草。

初四日甲申　晴。先像前供曼頭。作片致紫泉，致寶卿，俱約游廠市。下午紫泉來，偕詣廠閲市，至火神廟購得《隸釋》《隸續》《兩漢金石記》，共銀九兩。《音學五書》《潛丘劄記》《積古齋鐘鼎款識》《求古精舍金石圖》，共銀七兩，皆賒之。晚歸。

邸鈔：上諭：朕于三月初五日恭奉慈安端裕皇太后、慈禧端佑皇太后啓鑾，初八日祗謁東陵，初九日節届清明，朕恭詣定陵行敷土禮，並詣隆恩殿行大饗禮，虔申孺慕，禮成後於十二日回宫，所有應行典禮並一切事宜，著各該衙門照例敬謹豫備。

初五日乙酉　晴。先像前供茶湯。閲《兩漢金石記》。覃谿盡心漢隸，所論多造精微，其補《隸續》及注洪氏所作《滂喜》尤足爲鄱陽功臣。寶卿來。夜半後雪。

初六日丙戌　晨雪積寸餘，旋下旋消，午後稍止，晡後晴。閲《求古精舍金石圖》，凡兩册，烏程陳經抱之所輯，鉤繪絶工。得許竹篔書，詢注疏各本得失，即復。夜閲《潛丘劄記》第四卷。

初七日丁亥　子正二刻五分立春，正月節。晨微雪，上午後晴。祀先。是日立春兼人日賦詩，題作『癸酉人日立春賦』云云。懷故園曉湖、愼齋、杏泉、梅巖、蓮伯五學博，梅卿、梅仙同年，秋伊、眉叔、子珍、心雲諸子，子宜及門：『夢裏不覺春風生，開門雪止鵲噪晴。門前華轂過如水，擁爐獨聽茶鐺聲。欲寄梅花無可折，呵管題詩寫愁絶。春到江南一晌遲，夢落山陰萬家雪。時聞南中久旱，眄雪甚切。山陰此日春光多，滿城爆竹連笙歌。村村廟社聚鷄酒，處處春燈圍綺羅。廣文五君有同好，各占山城理清嘯。莫嫌俸薄艱盤餐，猶勝低頭事年少。胡家金玉真友昆，養親讀書情彌敦。車裘頗尚臨汝飾，梅卿好飾輿服。科第行署高陽門。東皋娱園盛賓客，修竹風流繼遺迹。燭花璀璨吟筵高，明月當空酒缸碧。王郎悲歌窮益豪，説經尤愛河南陶。子珍近肆力漢學。孫生羸瘦亦嗜學，出語往往驚其曹。我獨三年滯京國，摘菜敲冰作春食。急須報我草堂詩，讀向春風展顔色。』此詩它日當寫致曉湖、梅卿、眉叔三君，使知我入春詩興也。作書致肯夫，致蓴庭，俱約明日同游廠市。作書致香濤，慰其歲盡悼亡，贈以《長亭怨》慢詞一闋：『正春到，椒盤吟絮，官燭摇紅，玉堂雕户。忽自釵分，斷雲天際渺何處。舊時鸞鏡，誰並倚花雙樹。只留得鸞雛，忍更話，青紅歡聚。　日暮，認空房履迹，點點香塵堪數。君新移居。寫成虚位，對遺挂，商量眉語。最苦是，爆竹闐填，怕瞻怯，犀簾無主。應倍記年前，擁髻春旛風度。』眉批：《長亭怨慢・慰香濤歲盡悼亡》。閱《積古齋鐘鼎款識》。

邸鈔：詔：以前山西巡撫李宗羲爲兩江總督，即行馳赴新任，毋庸來京請訓。以漕運總督張樹聲爲江蘇巡撫。以山東布政使文彬爲漕運總督。以山東按察使李元華爲布政使。以兖沂曹濟道長賡爲按察使。李宗羲，四川開縣人，丁未進士。長賡，内務府正黄旗舉人。詔：兩江總督李宗羲充辦理通商事務大臣。户部雲南司郎中成允授山東兖沂曹濟道。

初八日戊子　晴。閱《積古齋鍾鼎款識》。肯夫來，殷蕚庭來。晡後偕肯夫、蕚庭詣廠閲市，至火神廟，晤香濤、清卿、竹篔諸君，一無所得而歸。

初九日己丑　晨陰，傍午雪大作，至晚積二寸許，夜晴。得伯寅侍郎書，贈朱拓《程蘅衫荃篆書四幅》，即復謝。

邸鈔：張樹聲奏特參庸劣不職各員。候補知府馮庚泉、候補知縣廖明賢均革職永不敘用。無錫縣知縣傅琳森、如皋縣知縣周際霖均即行革職。江陰縣知縣顔榮階以教職選用。從之。

初十日庚寅　上午晴，午後微陰，晡陰有風。作片致牧莊，致寶卿，致鼎甫，俱約明晚小飲。以錢二十三千買花爆燈供諸物。此老童心未化，亦聊以裝點貧家歲華。得張妹夫去冬書，言已赴粤需次。

十一日辛卯　是日上親祈穀南郊，先日出宿齋宫，歸復拈香於正陽門外之關帝廟觀音殿。晴。先妣生日供饋。作書致肯夫取還詩集，得復。寶卿來，牧莊來，蓉生來，共擲采選格。夜飯，至二鼓而散。剃頭。

十二日壬辰　晴。午出門答賀五十餘家，晡後歸。夜月甚朖。

邸鈔：刑部右侍郎常恩以病請開缺調理。許之。以理藩院右侍郎廣壽爲刑部右侍郎。以大理寺卿成林爲理藩院右侍郎。

十三日癸巳　終日陰。閲《淮南子》。庭芷來。夜晴。先像前供茶湯，買燈照之。二更後有風，月明如晝。

邸鈔：上諭：景廉奏領隊大臣因病出缺一摺。巴里坤領隊大臣伊勒屯前在該城守禦，屢挫回氛。同治五六年間，復派兵克復哈密，著有勞績。現在因病出缺，深堪憫惻。著加恩交部照軍營病故例議恤。以副都統銜頭等侍衛沙克都林札布爲巴里坤領隊大臣。上諭：景廉奏訊明調兵輕進之委員請從嚴懲辦等語。已革副將桂洪元于上年春間，經景廉委赴沙山子等處查看地方情形，輒思僥倖邀功，寄信提督張玉春，令其帶兵前進，並有不必禀明都統之語，以致官軍輕進失利，實屬謬妄糊塗。桂洪元著即發往黑龍江充當苦差，沿途軍營不准率行奏留。

十四日甲午　晴。午獨游廠市，士女甚衆。閲市至廟，晤夢漁、紫泉、麐伯、廉生、香濤、竹篔、清卿、潘孺初、陳鈞堂、譚敬甫、胡雲楣、牧莊諸君，購得清芬閣重刻福禮堂本《周禮》及《爾雅》，購《中都四子》，已殘缺，還價四金不成。傍晚偕雲楣、紫泉歸。清卿邀同肯夫夜飲廣和居，蹋月赴之，二更後歸。

十五日乙未　晴。出門答客十四家，復至火神廟閲市，晤香濤、竹篔、謝夢翁、廖雲鼇、陸芸生諸君，購金山錢錫之熙祚所刻《守山閣叢書》，共三十函，索銀百兩，此在十年前不過廿金可得耳，今則無須問津矣。買新刻郝蘭皋《爾雅義疏》而歸，郝疏爲楊致堂河督所刻足本，蘭皋之孫涿州知州承薇所重刊者也，價銀二兩有奇。祀先，供湯圓酒饌，然燈放花爆。貧家歲華，裝點至此，可發一笑。夜月如晝。

邸鈔：英翰奏甄别庸鄙不職各員。安徽懷遠縣知縣童埰等四人均即行革職。候補知縣金士衍以府經歷縣丞降補。廬江縣知縣李凌霄以教職選用。桐城縣知縣黄長森，開缺另補。從之。

十六日丙申　晴，有風。閲《爾雅義疏》。遣人至廟市，以三十五金購《津逮祕書》，二十二金購《粤雅堂叢書》，俱不成。作書致殷萼庭，借銀十兩，得復。得胡雲楣片，借我粤雅堂本《南雷文定》，即復。

十七日丁酉　晴。閲《爾雅義疏》。得王眉叔十二月十二日書，并寄其新刻《笙月詞》兩册。得陳藍洲十二月十八日書。眉叔書中言舍弟以營葬地事被訟，又王氏妹日與其婿反目，交逼不堪，（此處塗抹）令人憂念。牧莊來。

十八日戊戌　晴和。祀先。收像。

閲《南部新書》十卷，宋錢易著。其書言唐事者十之九，多資掌故，足裨兩《書》之闕。希白世據吴越，唐之故老，多居其國，故承平文獻，述之尤詳。其辨懺之原始一條云，懺之始，本自南齊竟陵王，因夜夢往東方普先王如來所，聽彼如來説法，後因述懺悔之言，覺後，即賓席梁武、王融、謝朓、沈約，共言其事。王因兹乃述成《竟陵集》二十篇、《懺悔》一篇。後梁武得位，思懺六根罪業，即將《懺悔》一篇，召真觀法師慧式，廣演其文，述引諸經而爲之。故第二卷中發菩提心文云：『慧式不惟凡品，輕摽心志，實由渴仰大乘，貪求佛法，依倚諸經，取譬世事。』即非是爲郗后所作。今之序文，不知何人所作，與本述不同。近南人新開印本，去其慧式二字，蓋不知本末也。此亦言内典者所當考。希白爲廢王倧之子，世居於越，今所閲粤雅堂本伍崇曜跋，誤以爲忠懿王俶之子。其書訛字甚多，較之學津討原諸本，無以勝焉。

夜閲周密《志雅堂雜鈔》，亦粤雅堂本。其書多言圖畫、古器及類記、瑣聞。中一條論道學云：嘗聞鄉曲沈子固先生云：道學之黨名起於元祐，盛於淳熙，其徒甚盛，蟠結其間，假此以惑世者，真可嘘枯吹生。凡治財賦者則目爲聚斂，開閫捍邊者則目爲粗才，讀書作文者則以爲玩物喪志，留心吏事者則以爲俗吏。蓋其所讀書，止《四書》《近思録》《通書》《太極圖》《西銘》及《語録》之類。自詭爲絶學者，正心、齊家以至治國平天下，故爲之説曰：爲天地立心，爲生民立命，爲前聖繼絶學，爲萬世開太平。爲州、爲縣、爲監司，必須建立書院或道統諸賢之祠，或刊注《四書》，衍輯《近思》等文，則可不錯路頭去。下而士子作時文，苟能發明聖賢義藴，亦可不負名教矣。否則立身如温公，文章氣節如東坡，皆非本色也。復有一等僞學之士競趨之，稍有不及，其黨必擠之爲小人，雖時君亦不得爲辨之。其氣焰可畏如此。然所行所言，略不相顧，往往皆不近人情之事。馴至淳祐、咸熙，則此弊極矣。是時爲朝士者，必議論憒憒，頭腦冬烘，敝衣菲食，出則以破竹轎，舁之以村夫，高巾破履，人望之知爲道學君子，名達清要，旦夕可致也。然其家囊金匱帛，爲市人不爲之事。賈師憲獨持相柄，惟恐有奪其權者，則專用此等之士，列之要路，名爲尊崇道學，其實幸其憒憒不才，不致掣其肘，以是馴致萬事不理，喪身亡國。嗚呼！孰倡僞學之黨，甚於典午之清談乎！

公謹此言，蓋爲鄭清之一輩人而發。此如霍光秉政，而用丞相蔡義；王鳳秉政，而尊太傅張禹，用丞相匡衡；王莽秉政，而用太師孔光、大司徒馬宫，何嘗不是名儒帝師，而首施齪齪，皆爲權臣狎玩之物。故班孟堅極崇經學，而匡衡等傳贊不因其儒宗而稍寬。公謹此書，成於元代，道學之風甚盛，而能爲是言，此是非之公也。近世一目之士，動以詆斥宋儒爲莫逭之罪，亦愚甚矣。至公謹言賈似道之禍國，辭直如是，而趙雲松猶謂其依附賈氏，多爲訟冤，又何其不樂成人之美也。

三更後大風。

十九日己亥　晴，大風，嚴寒。上午坐車出西便門，至白雲觀，以都人今日爲燕九節，香火甚盛，故往觀之。而風烈塵涌，棚肆盡徹，士女闃然。守觀道士，皆黯淡無色。觀宇雖大，略無游憩之所。入丘祖殿，觀長春真人塑像，白皙微有須，劉侗《帝京景物略》以爲無須眉，與此不同。不似八十歲人也。旁列十八弟子像。欲登藏經閣，以有婦人在上而止。匆匆驅車而回，譜《憶舊游》一闋。

憶舊游 癸酉燕九節，大風。獨出西便門游白雲觀，謁長春真人像，用玉田大都長春宮韵。

恁茸衫款段，獨訪玄都，日淡沙晴。休説長生事，但丹霞竈冷，烟裊旛青。天風猛撼鈴鐸，燭亂露壇星。祇玉格金函，玲瓏霧閣，深鎖層清。有藏經閣，以有游女不及登。西游幾經歲，又幾劫開皇，鶴化無聲。認得蓬萊境，便雪山冰海，花樹都春。何況帝城佳氣，閬苑接仙禽。還目極斜陽，林尖寺塔銜暮雲。觀之前面即天寧寺。

夜閲《南雷文定》。風稍止。

二十日庚子　晴，寒甚，仍有風。閲《南雷文定》。寶卿來。得伯寅書，屬代撰龐寶生尚書《文廟祀典考序》，即復。向寶森取張氏清芬閣刻《周禮》《爾雅》及《駢體正宗》來。

二十一日辛丑　晴。戊正二刻十分雨水，正月中。

閲《南雷文定》卷二《餘姚至省下路程沿革記》，云：『周益公《思陵録》錢清江者，東自三江口來，西過諸暨，約三百餘里，闊十餘丈，運河半貫其中，高於江水丈餘，故南北皆築堰上水，別設浮橋渡行旅。大舟例剥載，小舟則拖堰而過。梓宮船欲渡，待其潮水平漫，開閘，水勢奔注，久之稍定，兩岸以索牽制，始放御舟。將達南閘，大昇轝繼之，御舟受觸。幸而篙工能事，得入閘口。轝舟不能入，横截南岸，册寶又往，江流湍急，舟人力不能加，直衝其腰，既而靈主亦來，復衝册寶，勢尤可畏。運使趙不流頓足垂涕，幾欲赴水。當日之險如此。今自麻谿作堰，錢清上流之水引入錢唐，三江口作閘，潮水亦不入錢清，而錢清與運河相渾，有江之名，無江之實矣。』案錢清江，東晉以前爲浦陽江，韋昭等所稱三江之一，實漸江之別流。今清流演迤，闤闠夾列，并不知有江名，而舟子由此地者，多折而南入西小江以取蕭山，蓋計水驛較近十里。其地山水迴複，村港紛歧，易於藏匿，乃屢有盜賊之警。觀梨洲之言，彭、戴二太守之功，其可忘乎？

作書致伯寅侍郎，并王眉叔詞一册，且索其所刻王象之《輿地碑目》，得復。

邸鈔：軍機大臣面奉諭旨，本月二十六日親政後引見，文武各員口奏履歷，均照道光年間及咸豐初年舊章。太常寺少卿楊泗孫奏請因病開缺。許之。楊昌濬奏特參庸劣不職各員。浙江淳安縣知縣白瑛才識庸闇，辦事顢頇；候補縣丞王繩濬、翟壽昌聲名陋劣，均即行革職。候補通判胡秉璠貌似有才，不知檢束，以縣丞降補。德清縣知縣詹儀桂性緩多病，難期振作；候補知縣張兆基年力就衰，均勒令休致。從之。

二十二日壬寅　晨晴，上午微陰，下午復晴。近日以手指瘃裂，不能校書，且心氣忽忽，時若虛耗，憚於讀經。因翻閱雜書，且以其暇，欲仿劉貢父漢官采選格爲唐升官圖，以消遣閑寂，爲讀史者之助。而案頭無唐代一書，乃先取國朝升官圖，校其遷降，別其清濁，正俗刻之誤，今日遂至盡晷。此真飽食之博弈，群居之小慧，不特玩物喪志而已。嗣當切戒，勿再爲之。夜閱《南雷文定》。

二十三日癸卯　晴和。剃頭。對門胡筱渠總憲喪，其長子户部主事濟清來赴，賻以京錢四千。傍晚朱鼎甫邀飲廣和居，晤紫泉、寶卿及吴玉叔、陳芰生、蔡輔臣諸君。胡雲楣亦招飲別室。晤蕭山郁秀山編修堃，二更歸。

夜閲《三國志辨誤》，守山閣本也。分上、中、下，爲魏、蜀、吴三卷。共祇十七葉，言蜀者祇二葉耳。不著撰人名氏，《提要》疑爲陳景雲而又不能决。其書僅取誤衍之文，略加考正，多有可取。惟《虞翻傳》注一條云：『桓文遺之尺牘之書，比竟三高。』云文當作王，謂長沙桓王也。案此上文云『近者太守上虞陳業，潔身清行，遁迹黟歙』云云。予初校《三國志》，亦疑桓文當作桓王，曾劄記之。後讀《水經·漸江》篇注云：『沛國桓儼避地會稽，聞陳業履行高潔，往候不見。儼後浮海，南入交州，臨去遺書與業，不因行李，繫白樓亭柱而去。』考《後漢書》，桓曄字文林，一名嚴，注引《東觀記》嚴作礹。初平中避地會稽，遂浮海客交趾。曄即儼也，嚴、礹皆儼之誤。乃知此注所云桓文者，當作桓文林，脱去一字耳，非桓王也。

閲《宋季三朝政要》，亦守山閣本，凡六卷。一至三爲理宗，四爲度宗，五爲少帝，六爲廣王、益王。不著撰人名氏，編年記載。前有自序云理宗國史載入北都，過此無復可考，故今將理、度兩朝聖政及幼主本末，纂集成書，以備它日史官之采擇云。卷六首又自序云陳仲微咸淳爲侍左郎官，以言事切直罷。乙亥除兵部侍郎，修國史。丙子從二王入廣，目擊當時之事，逐日鈔録。崖山敗，流落安南。壬午歲，安南國使入覲，因言仲微之事，而得仲微所著《二王首末》，重加編次，以廣其傳。則其人似宋故臣而曾仕元者，故書中皆稱大元、大兵。卷末附論，亦頗頌元德。其所紀既簡略，而敘次俚俗，全無義法。惟一二遺事，多足補史所未及。是非褒貶，亦爲平允。其論謂宋太祖生於丁亥，以庚申歲建國，命曹彬平江南。以甲戌歲渡江，以乙亥、丙子而平。今大元世祖原刻誤作太祖。聖武皇帝亦生於乙亥，以庚申歲即位，命伯顏平江南，亦以甲戌歲渡江，乙亥、丙子而平。宋待柴氏最厚，事太后如母，撫幼君如子。大元待宋后幼君，禮意尤篤，是其初待柴氏之報也。宋于柴氏族屬，並無誅戮，崇義之封，終三百年如一日。今大元于趙氏族屬，一無所問，亦其不殺柴氏之報也。宋以周顯德七年受禪，而幼君名顯，當作㬎，古顯字。改元德祐，合顯德二字。此亦猶劉莊靖詩：『路人笑指降王道，好似周家七歲兒。』報應之數，往往符合，不得以因果附會之説呰之也。是本頗有誤字，錢氏校勘亦未精。

閲《唐韵考》，亦守山閣本，凡五卷。國朝紀容舒撰。容舒字遲叟，號竹崖，獻縣人。康熙癸巳舉人，官至姚安府知府。是書即徐鉉本《説文》所載音切，參伍鉤稽，各歸其部，以存孫愐《唐韵》之舊，用力甚勤。錢氏再加校訂，補其失收之音切四十四條，音切下失收之字百一十有五，又疏其謬誤，隨條附案，致爲精密。

邸鈔：上諭：朕奉慈安端裕皇太后、慈禧端佑皇太后懿旨，三載考績，爲國家激揚大典，中外滿漢諸臣有能恪共職守、勤勩最著者，允宜特加甄敘，以示優眷。恭親王首贊樞廷，歷久不懈，盡心輔政，鉅細靡遺，懋著勤勞，深資倚任，著交宗人府從優議敘。大學士文祥、吏部尚書寶鋆、兵部尚書沈桂芬、工部尚書李鴻藻和衷贊畫，矢慎矢勤，均著交部議敘。大學士、直隸總督李鴻章盡心民事，宣力彌勤；陝甘總督左宗棠公忠謀國，艱鉅克膺，均著交部從優議敘。餘著照舊供職。

二十四日甲辰　晴和，大有春意。蒓庭來。庭芷來。

夜閲宋王讜《唐語林》，亦守山閣本，凡八卷，即武英殿聚珍本。其前四卷爲明齊之鸞原刻，後四卷則從《永樂大典》各韵下輯入者，故别之曰補遺，而不系門目。王氏本仿《世説》三十五門，又益以嗜好至計策十七門，爲五十二門。采集小説五十家，《大典》中尚載其所采書名原序目及門類總目。今諸書多或亡佚，賴此存其梗概。且所載多嘉言韵事，爲考唐事者所不可少之書。錢氏系以校勘記一卷，多取諸書之間存者，以相參考，時足正今本沿刻之誤。

二十五日乙巳　晴和。作書致許竹篔，以庭芷言有陽湖莊君欲從之作時文，屬予轉詢也。得竹篔復，即作書致庭芷。得萼庭片借詩集，即覆之。得庭芷書，贈所刻鄧完白篆書《程子言箴》拓本，并以其祖姑夫大興方彦聞大令履籛《萬善花室駢體文》三册見借。予向見常熟重刊《法苑珠林序》，末題萬善花室女弟子呂琴姜撰。其文高麗博奥，逼真初唐，知必名手代撰。而求之近代諸家文集，俱未得之，今即在此集中，乃其代婦所作也。彦聞與董方立交最摯，方立有《方彦聞鶴夢歸來圖序》，言圖爲彦聞悼亡而作。昨定子言，悼亡者乃其原配陸孺人。庭芷之曾祖桐城君，奇愛季女，必欲擇名士相攸，因以歸方君爲繼室。方君，嘉慶戊寅科舉人，官福建閩縣知縣，所至喜搨碑，聚古錢甚夥，善八分書，年五十三卒於官。紫泉來，不晤。得胡雲楣片，贈汪龍莊《病榻夢痕録》一部，并别以一部屬爲校勘。是書去年龍莊先生孫建昌知縣世金所重刻也。得王子清十二月初六日蘇州書，言又奉檄佐海運，將以今春入都。得族弟小帆十月初六日南昌書，言硯香二伯母已於去年二月病卒豐城寓中。

是日爲潘侍郎撰《龐尚書文廟祀典考序》：『蓋自女陵降祥，緇帷設教，聿啓黑帝之聖，遂有素臣之符。故雖戰國獿争，暴秦虎噬，詬儒破術，禮散樂崩。而車服森森，禮堂不改；洙泗齦齦，闉城尚存。迨至漢興，益明孔學，文翁石室，繪及諸賢。子長《世家》，備以《列傳》。廟貌既設，褒成遂封。中興重儒，列像遍謁。卒史之守，置於乙瑛；禮器之修，成于韓勑。嗣是典文踵飾，日月滋增，雖至閏位，蛙聲蕞隅，蝸角猶且。莽崇公號，夏襲帝稱，撮壤埤山，隆污何算。要而論之，經明於漢，祀定于唐。顯慶正先聖之名，開元制文宣之謚。經師祔于貞觀，弟子祀肇明皇。皆後海而先河，取資賢以輔聖。爵超桓衮，方稱帝師之尊；等别門墻，各疏侯伯之秩。固已發皇丹赤，鏗訇鼓鍾。用其書者，祀其人；傳其學者，隆其報。物無異議，制出一尊。顧以郰叔遺封，述聖缺祀。宋之中葉，彌廣推崇。齊魯並尊，兼封郕國。泗沂世及，并爵鄒公。庶幾聖門，殆無遺憾。而主奴出入，因此糾紛，裘葛炎凉，互施追報。媲太祝于游夏，躋荆舒爲顔曾。道學踵興，賢儒强判。馴至明代，乃有張璁。憑蠆毒以射天，逞蠡智以測海，裂冠毁冕，貶制黜儒。以致高密大師，豫章名學，咸登彈事，歸食故鄉。幸際昌期，欽逢昭代，苞符交乎元會，日月麗其中天。世宗憲皇帝遐稽前典，獨秉聖衷，特詔封啓聖王以上五世王爵，而至聖先師則仍嘉靖之稱。蓋以麟紱紀祥，空桑衍聖，推恩所自，則祖以孫貴可知，追王致隆，則德必稱位益見。故九叩以盡其敬，八溢以極其庸，削大成之陋稱，祛汁光之妄説。至於從祀之典，尤切周諮，再議盈廷，折衷至當。弟子則林、顔悉復，經師則鄭、范先還。損益百王，憲章萬禩。前則聖祖定哲配之位，後則高宗建辟雍之宫。皇哉士儀，至矣觀止。重熙累洽，咸秩明禋。然而竹帛俄空，記注寥寂。張褱創草，佚簡無徵。敏政抵萌，陋書鮮述。暨乎近世，李宗伯周望著禮樂之録，孔農部繼汾紹文獻之編。紀厥休明，蔚乎份戫，顧未專於祀典，尚致憾夫獻徵。司寇龎寶生先生，黼黻應期，淵岳比識，紬繹萬緒，笙簧九能，自長司成。及佐宗伯，鉤稽積牘，潤色鴻言，勒成《文廟祀典考》五十卷，以同治四年六月絜齋進御。九重嘉賞，儲之禁中。緗帙映乎紫宸，檀函發爲裔采。考儒林者奉如瓊秘，訪柱下者重若球珍。肴核古今，準裁同異，八儒懸其藻鏡，九墨畫其枝流。劉子駿之遂書，老儒或嫉；歸崇敬之立議，舉朝憚行。咸事蒐羅，式資銓綜，復刊副墨，以廣其傳。而屬某爲之序。某惟是書采取之博，體例之善，固不待言。而百仞之墻，所苞者六藝，兩廡之饗，無取乎空談。泮璧非合食之堂，享祀異列傳之史。夷齊卓異，何與闕里之誦弦；周邵大勳，豈冀尼山之尊杌。累承列聖申訓精祥，誠得是書共相曉譬。俾無以兔園一册，攘臂于孔林；皋皮片氈，争席於禮殿。若夫蘭陵言性，中壘校書，賈侍中之宏深，何諫議之精博，鄭司農之節概，服九江之名通，學晐衆家，德無一眚。即至唐儒孔、陸，宋代孫、邢，書既傳於今兹，身不遺夫世議，或增或復，揚搉可言。而尤當議及者，小學無汶長，則倉、籀之心不傳；雅訓無景純，則周、孔之讀不著。平叔忠魏，而《論語》以行；邠鄉忠漢，而《孟子》以顯。厚齋、東發，皆紫陽之適傳，梨洲、亭林，實蘇門之畏友。以應俎豆，彌韵金絲。將聯奎壁之煇光，益昭國家之盛舉。司寇它日，秩長寅清，雍容上議，猶願簪筆而從其後焉。』

《論語·鄉黨》一篇，即《禮經》之別記，如凌氏廷堪之解黄衣狐裘爲韋弁服，據《詩·羔羊》正義。凌氏曙又兼解爲臘祭之服，據《玉藻》注。凌氏廷堪、胡氏培翬解『肉雖多，不使勝食氣』爲食禮，據《公食大夫禮》。解『唯酒無量不及亂』爲燕禮，據《燕禮》鄭注。劉氏台拱之解『吉月必朝服而朝』爲聽朔必視朝之禮。據《玉藻》。皆精論不刊，爲先儒所未及。然不特《鄉黨》也。如李氏惇之解『子語魯太師樂曰』一章，劉氏台拱之解『師摯之始』一章，及《關雎》『樂而不淫』一章，皆援據《禮經》以明樂奏之節，有功於聖言甚鉅，讀《四書》者所不可不知也。今類而録之云：

李氏云古樂有堂上堂下之分，見於《皋陶謨》戛擊鳴球一節，至《儀禮》《鄉飲酒禮》《燕禮》，而升歌笙間合樂之禮備矣。《論語》子語魯太師一節，尤爲明畫，曰始作者，謂升歌也，翕，合也，謂堂上瑟聲與歌聲合也，曰從之，則笙入以後三節矣。曰純如者，謂笙入三終也。三笙一和，其聲純和，非如堂上之清也。曰皦如者，謂間歌三終也。堂上一歌之後，間以堂下一吹，明晰而不雜亂也。曰繹如者，謂合樂三終也，堂上歌《關雎》，則笙吹《鵲巢》應之；歌《葛覃》，則笙吹《采蘩》應之；歌《卷耳》，則笙吹《采蘋》應之。其時歌樂與衆聲齊作，累累如貫珠也。至是工告正樂備而爲一成矣。天子諸侯之禮，升歌或以頌，或以大雅，而笙入間合次序並同也。

劉氏論師摯一節云：始者樂之始，亂者樂之終。《樂記》曰：『始奏以文，復亂以武。』又曰：『再始以著往，復亂以飭歸。』皆以始亂對舉。凡樂之大節，有歌有笙，有間有合，是爲一成。始於升歌，終於合樂，是故升歌謂之始，合樂謂之亂。《周禮》太師職，大祭祀，師瞽登歌。《儀禮·燕》及《大射》，皆大師升歌。摯爲大師，是以云師摯之始也。合樂，《周南》：《關雎》《葛覃》《卷耳》；《召南》：《鵲巢》《采蘩》《采蘋》，凡六篇。而謂之《關雎》之亂者，舉上以晐下，猶之言《文王》之三，《鹿鳴》之三云爾。升歌言人，合樂言詩，互相備也。洋洋盈耳，總歎之也。自始至終，咸得其條理，而後聲之美盛可見。言始亂，則笙、間在其中矣，此反魯正樂之效也。

論《關雎》樂而不淫二句云：《詩》有《關雎》，樂亦有《關雎》，此章特據樂言之也。古之樂章，皆三篇爲一。傳曰：《肆夏》之三，《文王》之三，《鹿鳴》之三。《記》曰：『《宵雅》肆三。』《鄉飲酒禮》：『工入升歌三終，笙入三終，間歌三終，合樂三終。』蓋樂章之通例如此。《國語》：『《文王》《大明》《緜》，兩君相見之樂也。』《左傳》但曰『《文王》，兩君相見之樂』，不言《大明》《緜》。《儀禮》：『合樂，《周南》：《關雎》《葛覃》《卷耳》；《召南》：《鵲巢》《采蘩》《采蘋》。』而孔子但曰『《關雎》之亂』，亦不及《葛覃》以下，此其例也。樂而不淫者，《關雎》《葛覃》也。哀而不傷者，《卷耳》也。《關雎》，樂妃匹也。《葛覃》，樂得婦職也。《卷耳》，哀遠人也。哀樂者，性情之極致，王道之權輿也。《葛覃》之賦女功，與《七月》之陳耕織一也。季札聞歌《豳》而曰：『美哉，樂而不淫。』即《葛覃》可知矣。《樂》亡而《詩》存，説者遂徒執《關雎》一詩以求之，豈可通哉？

凡此所論，皆足一掃空言枝説之蔽。至『吾自衛反魯』一章，全氏祖望疏證極詳，援據甚博，然不免雜以臆説，黄氏式三《論語後案》痛駁之，則又過矣。

邸鈔：上諭：劉嶽昭、曾璧光、周達武奏雲貴官軍會克新城老巢黔上游肅清一摺。貴州新城地方與雲南平彝等州縣接壤，逆回金萬炤等麕集其間，爲患兩省。上年十月初五日，提督周達武親督官兵，會同沈壽榕等軍，直逼城下，攻入南門，將逆首金萬炤等擒獲正法，首要各逆，悉數殄除。當將新城克復，黔省上游一律肅清。貴州巡撫曾璧光歷年辦理軍務，調度有方。貴州提督周達武自帶兵入黔，所向有功，現在全省底定，自應渥予恩施。曾璧光著賞給頭品頂帶，太子少保銜，雲騎尉世職。周達武著賞給騎都尉世職。在事出力之提督何世華、吴奇忠、游宗翠、黄宗耀均賞穿黄馬褂。餘文武升賞有差。陣亡之總兵劉同升，副將王世晋、譚華泰、易泰來等七十四員均交部從優議恤。另片奏請將總理軍需及會同勦辦之司道等員獎勵等語。貴州布政使黎培敬、布政使銜貴州按察使林肇元均賞給頭品頂戴。已革甘肅提督陶茂林著開復原官，賞還翎枝黄馬褂勇號。道員沈壽榕等賞加軍功三級。總兵李家福賞穿黄馬褂。

上諭：劉嶽昭、岑毓英奏克復大理府城首逆伏誅全郡肅清一摺。逆首杜文秀盤踞大理府城，十有八載，地險城堅。上年五月間，官軍攻克上下兩關，賊勢漸蹙。岑毓英先將近省及東南各郡次第廓清，督兵前赴迤西，規取大理。十一月初十至二十等日，總兵楊玉科及各將弁開挖地道，轟陷東南城隅，乘勢擁入土城，晝夜鏖戰，共斃賊二千餘名，奪據蓮花池一帶賊壘，攻逼土城西北隅。楊玉科約東各軍，四面合擊，自率親兵策應，施放開花大礮，轟毁賊營碉樓大栅。逆首杜文秀見事勢危迫，於二十五日親率死黨萬餘接仗。楊玉科督軍兜勦。至二十六日，斃賊五六千名。該逆敗入土城内之僞城，情急服毒，其黨將杜逆獻解軍前正法。餘酋楊榮、蔡廷棟等，仍形負固。十二月初七日，楊玉科率同太和縣知縣譚席珍，直至縣署駐劄，初九日潛入僞府，督令伏兵奪據該逆礮樓，賊衆驚亂。岑毓英復親率各軍，内外夾擊，連日血戰，殺賊萬餘。賊由東、南、北三門狂竄。我軍追擊，生擒僞大冢宰馬仲山等，殄賊三千餘名，生擒僞大司衡楊榮、僞大經略蔡廷棟等，盡法治罪。並搜獲杜逆子女杜宗楊等，分别收禁。覽奏實深欣慰。雲南巡撫岑毓英當兵餉支絀之時，激厲衆心，親臨前敵，謀勇兼著，調度有方，深堪嘉尚，著賞穿黄馬褂，賞給騎都尉世職。雲貴總督劉嶽昭和衷共濟，克奏膚功，著開復革職留任處分，交部從優議敘。記兵提督楊玉科，雲南開化鎮總兵。賞給騎都尉世職、白玉翎管、搬指、小刀子、大小荷包。餘文武升賞有差。杜文秀首級即於犯事地方懸竿示衆，其年未及歲之逆子杜宗楊、杜賡揚、杜成楊及幼女一人嚴行監禁。

二十六日丙午　晴和。是日上始親政，以辰正御太和殿受賀。上午入城，答陳同叔、賈琴巖、查耀廷及同司宜霖，晤耀廷、琴巖。琴巖處久談，出城已晚，至青廠，晤周生幼芝而歸。作書致寶卿，託代繕昨所撰序，得复。作書并序致伯寅，并乞其新刻孫淵如《京畿金石考》。得伯寅复，以所刻《滂喜齋十六種》自《易消息圖説》至《壬申消夏詩》共爲一帙見贈。翁巳蘭之母夫人喪，今日本擬往吊，以入城幾忘之。晚補賻以錢四千，巳蘭方需次江蘇也。

邸鈔：慈安端裕皇太后、慈禧端佑皇太后以皇帝親政，召見在廷王大臣，下詔誡諭，及中外大小臣工。又諭：皇帝每日辦事召見後，仍詣弘德殿，與諸臣虚衷討論。李鴻藻、徐桐、林天齡、桂清、廣壽均照常入直，盡心講貫。至肄武習勞，乃我朝家法，騎射等事，皇帝亦須次第兼習，已諭令御前大臣查照舊章，隨時請旨。前據醇親王奕譞奏，懇將弘德殿差使徹去，著照所請，嗣後毋庸入直。上諭：朕沖齡踐祚，仰賴慈安端裕皇太后、慈禧端佑皇太后垂簾聽政，得以及時典學。兹復渥被聖慈，命朕躬親大政，仔肩至重，深懼弗克負荷，惟有恪遵訓諭，兢兢業業，上懔祖宗締造之艱，下慰中外臣民之望。在廷王大臣及各省封疆大吏，務當共矢公忠，匡朕不逮。其餘大小臣工，亦宜精白乃心，恪恭盡職，勤求吏治，乂安民生，以冀上副兩宫諄諄訓誡至意。

二十七日丁未　晴，午後微陰。作片致寶卿，致紫泉。閲《萬善花室文集》。其文博麗清縟，深於徐、庾、王、楊家法，不及董方立之警鍊，而格韻超秀，則過之也。寶卿來。得伯寅書，詢吾鄉陳默齋都尉廣寧家收藏。然予實不知其人也。即復。紫泉來催飲，以今日合浙中庚午南北榜八人醵飯紫泉家也。晡後偕寶卿赴之，晤紫泉、陳芰生、朱蓉生、蔡俌臣、金元直星桂、許怡卿悦堂。金君故南齋翰林乙巳榜眼。翰皋先生鶴清之子。芰生故順天府丞乙未翰林。子嘉先生寶禾之子。俌臣故貴州學政辛丑會元。蘧庵先生念慈之子，朱修伯之婿也。夜二更時歸。肯夫來，牧莊來，俱不晤。

二十八日戊申　晴。閲汪龍莊先生《病榻夢痕録》。上午步詣肯夫，不值。便過蒪庭，小談而歸。肯夫來。

邸鈔：醇親王奏請將神機營練兵仍歸原旗營操演，以復舊制。詔：仍著該營王大臣督率操演。每年春、秋二季派閲兵大臣會同神機營王大臣公同校閲。又請京旗緑各營兵丁，請仍歸各該管大臣督率教練。詔：仍著醇親王隨時稽查，勤加校閲。

二十九日己酉　晴。得潘紱丈書，以《莫猶人墓表》《張端甫遺集》各一册爲贈。作書復紱丈。作片致寶卿，贈以《莫猶人墓表》及伯寅所刻《壬申消夏詩》。作片致朱鼎甫，借觀朱子清所鈔近年彙刻諸書目。再得紱丈書。閲《病榻夢痕録》。夜閲《夢痕録》餘畢。汪氏此書，實年譜之創體，所記皆切於身心實用，多布帛粟菽之言。先本生王父、先君皆喜觀之。慈八九歲時即隨舉一二事以相訓厲，今日閲之，猶能略憶光景也。夜一更許，風起。

二月庚戌朔　晴，終日風。

閲《越史略》，守山閣本，不著撰人名氏。《四庫提要》據黎崱《安南志略》載陳太王時，陳普作《越志》，黎休修《越志》，疑此書即出普、休二人手。書凡三卷，上卷紀沿革，自漢趙佗至宋時黎氏。中、下兩卷，皆紀李氏，而稱曰《阮紀》者，以陳氏得國後，凡李氏宗族及齊民姓李者，皆令更爲阮姓，以絶民望。故此書于李公藴稱太祖，曰諱藴，姓阮氏，然載其讖文，有『禾刀木落，十八子成。震宫現日，兑宫隱星』之言，則未嘗没其實也。其國自丁部領以下，皆稱皇帝紀元號，而宋、元史多諱略之。其紀年亦著録家如厚齋王氏、廣漢鍾氏及近時梁氏、葉氏多未采入，今略最録之云。

《丁紀》：丁部領，華閭洞人，以宋太祖開寶元年戊辰稱皇帝於華閭洞，尊號曰大勝明皇帝，三年改元曰太平元年，至十年被弑，是曰先王。子璿立，二年爲黎桓所篡，降爲衛王。丁氏凡十三年而亡。

《黎紀》：黎桓，長州人，以庚辰稱皇帝，辛巳改元曰天福元年，上尊號爲明乾應運神武昇平至仁廣孝皇帝，庚寅改元興統元年，乙未改元應天元年，乙巳薨，是曰大行王，葬長州德陵。子龍鉞立三日，爲弟龍廷所弑，是曰中宗。龍廷以丙午立，尊號曰開天應運聖文神武則天崇道大勝明光孝皇帝，戊申改元景瑞元年，二年薨，是曰卧朝王，以其有痔疾，卧以視朝也。黎氏凡三十年而亡。

李公藴，北江古法人，黎氏時爲左親衛殿前指揮使，以己酉十一月代黎氏自立，上尊號曰奉天至理應運自在聖明龍見睿文英武崇仁廣孝天下太平欽明光宅昭彰萬邦顯應符感威震藩蠻睿謀神功聖治則天道政皇帝，庚戌改元順天元年，遷都大羅城，號昇龍京，十九年三月薨，廟號太祖，葬天德府壽陵。長子德政立，本名佛瑪，四月改元天成元年，上尊號曰開天統運尊道貴德聖文廣武崇仁上善政理民安神符龍現體元御極億歲功高應真寶曆通元至奧興隆大定聰明慈孝皇帝，甲戌改元通瑞元年，詔群臣奏事者稱王曰朝廷。　己卯六月改元乾符有道元年，壬午十月改元明道元年，甲申十月改元天感聖武元年，己丑三月改元崇興大寶元年，六年十月薨，廟號太宗，葬天德府壽陵。　第三子日尊立，是月改元龍瑞太平元年，上尊號曰法天應運崇仁至德英文睿武慶感龍祥孝道聖神皇帝，己亥六月改元彰聖嘉慶元年，丙午二月改元龍彰天嗣元年，戊申改元天貺寶象元年，己酉改元神武元年，是年以滅占城國，擒其王第矩，六月至自占城，改元當在是時。　四年正月薨，廟號聖宗，葬天德府壽陵。　長子乾德立，上尊號曰憲天體道聖文神武崇仁懿義純誠明孝皇帝，次年癸丑正月改元太寧元年，丙辰十月以破宋招討使郭逵等兵，改元英武昭勝元年，乙丑二月改元廣祐元年，壬申十二月改元會豐元年，辛巳正月改元龍符元化元年，庚寅改會祥大慶元年，庚子改元天符睿武元年，丁未改元天符慶壽元年，是年十二月薨，廟號仁宗，葬天德府。　聖宗孫崇賢侯子陽煥立，戊申改元大順元年，上尊號曰順天廣運欽明仁孝皇帝，尊父崇賢侯爲太上王，卒謚曰恭。　癸丑正月改元天彰寶嗣元年，五年九月薨，廟號神宗，葬天德府。　第二子天祚立，是月改元紹明元年，上尊號曰體天順道睿文神武純仁顯義徽謀聖智御民育物群靈丕應大明至孝皇帝。　三年翁申利自稱仁宗之子，據上源州以叛，僭號平皇，十月討平之。　次年庚申正月改元大定元年，癸未正月改元政隆寶應元年，甲午正月改元天感至寶元年，是年宋孝宗詔封爲安南國王，安南國號自此始。　二年七月薨，廟號英宗，葬天德府。　第六子龍(幹)〔翰〕立，上尊號曰應乾御極弘文憲武靈瑞照符彰道至仁愛民理物睿謀神智化感政醇敷惠示慈綏猷建美功全業盛龍見神居聖明光孝皇帝，次年丙申改元貞符元年，丙午四月改元天資嘉瑞元年，以獲白象，賜名天資象，因改元也。壬戌正月改元天資寶祐元年，乙丑九月改元治平龍應元年，六年十月薨，廟號高宗，葬天德府壽陵。

第三子旲昆立，尊號曰資天統御欽仁弘孝皇帝，次年辛未改元建嘉元年，四年正月彰誠侯陳嗣慶反，王出奔。三月嗣慶等立英宗子惠文王，改元乾寧，號元王，旋反正，建嘉十一年惠文王卒。十五年乙酉六月傳位於第二女昭聖公主，號昭王，尊王爲太上王，改元天彰有道。十二月再禪于太尉陳日煚，降昭王爲昭聖王后，王與其母譚太后出居扶列寺，號惠光禪師。次年八月薨，廟號惠宗，殯于安華府寶光寺。李氏凡八主，始庚戌，終乙酉，共二百一十六年而亡。

其末附陳朝紀年，曰太祖建中元年乙酉，凡七年。天應政平元年壬辰，凡十九年。元豐元年辛亥，凡七年。曰聖宗紹隆元年戊午，凡十五年。寶符元年癸酉，凡六年。曰仁宗紹寶元年己卯，凡六年。重興元年乙酉，凡八年。曰英宗興隆元年癸巳，凡二十一年。曰明宗大慶元年甲寅，凡十年。開泰元年甲子，凡五年。曰憲宗開祐元年己巳，凡十二年。曰裕宗紹興元年辛巳，凡十七年。大治元年戊戌，凡十一年。天定元年己酉，凡一年。曰太上紹慶元年庚戌，凡三年。曰睿宗隆慶元年癸丑，凡四年。曰今上昌符元年丁巳。

得印結局片，送來去年柒月至今年正月公費銀十四兩一錢，不過枝梧數日耳。陳同叔來，言邁夫久無音問，其尊人伯海先生去年亦無信，蓋光景不佳。肯夫邀至安徽館聽燈戲，夜赴之。都中向有梆子腔，多市井鄙穢之劇，惟輿隸賈豎聽之。一二年來諸邸有好之者，士大夫遂相率盛行，其價頓貴數倍。衣冠宴會，非此不歡。優人益變其音爲促急繁亂，以娛衆耳。其聲噍殺以悲，非祥徵也。聞道光以前，朝士燕集，無不演崑腔者。後漸尚攤黄腔，謂之二黄。其音囂俗，爨演亦惡，元明院本，已成雅樂。今則二黄爲立部伎矣，風氣愈下，即此一事，而遷變如此。今日與肯夫言之，相對慨然，三更後歸。

初二日辛亥　晴。上午吊香濤夫人之喪，送賻分十千，旋歸。晡後詣庭芷久談。晚歸。郁秀山編修來，不值。

初三日壬子　晴。校補梁諫庵《元號略》。得王揚廷去冬陽湖書，揚廷以去年八月署陽湖令也。

初四日癸丑　上午陰，午後晴。

閱唐釋慧苑《華嚴經音義》，守山閣本。錢氏序言武進臧氏有節刊本，序稱初得陝右本四卷，後以北藏本二卷校之，始知西本不及。然近歙徐氏刻泰興陳氏所校北本于京邸，訛脱甚多，未見遠勝西藏。此爲嘉興楞嚴寺所刊支那本，卷目與西藏同，視北本尤完善。因互勘一過。其北本異同義得兩存及徵引舛誤而陳氏所未舉者，並附案語，以備參考。臧氏節本，今附刻于莊炘所校《一切經音義》之後，奇零訛脱，讀者憾之。錢氏此刻，爲可貴也。

得寶卿片，言下方橋陳氏默齋所藏書三大樓，亂後無一存矣。默齋即乾隆間舉人，官福建鹽大使，殉難臺灣，名聖時之子世襲雲騎尉。牧莊來，談甚久，借日記兩册，駢文一册去。是日覺感寒不快，飲橘酪而已。令人補黏窗壁。

初五日甲寅　晴，巳後大風。曾祖妣忌日，供饋。

閱《漢武内傳》，守山閣本。據《道藏》本，較《四庫》所收，文多至倍。西王母侍兒所歌元靈二曲及東方朔窺朱鳥窗事，錢遵王《讀書敏求記》謂惟孱守居士常熟馮舒别號。空居閣校本有之，而《太平廣記》删去此二段，《提要》亦以爲未見者，此本皆在焉。錢氏又附録《外傳》及逸文，并爲之校勘記，亦小説中不可廢之書矣。

是日身熱不快。大風，至夜止。

邸鈔：上諭：内閣學士馬恩溥奏請將殉難紳民飭部議恤等語。雲南舉人段登雲、生員馬光藻等均因逆匪脅授僞職，先後自盡，實屬深明大義。馬光藻係回民，不肯從逆，尤堪嘉尚。均著交部分別議恤，並准於大理原籍入祠建坊，以彰忠義。該省自逆匪擾亂以來，所有回漢殉難紳民，著該督撫設局采訪，一體奏請旌恤。逆匪杜文秀叛亂有年，回漢居民有被其迫脅陷入賊中者，念其身處顛危，不能自拔，非甘心從逆者比。現在首逆既經就戮，悍黨亦已殲除，此外順寧、騰越、雲州等處賊衆，自必聞風膽落。大兵所至，除實係始終助逆者悉予駢誅外，其餘被脅之人，情有可原者，著量加寬宥，予以自新，並著該督撫剴切曉諭漢回人等，不得挾仇訐告。

初六日乙卯　晴，終日大風。身熱不快。

閲《春秋别典》，守山閣本，凡十五卷，明海陽諸生薛虞畿字舜祥撰，其弟虞賓補輯成之。依《左傳》十二公世次，采輯史子各書之事涉《春秋》者，條録件系。其凡例謂《國語》《公》《穀》《檀弓》以既列於經而不録，管、晏二子以太繁而略删，莊、列諸家以寓言而節取，體例頗有斟酌，蒐耆亦云繁富。後有朱竹垞跋，言鈔撮具見苦心，而惜其各條之末不疏原書，爲明人之積習。金山錢氏謂其所采約六百餘事，《説苑》一書居三之一，其餘雜出於《大戴記》《韓詩外傳》《逸周書》《戰國策》《史記》《吴越春秋》《列女傳》《家語》《孔叢子》《管子》《晏子春秋》《墨子》《莊》《列》《韓非》《吕覽》《淮南》《春秋蕃露》《新書》《新序》《抱朴子》諸書，而誤收《晉語》二條，編次亦有先後倒置及脱漏舛錯。然其用心，可謂勤矣。因爲之逐條補注出處。有一條而兼取兩書或三書者，依文之節次一一注之。有事與書同而文句小異者，或别有所據，或以意增損，則注云某書文小異。其顯然謬誤者，則附案于下。薛氏此書，雖所采無奇秘之籍，然有益於學者不淺。錢氏注之，更爲完密。竊謂此與孫淵如氏《孔子集語》兩書，當並梓之家塾，爲讀經者所必需也。

夜揭䕩二十餘册，覺甚疲倦，因翻閲《國朝駢體正宗》。所取自毛西河至汪竹素全德凡四十二人，中多有僅取一篇者，乃至凌次仲亦止一首，汪容甫廑至三首，而吴穀人多至十六首，袁子才亦十二首，而《辭隨園臨幸上尹制府啓》及《吴桓王廟碑》二首，爲子才傑作者，乃反不列焉。曾氏此選，與吴山尊《八家四六》，皆以當家操選事，並風行於代。而兩公實皆未能深辨氣體格韵之間，故雅俗雜登，菁華多落。山尊自爲之文，稍勝賓谷，而又以聲氣爲進退，此劉圃三與賓谷所以各占一家也。國朝此事，跨唐跂漢。論定之責，其在後人乎！其在後人乎！

初七日丙辰　晴，風不止。戌初初刻七分驚蟄，二月節。閲《蜀鑑》。作致李芍農師江右書，致陳訏堂師嘉興書，皆以駢語行之，中敘時事及身世處，頗有佳語，以通體稍涉應酬，且文太繁，不録稿。是日身熱不快。夜作致胡梅卿書，中多涉家事，亦半以儷語行之，不録稿。

初八日丁巳　晴，有風。作致王揚庭陽湖書，致秦澹如杭州書，致陳藍洲書，致張竹舫秀才書，爲王孟調歸櫬事。作書致伯寅侍郎，以李學士師書託寄。得伯寅復。蓴庭招十一日晚飲。

初九日戊午　晴。是日加寅，皇上親祭社稷壇，臣慈銘恭派陪祀。日加卯，皇上詣慈寧宫恭上慈安端裕皇太后徽號曰慈安端裕康慶，慈禧端祐皇太后徽號曰慈禧端佑康頤。剃頭。以致訏堂師、揚庭、梅卿三書付輪船局遞去。作致王眉叔書，眉叔前書言有朱君者刻浙中七子詩，眉叔從慎齋處索得予詩數卷付之。此甚無謂。朱君既未知姓名，未必有論定高下之識。其餘六子不知誰某，以予心目中衡之，浙人亦未見有卓然名家者。况慎齋所鈔，皆予未定之本，豿以凑數，既非所甘；未理之璞，又非所寶。此蓋由私心所從臾，借韵語爲標榜，徒禍梨棗，祇覆瓿甀。近來浙士噉名，遍求延譽，喜刻著作，而不知適招笑譏，有損無益也。因致書眉叔，力沮止之。陳同叔招十三日龍源樓早飯。夜不快，因早寢。

初十日己未　晨晴，上午微陰又風。作致楊雪漁杭州書。作片致紫泉，以寄藍洲、眉叔、雪漁諸書，屬轉遞藍洲。作片致肯夫，贈以《炳燭編》二册，取還《金石萃編》十五册，得復。

比日屢覺小極，不能課經史，裁答筆札之餘，雜閲宋人朱無惑《萍洲可談》，曾慥《高齋漫録》，張知甫《張氏可書》，陳齊之長方，别號唯室，《宋志》作陳唯室，蓋誤以號爲名。《步里客談》，亡名氏《東南紀聞》，明人陸文量容《菽園雜記》諸書，皆守山閣本也。此等稗編脞説，篇帙寥寥，所謂底下之書，無當大雅。然隨所捃拾，皆足以廣見聞，觸類而長，亦資史學。惟吾輩精力有限，不暇遍觀，觀亦不能記憶耳。

無惑，烏程人，萍洲其所居名也。書凡三卷，所言宋制，多史所未及。

如云：祖宗故事，宰相呼相公，節度使帶開府儀同三司，元豐官制前帶同中書門下平章事，亦呼相公，謂之使相。三公真相之任，呼公相。蔡京以太師爲公相，其子攸自淮康軍節度使除開府儀同三司，遂父呼公相，子呼相公。時傳京父子入侍西宴，上云『相公公相子』，京對云『人主主人翁』，際遇之盛如此。此以知相公外尚有公相之稱也。

云：朝時集禁門外，宰執以下皆用白紙糊燭燈一枚，長柄，揭之馬前，書官位於其上，欲識馬所在也。四鼓，諸門啓關，朝士至者以燭籠相圍繞聚首，謂之火城。眉批：案此所記火城，與唐制異。唐時每日早朝，宰相至以燭環繞，謂之火城。宰執最後至，至則火城滅燭。大臣自從官及親王駙馬皆有位次，在皇城外仗舍，謂之待漏院，不與庶官同處火城。

云：宰相禮絶，庶官都堂自京官以上則坐，選人立白事。見於私第，雖選人亦坐，蓋客禮也。惟兩制以上，點茶湯，入脚床子，寒月有火鑪，暑月有扇，謂之事事有；庶官只點茶，謂之事事無。世俗客至則啜茶，去則啜湯，湯取藥材甘香者屑之，或温或凉，未有不用甘草者。

云：故事，有官人應舉，謂之鎖廳，例不作廷魁。政和八年戊戌，帝子嘉王楷赴廷試，榜發第一人，登仕郎王昂第二人。上宣諭嘉王楷有司考在第一，不欲以魁天下，以第二人爲榜首，鎖廳人作廷魁自王昂始，親王及第亦始於此。

云：本朝五等之爵，自公侯伯子男皆帶本郡縣開國，至封國公者，則稱某國公。初封小國，次移大國，以爲恩數；亦有久不徙封者。文彦博初封潞國公，三十年不徙封。王安石初封舒國公，後徙荆國，既死，追封舒王，凡二國。蔡京初封嘉國，徙衛國、楚國、魯國，凡四國，復加陳、魯二國公，辭不拜。何執中初封榮國公，五年不徙封，薨於位，追封清源郡王，此僅事也。

云：故事，節度使初除小鎮，次中鎮，後大鎮。紹聖間吕吉甫建節，初除保寧軍婺州，移武昌軍鄂州，移鎮南軍洪州，其序如此。崇寧間，蔡元長自司空左揆建節，初除安遠軍安州，亦小鎮。政和以來，帝子繁衍，宗室近戚大臣中貴邊將加恩者衆，諸路節鎮，除祖宗潛藩外，止六十餘處，幾無虚位。薛昂罷執政，初除彰信軍節度使，相州中鎮也。蔡攸自宣和殿大學士，初除淮康軍節度使，蔡州大鎮也。豈是時小鎮適無闕員乎？刺史防禦團練使正任則本州繫銜，與知州敘官，每州止一員，不除則闕任。他官兼領防禦刺史者，謂之遥郡，本州不繫銜，往往取美名。如康、榮、雄、吉諸州，一州或有數員，大率邊將多帶雄州，戚里多帶榮州，醫官多帶康州。

云：典制寄禄官三品紫衣金魚，五品緋衣銀魚，職事官雖高，非特賜不得預。雖特賜而寄禄未至本品，則帶賜魚在銜内。寄禄官已至本品，則不入銜。外任官或借衣色者，不佩魚，銜内稱借色。有賜色者，仍稱賜色。轉運使副提點刑獄知州軍並借紫，本衣緑者止借緋，轉運判官通判州軍並借緋。近制借色仍佩魚。吕公著曾任知州，借紫，後除轉運判官，敕上不帶借紫，公著仍衣紫。

云：狨座，文臣兩制、武臣節度使以上許用。每歲九月乘至三月徹，無定日，視宰相乘則皆乘，徹亦如之。狨似大猴，生川中，其脊毛最長，色如黄金，取而縫之，數十片成一座，價直錢百千。背用紫綺，緣以簇四金雕法錦。其制度無殊别。

所載皆較它書爲詳。

其云姚祐元符初爲杭州學教授，堂試諸生，《易》題出『乾爲金坤亦爲金何也』。先是福建書籍刊板舛錯，『坤爲釜』遺二點，故姚誤讀作金。此可爲近日癖好宋槧者下一味出汗藥。此本爲《四庫》本，多從《永樂大典》采入，較《百川學海》《説郛》等多至數倍，後有錢氏《校勘記》一卷。

《高齋漫録》等四種，亦皆《四庫》本從《大典》録出者。《漫録》言祖宗故事，不歷轉運使，不除知制誥。《四庫提要》以爲可補史志所未備。案《唐語林》載：『牛叢任拾遺補闕五年，多論事，上密記之。後自司勛員外郎爲睦州刺史，入謝。上命至軒砌，問曰：「卿頃任諫官，頗能舉職。今忽爲遠郡，得非宰臣以前事爲懲否？」叢曰：「新制，未任刺史縣令，不得任近侍官，宰臣以是奬擢，非嫌忌也。」』此正與宋制相類。

《步里客談》論詩文頗有識。如云：『《美新》不類子雲文字，畏死仕莽不敢去，後人遂以此污之，君子惡居下流。』云：『古人作詩斷句，輒旁入他意，最爲警策。如老杜云「鷄蟲得失無了時，注目寒江倚山閣」是也。黄魯直作《水仙花》詩，亦用此體云：「坐對真成被花惱，出門一笑大江横。」至陳無己云：「李杜齊名吾豈敢，晚風無樹不鳴蟬。」則直不類矣。』云：『《羅池廟碑》古本，以「涉有新船」爲「步有新船」，「春與猿吟兮秋與鶴飛」作「秋鶴與飛」。永叔以「步有新船」是，而「秋鶴與飛」爲不然。說者以是爲歐、韓文字之分，蓋篤論也。』

《菽園雜記》中論經義多可笑，此明人之學，不過如是。其紀載故事，亦不及《筆塵》《國榷》《雙槐歲鈔》《野獲篇》諸書。王震澤謂本朝紀事之書，以此爲第一者，據文恪時所見言之也。

中如云：『本朝將軍之名不一，如子授鎮國將軍，孫授輔國將軍，曾孫授奉國將軍，爲親王子孫應授官職之名。如初授驃騎將軍，升授金吾將軍，加授龍虎將軍，爲武臣給授散官之名。如征南將軍、鎮朔將軍、平羌將軍之類，爲各邊挂印總兵官之名。兵部職方司職掌收充將軍，則選軍民中之長軀偉貌者以充朝儀耳，與上項不同。今謂之大漢將軍，優旃所稱梐楯郎，疑即此也。』所紀較史志爲詳。

其云：『本朝六卿之設，雖祖《周官》，而六部之名，實沿唐制。但唐以尚書爲省名，今以爲官名。唐尚書省之制，都堂在中，尚書令、左右僕射、左右丞各一人居之。吏、户、禮三部在東，兵、刑、工三部在西，每部尚書、左右侍郎各一人，各統四司。六部之外，又有左右二司。眉批：案左右二司郎中、員外郎，即尚書令、左右僕射之屬，爲左右丞之次，亦居都堂，宋謂之都司。今之六部，特尚書一省之官，户、刑二部屬司，比唐制加多耳。又唐中書省，有令，有侍郎、中書舍人、通事舍人，官屬頗多。今革中書省，止存中書舍人而已。唐門下省有給事中等官，今革門下省，改通政司，止存其屬給事中，分六科而已。』此可證六科之本屬通政司也。

其一條最切警，云：『後生新進，議論政事，最宜慎重。嘗記初登第後，同年談論都御史李公侃禁約娼婦事。或問：「何以使之改業不犯？」同年李釗云：「必黥刺其面，使無可欲，則自不爲此矣。」衆皆稱善，予亦竊識之久矣。近得《皇明祖訓》觀之，首章有云：「子孫做皇帝時，止守律與《大誥》，並不用黥刺剕劓閹割之刑。臣下敢有奏用此刑者，文武群臣即時劾奏，將犯人凌遲，全家處死。」爲之毛骨竦然。此議事以制，聖人不能不爲學古入官者告，而本朝法制諸書，不可不遍觀而博識也。』

其云：『太監牛玉之敗，南京六科給事中王徽等因上疏，言宦官干政專權、置立私宅等事，皆祖宗時所無，請一切禁革之。其言讜直，切中時弊。徽等各調任遠州判官。徽字尚文，南京人，其事始謀於王淵志默，志默恐同僚有進止者，乃焚香告天以爲盟，奏本則各草一通，俱送尚文，以備采取。若爲首則六科以次列名，蓋舊規也。志默，紹興山陰人，謫四川茂州判官。此舉徽擅其名，而淵之力居多，故表著之。』此事《明史》及吾郡縣誌皆未采及。

其云正統間工部侍郎王某貌美而無須，出入王振之門，對振云『公無須，兒子豈敢有須』者，乃山陰人王佑也。其事《明史》不見，而《明鑑易知録》中已載之。

其云：『各鎮戍鎮守内官，競以所在土物進奉，謂之孝順。陝西有木實名榅桲，肉色似桃，而上下平正如柿，其氣甚香，其味酸澀，以蜜制之，歲爲進貢，然終非佳味也。太監王敏鎮守陝西時始奏罷之，省費頗多。』今京師市肆有蜜漬，以小瓶盛之，肉如桃者，即此物也，亦足爲多識之助。

陸氏所紀巡撫總兵之制，猶據成化以前言耳，而《明志》多略之。如云：『今巡撫官蘇松等處，鳳陽等處，宣府等處，順天等府，保定等府，延綏等處，甘肅等處，河南、山東、山西、遼東、大同、寧夏、陝西、湖廣、江西、兩廣、雲南、四川、貴州、福建，凡二十人，内署銜不同者：兩廣曰總督軍務，蘇松等處曰總理糧儲，鳳陽等處曰總督漕運，遼東、湖廣、雲南皆曰贊理軍務，山西曰提督雁門等關，保定曰提督紫荆等關，順天等府曰整飭薊州等處兵備，餘止稱巡撫。鄖陽等處曰撫治，蓋主流民也。福建、山東有事則設，事寧則革之。各處總兵官印文，遼東曰征虜前將軍，宣府曰鎮朔將軍，大同曰征西前將軍，延綏曰靖虜副將軍，寧夏曰征西將軍，甘肅曰平羌將軍，雲南曰征南將軍，兩廣曰征蠻將軍，湖廣曰平蠻將軍，皆柳葉篆。漕運總兵無將軍名目，其印曰漕運之印，疊篆文。陝西止稱鎮守官。貴州、薊州等處雖名總兵，俱無將軍印。』

其云：『本朝中官，自正統以來，專權擅政者固嘗有之，而傷害忠良，勢傾中外，莫如王振。然宣德年間，朝廷起取花木鳥獸及諸珍異之好，内官接迹道路，騷擾甚矣。自振秉内政，未嘗輕差一人出外，十四年間，軍民得以休息，此亦不可掩也。』尤足補史所未及。

邸鈔：上諭：前因御史袁方城奏參前甘肅西寧道舒之翰阻撓戰事受賊重賂，游擊蕭兆元暗中通賊等情。當諭令左宗棠查奏。兹據奏稱，舒之翰被參受賊重賂，爲賊道地，訪察均無實據。惟在首府任内，索取各屬規禮。前署靖遠縣知縣金麟因案被訐，曾送給舒之翰銀兩作爲贄敬。其被參在首府任内做壽一節，亦屬確實，至得受饋遺多少，無從稽核等語。舒之翰行爲卑鄙，有玷官箴，著即行革職驅逐，回籍永不敘用。蕭兆元既查無其事，即毋庸置議。王必達補授江西督糧道。錫縝告病。王必達，廣西臨桂籍舉人，浙江會稽人，由軍功保主江西候補道。其子維翰，庚午舉人，户部郎中，甲戌進士。

十一日庚申　晴，午後有風。得肯夫書，約午後過談。以饅頭、狀元糕二色，賀蕚庭子周晬。午詣肯夫，不值，欲詣香濤，以其客多遂止。又欲詣竹篔，適風起，遂歸。蕚庭來催飲，作片辭之。

閱姚文僖《邃雅堂集》。文僖文有清氣，其議論獨到處，予已於《孟學齋日記》乙集中劄記之。今再讀一過。中如《春秋大事表序經序》《序經》爲楚雄知府包敏所輯，摘取顧氏議論，仍依經爲次，而附以己意。備言修《高宗實録》時采輯六十年事之艱，以證《春秋》二百四十二年，事紛國別，闕失必多。而《公》《穀》僅爲經生家言，據一字以穿鑿，自不如左氏之有所據依也。《河南試牘序》極言近世文法之謬妄，而小題尤甚，其害始於方文輈。《與孫雲浦書》備言古文義法當斟酌古今，無一定之例，皆極爲名通。文僖篤于伉儷，其夫人周氏，有國色之目。文僖言其作合，由於吾鄉王方川先生增主湖州愛山書院，稱賞其文，夫人之父武功知縣鼎樞求其擇婿，因以得諧也。王先生以進士第一人官翰林，才名甚著，竟左遷知縣，旋被劾罷，偃蹇以歿，後嗣凋零，迄今鄉里不能舉其姓字，其文字亦一無表見者。《洪北江年譜》中言乾隆辛丑會試出先生之房，薦而未售。即此兩事觀之，其識拔奇士，固非常人所能及矣。

蕚庭復來催飲，晚赴之，坐有吴江沈兵部、元溥，號春浦，辛亥舉人。潘荻漁、黄漱蘭、董金門諸君。酒間黄君歷數小人周星譽之奸險無狀，潘君亦備陳其卑污數事。沈君亦舉咸豐時静海楊編修陷張府尹一事，可以爲誡云。楊名翰，字海琴，乙巳進士。時有張起鵷字子班，甘肅人。者由捐納道員，管僧親王糧臺，擢順天府府尹。其子副貢某，與楊友善，楊因以子姓禮事張，張喜之，日益親昵，出入卧内。時張方料理糧臺報銷案，軍中報銷固不以實，移甲换乙，沿爲故事。張以楊親己，亦不之避。楊竊視其故籍，得一二虚妄事，遂從張貸千金。張許其半，未與也。一日楊謂張曰：『所造報銷，外間頗有異論，宜慎之。』張知其猲己，怒而拒其請。楊以告御史伍輔祥，遽疏劾其事。立降旨褫張官，下刑部獄，籍其家。張不料其禍之速也，既被籍，案牘盡失，鞫問日遂不能置對。部議以辟。旋死於獄，其子乞載屍出。獄吏索賄，時家已破，乞貸奔走十餘日，始擲其屍於墻外，已斷爛矣。即倚墻結草棚，賣柳棺以斂，行路爲之累欷。其事漸有聞者，皆薄楊。旋以卑污被彈，楊知不見容，適故侍郎勝保督師安徽，遂往投贄，稱門生。勝保故乙科，則大喜，累薦之，洊擢至湖南辰沅永靖道，前年始以人言罷任云。夜三更時歸。月甚佳。

邸鈔：鑲白旗蒙古副都統孟保卒。理藩院侍郎成林補副都統。

十二日辛酉　晴。作片致蓴庭，還點曲錢一千。作片致肯夫，致麐伯，致紫泉，俱詢周荇丈處送禮事。紫泉來，夜談甚久。

邸鈔：京察一等部院諸司員。宗人府副理事官宗室鍾泰、户部員外郎宗室大通橋倉監督。奕年均以五品京堂用。户部郎中李衢亨、啓莊，步軍統領衙門員外郎文治，户部郎中坐糧廳監督。董潤仍專以道員用。内閣侍讀恩霖、丁士彬，翰林院侍讀徐鄘、徐致祥，詹事府左贊善趙曾向，編修董兆奎、曹秉濬、王緒曾、孫鳳翔，刑部員外郎軍機滿章京。增林，吏部郎中何樞、惠齡，户部郎中瑞斌，員外郎廷彦、耆彬，禮部郎中塔明阿，員外郎王福保，兵部郎中廣蔭、曾椿壽，刑部郎中錫恩、多齡、錫光、國鈞、吴潮，員外斌鑑、莊錫級，工部郎中裕昆、文沛、額勒經額，理藩院郎中禧麟、崇繕，軍機滿章京。員外續昌，軍機滿章京。工科掌印給事中福寬，御史春慶、奇臣、宗培軒，太僕寺右司員文增均以道府用。内務府郎中恒裕以關差道府用。

十三日壬戌　晴。上午出門，拜周荇農六十生日，送楹聯一副，壽燭一對。晤杭人程恭壽，耄而妄，及不知姓名妄少年一二人。答拜郁秀山，不值。晤胡雲楣、何達夫。詣龍源樓，赴陳同叔之招，酒已闌矣。所識惟萬蓮初禮部，其餘滿坐，皆惡客也。匆匆辭歸，腹餒路遥。作此無謂酬應，甚不可耐。新買水仙三盆，俱盛開，香穠益清，亨佳茗賞之，夕陽在檐，庭樹俱有春意，此景可念。

夜閲吴才老《韵補》，此書泛濫極矣，然於復古不爲無功。顧亭林正之，僅標舉某韵合者幾字，不合者幾字，而不明言其所以然。且其去取亦有未的者。擬再爲詳考之，而心緒煩亂，精力不繼，古人所謂讀書須有福也。

邸鈔：以詹事府詹事蘇勒布爲大理寺卿。

十四日癸亥　晨微雪，終日寒陰。陳同叔來，赴丁繼母憂。是日忽忽若病，身微熱。肯夫來，久談。夜大發熱，早睡。以佩表質錢七十千。

十五日甲子　晴。身熱憊甚，至午始能起。作片致施敏先，屬其先致唁同叔。同叔之繼母，敏先之姑也。寶卿來，朱鼎甫來，俱不晤。同鄉金玉堂新捐刑部主事，來拜，不晤。浙紹鄉祠柬告廿八日春祭。山會邑館柬告廿六日春祭。夜稍食，早睡。

十六日乙丑　晴，午有風。稍愈，閱《唐語林》。寶卿來問疾，作片復之。夜月甚佳。

十七日丙寅　晴，上午後仍有風，閱《唐語林》。周荇丈約後明日樂宴。夜月清綺如畫，以水仙花數盆，承波黎窗下觀之，賞詠良久，填《探春慢》詞一闋。

探春慢春夜尚寒，月色奪晝，盆中水仙花盛開于波黎窗下，映月觀之，香艷清發，姑射仙人冰雪姿無此綺絕也。

葉矗春纖，苞團玉潔，醖得冰心如許。吹氣難勝，扶頭有恨，小試凌波微步。不識東風態，秖忍俊，天寒無語。也應獨立消魂，人間何事塵污。　可是前生瑶侣，恁量水添香，换他眉嫵。暫啓重簾，綺錢低映，留得銀蟾來駐。還惜亭亭影，怕清絶，無人爲主。歷歷星霜，持裙莫便歸去。

十八日丁卯　晴，有風。

閱《邃雅堂集》中詩，略點識之。文僖詩俱率口而出，間有清語，略無作意，而屢言苦吟索句之勞，不可解也。卷中附其配周夫人詩數首，清麗實出文僖之上，如『一襟楊柳月，雙鬢杏花風』，文僖不能道也。

作片致紫泉。嘉興人李君文杏來，不晤。李字少石，直隸候補知府，肯夫言其通小學，嘗校刊《助字辨略》，次白先生之從子行也。夜月甚佳。得紫泉書。

十九日戊辰　晴。上午至蓮花寺，訪紫泉久談。進誠唁陳同叔。出，答拜李少石，不值。至厰閲市而歸。竹篔來，蕚庭來，俱不值。香濤來，談至晚去。

是日于厰市携沈東甫炳震《廿一史四譜》兩帙，共五十四卷，爲紀元譜、封爵譜、宰執譜、謚法譜，止於元代。其中采《舊唐書》而不及《舊五代史》，則其時此書尚未出，然實當云廿二史。而云廿一史者，仍明代之故稱耳。紀元、宰執，皆先次時代而後以韵爲編。謚法則先列帝王追尊及后妃公主，以時代爲次。諸臣謚則依《周書·謚法解》爲次，而後依姓爲韵。惟封爵衹編韵，不重序。所采於正史外，絶不旁及，未免拘疏。又斤斤於《綱目》正統之辨，亦不脱措大氣。謚法不列外國，如渤海、安南、高麗諸王，亦其疏也。前有汪文端由敦序。

二十日己巳　晴，有風自南，甚和。先王父鏡齋府君忌日，又王父側室節孝張太太忌日，上午供饋，至晡畢。鈔紀竹厓《唐韵考》，以今日始。得朱修伯書，索還惠氏《後漢書補注》，即復還之。

邸鈔：太僕寺少卿彭祖賢署理光禄寺卿。通政司參議李祉署理光禄寺少卿。

二十一日庚午　晴和。剃頭。閲《漢學諧聲》。鈔《唐韵考》。寶卿來。肯夫來，同暢談，至夜飯後去。

邸鈔：詔：三月初五日啓鑾後，派惇親王、大學士單懋謙、尚書毛昶熙、崇綸、步軍統領英元留京辦事。

二十二日辛未　薄晴，和煦，傍晚風起，旋小雨。戌正一刻十二分春分，二月中氣。昧爽時疾動。以守山閣本《古韵標準》較舊購《貸園叢書》本。中多破損霉爛，一一校補之。末又脱二葉，須明日補完。比日窘甚，以敝裘質得京錢一百二十千。

二十三日壬申　晴，有風。孫琴西按察來，尚卧，不晤。紫泉來，王可莊同年來。名仁堪，閩人。故工部尚書文勤公慶雲之孫。文勤己丑翰林，以經濟品節稱著，有《奏議》及《石渠餘論》。寶卿來。上午偕至文昌館，赴同年公集，付公費錢十二千。下午還寓，鈔書數行，仍赴宴觀劇，至二更而歸，甚覺疲倦。

二十四日癸酉　晴，晡後大風揚沙。鈔補《古韻標準》完。作書致肯夫，約公餞孫琴翁。得朱修伯書，以戴子高新刻《管子校正》二卷見示。其書本陳碩甫所校爲據，稱引宋本、元刻本、朱東光本、《群書治要》、《藝文類聚》、《北堂書鈔》、《太平御覽》及王氏念孫、孫氏星衍、顧氏廣圻、丁氏士涵、俞氏正燮、宋氏翔鳳、王氏引之、洪氏頤煊、臧氏庸，近人張君文虎、俞君樾，日本人安井衡纂詁之説，間附己意，主於文從字順，不失校書家法。下午答拜孫琴西，不值。詣庭芷久談，傍晚歸。

夜考《儀禮》湆、湇二字之别。張氏淳、岳氏珂、金氏曰追、盧氏文弨、嚴氏可均、阮氏元、彭氏元瑞諸家校勘，皆未言及，自當以《説文》《玉篇》《廣韵》有湆無湇爲斷。《經典釋文》皆作湆，則唐初本固如是。而《五經文字》云：『湇从泣下肉，大羹也。湆从泣下日，幽深也。今《禮經》大羹相承多作下字，或傳寫久訛，不敢改正。』則張氏反以當時本爲誤，其説自有所本。然張氏不知湆之从水音聲，而云『从泣下日』，其不精小學可見。惟湆下固無羹汁之訓，而湇从肉泣聲，形聲皆合，又不敢謂決然古無此字。予疑湇即洎也。《左傳》：『去其肉而以其洎饋。』《説文》：『洎，灌釜也。』疑洎之或體爲湇，傳寫脱去耳。盧氏《釋文考證》皆作湆，《儀禮注疏詳校》則云當從官本作湇。段氏玉裁、胡氏承珙則皆云當作湆。

二十五日甲戌　晴，上午有風，下午止。還寶森堂《守山閣叢書》六帙。牧莊來，蓴庭來，邀至其寓夜飯，固辭不得。傍晚偕董金門、沈春圃飲蓴庭家，夜初更歸。作書致寶卿，借盧刻《儀禮注疏》兩帙，檢湇字，即送還之。安仁軒來，不晤。

二十六日乙亥　晴，傍晚有風。許竹篔約明日夜飲。得肯夫書，言已邀陳六舟及予共三人，公請孫琴西，即復。作片致庭芷，屬其轉訂琴翁，料檢書籍。

二十七日丙子　晴。得庭芷書。晡後詣寶卿，不值。詣肯夫久談，晚赴竹篔之招，坐有方勉甫、陳鈞堂諸君，二更許歸。

邸鈔：上諭：户部奏庫存行在印信被竊請旨辦理一摺。户部行在堂印向在印庫存儲，現經該部派出隨扈司員查驗，印箱封鎖脱落，印信遺失。該看庫官兵著即送交刑部，嚴行訊究。看庫官員著查取職名，先行交部議處。並著步軍統領衙門、順天府、五城一體嚴密訪拏賊犯，送部究辦。所有失察之該堂司各官，一併交部議處。

二十八日丁丑　晴。近日仁和鍾雨辰修撰輯録詩話，皆取潛德已往之人，凡見在及顯貴者不録，其例甚佳。因搜輯先六世祖天山府君詩七首，《秋日錫山阻雨懷劉師》七律一首，《揚子江阻風》五律一首，《舟次丹陽》五律一首，《自題鑑湖垂釣圖》七絶三首，《冬夜夢亡室樊孺人》七絶一首。先曾祖構亭府君詩三首，《南鎮晚歸》五古一首，《哭長女》七絶二首。先本生祖父藴山府君詩五首，《過西湖追悼亡女》七絶一首，《泛湖登湖心亭又至三潭印月處》五絶三首，《鏡湖紅樹詩》七絶一首。又斷句四聯，遊吼山一聯，樊浦市樓聞歌一聯，雨泊秋湖二聯。先君子竹村府君詩一首，《夏日憩城西僧寺》七絶。又斷句一聯，遊吼山。將寄修撰刻之。憶平生故人，自《越三子集》已刻行外，如周雪甌、樓蓮舫、徐寶意、陳德夫皆能詩，皆有贈予之作，而無一能記者。前日史寶卿言新得鄉信，張存齋於去冬病卒。存齋與予兩世中表姻也，少於予一歲，幼慧能文。先君子極愛賞之。竟不第以死。爲之怏悵累日。因檢行篋得其前年送予入都七律四首，真摯可味，將并致修撰録之，以存其人。同鄉王綬通判來，不晤。

二十九日戊寅　晴。庭前杏花、榆葉、梅等皆紅萼滿枝，深可愛玩。陳同叔開吊，賻以錢六千。印結局送來是月公費銀十兩九錢。是日鈔《唐韵考》至九魚，其中頗有誤字，又多疏謬之處。蓋紀氏于小學實未精也。隨鈔所及，間爲之考正，附以案語。

三月己卯朔　晴。録先人詩，剃頭。

邸鈔：刑部郎中國鈞授直隸承德府知府。

初二日庚辰　晴和。香濤柬約初四日夜飲。肯夫來，以所録詩託其代致鍾修撰。晡後詣伯寅久談，旋至福壽堂赴鄉人沈松亭之招，晤張牧莊，其餘接膝連茵，皆牙郎賫吏也。演劇又甚惡，匆匆而歸。得伯寅書，贈所刻先太傅《有真意齋文集》兩分，屬以一轉贈肯夫，且借《莊珍藝全書》，即復。夜閱《真意齋文集》。

初三日辛巳　晨陰溦雨，上午晴。約劉世兄及竹篔、鈞堂諸君夜飲。上午步詣寶卿久談，晡後偕至蓮花寺，訪紫泉不值，與閩中王氏兄弟閑話，且觀庭中諸花。夜偕紫泉、寶卿、仙洲、竹篔、鈞堂飲廣和居，二更時歸。得伯寅書，贈所刻戴文節《古泉叢話》及《陳梁叔集》，又各以一分及《功甫小集》，屬轉贈肯夫。作書致肯夫，得復。得清卿辭飲書。譚研孫來，不值。趙心泉約初六日午飯。庭芷來，不值。

邸鈔：上諭：給事中王書瑞奏請變通浙江采辦白絲章程一摺。著户部議奏。王書瑞，浙江長興人，奏稱浙省每年采辦白絲八千五百斤，向由嘉、湖兩府各半分辦。同治五年，撫臣馬新貽奏减爲四千斤，稍紓商力。然定例每絲一斤給價銀一兩，不敷甚鉅，官吏設局監收，每斤加平至八九兩。

初四日壬午　晴暖。閲《古泉叢話》，所列自漢以迄有明，其考據之疏不必言。開元通寶條下，以文德皇后謂即竇后。建文通寶條下，以嘉靖四年補鑄先朝錢，謂景泰因去廟號，故不補鑄，獨不知建文乃革除者耶？即其書可知矣。付賃屋錢三十六千。下午步詣肯夫，晤琴巖，久談。傍晚詣香濤，同孫琴西及漱蘭、六舟、清卿、廉生、肯夫，夜飲至三更後始歸。

邸鈔：上諭：李瀚章、郭柏蔭奏藩司患病懇請開缺一摺。張建基准其開缺，以前甘肅布政使林之望爲湖北布政使。上諭：李鶴年奏請調補總兵一摺。據稱署臺灣鎮總兵林宜華不能稱職，著照所請，即行徹任。以浙江定海鎮總兵張其光調補福建臺灣鎮總兵，以記名總兵郭定猷爲浙江定海鎮總兵。

初五日癸未　晴。皇上是日奉兩宫皇太后率皇后及諸嬪詣東陵，以卯初啓鑾，王大臣九卿諸司皆隨扈。胡雲楣約明日夜飲。作書致妹夫張文溶廣東旅次，託肯夫轉屬新任粤臬張石洲瀛附去。作片致肯夫。牧莊來，不晤。以阮文達《雷塘盦主弟子記》《朱文正公年譜》見借。

閲《朱文正年譜》二卷，其子四品京堂錫經所編。《雷塘盦主弟子記》八卷，前二卷烏程張鑑所編，至嘉慶十一年丙寅止。三卷四卷，文達長子直隸清河道常生所編，本文達族子，先立爲嗣。至嘉慶十八年癸酉止。五卷六卷，文達次子甘肅平凉府知府福所編，實庶長子。至道光九年己丑止。七卷，文達季子一品蔭生孔厚所編，孔夫人出，實嫡子也。至道光十七年丁酉九月文達予告回籍止。八卷，鎮江柳興恩所編，至道光二十九年十月文達卒止。曰雷塘盦主者，文達以先墓皆在雷塘，故以自號也。朱、阮兩公，皆經學重臣，立朝最久，其年譜可與國史相出入。而兩家紀載，皆多誇恩遇，僅識遷移，于文正立朝之大節，文達興學之盛心，皆無所發明。時事安危，亦俱從略。柳氏所譜尤陋。足見譜學同于史學，非才識兼長者不能爲也。

夜得王揚庭書并惠炭銀五十兩，由謝惺齋處寄來，即作片復惺齋。得肯夫書，即作復，以粵信交之。作書致廉生，借校《金石萃編》卷五至卷十三，得復。洗足。

初六日甲申　晴。作書致廉生，還所借書，其漫漶處無以異也。心泉來催飲廣和居，步詣之，坐有兵部司官兩人，下午歸。得紱丈書，借手批諸書。安仁軒來。牧莊來，暢談留夜飯，至更餘去。雲楣來催飲，作片辭之。

邸鈔：上諭：朕此次恭謁東陵，所有蹕路經過之大興、通州、三河、薊州、遵化州五州縣，地方應徵本年錢糧加恩蠲免十分之三。

初七日乙酉　晨大風，上午陰，午後微晴，風漸止。杏花、榆梅花衆放，丁香亦將花矣。作書致紱丈，以手批《段注説文》送閱。得紱丈復。夜得庭芷書。

初八日丙戌　晴，晡後微陰，有風。蓴庭來，不晤。浦城人徐鼎之兵部來，不晤。庭花將開，枝葉間忽生蟲，爲手除之。肯夫來，因坐其車，偕至松筠庵，以今日與肯夫、六舟、清卿同餞孫琴西，并邀孝達、麐伯、漱蘭共飲也。麐伯已先至，諸君相次俱來，遍覽諫草堂中石刻。諫草堂者，道光中道州何紹基所題，堂爲僧心泉所新闢，杭州布衣張受之刻楊忠愍疏草于石，因嵌之堂壁也。庭中頗有樹石，偕諸子列坐談諧甚樂。都中向有熊伯龍、獅子狗，林鳳羽、草鷄毛之對，皆取達官名人以對俗語或成句。近日以朱鳳標對青龍棍，桑春榮對麥秋至，遂以孝達名對陶然亭，肯夫名對赤奮若，漱蘭名對烏鬚藥，又對赤心木，琴西名對公冠禮，又對子常曰，皆坐中賓主也。入晚琴西始來，飲至二鼓散，歸已三更矣。

初九日丁亥　子正三刻十分清明，三月節。晨晴，上午後陰。祭曾祖考妣、祖考妣、本生祖考妣、先考妣十二篚，加麵食、果品，午後畢事。牧莊來，晡後同至南横街都城隍廟觀蹋青。士女已散。傍晚同詣肯夫少坐，牧莊邀飲廣和居，晤方勉甫、史寶卿，初更歸時小雨。作書致蓴庭，饋以豚肩、柑子。作書致孝達，借《金石萃編》。二更又雨，四更後稍密有聲，至曙漸微。

初十日戊子　晨溦雨，午後漸密。吴松堂招飲吉興樓，辭之。寶卿來，共早飯。得穎堂二月九日家書。知三妹去年又生一女，穎堂又生一子。作致品芳書，并寄梅坡叔壽聯，又致穎堂書并同人尺牘廿一紙，俱作片託寶卿轉寄。下午雨聲甚繁，入夜至二更後稍止。

邸鈔：上諭：御前大臣醇親王等奏在籍官員跪遞職名請飭查辦一摺。在籍官員情殷瞻仰，蹕路跪迎，原無不可。惟呈遞職名，實屬違例。此次在籍道員史樸等姑免查辦。嗣後遇有跪迎之紳耆人等，不准擅遞職名，以符定制。

十一日己丑　終日霒陰。作致詩舫弟書，寄去二伯母七十壽聯一副，高麗野山參二枝。作致三妹書，寄去高麗野山參二枝。又楹聯一副致王寅生，俱託寶卿轉屬中梅村賈客附去。杏花二樹盛開，雪交玉積，枝不容間，此去年所新種者，高僅過人，而作花繁密如是，極難得也。剃頭。

十二日庚寅　晨晴陰相間，巳後晴。作書致節子閩中，以寶卿之兄北覃赴彼需次縣丞，因之附去。上午出送孫琴西行，已不及矣。訪吴玉叔，亦不值。詣吴松堂，託其料理請封事。訪許竹篔、陳鈞堂，晤鈞堂久談。詣謝麐伯，答拜徐兵部而歸。鈞堂、竹篔來，邀至東頭酒家小飲，更餘歸，夜又溦雨，是日上回鑾。

十三日辛卯　終日濕陰。遣僕輩至土地廟市買花。得寶卿書，即復。牧莊來，談至晚去。得陶子珍二月十六日書，詞翰精雅，言所著《爾雅漢學證義》已得詁訓三篇，録寄答朱子健兩書及《金䲨閣詞》，索予作序。子健，肯夫之弟，名衍緒，孝達丁卯門生也。夜作書致吴松堂，託辦理請誥命事。

邸鈔：上諭：左宗棠豫師奏克復巴燕戎城擒獲叛逆一摺。叛逆馬桂源等竄踞巴燕戎城，經左宗棠札飭各軍進抄，逆黨西竄，官軍乘勢入城，分隊追躡，殺斃悍黨多名，立將馬桂源、馬本源、馬楨源及其眷屬一併擒獲，搜拏餘匪净盡，剿辦尚爲得手。前山西按察使陳湜著賞换奇車伯巴圖魯名號。總兵沈玉遂著以提督存記請旨簡放。提督陳廣發著交部從優議敘。張仲春，總兵楊芳桂、劉明燈、敖天印均著交部議敘。戴定邦著以提督補用，以示鼓勵。武備院奏參遲誤駝隻之員外郎恒山、副司幄舒雲均交部議處。明善奏參上駟院廏長海齡、内管領保祥預備兩宫皇太后乘車騾匹疲瘦，遇雨難行，沿途又未能實力督催，均交部嚴加議處。上諭：總管内務府大臣明善，于車輛差使未能妥爲照料，且豹尾槍前竟有閑雜車輛攙越行走，甚不嚴肅。明善著交部議處。帶豹尾槍之委散秩大臣載森、載勛不能實力管束，著一併交部議處。

十四日壬辰　晴暖。作書致内子，寄銀十兩。實卿來，以寄家銀信託其匯去。贖所質夾袍褂、佩表、耳環等，共付京錢一百七十三千。作書致麐伯，詢明日游事，得復。是日春氣極暄，杏花將謝，邃蝶滿庭，夕陽坐庭下讀《楚辭》，吟賞甚適。得陳鈞堂書乞杏花，即復。夜月甚清綺，二更後坐杏花下，風露漸深，得詞一闋。

東風第一枝去春寓庭新栽紅杏二株，經年未抽一條，以爲枯矣。三月中旬忽著花滿樹，老幹密英，有團雲流雪之觀。月夜賞詠其下，香色雙絶。裒回風露，倚以曼聲，鐵骨冰心，不令老梅獨擅耳。

日暖雲邊，春來天上，杏花開到庭院。甚時宫樣添栽，便把流光輕换。瓊軒並立，恰占得、東風剛半。鎮記取，老幹孤擎，不許鬧紅零亂。　最愛是、月明宵暖。認積雪，滿枝香散。襯他一抹銀墻，依約烟橫霧淡。紅窗吹笛，都不似、梅花哀怨。待晝出、綺影簾前，長傍玳梁雙燕。

邸鈔：上諭：内務府奏隨扈車輛不齊、車甲管束不嚴請交部議處，克興阿等奏騾頭未能得力請交部議處各一摺。此次恭請皇太后車輛車甲牽騾甲人等不齊，騾匹疲瘦。該管大臣等未能先事嚴飭妥辦，均屬咎有應得。除明善業於昨日交部議處外，崇綸、春佑、魁齡、桂清、誠明、克興阿、廣順，均著交部議處。其車甲人等，著查明嚴行責懲。至預備兩宮轎前執燈人役遲誤，實屬不成事體，著查取該管司員職名，革職永不敘用。

十五日癸巳　晴和有風。庭中杏花盡落，丁香將開，與廖伯諸君期游慈仁寺。午前詣寶卿小談，即赴慈仁。金雀、榆葉梅、藍子諸花方盛開，獨游花下久之。上毗盧閣小坐，復出至殿臺下看松。廖伯方至，庭芷繼來，仍坐閣上久談。夕陽時出至花下，復坐廊砌數落英，捉松塵，蕭然有塵外意。入晚，廖伯邀飲廣和居，更餘歸。是日得詞一闋。

臺城路癸酉上巳，謝廖伯編修招同庭芷游慈仁寺，登毗盧閣，憶自庚申閏三月偕庭芷宴集於此，冉冉十四年矣。

鳳城西畔前朝寺，褉春又聯吟侶。松合香臺，草侵荒殿，撩亂風旛鈴語。杏花過雨。正藍子搖紅，丁香含素。庭院深深，磬聲不隔燕鶯路。　藏雲洞今在否，登臨孤閣迥，難寄愁處。柳緑盧溝，雲開薊鎮，依舊青山無數。悲歌倦旅。看禪榻茶烟，鬢絲如許。好片斜陽，暮鐘催客去。

邸鈔：上諭：内務府奏查明貽誤要差之司員請旨遵行一摺。向來駐蹕處所需用器皿，沿途各州縣預備，由内務府揀派司員在宮門外兑交内監放太監分放各處。此次燕郊桃花寺行宫，竟有太監多人争先奪取器皿之事，實屬可惡。除内監放太監馬進喜等，業經朕嚴行懲責，發往黑龍江外，監放司員員外郎迎格、福敏未能隨時彈壓，殊屬不成事體，均著革職，永不敘用，以示懲儆。嗣後該衙門務當揀派明幹司員，妥爲經理。如太監人等有似此不法情事，即由該司員稟明隨扈總管、内務府大臣，隨時奏請懲辦。至此次車輛遲誤，車庫庫掌于承應要差漫不經心，實屬咎無可辭，車庫庫掌德立、吉文、吉祥，均著即行革職。　以詹事府少詹事松溎爲詹事。

十六日甲午　春陰澂雨，晚微晴。庭中榆葉梅花盛開。

十七日乙未　終日霒陰，時有澂雨。寶卿及吴介堂來，尚卧，不晤。作片致寶卿，問寄鄉信人何日行，得復。作致内子書，并寄高麗參六兩，又寄二妹二兩，僧慧二兩。聽事换波黎窗一扇，付直京錢十六千。傍晚赴陳鈞堂之招，晤許竹篔、郁秀山、胡雲楣，夜歸。二更後大風，三更後雨漸有聲。

十八日丙申　上午陰，下午晴，終日有風，寒甚。閲王述庵《杏花春雨室詩》《琴畫樓詞》。欲修整寓室爲吟坐地，呼圬人、木工及編頂格人營度闌檻。陋室三間，一弓隙地，栽花補柳，亦窮途之極思，積慘之暫暇也。夜風益怒，徹旦震撼。

十九日丁酉　晴，終日大風，寒甚，復衣裘。昨夜舊疾復動，終日罷甚。閲《農桑輯要》。以京錢六千買垂柳一株，種之聽事窗前。聽側啓雙小門，付京錢十二千。夜風聲不絶。

邸鈔：上諭：前任參贊大臣奎昌降調之案改爲革職留任。兵部右侍郎寶珣出差西藏，户部左侍郎志和兼署兵部右侍郎。

二十日戊戌　晴，上午微風，下午風益甚。移廳側土坑于内室，付工食京錢十四千。陳芰聲、蔡脯臣兩同年柬約廿七日極樂寺賞海棠。是日憊甚。

邸鈔：上諭：此次祇謁東陵，謹於定陵迤東擇有吉壤，地勢雄秀，山川環抱，復恭請兩宫皇太后親臨閲視。敬奉懿旨，普祥峪、菩陀峪即定爲萬年吉地。朕仰體慈懷，自應擇吉興工。普祥峪著派惇親王、協辦大學士全慶、總管内務府大臣都統春佑、工部右侍郎榮禄。菩陀峪著派醇親王、左都御史英元、總管内務府大臣吏部左侍郎魁齡、總管内務府大臣工部左侍郎明善，前往敬謹辦理。次日以英元差務較煩，菩陀峪工程改派兵部尚書英桂。

二十一日己亥　辰巳微陰，上午後晴和，午後又有風。剃頭。近日忽忽若病，閲方彦聞《萬善花室文集》。跋戴鹿床《古泉叢話》。

邸鈔：黄崇禮補授甘肅凉州府知府。

二十二日庚子　晴，大風徹晝，入夜益横。買海棠兩株，植之庭前，又補朱藤一枝於墻角。是日觀新栽垂楊，猗那可愛，賦詞一闋賞之。又賦《高陽臺》詞一闋柬伯寅侍郎，即寫與之，得復。作片詢肯夫移居之期，得復。夜爲肯夫題其婦翁錢曉庭大令畫册詞一闋。

瑣窗寒 聽事前植垂柳一株，裊娜可愛，春暄滿窗，玩之終日。迴風披拂，亦足當小蠻一舞也。

約略腰支，剛應夢醒，漢宫春曉。柔條幾日，踠地便侵芳草。問章臺，爲誰長成，趁時碧玉年華好。想朦朧嬌眼，未曾省識，西風斜照。　生小，雙蛾掃，怎怯怯移來，恨絲縈繞。學舞纔能，見説尊前人老。記年時，鶯燕故園，青青未折春已杳。但從今，寄祝東風，證取成陰早。

高陽臺 柬鄭盦侍郎尋城西海棠之約

璚島春深，液池波暖，晴陽正麗花磚。宫漏聲中，幾回暗度華年。碧桃丹杏參差過，漸風翻，紅藥階前。趁微吟，退直鳴珂，滿袖爐烟。　纔看扈蹕紅雲輦，又三天侍宴，壽寓開筵。明日上萬壽節。仙樂琳琅，也曾夢到鷗邊。果騮酒榼城西路，掩叢林，十畝花妍。莫辜他，錦幄猩屏，曾約銀箋。

長亭怨朱肯夫侍讀屬題其婦翁錢曉庭大令聚朝所畫花卉小册，是庚申三月，挈其女朱宜人卿藻避亂山中，因以寓廬景物圖付左芬。肯夫追感墜紘，益懷傳研，爲譜此曲，略遣悲懷。

恁重檢，玉奩佳事，粉指痕留，露華猶濕。老輩風流，傳家畫本媵丹碧。大令爲簳石後人。漫驚烽火，携嬌女，山居蕭瑟。竹屐練裙，曾侍硯，芸牋親擘。愁説。婿鄉回首處，鶯脰淚波堪挹。種松人去，便雪裏，穠桃都折。付蕭郎，采筆相思，重證取，花紅圓月。况看蘭笋森森，仍是緑陰時節。所畫有松、竹、蘭、笋，木筆、芍藥及雪裏桃花，又有題句云：『屋西舊種數竿竹，喜見春來新笋生。爲語兒童休掘取，日長留得午陰清。』

邸鈔：上諭：富和著離塔爾巴哈台參贊大臣之任，前赴景廉軍營帶兵。英連著賞給副都統銜，作爲塔爾巴哈台參贊大臣。

二十三日辛丑　晴，巳後又風。皇上萬壽節。作書致潘星翁，并録近作水仙、杏花、柳三詞。周生文令來。買芭蕉兩本，虞美人三十本，雜莳之庭中隙地。近日爲買花窮矣。得星翁復書。許竹篔約廿七日醵飲極樂寺，即作復片，屬其改期。

二十四日壬寅　辰正二刻五分穀雨，三月中。微陰多風。聽事西箱换波黎窗，將于此結夏讀書。伯寅柬約廿七日飲極樂寺。方作片致蔡俌臣、濮紫泉，屬其展極樂寺飲期。得伯寅書，改約廿九日，遂止。得紱丈書，并和詞三首，自然雅飭。此老興正不淺。肯夫來。庭前丁香盛開，新植海棠亦放花，因與肯夫期明日游法源寺。復紱丈書。

二十五日癸卯　晴。晨起理書籍，移日習經史數種，及書案於聽事之西室，卧内别設一案，陳近儒文集及考據書而已。上午兩詣肯夫，未歸，詣殷萼庭小坐。詣蓮花寺訪紫泉，不值，遂歸。肯夫來，同至慈仁寺看花，丁香正盛，桃花已半落矣。坐西箱花下啜茗，適吴清卿、陸芸生兩編修，顧緝庭工部來，席地同坐至晚，肯夫邀飲廣和居，更餘歸。是日得詞一闋。

滿庭芳暮春再偕肯夫游慈仁寺，坐丁香花下。適吴清卿編修、顧緝庭工部亦各携茶具來，遂同席地，至晚而散，賦柬肯夫。

風漾游絲，雨晴芳草，聯騎重款禪關。碧桃纔過，紅綻海棠鮮。猶有丁香似雪，斜陽外，占盡春妍。經行遍，廊空人寂，雛鵲鬥花前。　蕭然。僧幾個，垂簾掃地，静炷爐烟。且訪鐘林下，選石雲邊。難得江南吟客，松風裏，來聽茶煎。還相約，緑陰如幄，清簟枕書眠。

二十六日甲辰　上午薄晴，下午微陰，有風。得竹筤書。鄉人周伯度兄巖前自刑部郎改官知山西祁縣，有政聲，今自越起復，入都來訪，久談。得紱丈書，索近年詞集，即復。連三夕，疾動數次，憊甚。

二十七日乙巳　晴暖，下午有風。上午入宣武門，出阜成門，沿壕流過高梁橋，至極樂寺，赴陳、蔡兩同年之招。海棠已過爛漫，將就零矣，金雀、紫荆、丁香猶盛，游人沓來，坐客甚雜。晤鍾雨辰修撰、宗室伯希孝廉、濮紫泉、朱蓉生、許竹筤、方受甫諸君，肴饌極精，殊有吴味。晡後游三貝子花園。水樹生凉，風滿襟袖。園有土山二，其西上有閣，烟水繚繞，西山翠接，眺望之美，不減南中。日下春歸。是日得詞三闋。得伯寅書，屬題郘鐘拓本。得張梅巖二月廿八日書。

清平樂春晚日，仁和陳芰聲户部、蔡脯臣刑部兩同年，招集極樂寺賞海棠，酒畢同遊可園二首。

年年春事，西直門西寺。一路衣香隨蝶至，不辨人叢花氣。　枝枝紅艶消魂，相携翠管金尊。一霎緑楊風起，倚欄獨數春痕。

河橋南畔，朱邸無人管。舞榭歌樓全不辨，好個秋千庭院。　碧廊一帶闌迴，沿流樹轉山開。聽罷江南蛙鼓，蕢風滿袖歸來。

賣花聲 登可園山閣看西山作

檻外緑漫漫，烟樹回環。夕陽依舊滿西山。萬户千門無覓處，寂寞春還。　無語獨憑闌，舊事堪歎。龍舟猶繫緑楊灣。鳳吹宸游天上去，流水人間。

邸鈔：詔：景瑞來京當差。以奎昌署理察哈爾副都統。

二十八日丙午　晴，終日無風。剃頭。肯夫知會前日松筠庵公宴錢二十八千，即付去。點閲《春融堂集》中詩詞。得印結局片，送來是月公費銀十四兩。

邸鈔：上諭：王凱泰奏敬抒管見一摺。所請停捐例、汰冗員、限保舉、復俸廉、重學額、立練營各條，均不爲無見。著該部妥議具奏。　原奏重學額一條略云：軍興以後，捐輸有加廣中額學額之制。一省之大，人才衆多。三年一試，中額猶無虞濫竽也。至一州一縣，文風本有不齊，三年兩試，學臣照額取進，敷衍充數，勢所必至。夫秀才爲多士出身之始，乃以文理淺陋者濫厠其間，人才固不足觀，人品尤不可問，往往幸得一衿，包攬詞訟，武斷鄉曲，流弊不堪指數。故今日之秀才愈取愈多，今日之文風實愈趨愈下。臣以爲學額若不變通，士風何由振作。請嗣後外省捐輸照章請加中額，無庸請加學額，並請敕下各省學臣，酌核各屬文風。某屬可以足額，某屬不能如額，分別開單奏明，立案云云。王君所言六事，誠近日之急務，人皆知之。此一條言之尤切。然停廣學額而不停中額，仍是騎墻之見。今之孝廉，何止濁如泥乎！

二十九日丁未　晴。答拜周伯度，不值。午詣極樂寺，赴伯寅侍郎之招。海棠已半落矣。孝達、清卿諸君已先在，麐伯後至。是日游人稍稀，偕清卿周行花下，下午再游可園，偕孝達等由西偏土山循徑至東山而下，傍晚歸。

邸鈔：以鴻臚寺少卿周瑞清爲太常寺少卿。

三十日戊申　晴。得陳六舟片，言王萬氏寡婦糧事。得朱海門太守成都書，并惠銀十六兩。下午晴日半庭，氣候清適，窗几明瀞，補填昨日游詞，怱怱未成。牧莊來暢談，至夜飯後去。

摸魚兒後二日，鄭盦再招集極樂寺。鄭盦言，庚申之歲寓直澄懷，屢來游宴，花事之盛，亦非今比，因取其意譜之。

又垂鞭，高梁橋畔，玉泉如帶低繞。翠華當日巡行處，夾輦復生春草。龍尾道，應倍憶，銀緋散直尋春早。宮花壓帽。看玉勒驄嘶，朱衣吏引，日伴翠尊倒。　當年事，佛日紅霞環抱。露華千樹凝曉。海腥一自翻西極，樓閣五雲俱渺。花亦老。便種得，夭桃穠李都年少，題詩再到。願滿挹天虀，長携蓮炬，來向艷妝照。

前調偕孝達、廖伯諸子，自極樂寺遊可園。時孝達悼亡，予亦見去年知識中有夫婦相值於此者，其人旋亦有分釵之感，因賦其意柬孝達。

甚匆匆，一年春老，海棠開遍琳宇。廣庭十畝紅霞隊，交倚翠簾朱户。能幾度。消受得，金尊銀燭傷春句。畫闌斷處。有一樹垂楊，恰當花缺，爲我盡情舞。　循流水，還憶舊經行路。香車寶馬同駐。屧痕鈿影分明在，偏是落英無數。鶯燕去。祇赢得，枝頭猶帶前年雨。問愁漫訴。且再問荒園，綺窗塵網，剩有斷釵否？

夏四月己酉朔　上午晴，下午微陰，晚凉欲雨。得紱丈書，借《詞綜》諸書。得陶仲彝同年、樊雲門孝廉上元後施南書。仲彝言，去年有叔父及婦之喪。雲門筆札雅令，極似北江。復紱丈書。復陳六舟片。　牧莊招飲如松館，晚赴之，同坐有謝惺齋及同鄉數人，二更歸。夜五更時雨。

初二日庚戌　雨數作。是日凉陰匝户，蕭然似秋，補事填詞，遂得四首。晚雨稍密旋止，夜又雨。

初三日辛亥　晴煥蒸變。閲阮氏《鐘鼎款識》。日長倦甚，時時睡去。王信甫來。

初四日壬子　晨溦雨，上午後微晴多陰，傍晚雲合溦雨，旋止。買木香花兩盆，京錢十四千。周伯度來，邀之同詣廣和居，并作片招孝達、肯夫、寶卿小飲，至二更後始歸。夜大風。

初五日癸丑　晴，風，上午微陰。得仲弟三月六日書。（此處塗抹）

邸鈔：劉嶽昭、岑毓英奏雲南順寧賊匪出撲大小中山各營。提督段瑞梅率師援剿，自正月二十八日至二月初七日連日鏖戰。提督楊玉科分兵攻克錫臘，段瑞梅並將橋頭山、鳳山、虎山攻克，乘勝直抵城下，開挖地道，晝夜圍攻。楊玉科督飭段瑞梅等節節掃蕩，至二十五日將順寧府城收復，逆首馬得中等均已焚斃，其猛郎一帶賊巢亦次第攻破。詔：剿辦甚爲得手，即著飭厲將士，迅將雲州、騰越兩城奮力攻復，以靖邊疆。提督段瑞梅、蔣宗漢，均著賞給三代正一品封典，並交部照一等軍功從優議敘。蔣宗漢並賞還圖桑阿巴圖魯名號，蔡標著賞穿黄馬褂，道員蔡錦青賞穿黄馬褂，餘升賞有差。

初六日甲寅　晴，風。

爲伯寅侍郎題郘鍾拓本：『郘鐘近出土，銘存失其器。侍郎今吕薛，吉金夙所嗜。重構得精拓，考索殫湛思。云莒或云郘，名[illegible]字尤異。第一行文云，[illegible]。釋者謂[illegible]即莒字，或云郘字。[illegible]或云下爲黑，即黨字，或云肈字，侍郎謂黨同犂，即莒之犂比公也。幾日蹋壁看，畫腹略可識。[illegible]爲吕加邑，[illegible]實合兩字。周時款識多有合二字爲一者。如石鼓文[illegible]是小、魚二字，[illegible]是小、大二字。焦山鼎銘[illegible]是丙、子二字，[illegible]是内、門二字。鄭太師甗[illegible]是小、子二字，鄭邢叔鐘[illegible]是靈、龢二字，此上作戠字甚明，下一字疑是赤字。曶鼎赤環字作灸，从亦，下火，蓋亦猶大也。此从尖，與灸同。古人名啓者，如夏后啓，微子啓，魯閔公啓方及漆彫啓，蘧啓彊、榮啓期。名赤者，若周元王、齊文公、衛懿公、曹僖公、魯文公子赤及公西赤、駟赤等，甚多。[illegible]公及[illegible]白，詳述父祖系。第二行[illegible]，其文甚明，白即伯也。[illegible]即古文畢，加[illegible]取持詛。《説文》：『畢，田网也，从芊，象形。』此加〔篆〕，取手執持之詛。説者謂〔篆〕即異字，異與翼通，翼公乃謚也。似太迂曲。或云〔篆〕即〔篆〕，莒子庚輿也，尤附會。下言余〔篆〕〔篆〕，〔篆〕君〔篆〕有位。第三行〔篆〕，□模糊，似是〔篆〕，古民字。〔篆〕爲反文詁，〔篆〕與罰同製。古文言作〔篆〕，〔篆〕是反文詁字也。〔篆〕从网，从止。《説文》：『罰，从詈，从刀。』訓持刀詈人。《元命苞》謂以刀守詈。詈亦从网，疑〔篆〕爲罰古文，有入网者，止而罰之也。秦始改辠爲罪，从网非。蓋取於此詁者，禁也，治也。詁罰謂詁禁，刑罰即司寇職也。詈通獸，古借寫官守字。殊典錫鐘〔篆〕，鏐鋁凡八事。第四行，〔篆〕。鋁字下一字模糊或云〔篆〕，疑分字。其奄合四韂，玉鑭鼉鼓備。第五行有〔篆〕四字。〔篆〕字見盄和鐘及石鼓文，即奄字。或釋爲㝠者，非。韂从韋从沓，籀文堵。字見《釋文》。〔篆〕即四字。第六行有〔篆〕四字。〔篆〕即玉字。玉鑭，蓋謂磬也，或云鑭即讙字，非。横〔篆〕豎則縣，象形可求義。環，古文作〔篆〕，今豎作〔篆〕。明象鐘懸甬上，環形。又與〔篆〕通。邾公華鐘，邾公牼鐘，元鏐皆作〔篆〕，可證。鏐訓爲精金，《禹貢》：璆、鐵、銀、鏤、砮、磬。《史記集解》引鄭注：『黄金之美者，謂之鏐。』《爾雅·釋器》：『黄金謂之璗，其美者謂之鏐。』《説文》：『鏐，黄金之美者。』鋁鑢皆錯類。鐘銘婁見鋁字。《廣雅》：『鋁，謂之錯。』《説文》：『錯，金塗也。鑢錯銅鐵也。』《玉篇》：『鋁與鑢同。』此可補《説文》之缺。周禮縣鐘磬，半堵全爲肆。卿大夫判縣，二堵倍成四。《春官·小胥》：『王宫縣，諸侯軒縣，卿大夫判縣。』鄭注：『判縣，左右之合。』又：『凡縣鐘磬，半爲堵，全爲肆。』鄭注：『鐘一堵，磬一堵，謂之肆。諸侯之卿大夫，半天子之卿大夫，西縣鐘，東縣磬。』賈疏：『諸侯卿大夫亦稱判縣，以天子卿大夫判縣之一肆分爲西東也。鄭賂晉侯歌鐘二肆，當天子卿大夫判縣，故止有二肆也。』慈案：二肆是四堵矣。此爲天子卿，故其奄有四堵也。大磬謂之馨，鑭囂均可借。《爾雅·釋樂》：『大磬謂之馨。』《釋文》引孫炎云：『馨，高也。』又：『大塤，謂之嘂。』《通鑑》注引孫炎云：『聲大如叫呼也。』又：『大管謂之簥。』邢疏引李巡云：『簥，高也。』是皆取高大囂叫之義。馨、簥皆後出字，本字皆衹作囂。《説文》：『囂，高聲也。』鑭蓋囂之重文。《商頌》：『依我磬聲。』鄭箋：『磬，玉磬也，堂下諸縣與玉磬之聲相依。』孔疏：『此異於常磬，非石磬也。』卣𣪘暨大鐘，禮數盡優㦤。第五行至第六行文云：〔篆〕。予釋之云：既壽卣𣪘大鐘，既胤蔡玉鑭鼉鼓。壽，古通疇，謂疇，庸也。卣𣪘，宗廟灌獻之器也。大鐘，《周禮》《儀禮》謂之鎛，《詩》《爾雅》謂之鏞。胤同賸，猶賜也。《靈臺》詩云：『賁鼓維鏞。』賁鼓即下所云鼉鼓，大鼓也。鏞，大鍾也。大鍾玉磬皆不在縣，堂下樂作則應之。鼗鼓，禮謂之鼖鼓，亦建而不縣。卿大夫無鎛，無玉磬，則當僅有在縣之鞞鼓，而無别建之大鼓，此皆以昭殊賜耳。用以樂先祖，孝亯傳永世。第七行至第九行文云：[illegible]。予釋之云：余不敢爲⿱亯自，我以亯孝，樂我先祖，以蘄眉壽。子孫永以爲寶。《説文》：『⿱亯自，自用也。从亯从自。』亯，篆文作[illegible]。疑當作古文，凡从亯之字，小篆皆作亯，則亯爲篆文可知。《一切經音義》以亯爲籀文，則[illegible]是古文矣。《玉篇》《廣韵》皆以[illegible]爲庸之古文。此作[illegible]，从[illegible]，省从又。又者，手也。取以手自用之意。庸者，功也。言不敢自以爲功也。[illegible]，古文我，見《説文》。我思畢公高，文昭繼聖智，三公作東伯，周召同倚畀。本《書》正義王、孔諸儒説。何以逮畢萬，壙代乏著嗣。周籍多散亡，世本亦茫昧。古物幸可辨，文獻或有覬，得非公支子，食采於郘地。鱀也紹厥封，詰奸荷任使。酬庸推先美，鏗鍠寵廟祭。咄彼莒小夷，何由膺殊賜。無徵終弗信，冥搜亦姑置。兩欒羨不圜，應律審銑勢。古鐘皆應律，不作圜形。故《考工記》：『兩欒謂之銑。』杜子春云：『銑，鐘口兩角。』此鐘兩角灑削，正合古制。甬文存蛹形，帶篆象鼺氣。《考工記》：『鐘帶謂之篆。』此鐘帶上俱刻作[illegible]形，乃知謂之篆者，取誼於鼺回之文也。編棧且勿論，事合成周制，附會我豈敢，論定君攸寄，聊以資劇談，非敢補雅記。高齋著録餘，帖以一如意。』

買梧桐一本，植之聽齋，前高丈餘，付直京錢八千，冀其葉敷碧展，得以過夏耳。朱鼎甫來。作片致紫泉。

初七日乙卯　晴。買竹六十四竿，栽之齋前，實吾鄉之叢筱耳。山隅水澨，所至成林，無顧之者，此地則如琅玕矣，以京錢十四千得之。又以錢十六千買一破缸，置之庭中。以錢六千買藕蔤三本種之。得肯夫書，即復。得紫泉復。

初八日丙辰　晴。剃頭。同年宗室伯希孝廉盛昱柬約初十日賞牡丹。伯希，肅恭親王永錫之曾孫，協揆文愨公敬徵之孫，雨亭副憲恒恩之子，年少好學，家有園亭。比日忽忽若病，卧閲《隸釋》及《兩漢金石記》。晡後課僕輩澆竹扶花，勞擾至夕。連夕疾動，憊甚。

邸鈔：以□□□奕艾爲吉林副都統。

初九日丁巳　晴，戌初一刻四分立夏，四月節。爲伯寅侍郎書極樂寺春遊畫卷詩詞各一首，又邵鐘拓本題識一則。牧莊來。紫泉來，夜飯後去。移植朱藤一本于聽事東南隅，三年以後當有繁蔭覆檐矣。夜甚不快。

初十日戊午　晴，午後風沙，微陰。作書致伯寅。上午入城，至表背胡衕，赴伯希之招，見其太夫人及年嫂。紫泉、芰生諸君已先在。牡丹半落，香色未減，亭館清幽，廊檻迤曲，疊石爲山，屈曲而上，上結小臺，可以延眺。垂楊婀娜，薜荔四垂，其居宇亦雅潔閑敞，都中所僅見也。是日預坐諸君，皆同雋少年，意興爛漫，酒未及半，已大醉，同往山後習射。予獨裵回花間，遍倚闌檻，甚得佳趣。晡後驅車而歸，不及闞諸君也。得藍洲二月十九日書。夜倦甚，睡多時。

邸鈔：上諭：文彬現在來京陛見，漕運總督著淮揚道劉咸暫行護理。

十一日己未　晨微晴，上午陰，大風，下午雨，凉似深秋，晚有餘映，夜晴。得陳芰聲書，夜疾又動。

邸鈔：貝勒奕劻補授後扈大臣。

十二日庚申　晴。閲程易疇《通藝録》。黄岡鄧獻之琛來，以所著《荻訓堂詩鈔》五卷來質。此君年五十餘矣，癸卯舉人，任山西蒲縣令者十年，近以卓異，入都引見，遂捐升郎中。詩雖不工，自非今之俗吏也。今日言所治蒲，有東山松杉，四合山有晉文公祠及僧寺。君又造樓三楹，名曰聽松閣。寺外有泉，甚甘洌，名之曰昉碧，時集文士，游宴其地。是日補作前日盛伯希家賞牡丹詞一闋。

翠樓吟同年宗室伯希孝廉盛昱，肅恭親王曾孫，協揆文愨公孫也，家有園亭極勝，其閨人及令妹皆能詩。初夏招賞牡丹，裴回闌檻，艷情欲語，賦此贈之。

曲檻留春，華軒敞夏，當年朱邸分賜。香塵隨步徑，還隨處，雕闌堪倚。小山纖峙。又飛閣流丹，迴廊縈翠。重簾底。綠楊垂處，亂花横砌。　最愛。千朵嬌紅，似絳旛朱節，舞鸞飛墜。天風環佩響，更深院沉沉歌吹。艷情誰寄。正鈿匣裁詩，金凫添麝。人微醉。錦屏雙影，折枝橫髻。

十三日辛酉　晴，晡後陰，大風有微雨。是日上親行常雩禮，先二日出宿郊宫。作致三妹書、仲弟書、季弟書。以三妹遘此逆境，不如入都，而仲弟貧甚，亦勸其偕來。然行李之資，計無所出，作書與梅卿商之。今年本擬取内子入京，亦曾託梅卿設法。八口流離，卬須我友，抵此以後，并日而食，不暇計矣。牡莊來。晚風稍止，初更後又大作，徹夜有聲。

十四日壬戌　晴，大風，晡後稍止，傍晚又甚。作書致胡梅卿，發家書。肯夫來，言已移寓教場六條胡同。

邸鈔：順天府府尹梁肇煌奏請開缺回籍省親。許之。上諭：京察補行引見之光禄寺卿惠林、太醫院左院判李德立均照舊供職。

十五日癸亥　晴，下午風又作，點閲《江湖載酒集》，因補前日紀游詞三闋。夏初人倦，又念家事，借此自遣而已。夜風。

邸鈔：以太僕寺少卿彭祖賢爲順天府府尹。翰林院侍讀廣安升内閣蒙古侍讀學士。

十六日甲子　晴，風。補寫數日來日記。閲《通藝録》。夜戌正二刻月食，幾七分，至亥初二刻，復故。四更時大風，有溦雨。疾動。

邸鈔：彭祖賢所署光禄寺卿以龔自閎署理。廣西慶遠府同知張聯桂升慶遠府知府。

十七日乙丑　晴。閲《通藝録》。賓卿來。

十八日丙寅　晴，風。作書致王揚廷陽湖，寄以《越三子集》一部。作書致藍洲，并寄王眉叔靴夾子一事。

十九日丁卯　晴，上午有風。剃頭。同司約今日謝公祠張樂醵飲，不往。作片致趙心泉及李李村、譚敬甫，送去公分錢十二千。作片致紫泉，託轉寄藍洲書件。買喜毈食之，此北人所不解食者，自方萬里有『秀州城外鴨餛飩』之句，朱竹垞爲五言二十韵賦之，然鴨之風味不及鷄也。予嘗名之曰玉雛團，當約故鄉同志賦之。夜四更後大風徹曉。

二十日戊辰　晴，有風。

二十一日己巳　終日微晴，多陰。

邸鈔：熱河都統庫克吉泰病卒，以盛京户部侍郎瑞聯爲熱河都統。上諭：庫克吉泰由防禦洊升將軍，調任熱河都統，克稱厥職。從前出師豫鄂江皖等省及督辦西安軍務，均能得力。茲聞溘逝，軫惜殊深，著加恩照都統例賜恤。伊孫瑞文俟及歲時由該旗帶領引見。庫克吉泰，蒙古正黄旗人。長子禄昇，湖北候補知府。次子禄敬，副都統銜頭等侍衛。旋賜謚勤毅。上諭：左宗棠奏調員差委等語。前布倫托海辦事大臣李雲麟著正白旗漢軍都統查明該革員現在何處，飭令速赴甘肅軍營，交左宗棠差遣委用。原疏言：雲麟實臣所深知，咸豐十一年臣初任浙江巡撫，曾以該員剛明耐苦質地實堪造就保奏。迨臣入秦度隴，聞該革員前在漢中剿賊頗有聲績，士民猶稱頌之。後在烏里雅蘇臺被劾。臣因未悉其原委，不敢妄有論列，然其爲人實嗣勞苦，性不好利，而有恤民之心，則臣至今猶敢具保。至其侈論大局，喜言奇計，有時視事，未免太易，則由其閱歷未深之故。就其質地言之，實亦一時罕有也云云。上諭：左宗棠奏道員不能振作請開缺另簡等語。甘肅寧夏道陶斯詠在任年久，因循廢弛，難期振作，著即開缺。甘肅寧夏道員缺著魏喻義調補，所遺蘭州道員缺著琫武補授。陶斯詠，會稽人。

二十二日庚午　晴，有風。紫泉來。

二十三日辛未　晴，熱，始單衣。連夕疾動。

邸鈔：户部左侍郎志和調補盛京户部侍郎兼管奉天府府尹事務。

二十四日壬申　上午晴，午後風起，旋陰，下午風霾。周伯度來。終日憊甚多卧。晚風狂甚，有雷電，竟不雨。夜洗足。

邸鈔：工部右侍郎榮禄調補户部左侍郎兼管三庫事務。以内閣學士訥仁爲工部右侍郎兼管錢法堂事務。

二十五日癸酉　辰正三刻一分小滿，四月中。晴，有風。作書致伯寅并所作郘鍾詩。得竹篔片，借石鼓文，即復。得伯寅侍郎復。兩日以豌豆薦先人。

邸鈔：詔：以入春以來，雨澤稀少，現届小滿，農田待澤孔殷，於本月二十八日親詣大高殿拈香祈禱，分遣孚郡王奕譓禱昭顯廟時應宮，惠郡王奕詳禱宣仁廟昭顯，輔國公奕謨禱宣仁廟，貝勒載治禱凝和廟。李鴻章奏已革頭品頂帶花翎烏里雅蘇臺將軍福濟捐銀一千兩助賑。詔：福濟賞還原銜花翎。原奏稱：咸豐四五年間，福濟爲安徽巡撫，臣曾從事于廬州軍營，深悉其廉勤勵己，慈惠愛民。同治九年冬，賊擾烏城，雖疏于防堵，實因兵力過單。嗣以錦丕勒多爾濟挾嫌參奏，榮全含混查覆，遂邀罷斥究之。該城旋即收復，其情不無可原。今該前將軍回京養痾，近況聞甚拮据，而體念時艱，效忠好善之忱，老而彌篤，又稱其宣力中外幾四十年云云。福濟者，合肥丁未座師也。

二十六日甲戌　晴。牧莊來，暢談至夜飯後去。

邸鈔：徐用儀補鴻臚寺少卿。檢討嵩申升翰林院侍講。易蔭芝授四川綏定府知府。

二十七日乙亥　晴，午後風。閲《曾文正集》。其《江寧官紳昭忠祠記》《湘軍陸師昭忠祠記》，近代之傑作也。《官紳昭忠祠記》爲向、和、張三帥軍營殉難者作，敘次癸丑至庚申勝負成敗之事，如指諸掌，此非有筆力不能，其議論亦極平允。傅子蓴來，不晤。

二十八日丙子　晴，風，夜雲合，有小雨。

邸鈔：上諭：御史文明奏宦寺馳行越禮請旨嚴禁一摺。據稱，本月十三日雩祀禮成還宫之先，突有衆太監騎馬爭馳，自正陽門起，擅走各門中洞，並厮役等亦俱騎馬跟隨，冲越儀仗，直至午門外始行下馬，各門官兵並不闌阻，請旨嚴禁等語。乘輿出入，凡扈從各官皆宜懔遵步行，若如該御史所奏，實屬不成事體。著總管内務府大臣飭令總管太監嚴加約束，並嚴飭各門章京督率官兵等，每遇乘輿出入，各路如有太監及厮役人等擅走御道，不聽闌阻者，立即稟明該管大臣，奏請從嚴懲辦，毋庸寬縱。另片奏請將慎刑司所立鐵牌恭録懸挂等語，著總管内務府大臣即將慎刑司門左鐵牌敬録數通，懸挂執事太監各處，俾知有犯必懲，以肅紀綱，而昭炯戒。

二十九日丁丑　晴。明日本生祖父忌日，本宜今日供饋，以忘是月爲小盡，至下午始覺，已不及矣。精神荒瞀，志意懈怠，懼見責於先靈，將不享其薄薦。書以志罪，用戒後來。剃頭。印結局送來是月公費銀十兩八錢。

邸鈔：順天府府尹彭祖賢奏長子虞孫現任直隸定興縣知縣，應行迴避，請旨辦理。詔：吏部議奏。

五月戊寅朔　晴。祭本生祖父母。得伯寅侍郎書，惠銀十兩，即復謝。肯夫惠角黍燒鷄，即復謝。閲江慎修《鄉黨圖考》、《學海堂經解》本。夜四更後有雨，旋大風，頃許止。

初二日己卯　晨陰，傍午微晴，晡後復陰。署中送來端午節養廉銀十二兩。夜二更後雨作，旋大風，三更後大雨，至曉有聲。

邸鈔：以江安十府糧儲道王大經爲湖北按察使。

初三日庚辰　晨密雨，至午稍止，凉甚。

邸鈔：詔：以本日渥沛甘霖，昪蒼眷佑，初五日親詣大高殿拈香。分遣孚郡王詣時應宫，惠郡王奕詳詣昭顯廟，鎮國公奕謨詣宣仁廟，貝勒載澂詣凝和廟，同申報謝。前山東濟東泰武臨道衛榮光補江安督糧道。

初四日辛巳　晴。

初五日壬午　上午薄晴，午後陰，晡後大雨，有雹雷震，入晚雨稍止，有大風，夜雨數作。紫泉來。上午出門詣劉緘三師賀節，並詣肯夫、研孫、紫泉、潘紱丈、王信甫，晤研孫、信甫，午歸。是節窘甚，債多不還，然計所償，已耗京錢三百千矣。下午坐車至南窪子，獨游龍樹寺。坐南軒下，蘆葦緑潤，千頃一色，風翻烟卷，有江湖波浪之觀。檻外勺藥數叢，淡白弄色。方擬啜茶理詠，薄暮方歸，忽雷聲隱然，雨雲四合，游人盡散，遂亦驅車而回。

邸鈔：以翰林院侍讀學士文澂爲詹事府少詹事。

初六日癸未　陰，午後有溦雨。得曉湖四月六日浦江書。

初七日甲申　晨陰，上午大風密雨，午後稍止，晚有晴色。肯夫來，告太翁久香閣學於四月二十四日卒，昨日聞訃，下午驅車唁之。晤琴巖，晡後歸。王信甫來。

邸鈔：署理烏里雅蘇臺參贊大臣志剛奏久病未痊，請開缺回旗調理。許之。内閣學士文奎賞副都統銜，署理烏里雅蘇臺參贊大臣。

初八日乙酉　晴，上午風。比日試寫大卷，敧側無一筆入格，姑以我法書之而已。今日寫董江都《賢良策》首篇畢，更寫第二篇數行。下午爲人寫摺扇，便覺入俗三分。

初九日丙戌　晴，上午有風。初擬鈔紀竹崖《唐韵正》，以其便檢尋，且以當鈔《説文》也。既得十餘紙，又以事輟，而書賈索還甚急，不能猝了。其書頗有舛漏，張嘯山雖稍有訂正之而未盡。此據《守山閣叢書》本，雖名爲錢熙祚所校，實皆出張手也。張名文虎，南匯人。又紀氏於《説文》之學，實未深造，故其大端誤者有二：一、字之子母不以次列，甚至有失載母字者；一、許氏本書與新附不别。惟取其掇拾之功而已。今日復鈔兩葉，至十六咍而止。擬俟上平寫畢，必付鈔胥完之。剃頭。作片致陳芰聲、朱鼎甫、胡雲楣，以《粤雅堂叢書》兩帙還雲楣，更借其李元賓、吕衡州、羅鄂州集一帙閲之。得雲楣復。

邸鈔：詔：巴里坤鎮總兵何琯開缺，聽候查辦。已革甘肅提督成瑞賞給三品頂戴，署理巴里坤鎮總兵。何琯前有旨調赴左宗棠軍營察看，因景廉奏稱其熟悉西疆情形，准暫留本任。兹景廉奏何琯近來精神頹敗，城防疏懈，公事廢弛云云。

初十日丁亥　晴。

閲近儒江氏永、程氏瑶田、焦氏循、張氏惠言、洪氏頤煊、胡氏培翬諸家考辨宫室之書。張氏言房室異制，無壁者房，有壁者室。大夫士右房亦有北壁，與左房之制稍異，故鄭君有東房西室之稱。洪氏謂東西箱與房通夾之北，皆當有户。引《漢書》吕后側耳聽於東箱、楊敞夫人自東箱與敞言爲證。胡氏謂大夫士室東有户，與房通，而南無户，故至堂者必由房。其説皆確不可易。

鼎甫片來，言寶森堂有祁氏韵士《西域釋地》，徐氏松《漢書西域傳補注》單刻本，即遣人往購，已爲香濤取去矣。得譚仲修杭州書，中有言陶子珍生咸豐以後而爲嘉慶以前學問，掇拾補綴，勤則勤矣，大義微言，恐不在是。欲挽之以百家專門經師孱守，惜不能與之共學三年云云，其意蓋指《公羊》也。仲修予舊交，質敏好學，近人中極難得。而心粗氣浮，不能研討，自剽襲陽湖莊氏、武進劉氏、邵陽魏氏一二之書及其鄉邵位西緒論，遂以大言，自欺欺人。夫學問惟求其是耳，漢、宋且不必分，何論嘉慶以前，咸豐以後！吾不知今日之所謂學問者何在，又不知其所得之微言大義果何在也！味經之書具存，其《春秋正辭》自有佳處，然亦就陸質、趙汸之書，引申其義，就中窒礙頗譎者，不可指數。大義且未明，何論微言！申甫才極贍，學極博，然其言經，則不可訓。《論語述何》，自謂微言所在矣，不知郢書燕説，主腦先錯。位西節概粹然，詩文亦佳，然絶不知學，議論甚謬。仲修于《公羊》及莊、劉兩家之書，實亦無所得。此言本亦不足辨，然英俊後生，喜聞高論，又便於不學，爲此等寱語所誤者甚衆。予嘗謂仲修累于杭人習氣，此類是也。

肯夫邀至其家，言太翁身後文字事，晚歸。

十一日戊子　晴。閲《羅鄂州集》，宋羅願端良著。其文爲當時朱文公、樓宣獻所極推服，文雖不多，皆非苟作，簡重謹嚴，議論純粹，絶無南宋人迂冗酸腐之氣。然求如《帝統》《爾雅翼序》者，自兩篇之外，亦不再見也。寫單，約劉仙洲諸君竹醉日小飲。作片致牧莊。得潘紱丈書，即復。

十二日己丑　子正一刻四分芒種，五月節。微晴多風。

閲《李元賓集》《吕衡州集》。元賓之文，昌黎以故交且早夭，因極稱之，本非定論。後人無識，遂謂其才足與昌黎並，陸希聲且謂其辭勝昌黎。今平心論之，元賓卒時年僅二十九，其文嶄然自異，不肯一語猶人，使假其年，正未可量。即其所傳諸篇，如《項籍碑銘》《古受降城銘》《吊監察御史韓弇文》《吊涇州王將軍文》《上宰相安邊書》《代李圖南上蘇州韋使君論戴察書》，其文皆有奇氣。餘篇大率意淺語枝，囂而無實。又少年負氣，急於自見，所沾沾者，惟在科名，不止王阮亭所舉與奚員外、孟簡兩書作使酒罵坐態也。《四庫提要》以與孫樵、劉蜕並稱，蓋不及孫，差過於劉耳。和叔之文，當時儗之左丘、班固，誠非其倫。然根柢深厚，自不在同時劉夢得、張文昌之下，其文如《三受降城碑銘》《古東周城銘》《成皋銘》《酹王景略文》《凌烟閣勳臣頌》《狄梁公傳贊》《張荆州畫像贊》，置之韓、柳集中，亦爲高作。其它書表，多有可觀，議論亦甚平正。此以見八司馬中固多君子，其氣勢格律，皆出於學問，自非元賓輩所可及也。

作片致胡雲楣，借《粤雅堂叢書》中《南雷文定》三集，及《程春海侍郎遺集》，得復。夜風。是日少詹事以下各官考試差。文題：君子義以爲上。詩題：講易見天心得心字。

十三日庚寅　晴，傍晚風旋止。早粥後出門，詣陳六舟、吕庭芷，俱不值。詣周伯度、傅子蓴，俱晤。入城至理庵處，午飯，即歸。下午詣廖伯晤談，詣孝達、謝夢翁、吴清卿，俱不值。晡後歸。寶卿來。傍晚邀寶卿同詣廣和居，牧莊、何達夫已先在，吴松堂、許竹篔、劉仙洲皆後至。夜二更歸。

邸鈔：崇綺補授内閣學士兼禮部侍郎銜。

十四日辛卯　上午晴，午後微陰，傍晚晴，終日微風。陳六舟來，以其妹朱恭人事略屬題。譚研孫來。理庵來。得肯夫書。安仁軒來，不晤。爲肯夫撰代人輓聯兩章，即書致之，得復。以佩表質錢七十千。作書致伯寅，取回肯夫所借《珍藝宧叢書》，得復。

十五日壬辰　晴。謝麐伯來。撰久香先生輓聯云：『溯公及第我始生，有外氏兒寬，從舅葉帆廷尉。尊行神儁，族父芸圃太守。肩隨閔縣王文勤公。河南，倭文端公河南駐防營人。人説同登君子榜；遭世中衰學垂絶，守邵思復南江。黄黎州晦木。文獻，湯文端協揆。莫寶齋侍郎。風規，遠紹蕺山劉子。新建，王子。後來應式大賢門。』以輓聯及燭，并奠分十千致肯夫。夜月甚佳，新種梧柳，頗有生意，坐樹下賞詠久之。

十六日癸巳　上午晴，下午陰，有微雨，終日微風。吕庭芷來。上午出吊於肯夫家，晤麐伯、六舟、郁秀山、黄漱蘭、理庵諸君，旋歸。謝夢翁來，不值。夜雨。

十七日甲午　晨陰，上午後晴陰不定。得肯夫書，言明日奔喪即行，且以哀啓屬商。作書復肯夫。比日多病，間亦鈔書。今日寫《唐韵》至二十文，復鈔《莊珍藝弟子職集解》一葉。晡後詣肯夫話別，傍晚歸。得伯寅書，索題建文鐵鎚拓本，即復。

十八日乙未　晨晴，上午後微陰，終日多曀。作書致肯夫，饋以餅菜兩種。得伯寅書，言新刻《周保緒詞選》將成，即復。剃頭。孝達來。

邸鈔：武廷珍補授湖南衡州府知府。

十九日丙申　晴。作片致殷尊庭。得肯夫書，言已於今早首涂。作書致孝達。作片致何達夫，取印結二紙以請封，須同鄉小結也。即作片致吴松堂。

二十日丁酉　晨晴，旋陰，上午晴陰埃翳，午後陰。外祖母孫孺人生日供饋，并請三舅、四舅。午畢事。以夾袍褂質錢七十千。得盛伯希同年書，招明日陪朝鮮使臣趙怡庭飲，即復，辭以疾。閲《經義叢鈔》。

邸鈔：上諭：總理各國事務衙門奏各國駐京使臣籲請覲見呈遞國書一摺。現在齎有國書之駐京各國使臣，著准其覲見。

閲《程春海侍郎集》，共十卷，其門人道州何紹基及平定張穆所編。前有張穆序，上元梅曾亮序，儀徵阮文達所撰墓志銘。爲賦一卷，古今體詩五卷，雜文四卷。侍郎字雲芬，一字春海，歙縣人，乾隆庚子進士第三人，翰林侍講學士昌期之子，嘉慶辛未進士，由翰林入南書房，歷擢侍講學士，轉國子監祭酒，改上書房，授惠端親王讀，稍遷至户部右侍郎，出上書房。以道光十九年卒，年五十有三。詔賞其子德威舉人。侍郎以博學負盛名，而所傳僅此集及《戰國策地名考》二十卷。蓋質敏學鋭，而不輕著書，紀文達、戴簡恪之流也。詩學韓、蘇，喜以生峭取勝，而體格未成，不能出以大雅，然嶄特自異，又時潤以經語，非枵腹者所能至也。散文亦學劉蜕、柳開，其《答祁淳甫論承重孫婦姑在當何服書》，謂今封建廢已久，惟世襲者尚可言宗法，言承重。若大夫士庶家，一遇大故，其長子不幸死，輒引長孫加於諸父之上，曰吾行古禮，此宋以後拘儒不達世變之所爲也。今律文所以著承重之服者，以封建雖廢，承爵土者則代代有之，律文蓋爲承爵土者發也。若士庶家承重，已失禮意，其婦之服，當在不論不議之列云云。真通儒之言。

二十一日戊戌　晨陰，上午雨，午晴，下午溦雨。安仁軒來。

二十二日己亥　晨至午晴，有風，下午陰，溦雨。吴清卿母夫人六十壽，設樂宴於浙紹鄉祠，本欲往祝，忽念甲子之春先妣六十壽辰，平景蓀力勸張樂受賀，謂人生難得遇之事，雖貧當竭力，予終以力不逮而止，亦私覬後有寸進。先妣稟賦康强，七十之慶，非爲奢望。豈料再期之後，風木遽摧，終天之恨，無可補矣。涕泗横集，遂輟不行。送分子六千。

二十三日庚子　清晨雨，旋日出，復陰，上午風，終日小雨數作。

邸鈔：以候補四品京堂壽昌爲太僕寺少卿。壽昌，工部尚書崇綸之子，所補爲彭祖賢遺缺，以其爲漢軍，故補漢缺，而崇綸則滿缺尚書也。

二十四日辛丑　晨微陰，上午晴，旋陰，午後晴，晡後有急雨，旋止。早起方作字，忽以小故怒一庸媼，詬斥不服，幾欲送坊司懲之，而其人哭詈於街，詷獨之不止。此輩何足較，徒傷我氣，費我日力耳。此亦不能治心之一端也。殷蕚庭來。

邸鈔：上諭：前據左宗棠奏，烏魯木齊提督成禄前在高台苛派捐輸，誣良爲叛，枉殺二百餘人，並虚報勝仗，籲請奬敘，請飭廷臣議罪等語。當經寄諭金順，令其兼程出關接統成禄所部，一面傳旨將成禄革職拏問，遴派員弁，押解來京。嗣復據御史吴可讀奏，成禄所犯情罪重大，請即從重懲辦。本日據金順奏，已將成禄押解赴京。已革提督成禄苛派濫殺，情節極重，即解交刑部治罪。

二十五日壬寅　晴，間陰。寫白摺子一開。得許竹篔書，送閲譚仲修所刻《群芳小集》。群芳者，都門樂僮也。無論此等浪子生活，不足冤酷紙墨，以自命知微言大義之人，而刻畫賤工崽子之狀，又何其不自愛耶！晚陰，夜有電。

二十六日癸卯　上午晴，下午陰，傍晚小雨，有雷。敖金甫、鄧獻之及黄岡洪右臣編修良品來，鄧君録示所題拙集七古一首。是日以姬人約指質錢三十千。夜雷電，有雨。

二十七日甲辰　是日酉初一刻三分夏至，五月中。皇上以丑正親祀匸澤壇。晨陰，上午晴，下午微陰，晡後大風有雷，小雨至晚止。上午祭曾祖考妣、祖考妣、本生祖考妣、先考妣，别薦庶祖妣張孺人，又酹屋之故主。朱鼎甫來。得庭芷書，即復。剃頭。

二十八日乙巳　晴。爲伯寅題建文鐵鎚拓本七古一首：『椎製創周代，齊人名終葵。厥用本以木，椎鎚皆異詞。戰國始鑄鐵，槍雷遂並資。後世益沿誤，稱之曰金鎚。始見《廣韵》。鎚爲追金義，借以當鏊垂。侍郎示藏器，造自建文時。三年十二月，款識猶可推。革除此物獨不毀，恭閔惠帝靈監兹。嗚呼！長陵逆亂古所稀，方黄誤國誠難辭。粉飾太平議干羽，欲以尺組羈鱷鯢。濟南鐵關危發機，東昌萬矢蝟集旗。毋使朕負殺叔父，枉有盛庸平保兒。當年鑄此將何施？鈍椎奚足當利錐。鬼門抉竇不須此，張良朱亥同兒嬉。御史匕首露索衣，曹國授戉先啓扉。徒滋野史荒唐語，留擊徐州程濟碑。』得庭芷書。印結局送來是月公費銀十八兩八錢七分。晡後澆花。掃竹下敗葉，殊覺勞甚，遂至手戰，不能作字，此亦癖不能醫者也。作書致胡雲楣。

二十九日丙午　晴。作書致伯寅并所題詩。作書致孝達，并寫暮春所作海棠詞去。買竹簾一桁。牧莊來，久談至晚去。得胡雲楣書并《粤雅叢書》兩帙。得伯寅書并惠銀十兩，即復。

閲翁方綱《朱氏經義考補正》。竹垞之書，捃拾繁富，誠不能無舛漏。補正之事，必不可少。惟覃谿實不知學，僅一二訂其卷數錯誤之字，篇帙寥寥，而時闌入其詆訾近儒、皮傅宋學之謬論。蓋覃谿初亦依傍漢儒，思以考據自見。既而碩學輩出，其陋日形，又爲戴東原所譏，遂老羞成怒，逞臆妄詈，於是罵朱竹君，罵紀曉嵐，罵阮芸臺。及陳恭甫致書直争其失，而覃谿底藴全露，其人亦老，不可復爲矣。是書自言本與丁小雅共爲之。其中小有補益，當出小雅之手也。

夜閲仁和郁永河《采硫日記》。永河字履無可考，蓋福州需次下吏或地方官幕客也。此其赴臺灣之鷄籠、淡水采鍊硫黄，按日所記。叙次不免蕪陋，間附絶句，亦俚拙。然言澎湖島嶼、臺灣形勝、海道曲折、番俗利害，俱頗詳悉。時當康熙初年，鄭氏甫平，而其言臺灣之不可棄，有曰外藩之覬覦此土者，流求、安南、日本俱不足慮，惟紅毛最狡黠，戰艘最精，火器最利，又爲西洋人，用西洋陰鷙，其意不可測。幸遠隔重洋，未遽爲患耳。若得此地，則不可制矣。其於近日之事，竟如燭照。又言鄭氏雖夜郎自大，而世奉明朔，厚禮寧靖王、魯世子，非唐末五代藩鎮所及。又載寧靖王朱術桂之殉節及絶命詩。而述平鄭之功，亦歸之姚少保。則當時耳目相及，公論可憑，足見李安溪之鄉曲私袒，施氏子孫之辨誣，專辨袁子才《姚宫保碑》之誤，施氏後人所撰，僅數葉，其言大氐本彭二林之《與袁簡齋書》。予去年於廠市見之。皆可不必也。

邸鈔：命成瑞署理烏魯木齊提督。巴里坤鎮中營游擊陳升恒護理巴里坤鎮總兵。

三十日丁未　晴，比日炎歊漸盛。鄧獻之再送所作續集詩一册及已刻詞一卷，其黄岡同邑梅儒寶詩二卷。儒寶字瑞石，山西典史，未補官而死。其詩頗有骨力。如《擬少陵諸將十八首》，爲軍興以來諸帥作也。雖累句不少，而大體可觀，足當詩史。今録其二云：『舉兵西上建旌旗，辛苦潯陽駐節時。九派同流勞塞險，三軍一戰已輿屍。捐軀忠罪難相掩，破竹江淮遂不支。始信疾風彰勁草，讓他南八是男兒。』謂陸總督，末聯指祥將軍、霍都統。『檻車夕報收邊帥，都統朝聞督虎賁。一紙彈章動山岳，千秋臣罪負昆侖。貔貅坐擁將軍貴，囹圄毋忘獄吏尊。仁網幾回施法外，大夫何以謝君恩。』謂琦侯。可謂杜陵具體矣。他如《有贈》云：『頻年浪迹走天涯，大道青樓駐客車。江上一雙遺珮女，洛陽十五對門花。那期臣里東家子，復見仙人萼緑華。繡口通詞春有信，蓬山只恨萬重遮。』『今日狂奴未敢狂，簾痕清淺簟紋涼。楊枝秋瘦池中影，桃葉春生夢裏香。似此胭脂空北地，爲他風露立西廂。宿醒睡起嬌無力，笑倩檀郎替整妝。』五首録二。亦清綺可誦。《後唐莊宗歌》云：『鴉兒老去傷雌伏，有子如龍萬事足。江東少年孫伯符，昆陽大勇劉文叔。朱五經兒魄早亡，何況區區王鐵槍。手翦仇讎奉三矢，英雄快意有如此。中興王氣屬晉陽，故事太原出公子。龍興未幾復唐社，龍作魚服困漁者。優人獨愛敬新磨，樂府高唱李天下。』筆勢振蕩，不減吾鄉張玉笥詠史諸詩也。又《詠晉書小樂府》云：『夷吾天下才，心迹終難白。死負伯仁友，生愧蘇武節。』『倚閭凜數語，絶裾恨終身。易處王孫賈，難爲温太真。』五首録二。亦爲峭特。斷句如『鐵騎千屯幡赤幘，扁舟五月渡黃河』《贈别》。『千里關河雙鬢影，半生著述一家言』《别二兄》。『九十日中春雨雪，二千里外晉山河』，《送人之陽城》。皆佳語也。作書致胡雲楣，還所借書。鄧獻之來。

六月戊申朔　晨陰，旋雨，下午稍止，晡後晴，旋陰。是日聞中鼎賽會甚盛，且出南西門外，沿涂多楊柳荷花。早起，擬趁凉陰坐車出郭，一攬野趣。溦雨忽作，游興遂孤。羈旅貧悴中，營游既難，敗興復易。跬步阻阨，即此可知。室中換冷布窗。

邸鈔：命右庶子宗室。崑岡壬戌。爲雲南正考官，編修王文在戊辰探花，山西人。爲副考官。内閣侍讀學士許庚身壬戌，浙江人。爲貴州正考官，侍講黃體芳癸亥，浙江人。爲副考官。

初二日己酉　晴，微陰有風。終日作字。是日寫《唐韵考》上平聲訖。閱承培元《説文繫傳校勘記》。窗前新栽竹下抽新笋七莖，其三已長，欲成竹，撫之可愛。

初三日庚戌　晴，微風，傍晚微陰。以京錢二十千買繩床一具，置之聽事西室，可藉以結夏矣。牧莊來，以舊借《董方立遺書》《朱文正》《阮文達年譜》及肯夫屬轉還之《説文通訓定聲》一帙俱還之。借去滂喜齋所刻書十六種及庭芷見借之《萬善花室文集》。洪右臣編修來，應門者懶通，客辭去。得寶卿書。

閱歸安張蘭渚侍郎師誠自訂年譜。侍郎字心友，晚號一西居士，生於乾隆壬午，卒于道光庚寅正月。初以生員應高宗召試一等第一，賜舉人中書，直軍機處，升吏部主事。乾隆庚戌正月，以偕刑部郎中范鏊詣紫光閣監放外藩賞物，不俟大學士和珅到，先散訖，被參。范拔去花翎，侍郎仍降中書，出軍機處。旋會試成進士，朝考散館皆第一，由編修授山西蒲州府知府，歷擢江西、福建、江蘇、安徽、山西巡撫，内召爲倉場侍郎，以病歸。江蘇、安徽巡撫皆再任，亦一時之能吏也。譜中敘其父春苞於嘉慶十七年壬申正月八十壽辰，侍郎以福建巡撫奏請歸里祝嘏。詔賞其父鑲玉如意一柄，八絲緞九匹，硯筆墨各三匣。其母王氏如意緞四同，又鈿花九匣。其兄山東按察使彤乾隆丙午舉人。亦請假歸祝，其弟師泌時官翰林院侍讀。仁廟硃批有云：『願卿父母同登百歲，再沐恩施。』又云：『忠孝雙全，棣華共茂，承歡永久，出仕清正。願汝弟兄同勉之。』其兄旋進京乞終養，復賜御書『錫祉承歡』扁額及『福』字，又硃批云：『兄盡孝，弟盡忠，一門盛事。椿萱並茂，棣萼聯輝，誠熙朝人瑞也。』其際遇之隆，古今罕覯。然未幾，而按察病卒，侍讀以大考對品，改員外郎。其父亦老病，不數年卒。侍郎時撫江蘇，以聞父病劇，奏請歸省，不俟命下，交印藩司而歸。遂被旨革職。雖後以編修起用，驟遷布政，再領封疆，而宣皇繼祚，恩眷漸替。盛極必衰，理固然也。侍郎爲吾鄉徐百雲侍講立綱之婿，其次子仲甫舍人應昌嘉慶庚午舉人，前科重赴鹿鳴。其孫御史興仁，若農師之乙卯座主也。御史爲侍郎長子諸生應鼎之子。

初四日辛亥　晴，熱甚。鈔《弟子職集解》兩葉。作片致胡雲楣借粵雅所刻《崇文總目輯釋》《蕘竹堂書目》等種。是日以京錢二十千買橢方書案一，以十千買書架一，皆庋之聽西室。得雲楣片，送諸書來。是日晡後食麵，感熱不快，傍晚又移置書籍過勞，遂忽忽若病。

初五日壬子　早晴，旋陰，有急雨，旋復晴。身熱不食，又腹痛，溲屢下若利。董芸龕舍人文燦來，言梘樵去年十月已抵秦州上事。

閱洪氏《北江詩話》，凡六卷。稚存於詩本非專門，故所論多未確。其詩頗逞才氣，涉風情，而時不免叫囂淺直之病，故此編亦頗推崇袁、趙，至以陸放翁、查初白、趙甌北三家七律並稱，又時時自舉其作，實皆不能工也。其仿鍾嶸《詩品》，評同時自錢宗伯載、紀尚書昀、王方伯太岳以下至方外、閨秀共一百三人之詩。據予所見者按之，亦多不合。然學有根柢，才悟絶群。如謂邯鄲淳《曹娥碑》文筆平實，蔡中郎《郭有道碑》絶無異人處。蓋東京文體之衰，此二碑又東漢之平平者，向日盛傳，皆係耳食，爲古人所欺。又謂有唐一代詩文兼擅者，惟韓、柳、小杜三家。小杜文有經濟，詩有氣勢，分其所長，足了數子。又謂歐陽公善詩而不善評詩，所推蘇子美、梅聖俞，皆非一代之才；自詡《廬山高》一篇，在公集中亦屬中下。又謂南宋之文，朱仲晦大家；南宋之詩，陸務觀大家。又謂皮、陸詩能寫景物而無性情。又謂詩人所游覽之地與詩境相肖者，惟大、小謝。温、台諸山，雄奇深厚，大謝詩境似之；宣、歙諸山，清遠綿渺，小謝詩境似之。又謂作家書最難，魏文帝《典論》引里語曰：『汝無自譽，觀汝作家書。』常以此觀親戚朋友，其家書之簡净明晰者，必善爲文。所論皆具有卓識。又謂最愛明張夢晉一絶云：『隱隱江城玉漏催，勸君且盡掌中杯。高樓明月清歌夜，知是人生第幾回。』有思之惘惘，盡而不盡之致，此尤極與予意合。其標舉近人之詩，如謂沈文慤《七夕悼亡》云：『只有生離無死别，果然天上勝人間。』其全集中無過此二語者。吴門汪布衣緄詩曰：『斟酌橋西舊酒樓，樓中夜夜唱梁州。棗花簾外初圓月，一度銷魂便白頭。』以爲不減張夢晉一絶。白門凌秀才霄《秦淮春漲》詩云：『春情從此如春水，傍著闌干日夜生。』寫情可云獨到。方上舍正澍詩云：『紅豆樓窗懸小影，年年一度忌辰開。』鬼氣逼人。績谿章烔案：當作洞，字酌亭，與凌次仲友善，見《校禮堂集》。詩酷嗜昌谷，有神似者。如：『娉婷鬼女夜行役，漆燈照見雙履迹。土花蝕面不分明，猶帶生前小桃色。』年甫三十卒，信爲鬼才。管部郎學洛《雨中牡丹》詩云：『小窗燈影照無眠，檐漏聲聲欲曙天。更比落紅還可惜，倚闌人不似當年。』可云豐神絶世。此等品題皆當。

其間記故事，如記一甲三人同時至八坐者：康熙癸丑狀元韓菼爲禮書，榜眼王鴻緒爲户書，探花徐秉義爲吏侍；乾隆乙丑狀元錢維城爲刑侍，榜眼莊存與爲禮侍，探花王際華爲户書，又皆直南書房。其鼎甲俱不利者：康熙丁丑狀元李蟠以科場事流徙奉天，榜眼嚴虞惇以子弟中式降調，探花姜宸英以科場事牽涉卒於請室；康熙癸未狀元王式丹以江南科場事牽涉卒於非所，榜眼趙晉以辛卯江南主試賄賂狼藉伏法，探花錢名世以年羹堯党，世宗特書『名教罪人』四字賜之；乾隆乙未狀元吴錫齡、探花沈清藻皆及第後未一年即卒，榜眼汪鏞以臚傳不到，未受職先罰奉，官編修幾三十年，垂老始改御史。殿試卷例以前十本進呈，惟乾隆庚辰年秦尚書蕙田以十本外尚有佳卷，特旨許以十二本進呈。至乙卯年恩科，大學士伯和珅以無佳策，止取八本呈覽。今殿試傳臚日，鴻臚寺官立殿下唱第，引聲甚長，唱一甲三人，二甲第一人，三甲第一人，必移時始畢，蓋古法也。宋蘇子容詩：『把麻人衆引聲長。』蘇子由詩亦云：『明日白麻傳好語，曼聲微繞殿中央。』蓋唐宋時宣麻制，皆曼延其聲，如歌詠之狀。又一甲三人唱名至三次，亦寓慎重之意。皆足以資掌故。

又一條云：藏書家有數等。得一書必推求本原，是正缺失，是謂考訂家，如錢少詹大昕、戴吉士震諸人是也。次則辨其板片，注其錯訛，是謂校讎家，如盧學士文弨、翁學士方綱諸人是也。次則搜采異本，上則補石室金匱之遺亡，下可備通人博士之瀏覽，是謂收藏家，如鄞縣范氏之天一閣、錢塘吴氏之瓶花齋、崑山徐氏之傳是樓諸家是也。次則第求精本，獨嗜宋刻，作者之指意，縱未盡窺，而刻書之年月，最所深悉，是謂賞鑒家，如吴門黄主事丕烈、鄔鎮鮑處士廷博諸人是也。又次則於舊家中落者賤售其所藏，富室嗜書者要求其善價，眼别真贋，心知古今，閩本蜀本，一不得欺，宋槧元槧，見而即識，是謂掠販家，如吴門之錢景開、陶五柳、湖州之施漢英諸書估是也。其言足爲藏書家定評。

又一條論糕字云：今人以糕字爲俗，並附會云唐劉夢得作《九日詩》不敢用糕字。此説未確。《方言》：糕謂之餌。《廣雅》：糕，餌也。惟《説文》不收此字。然詩人所用字，豈能盡出《説文》耶？

又一條云：虎丘泛舟，以朱翠炫目勝；秦淮泛舟，以絲竹沸耳勝；平山堂泛舟，以園林池館勝；若西子湖、鑑湖，則以上三者，春秋佳日，時時有之。又加以山水清華，洞壑奇妙，風雲變化，烟雨迷離，覺可以娱心志、悦耳目者，無逾此也。外如鴛鴦湖之百重楊柳，消夏灣之十里芙蕖，柳色花光，亦其次也。又云山陰鏡湖之舟，船船皆畫，則又令軟紅塵土中，鄉思倍深矣。

是日巳刻，上御紫光閣，見西洋各國使臣。文武班列，儀衛甚盛。聞夷酋皆震栗失次，不能致辭，踉叩而出，謂自此不敢復覲天顔。蓋此輩犬羊，君臣脱略，雖跳梁日久，目未睹漢官威儀，故其初挾制萬端，必欲瞻覲。既許之矣，又要求禮節，不肯拜跪。文相國等再三開喻，始肯行三鞠躬，繼加爲五鞠躬。文公固争，不復可得。今一仰天威，便伏地恐後，蓋神靈震疊，有以致之也。夜身熱甚。

初六日癸丑　早晴，傍午陰，傍晚晴。自昨日炎暑驟熾，今日益甚，夜始换草席。身熱稍差，腹仍小痛，午始食。付半錢二十六千，煤錢二十四千。

閲錢同人等《崇文總目輯釋》，凡五卷，補遺一卷，附録一卷。前有錢同人序。卷一經部，同人伯兄既勤東垣所輯。卷二史部，同人仲兄以成繹所輯。卷三子部上，同人所輯。卷四子部下，同人姊婿桐鄉金桓和錫鬯所輯。卷五集部，嘉定秦鑒照若所輯。補遺及附録，則皆同人所蒐耆也。此書自宋南渡後，止存目録一卷，而亡其敘釋。同人等據范氏天一閣鈔本，間或標注撰人，因本朱竹垞之説，取《歐陽文忠集》中所存經、史、子三部原敘，更蒐采馬氏《通考》及《玉海》諸書所載原釋，零文斷句，一一補綴。又取各史藝文志爲之參證，附以案語，正其闕失。其用力可謂勤矣。秦氏刻入《汗筠齋叢書》。同人名侗，嘉定諸生，可廬孝廉之子。

夜風。

初七日甲寅　早晴，上午陰，午晴，下午有風。剃頭。摘庭中杏子，得二十餘枚。庭芷來，談甚久，留共午飯去。晚小凉。

初八日乙卯　早晴旋陰，有急雨，上午晴陰不定，午晴，晡後陰，傍晚有溦雨，晚大風，旋雷電雨作，入夜益甚，徹旦瀧瀧。洗足。

初九日丙辰　雨至巳後稍止，上午風，下午晴。

初十日丁巳　終日雨數作，傍晚漸密，徹夜潺湲有聲。作片還胡雲楣所借叢書。是日市又决盜四人。

十一日戊午　晨密雨，上午晴。得潘星翁書，以新刻詩詞集見詒，即復。比日多雨，甚凉。終日鈔書。

十二日己未　晴，溽暑。聞南、北海、十刹海荷花俱盛開，作書與孝達諸君，爲泛舟之約。終日鈔書。得孝達復，以三日内爲期。夜半後，大雷電風雨。

邸鈔：命内閣學士馬恩溥雲南人，癸丑。爲福建正考官，編修張英麟山東人，乙丑。爲副考官。通政司副使夏家鎬江蘇人，癸丑。爲廣東正考官，檢討周冠廣西人，庚申。爲副考官。編修崔志道陝西人，壬戌。爲廣西正考官，户部主事陳毓秀江蘇人，乙丑。爲副考官。翰林院侍講學士宗室奎潤轉侍讀學士。以侍講錫珍爲侍講學士。

十三日庚申　巳正三刻十一分小暑，六月節。晨陰旋晴，蒸溽更甚。終日鈔書。夜四更風，有雹。

十四日辛酉　埃雒問晴。吴碩卿自吴門入都來訪。閲程氏《通藝録》，其言磬折倨句之義，真發前人所未發。是日小極，稍輟鈔課。

十五日壬戌　晴，酷暑。得敖金甫書，約與鄧獻之、洪右臣諸君爲消夏會。即復。碩卿惠箋紙四匣，紈扇一柄。得潘紱丈書，索閲日記，即復。鈔書。夜熱甚，始宿外室。

十六日癸亥　晨微晴，上午陰曀，下午晴。庶祖妣張節孝生日，祀以蔬食。傍晚剃頭。夜坐蕉柳間，待月上，微風翛然，殊快人意。得五古二首。孫雨田舊僕劉升來，告其兄死，予以錢六千。

庭中新植竹數十竿梧柳各一本芭蕉兩本夏夜坐其下待月上迎涼風賦此寄曉湖脊齋故山二首

陋室一弓地，新種竹與梧。笋苗既秀茁，桐華亦榮敷。芭蕉二三本，漸見清陰舒。披襟坐其下，微風來徐徐。崇朝苦暑汗，俄頃都滌除。時會皆適然，何况物榮枯。官貧喜得閑，經年常抱書。寸禄雖未沾，一飯飽有餘。人生奚得喪，昧者徒區區。東鄰據八坐，日直承明廬。西鄰兩持節，旌旆争南趨。辛苦爲子孫，光華誇路衢。從君問所得，何益千金軀。

竹西月初上，華雲流墻隈。漸見柳梢際，一片清光來。籬落亦可玩，何必池與臺。所惜無素心，弄影同徘徊。山居自更好，澗吹含松槐。想見露下飲，斜照林陰杯。無因致羽翼，囊琴爲君開。

邸鈔：上諭：楊昌濬奏革書具控犯書捏報病故改名朦充請旨飭提審辦一摺。據稱，織造衙門革書韓溥華在將軍衙門控告革書孫錦前因犯案擬軍，膽敢捏報病故，更名孫同如，復充外辦書吏，侵冒工款十餘萬兩，請飭督臣提案審辦等語。犯書孫錦前因欺蒙作弊，經織造德生奏請，發往黑龍江充軍，復經刑部議駁，請令浙江巡撫訊供擬辦，係遣軍未定之犯。如果捏報改名，冒銷侵蝕，殊干法紀。至各省韓溥華承辦活計，以假金蒙混織造文治，斥革押追，亦難保無捏情誣告，希圖牽涉本官情事。至各省將軍，向不管轄地方織造衙門事件，將軍亦不應干預。署杭州將軍連成于韓溥華具控時，何以不即知照楊昌濬查辦，徑劄地方官緝拏。迨該撫據李鶴年咨會行查，始據該署將軍咨覆，殊不可解。所有此案人證卷宗，著楊昌濬即行派員解送刑部，確審懲辦。

楊昌濬奏浙江海塘坍損之工，同治六年前督臣吴棠等會勘，估修費需七八百萬之數。兹准部咨歷查，該撫奏報已辦之工共計銀已四百余萬兩，將來塘工告竣合計銀數，較原估有無增減，應先爲估定，則總數可稽，不敢漫無限制。請旨飭臣將海塘未辦工程確切估計，專摺奏明等因。兹查東、西、中三塘柴石土等工，共動用銀四百三十八萬有奇。此外中防翁汛、東防念尖工汛未辦，石塘三千餘丈暨拗攔未修，石塘以及隨塘柴埽攤水塘後附工土堰，並尖山以東鹽平兩汛潑損工段，隨時酌量情形，分案先估後辦，斷不敢漫無限制，致與從前奏案不符。事事核實，務求節省，較之原數，總可有盈無絀。惟海塘工大費鉅，用人甚多，仍恐耳目難周。臣於工程，務求堅實，而於各項用款，無不力求撙節，分别駁減，以致失意之員，不免造言誹謗。臣才智短淺，可否仰懇天恩，簡派熟悉工務大員來浙督辦云云。奉硃批：著該撫督飭承辦工員，核實經理，勿避嫌怨。所請别派大員督辦之處，著毋庸議。

十七日甲子　上午晴，下午陰。得王子裳五月十七日寧波書，言去歲輯《書序考異》，已有稿本。今將以荀氏《易注義例》，證以九家，通之全經，草創方始也。作書致香濤，詢十刹海觀荷之期，得復。以本已約定十六日，而同人多以故辭。塵歒中營一薄游，其難如此，不知竟爲誰擾擾耳。此淵明酒伴所以不擇人也。伯寅侍郎約廿一日晚飲。庭芷約十九日早飲萬福居。

邸鈔：命兵部左侍郎胡瑞瀾爲浙江學政。丁紹周病故。胡侍郎、馬閣學皆居鐵門，予西鄰也。詔：連成來京當差，以杭州副都統善慶爲杭州將軍。以□□□吉禄爲杭州副都統。上諭：李宗羲奏已故藩司知縣忠藎卓著懇請予謚一摺。原任江寧布政使祁宿藻於咸豐三年在江寧守城殉難，又原任上元縣知縣劉同纓同時殺賊捐軀，均經給予恤典。兹據奏稱，該故員等死事慘烈，遺愛在民，著加恩一併予謚。

十八日乙丑　上午晴，酷暑，下午陰。晨出門答詣董芸舫、吴碩卿，俱未起。詣吕庭芷、吴玉叔、洪右臣、敖金甫，俱晤，傍午歸。是日鈔《弟子職集解》竟。取程氏瑶田、孫氏同元説，補正其未確者數條，又時下己意申釋之，後系以跋一首，將更寫清本梓行，此予欲爲家塾四書之一也。晚得香濤書，約同六舟、廖伯諸君，明日赴海淀觀荷花，游宿碧雲寺。次日游卧佛寺諸勝。良游難得，佳侶尤稀，況碧雲林宇之幽，泉石之勝，久縈夢寐，然以酷暑往還八十里間，汗流粗裹，所損多矣。夜作書阻止之，諸君亦遂不往。夜有風，頗快。

邸鈔：潘祖蔭兼署吏部左侍郎，殷兆鏞署理兵部左侍郎。皆胡瑞瀾缺。

十九日丙寅　上午微陰，上午驟雨，有雷，晡晴。鄧獻之來。以《莊珍藝遺書》十三册，《二林居文集》四册，送還朱肯夫家。肯夫前屬向潘侍郎取回《珍藝宧遺書》，予以鈔《弟子職集解》，故暫留也。是日買蓮蓬數十枚，剥新蓮子，煮以薦先。比夕稍有凉意。

邸鈔：詔：陝西按察使英奎來京，另候簡用。以福建鹽法道裕寬爲陝西按察使。詔：甘肅寧夏鎮總兵李佑清、湖南鹽法道白恩佑、貴州貴西道奇克慎、浙江金華府知府徐賓治均開缺送部引見。

二十日丁卯　晨晴，上午微陰，下午陰，傍晚雨，夜大雨。得孝達書，言今晚偕翰林十余公飲萬福居，作夢局，請予爲夢神。洪右臣編修來約明日游十刹海，作歐陽文忠生日，辭之。晡後詣孝達，同至萬福居，庭芷、鏖伯、六舟、清卿、味秋諸君先後至，又有福建人龔姓癸亥、陳姓癸亥、陳姓戊辰、葉姓戊辰，江蘇人曹姓癸亥共十一人，福建黄霽川舍人同來。作夢神。夜初更後冒雨而歸，趾離負涂矣。夜二更後雨益甚，瀧瀧達旦。

邸鈔：刑科給事中盧士杰授福建鹽法道。吏部郎中惠齡授湖南鹽法長寶道。余思樞授貴州貴西兵備道。詹事府左贊善趙曾向授浙江金華府知府。記名提督總兵伍維壽前授漢中總兵。授甘肅寧夏鎮總兵。

桃花聖解盦日記辛集起癸酉六月

同治十二年六月二十一日至十二月十二日(1873年7月15日—1874年1月29日)

同治十二年癸酉夏六月二十一日戊辰　上午晴，下午陰，晡後雷電大雨，入夜更餘始止。鈔《唐韻考》。晡時赴伯寅侍郎之招，坐有六舟、香濤、清卿、廉生、碩卿、嚴六溪、顧緝廷及陳庶常寶、鮑知府康，二更歸。

二十二日己巳　清晨大雨，終日霒陰，傍晚溦雨。得伯寅書，即復。聞香濤、理庵皆奉典試之命。香濤得四川，爲第一美差。理庵連科主湖南試，亦僅事也。得紱丈書，約飲期，即復。再得伯寅書。夜雨，甚涼，須綿被。

邸鈔：命翰林院侍講學士鍾寶華浙江人，丙辰。爲四川正考官，編修張之洞直隸人，癸亥。爲副考官。編修陳翼福建人，癸亥。爲湖南正考官，檢討楊泰亨浙江人，乙丑。爲副考官。

二十三日庚午　終日苦雨。初伏。得紱丈書，招飲餘慶堂。上午冒雨赴之。坐有香濤、碩卿、廉生及陳逸山，逸山新自雷州省覲回者。得伯寅書，午後酒罷，便道過談，即歸。作書致香濤、理庵，皆爲王福投薦書。此輩既不自量，又不揣主人勢力，每過知識中有奉使及外授者，輒苦求推薦，不顧主人之取厭憎。若固拒之，便生怨謗，可恨之至！夜初更後雨稍止。自前夕疾動，下午痔發，憊甚。

邸鈔：以太常寺卿阿昌阿爲内閣學士兼禮部侍郎銜。

二十四日辛未　早陰，上午微晴，午後雨。撰擬經進《萬壽無疆賦》一首并序。得伯寅書，旋復。下午酣卧，夜遂徹旦不寐。

邸鈔：以記名總兵程文炳爲江西九江鎮總兵。

二十五日壬申　晴。紱丈來久談。鈔《唐韵考》，自十六蒸至十八尤，訂正處甚多。得伯寅書，即復。得紱丈書。得族弟品芳書。是月十日。

邸鈔：上諭：胡家玉奏部院正途人員擁擠請酌覈保舉量予疏通一摺。著吏部議奏。原奏言：一由京員之保舉太多，總理各國事務衙門二年保十八員。請飭照軍機處之例，三年准保八員，并請飭吏部。此外勞績，一概議駁。一外省之保舉太數。向來十數年一行，今則絡繹不絶。請照向例，俟截取記名人員用竣後再行調取引見，列單候用。

二十六日癸酉　晴，復熱，上午微陰。逸山來，尚卧，不晤，去。鈔《唐韵考》至二十一侵。得紱丈書，再借閲近年日記，即復。作書致清卿，詢十刹海公餞孝達之期，復以明日。既太匆迫，又苦蒸溽，不能往矣。剃頭。太平阮泰恩舍人、黄巖鄭士掄同年來。

二十七日甲戌　晨大雨，雷辟歷驟震，雨旋止，終日陰，下午微見日景。

二十八日乙亥　晨晴，上午微陰，下午晴。鈔《唐韵考》平聲訖。理庵以扇來索贈行七古，且乞撰送其再典試湖南便道省親駢體序文。理庵素嗜予文，又交久，情似不可却。然此請似失之太易。彼之榮遇，與我何干！且文必須駢體，詩必須七古，此事豈可勥爲！我之胸腹中覺無一言可發，何處尋許多文字耶！得伯寅書，饋銀二十兩，即復謝。吴玉粟來。再得伯寅書，以新得郃陽河所出古鎛拓本屬題，即復。王信甫來，不晤。得紱丈書，還日記，即復。

二十九日丙子　寅正一刻七分大暑，六月中。是日小盡。晨密雨，至上午稍止，下午密雨數作，局送來公費銀十三兩九錢。

晚大雨，入夜淋漓。謝廖伯約今晚飲宴賓齋，以雨辭之。得伯寅侍郎書，饋佳茗四器，即復謝。都中飲甜井水，入夏以後泥濁尤甚，今日令以盆盎置中庭，承雨水飲之。夜四更時大風，仍雨。是日印結

閏六月丁丑朔　晨大雨，上午晴，午後陰，晡後雨。得伯寅書，借《問字堂》《平津館》等集，即復。庭芷、六舟、味秋、廖伯諸君柬約初四日飲揚州館。夜大雨，壞墻。

初二日戊寅　晨溦雨漸止，上午後晴，溽暑特甚。得孫琴士五月二十日陝西西安書，并惠銀十六兩。作書致清卿。作書致胡雲楣，還羅鄂州等集，得清卿復、雲楣復。比日久雨蒸溼，黴溽無異南中，予又舊疾連動，所寢小室，底滯伏淫，受濕尤重，今日便苦鬱煩，以艾朮、歠芷等物熏之，夜始得睡。

初三日己卯　晴，溽暑特甚，夜初更雨，旋止，四更大風雨，是夕酷熱，徹旦不能寐。

初四日庚辰　中伏。晨陰，終日晴，酷暑。兩得伯寅侍郎書，以後拓《遣子仲姜鎛》一幀見示，較前拓字畫甚清，文多可讀，即復。晡後庭芷來催飲，即坐車赴之。賓主皆已至，主人有中牟張子鑄編修鴻遠共五人，客惟香濤、逸山及予而已。六舟設餃甚佳，晚歸。是日付賃屋錢三十六千，卧室換波黎窗錢十一千。

初五日辛巳　晴，酷暑。得伯寅書。再得伯寅書，贈箋四百番，即復謝。竇卿來，談竟日去。始以西瓜薦先。春間新栽海棠兩樹，其一樹近復作花，今日已開至數十朵矣。是日呼圬人砌地，付磚直錢十四千，又付米錢廿六千，煤錢廿千。

初六日壬午　晨晴，午後陰有風，稍凉，晡後雨。得伯寅書，以所得《盂鼎銘》拓本見示。盂鼎道

光癸卯出陜西岐山之禮村，劉燕庭、吴子苾皆已著録，各有釋文。其文共十九行，字較它鼎特大。首二行云『隹九月，王才宗周令盂。王[illegible]曰：盂，不顯玟王，受天有大令。在珷王，嗣玟乍邦』云云。皆極明顯，才即在，令即命，[illegible]即若，不即丕，乍即作。此金文通例。惟文王、武王，皆从王作玟珷，則此所僅見。《説文》玎字下稱齊太公子伋謚曰玎公，許氏言《左氏傳》皆古文，此玎公蓋引《左傳》『徼福於太公丁公』所見，古文作玎也，則古於天子諸侯之謚有加玉者，疑取以玉事神之誼，以玉事神，本《説文》靈字訓。然不能詳也。即復。再得侍郎書，即復。三得侍郎書，賦示予《寓庭海棠閏夏重作花詩》七律一首。晚就燈下和詩一首，即書寄侍郎。雨入夜數作，初更稍密，二更止，四更大雨，震雷，歷一時許。

邸鈔：都察院奏廣東紳士翰林院編修潘衍桐等爲原任湖北德安府知府、咸豐四年守城殉難易容之請謚。詔：禮部議奏。另片奏殉節人員應不准由同鄉京官呈請予謚等語。詔：嗣後各省殉難官員果係死事慘烈者，准由該處紳民呈請各該督撫及都察院查核。具奏不准，再由同鄉京官呈請。又奏廣西職員劉澤遠等爲前署廣西隆安縣知縣、咸豐元年會剿思恩股匪陣亡高延祉請謚。詔：高延祉加恩予謚。延祉旋賜謚壯節，易容之部駁不准。

初七日癸未　晨陰，旋微晴，上午後零雨數作，傍晚晴。得伯寅侍郎書。作致朱海門太守成都書，託香濤附去。作書致香濤。得潘星丈書，以近題顧南雅畫梅一絶見示，即復。得香濤復。

邸鈔：大學士單懋謙奏病未痊癒懇請開缺。詔：賞假兩月，安心調理，毋庸開缺。御史鄧慶麟奏原任山西平陽府知府何維墀于咸豐四年八月逆匪攻平陽府城，巷戰被害。業經優恤，懇請予謚。詔：著鮑源深查明請旨。

初八日甲申　晨陰旋晴，終日微風，稍有爽致。爲伯寅侍郎撰《齊鎛歌》，用昌黎《石鼓歌》韵。剃頭。理庵再走使來乞詩，且告初十日準行。作書復之。作書并詩致伯寅，得復。

初九日乙酉　晨溦雨，終日埃飴，溽暑滋甚。紱丈來。同年金庶常保泰來，方種花，辭之去。買紅槿花兩株，一栽之籬邊，一植墻角。作送楊理庵再典試湖南七古一首，即書扇致之。碩卿來。夜半後雨作，雷不絶，五更大雨，以風雷震徹曉。

送楊理庵檢討重典試湖南

楚南才爲天下雄，文忠文正人中龍。提挈群賢廓氛霧，遂成一代中興功。其餘彭左亦奇傑，若羅若李勇無敵。一時驤首攀風雲，生晝麒麐死埋血。所惜文教猶未昌，剽竊理學成猖狂。先詆陽明及許鄭，欲以學究升明堂。甚者欲改六經制，奮筆議禮語尤恣。後生佻達習大言，塗抹以外無餘事。依草附木誠無尤，妄校尉亦能封侯。功名凌獵到學術，不持寸鐵争伊周。三載賓興國大典，使者一雙帝親選。激揚風俗在此行，舞袖迴旋易爲善。君承恩眷尤獨偏，三年兩使湘南天。沅芷澧蘭拾不盡，望衡面面開紅蓮。慈湖自昔講學地，龍山蕺山一脉寄。東鄰鄮縣西餘姚，黄全文獻實職志。薰風馬首雙旌開，文章爲國勤儲材。兒曹鏖戰曲江捷，北堂高舉南山杯。君諸子就試浙江，君將以試事畢，回籍省親。

邸鈔：上諭：前據軍機大臣、六部、九卿會議，喬松年、文彬、丁寶楨並御史游百川所奏籌辦黄、運兩河情形，當經諭令李鴻章妥籌辦法，據實詳細具奏。兹據奏稱，銅瓦廂决口後，舊河身淤墊過高，歲久乾堤，無從修治，勢難挽復淮徐故道，且於漕運無甚裨益。至借黄濟運築堤束水工程，均無把握，與導衛濟運之法同一難行。所奏頗爲詳盡。河流既難挽之使南，而利運又别無長策，李鴻章請仍由海道轉運。令各督撫酌提本色若干運滬，由海船解津，其餘仍照章折解，以省運費，並隨時指撥漕折銀兩，采買接濟。著户部通盤籌畫，妥議具奏。河流趨重，山東自應增立堤防，著丁寶楨酌度形勢，將張秋、利津一帶舊有民埝加倍堅固，以資捍衛。其侯家林決口，現雖堵築合龍，仍恐民埝不能久恃，並著該撫於秋汛後詳悉甚勘估，酌籌款項，將侯家林上下民埝，仿照官堤辦法，一律加高培厚，設法守護。沿河各州縣民人田地久被淹没，情殊可閔，即著查明，分別奏請蠲緩錢糧，並將海口鹽場商運各事宜酌量變通辦理，以示體恤。至銅瓦廂決口以下蘭儀、東明一帶，地勢平衍，不可無遥堤以防泛濫，著喬松年就近察看，應如何量築堤防，即行悉心籌辦。淮徐故道涸出河身，民間多有占種，該督所請酌議升科之處，著江蘇、河南、山東各督撫體察情形，妥籌具奏。另片奏請停止河運，采買糧石，推廣海運各等語，著户部議奏。

初十日丙戌　雨晨止，上午晴，下午陰，傍晚大雨雷震。得紱丈書，以《臨江仙·海棠再花》詞一闋索和，即復。得李若農師五月末南昌書，并惠銀十兩。得伯寅書，即復。海棠盛開，作數百花，尚有紅萼百餘，比日連遭風雨，漸次就零矣。亟賦一詞紀之，并和紱丈詞一首。夜小雨微雷。得紱丈書。

瑶臺聚八仙癸酉閏六月，寓齋新植海棠重作花甚盛，賦此紀之。

正是池荷，紅過後，滿院緑樹陰濃。離離吐蕊，忽地數到珍叢。伏雨闌風剛幾度，又催他香夢惺忪。好相逢。瑶臺舊侣，釵朵玲瓏。　長門當日别後，恁燒殘畫燭，苦憶歡悰。淚浥銀箋，訴天心事誰同？黄金何用買賦，但重與添香話漢宫。猩簾護，願月圓長閏，花好長紅。

臨江仙潘紱庭丈以寓齋海棠重開賦詞見寄，依韵奉酬。

春夢枝頭重唤覺，睡情又近黄昏。緑陰如幄静當門。風擎羅扇艷，月傍玉釵温。　曉起冰肌和露拭，茜紅褪後還存。晚妝依舊點脂痕。幾回携燭看，生恐再離魂。

邸鈔：予告體仁閣大學士朱鳳標卒，遺表上。上諭：原任大學士朱鳳標老成端謹，學問優長，由翰林洊擢正卿，迭司文柄。朕御極後，命充上書房總師傅，簡任綸扉，管理部務，均能恪共將事。上年患病，固請開缺，准予致仕，賞食全俸。方冀調養就痊，遐齡永享。遽聞溘逝，悼惜殊深。著加恩追贈太子太保銜，賞給陀羅尼經被，派肅親王隆懃帶領侍衛十員，即日前往奠醊。任内一切處分悉予開復。應得恤典，該衙門察例具奏。伊子主事朱其煊著俟服闋後以郎中遇缺即補。伊孫監生朱有基賞給舉人，一體會試，用示眷念耆臣至意。賜謚文端。詔：免雲南通省同治十一年以前民欠錢糧，並永遠停止抽取釐穀。

十一日丁亥　上午陰，下午晴。得紱丈書，借《全唐詩録》，即復。得伯寅書，即復。是日早食後忽患腹痛，終日小極。卧閲雜書。

十二日戊子　上午晴，午日景中有雷雨，下午陰曀，雨數作，蒸溽不堪。周伯度來，言新選得安徽舒城縣知縣，將之官，以銀十二兩爲别，且以贈朱厚齋銀八兩，屬轉交。作書致星丈、紱丈、伯寅侍郎，各寫前日所作詞與之。得星丈復，侍郎復。作書致逸山。得星丈書，并絶句一首云：『不愁雨横與風狂，誰向通明寫緑章。贏得粉垣仙客句，兩番燒燭照紅妝。』即復。得伯寅書，即復。再得伯寅書，皆言盂鼎事，再復。夜得逸山書。二更後又雨。

邸鈔：命翰林院侍講學士烏拉喜崇阿滿洲人，丙辰。爲江西正考官，檢討張道淵雲南人，癸亥。爲副考官。侍讀徐致祥江蘇人，庚申。爲浙江正考官，侍講宗室。寶廷戊辰。爲副考官。編修解煜直隸人，癸亥。爲湖北正考官，掌陝西道御史吴鳳藻浙江人，癸丑。爲副考官。今年江西、浙、閩事可知矣。徐侍讀前科以中允副肯夫典山東試，今僅轉一階，從五品而爲兩浙正典試。自己未鍾侍講後又見此耳。

十三日己丑　自晨至暮密雨數作，亦時見日景，蒸溽益甚。今年都中梅雨，真驚倒百歲翁矣。聞永定河已決壞數處，運河亦溢，畿輔處處氾濫，國門以外，行者皆斷，而江南、江西、浙江、湖南北皆大旱，揚州邗溝俱絶，時事深可憂也。得伯寅書，即復。得逸山書，饋粵東贊育丸六粒，蘇合丸二十粒，香珠兩串，即復謝，犒使四千。得傅節子六月十七日福州書，言已奉檄署臺灣海防同知，即日渡海赴官。又得孫子九五月八日汀州書，言即由汀還越，以周小蜮被控徹任也。此中自有天理，而子九猶言其冤。且云此蜮已決意還予金，春間寄至福州，適以罷官而止。其將誰欺乎？子九村學究，性又長者，昵比匪人，至老不悟，深可歎也。夜又大雨雷。得敖金甫書，邀過飲，辭之。夜大雨數作，檐霤聲瀧瀧不絶。

邸鈔：曾璧光奏二品頂帶湖北候補道周康禄向隨提督周達武從征湖南、湖北、廣西、陝西、甘肅、四川等省，所向有功。嗣在貴州上游辦理善後鎮撫事宜，亦能盡心竭力。現因新城潰勇滋事，變生倉猝，臨難捐軀，請優恤予謚，立傳建祠。詔：周康禄著交部照二品文員陣亡例從優議恤，並加恩予謚立傳，准於貴州興義府、新城暨湖南原籍建立專祠，同時遇害及陣亡各員一併祔祀。周康禄旋賜謚壯節。御史沈淮奏風聞户部司員楊鴻典有攬權納賄舞文作弊情事，請飭户部查奏。詔：楊鴻典著先行解任，交刑部審訊，並調取該員經手案件，秉公確查。八月刑部奏結，言詳覈户部各案，尚無弊端，惟辦理孫承洛丁壬報捐兩案有疏忽處。詔交部議處。

十四日庚寅　晨大雨，壞墻壓折花樹，上午雨稍止，有風，午後又雨，旋見日景。得紱丈書，借《繹史》，即復。下午内室東箱忽傾圮，寓中處處穿漏，墻壁缺落者不可數。房室俱有崩壞之勢，惴惴不自保矣。再得紱丈書，借《王蘭泉集》，即復。夜作致孫琴士陝西書，并寄去《越三子集》兩部。

十五日辛卯　戌正二刻十二分立秋，七月節。是日晨陰，小雨時作。得紱丈書。付賃屋錢三十六千。夜有零雨。

邸鈔：上諭：京師入夏以來，雨水過多，近復連朝陰雨，節届立秋，深恐田禾受傷，殊深焦灼，允宜虔申祈禱，冀迓時暘。謹於十八日新詣大高殿拈香，時應宫派惇親王奕誴，昭顯廟派恭親王奕訢，宣仁廟派醇親王奕譞，凝和廟派孚郡王奕譓，同於是日分詣拈香。

十六日壬辰　晴。作復王子裳寧波書、致王月坡太平書，俱託吴玉叔寄去。作致季弟書，致張翻翁書，致品芳書。作書致内子，處分南來事。作致胡梅卿書。夜作復陶子珍書。是日付王福寄家銀四兩，付質庫贖佩表錢七十四千。夜月稍清霽，裴回梧柳間，覺秋意可繪。

十七日癸巳　小雨，下午漸密，入夜有聲，凉甚。發所作諸書，并以近作水仙、杏花、垂柳、海棠四詞寫致子珍，索與孫子九、王眉叔、秦秋伊諸君並和之。作片致吴松堂，詢領誥軸事。剃頭。向永大信局取來今春傳節子所寄贈陳士莊《同姓名譜》鈔本十册，共二十八卷，得二千五百三人。每人下皆略系事迹，採取浩博，具見苦心。惜其體例尚未善，其字里、爵謚，詳略不一，或沿襲俗稱，亦有詳所不當詳者，而耳目昭著之人，間亦有所漏略。使稍爲補正，一其體例，固天壤間不可少之書也。此書予與節子同見之沈氏味經堂，次日予往購，而節子先取去，云仍以歸予。今竟能不食言，亦可尚已。

十八日甲午　晴。得紱丈書，借《明史稿》。即復。殷蕚庭來，告其子患驚風，即作書問之。温味秋送所畫紈扇來，即復謝。牧莊來。

邸鈔：以刑部郎中吴潮爲河南河北兵備道。

十九日乙未　晴，有風去濕。得紱丈書，即復。洪右臣來，不晤。作題孟鼎詩五古三首。再得紱丈書，即復。作書致碩卿，致逸山，俱約明日午飲。作單約夢漁、庭芷、六舟、味秋、麐伯、清卿、研孫、竹篔及郁秀山後明日夜飲。夜月甚佳，徙倚梧下，時聞子落。逸山來。

盂鼎銘拓本爲伯寅侍郎賦二首

粲粲盂鼎銘，吴子苾閣學。陳壽卿編修。考已備。侍郎精古籀，抉摘無遺議。我所三摩挲，尤在玟珷字。銘文玟王三見，珷王一見，俱左加玉字。於古無可徵，請更對以意。吕伋謚丁公，説文作玎誼。丁癸本殷號，周人始製謚。偏旁隨事增，古蓋有斯例。唐虞及三代，以玉供神事。大夫有石宔，郊宗詳其制。王公當用玉，疑非起後世。謚爲作主用，加玉所以志。此乃真古文，千鈞一髮系。寄語一孔儒，橋舌莫詫異。《説文》所引玎公，蓋出《左傳》『徼福于太公丁公』句，許氏序言所稱《左氏傳》皆古文，其所見作玎公也。

所貴金石文，爲可證故書。佚事或創獲，小學猶其餘。兹鼎鄭重言，宗周王命盂。錫以鬯一卣，黻冕車旗俱。邦司四百人，僕馭至庶夫。皆銘中語。是當爲重臣，何以名泯如。成王廿三祀，銘末云：『唯王二十又三祀。』以其文屢言文王、武王，且據《洪範》稱祀，此亦稱祀，蓋周初尚沿殷時之語，則當爲成王廿三年無疑也。警酒資訏謨。銘中有無敢酗、無敢醻等語。初疑武之穆，盂本可通邘。《左傳》：『邘晉應韓，武之穆也。』《漢書·人表》以邘侯與伯禽、吕伋同列第五等，邘後入晉爲邘邑，亦作盂，《韓非子》有盂獻伯，與叔向同時。邘即今山西盂縣也。然此述王命，豈容以國呼？又疑于盂借，唐叔字子于。然曰祖南公，世系難强誣。銘中三稱乃祖南公。班表有邘叔，時地亦未殊。《人表》又有邘叔，在第四等，亦當成王之世。其人又無考，傅會滋成愚。祝雍與陶叔，一例周嗟吁。大戴公《冠禮》云：『周公使祝雍祝王。』《左傳》定四年云：『陶叔授民。』二人皆成王時，而它無所見。此盂亦其類也。仰屋徒自笑，秋風在庭梧。

二十日丙申　上午晴，午後微陰，有風，下午陰，傍晚晴。作書并盂鼎詩致伯寅。得伯寅復。上午出門答詣阮福山、鄭鹿門，俱晤。答賀周伯度，不值。詣鄧獻之，不值。賀吴蓉圃得試差，不值。唁殷蕚庭喪子而歸。研孫來，不值。下午詣寶卿，以伯度所贈朱厚齋銀交邑館長班送去，即詣廣和居，邀紱翁、逸山、碩卿及廖雲鼇兵部小飲，晚歸。聞河决固安，壞通永河道署。

二十一日丁酉　晴。下午詣琉璃廠閲市，還寶森銀四兩，晤周苻丈，取得惠氏《後漢書補注》、馮氏《金石綜例》《厲樊榭詩詞集》。晚詣廣和居，蔆翁、六舟已先在，竹篔、麐伯、味秋、庭芷、清卿次第來，惟郁秀山不至，夜飲至二鼓歸。蕚庭來，不值。

二十二日戊戌　晴，有風。得逸山書，廖雲鼇約明日午飲，即復。伯度來，言明日行。再得逸山書。傍晚步詣逸山，不值而歸。夜得伯度書，即復。作致陳邁夫皖中書。洗足。

邸鈔：命左副都御史劉有銘直隸人，丁未。爲江南正考官，編修黄自元湖南人，戊辰。爲副考官。編修吴寶恕江蘇人，戊辰。爲陜西正考官，編修潘衍桐廣東人，戊辰。爲副考官。

二十三日己亥　晨陰旋晴，下午微陰。晨送伯度行，以陳邁夫書託交。詣劉緘三師賀得差，不值即歸。朱鼎甫來，不值。作書致牧莊，爲伯度代還酒柬。鄧獻之來，不晤。金庶常來。鄭鹿門來。得六月中家書。夜得金某庶常書。

邸鈔：上諭：銘安奏會審命案革員屍妻互控問官偏袒請派大員嚴訊一摺。據稱劉李氏控告伊夫劉裔雲被已革防守尉岐山濫押身死一案，經銘安提訊，該革員遣抱京控，牽涉問官。嗣經都興阿派員會審，劉李氏復以偏護同官指控，請派大員嚴訊等語。著派廣壽馳驛前往，秉公審訊，隨帶司員，一併馳驛。九月末，廣壽奏此案：已革藍翎都司銜馬兵趙錫武揑造假帳，向筆帖式劉裔雲訛索未遂。主使趙來升控告岐山，輒將劉裔雲看押，致投井自盡云云。詔：趙錫武照所擬絞監候，秋後處決。岐山發往軍臺，效力贖罪。

二十四日庚子　末伏。微晴多陰。竇卿來。鼎甫來。比日德甚多卧，以胃弱食少，思慮過多，兼受濕氣所致。昨夕覺腰痛，蓋虧極矣。洪右君來，不晤。偕竇卿、鼎甫、金庶常等同年六人作柬，請鐫山師廿六日至安徽館餞行。作家書。夜電微雷，二更雨作，三更大雨傾盆，雷推電睒，四更後雨聲喧闐達旦。

二十五日辛丑　密雨連注，至午後稍稀，傍晚又漸密，入夜有聲。剃頭。作《齊鏄詩》五古二首。夜雨蕭瑟達旦，疾動。

齊子仲姜鏄二首爲鄭盦賦同治初年出山西榮河縣，銘共百七十二字，首曰：隹王五月，初吉。丁亥，齊[illegible][illegible]叔之孫，遼仲之子𪏉，作子中姜寶鏄。

我讀齊鏄文，書闕乏左證。獨取聖祉字，古誼藉以正。親殁稱考妣，从女疑非敬。説文有祉字，乃訓祀司命。此文兩皇祉，配祖義相應。文有曰皇祖聖叔，皇祉聖姜。皇祖又成惠叔，皇祉又成惠姜，俱从示作祉。幸得三代物，可與洨長諍。左傳有聲姜，公羊乃作聖。聖聲字本通，俱从耳能聽。《白虎通》：『聖者，通也，聲也。』《風俗通》：『聖者，聲也。』《説文》：『聖，通也。』附會不生國，謚法未可憑。《周書謚法解》云：『不生其國曰聲。』蓋不足信。聖之訓爲睿，義亦同善令。聖叔與聖姜，兹文非假倩。以此裨雅説，博搜儻非病。

齊景賜晏子，邶殿鄙六十。或謂即都昌，先爲丑父邑。本《齊乘》説。此曰𩜶叔孫，𩜶疑逢之別。下述侯氏命，錫邑三百室。其外邑又九，加田進以[illegible]。邶獨兼都鄙，古文猶可識。文有云：『侯氏易之邑二百又九十。』又九邑與[illegible]之人民。都鄙侯氏者，君也。易即錫也。此金文通例。[illegible]即邶字。[illegible]者，比之異文。《説文》：比，古文作㚘。此略變耳。錫之邑二百又九十者，二百九十户也。《左傳》衛獻公賜公孫免餘邑六十，辭曰：『惟卿備百邑。』百邑者謂十室之邑百也，百邑則千室。《左傳》晉景公賞中行桓子狄臣千室。《論語》所謂千室之邑，千室其田萬畝，畝一鍾則禄萬鍾矣。此大國之上卿也。餘則九百、七百、三百不等。此云錫邑二百又九十，如以邑數，則倍上卿三矣。既無此制，且一國之地得邑幾何？故知是以户數也。又九邑者，又錫以十室之邑九。《周禮・司勛》所謂加田也。云都鄙者，謂全邑也。古者賜采地，田與邑殊列。卿田禄萬鍾，賦禀有定則。邑乃出特賜，置宰守宗祏。用以旌殊功，歸老爲世及。《左傳》：『公賜季友汶陽之田及費。』此田與邑之别。《春秋》若季氏之費，孟氏之成，叔孫氏之郈，臧氏之防，鄭叔段之京，晉欒氏之曲沃，趙氏之晉陽，畢萬之魏，衛孫氏之戚，齊管氏之小穀，皆以功特賜，邑爲世守，置宗廟，盡食其境，自設私宰，臣其人民。至戰國，若田文之薛，甘茂之樗里，皆是也。逢丑父蓋以牽之功賜邑于邸，故盡有都鄙。後賜晏子者，或其鄙之餘也。意者逢丑父，惠叔名是易。故云勞齊邦，子孫食其績。文有云：『惠叔有成，勞于齊邦。』刻畫頗曼患，吾黨重蓋闕。寶書秦盡焚，世本宋又絶。徒抱好古心，展玩三太息。

二十六日壬寅　晴熱。鼎甫來，寶卿來。上午偕史、朱二君詣安徽館，設席於西廳，頗有花樹、竹石之勝。鄭、許、金三君皆後至。午刻緘三師來，飲至日昃而散，傍晚歸。晚大風驟至，夜雷雨，二更晴。

邸鈔：上諭：李鴻章奏永定河南四工漫口一摺。據稱，本年伏汛大雨連旬，山水暴發，河湖異漲，經該河道等晝夜搶險，自六月十三日以後，大雨傾盆，各處山水匯注，閘壩宣泄不及。南四工九號對岸又淤住沙嘴，水勢擡高數尺，人力難施等語。永定河工奏報合龍，爲時未久，仍復決口。在工各員，咎無可辭。南岸同知朱津，著革職留任。南四工固安縣縣丞王仁寶革職，留工效力。永定河道李朝儀，革職留任。李鴻章督率無方，交部議處。

二十七日癸卯　上午晴，午後大雨，有風，晡後晴。鄧獻之來。庭芷來。談竟日去。得金庶常書，並送來前日公分錢二十千，即復。夜感凉，喉痛不快。蛩聲滿庭，悽然秋思。

邸鈔：上諭：易名之典，所以褒恤大員。其有名不副實者，雖秩登一品，未經予謚，以示彰癉之公，至嚴且慎。軍興以來，文武各員中有戰功卓著，爲中外所共知者，因督兵大臣詳敘事蹟，奏請予謚，亦加恩允准。乃近來中外臣工往往將殉節之道府州縣等官，懇請予謚。該員等矢志報國，朝廷既優加贈恤，並蔭及子孫，所以褒奬忠藎者，不爲不至。倘將易名重典視爲矜恤常例，紛紛陳請，殊屬非是。嗣後文武各官例不應予謚者，如果勳名懋著，自當破格施恩。臣下不得率行奏請，以示限制。

二十八日甲辰　晴。傷風不快，夜又疾動。

邸鈔：上諭：已故署江寧鹽道袁保慶前在河南南陽等處督帶團練，歷著戰功，調赴江南，于吏治、河工、鹺務及整頓防軍均能實事求是，卓著賢聲，齎志以殁，殊堪矜憫。著加恩將事蹟宣付史館，附列袁甲三傳後，並附祀袁甲三臨淮專祠。從兩江總督李宗羲請也。

二十九日乙巳　晴陰相間，有風。紱丈來，尚卧不晤。逸山來。得紱丈書，即復。洪右臣來，不晤。録前日所作遾中子姜鏄詩于拓本上，即作書致伯寅侍郎。晚大風急雨，有雷旋止。

邸鈔：以光禄寺卿惠林爲太常寺卿。

三十日丙午　晨陰，巳刻雷雨即止，旋晴，午零雨復作，下午晴。傷風鼽涕，小極多卧。午後苦咳嗽。跋陳氏《同姓名譜》。

閲《九穀考》。程氏以高粱爲稷，以黄小米爲粱，以穈子、穄子爲黍，而禾粟皆歸之小米。段氏從之。邵氏以黄小米爲稷，以高粱爲黍，鈕氏從之，而疑高粱古不入九穀。郝氏以大黄米爲黍，以小米爲稷，而稷又包高粱。案程、邵、郝三君之言，皆得於目驗，而不同如此。鈕駁程説，而尚主顔師古之説，謂黍稷一物二名，則誤矣。古者人君子卯稷食，又庶人稷食，以稷爲疏糲，故人君惟忌日食之。而庶民以爲常食。聖人重民食，故以稷爲百穀之長。今北方人皆以小米爲常食，色黄而粒細，入口疏燥。稷者屑也，細散之稱，故霰曰稷雪。高粱粒大而色紅，非稷可知。《月令》「中央土」「食稷與牛」，稷、牛皆象土色，而古以季夏之月爲土，天子惟是月食稷，亦薄滋味之義。若粱則古人以爲精鑿，故曰膏粱，曰粱肉，曰持粱齒肥，必非今之小米，是小米爲稷之説，萬無可疑也。至黍之爲穈，爲穄，爲高粱，粱之爲今何穀，則不能强斷矣。京師人却呼穈子之黏者爲黍子，亦未必本於古稱耳。

邸鈔：英翰奏安徽太湖縣原任山西雁平道翰林院修撰趙文楷孫女許字宿松縣前浙江按察使段光清次子興謨。同治七年，女年二十二歲，興謨病故，女過門守貞，請援案旌表。許之。

秋七月丁未朔　午初初刻十一分處暑，七月中氣。晨日出，旋陰，上午晴，下午雨旋止，晚又小雨。咳嗽身熱，近於風温。許怡卿片送前日公分來。得伯寅書，即復。得洪右臣書，即復。得孫琴士五月末陜西書。聞吾郡新昌菸山民變，旋即解散。

邸鈔：上諭：劉嶽昭、岑毓英奏官軍攻克騰越廳城並各處賊巢，雲南全省肅清一摺。覽奏實深欣慰。雲南自雲州克復後，提督和耀曾督軍進攻小猛統。本年四月十五、六等日，該逆連次出撲，疊經官軍擊敗，生擒首逆僞大將軍馬應紅等，乘勝由寨後禮拜寺攻入，當將小猛統攻克，各軍進攻勝越廳城，先後攻克烏土寨、馬家村堅巢，直薄城下，李維述等督軍四面合圍，開挖地道。五月初三日夜間，轟陷城垣十餘處，各軍蟻附而進，内外夾擊，殲僞大司强馬太廉等首從二千餘賊，當將騰越廳城克復，全省一律肅清。滇省逆匪自咸豐六年倡亂以來，攻陷城邑，荼毒生民，十有八載。上年大理克復，巨憝伏誅後，其餘黨猶敢分踞順寧等處，負嵎死抗。此次經岑毓英、劉嶽昭等分飭各軍，以次攻拔。各該將士同心敵愾，迅速蕆功，深堪嘉尚。雲南巡撫岑毓英親臨前敵，調度有方，著賞加太子少保銜，前給騎都尉世職改爲一等輕車都尉世職。雲貴總督劉嶽昭籌備戰守，克竟全功，著賞穿黄馬褂。雲南開化鎮總兵楊玉科戰功卓著，前經賞給騎都尉世職，著改爲一等輕車都尉世職。總兵李維述，提督段瑞梅、蔣宗漢、徐聯魁均賞給雲騎尉世職。和耀曾賞穿黄馬褂。餘文武升賞有差。另片奏請將攻克城池及總理軍需通籌糧餉各員奬勵等語。雲南提督馬如龍，鶴麗鎮總兵馬忠，提督張保和、何秀林、吴永安均賞穿黄馬褂。雲南布政使宋延春、按察使程誠均賞給頭品頂帶。

初二日戊申　微晴多陰。譚研孫柬約初五日飲福興居，作片辭以疾。

初三日己酉　晴，有爽風。研孫來，言昨得一孫。得伯寅書，言齊鎛事，即復。補寫日記。作書致伯寅，言齊鎛中辟字，得復。再作書致伯寅，言齊鎛中戚字。買野菊花數十叢，裁之庭畔，以當短籬。夜咳嗽大發。三更後忽雨，有雷。

邸鈔：上諭：鮑源深奏耆紳重遇鹿鳴一摺。二品頂帶前太僕寺卿徐繼畬早年登第，由翰林洊擢封疆。朕御極之初，召補太僕寺卿，旋即退老林泉，現在年登耄耋，鄉舉再逢，洵屬藝林盛事。著加恩賞給頭品頂帶，准其重赴鹿鳴筵宴，以惠耆年。繼畬，代州五臺人，道光丙戌翰林，由潯州知府歷升至廣西、福建巡撫，署閩浙總督。咸豐元年因夷務補太僕少卿，旋又以撫閩失察事革職，稍復至今官。

初四日庚戌　晨陰，巳晴，午後晴陰相間，晡後陰。李少石太守自保定寄贈其從父杏村先生《左傳賈服注輯述》一部。得碩卿書，乞題其小像，即復。午後步訪逸山雷陽館，久坐而歸。逸山磊落，不事修飾，而窗几倚然，位置都宜。所栽花竹，亦皆楚楚，足以令人坐久忘歸。夜雹睒雲合，大風狂甚，旋大雨。

初五日辛亥　薄陰，間有零雨。

點閲閩人何治運《何氏學》一過，系以跋云：『吾鄉章實齋譏近儒著述多自稱某某學，謂誤用《漢書》某經有某氏之學語而不通。案近儒經説之稱某某學者，乃用何邵公《公羊解詁》稱何休學之例，明謙辭也，非用《漢書·儒林傳》語。章氏疏於經學，自蔽而嫉賢，好詆切並時江鱷濤、戴東原、汪容甫、洪北江諸君子，以自矜大，而其言又失之不考。若何氏此書，不過考據雜文，且有代人酬應，無聊短篇，而竟題其書曰「何氏學」，則真妄而不通矣。漢曰某氏學者，謂此經師弟傳授，有此一家之學也。是固名何經，傳何人，而謂此何氏之學乎？其書泛濫雜博，一知半解，時可節取，而逞臆武斷，雜引不根，氣囂志張，高自標置。如校正《逸周書》名爲《周書後定》，謂不當有逸字，而自譽曰：「囊括大典，網羅衆家。」補正福建舊志，名爲《東越志》，謂不當稱閩，而自譽曰：「大賢君子函雅，故通古今。」又取《逸周書·商誓解》「王若曰：告爾伊舊何父」之文，自稱曰伊舊何父。夫本書此下文缺，不可知詳，其後曰乃殷之舊官人及太史比、小史昔等，則伊舊者，指商之舊臣也。而以自號，果何義乎？以久依其鄉人陳尚書若霖，而代擬《嵬瑣弁言》，亦都入集，旁注曰：「代望坡先生。」而望字皆空一格。又以乾隆丙午舉於鄉，本與阮文達爲同年，而以文達督兩廣時聘修《廣東志》，遂稱文達曰太夫子，又何其徇俗而自卑也。然其申經訓、辨雅詁，於聲音文字之學，時有補苴，存其書焉可矣。』

剃頭。晡後詣劉副都師送行，詣譚研孫，賀其生孫，俱不值。

邸鈔：以內閣侍讀學士許庚身爲光禄寺卿。

初六日壬子　晴熱。復鈔《唐韵考》。得伯寅書。病起無憀，不能讀書，因邀竇卿僦車共載，至東頭同樂軒觀劇。玃雜薰蒸，爨演醜惡，浮生半日，作此消磨，真可惜矣。晚歸。

初七日癸丑　晴。先君子生日，供饋。得庭芷片。得逸山片，皆言今夕夢局事。作書約鼎甫、竇卿同晚飯。作片致碩卿，爲寫團扇送去。陳鈞堂來，許竹篔來，適已祭畢，留共暢談。晡後竇卿、鼎甫來，夜共飯，至二更散去，不能赴廣和居夢局矣。

邸鈔：翰林院檢討聯元升補侍講。右春坊右贊善歐陽保極補原官。温味秋轉左贊善。

初八日甲寅　上午晴，微陰，下午晴。得伯寅書，以新録《癸酉消夏詩》一册送閲。詩僅二三十首，題目多不通，無論詩矣。有同鄉李坤厚來，投刺送所著《秋谷詩鈔》一帙，言自河南來試京兆者，自署會稽人，不知其族望何出也。牧莊來。作書致伯寅并消夏詩還之。夜二更時雨，徹曉蕭騷。

邸鈔：命翰林院侍讀學士楊慶麟江蘇人，庚戌。爲山東正考官，編修陳學棻湖北人，壬戌。爲副考官。編修洪良品湖北人，戊辰。爲山西正考官，吏部主事范鳴龢湖北人，壬子。爲副考官。編修鄭嵩齡江蘇人，戊辰。爲河南正考官，檢討王慶祺順天人，庚申。爲副考官。

初九日乙卯　晨小雨，上午微晴，旋陰，傍晚溦雨。鈔《唐韵考》十姥畢，覺困甚，雜閲案上書，得《三國志辨誤》一册。以錢氏《廿二史考異》所采陳氏景雲説校之，則此書即陳氏《三國志校誤》無疑也。

初十日丙辰　終日陰，午後微晴。小極不快。

《三國志辨誤》言漢末有兩伍瓊，皆汝南人，皆字德瑜，一官城門校尉，一官越騎校尉，先後爲董卓所殺。此由裴世期以《英雄記》言伍瓊字德瑜，汝南人，謝承書言伍孚亦字德瑜，汝南吴房人，疑乎爲瓊之别名，抑别有伍孚而未詳。《辨誤》以《董卓傳》載伍瓊與周毖同被殺在未入關前，而《荀攸傳》載伍瓊同謀刺卓在入關後，與謝承書所載伍孚刺卓，似同爲一人，遂以爲前後有兩伍瓊，而一又名孚。予案：謝書載孚之刺卓，不言何時，而陳志《荀攸傳》亦不載伍瓊之死。細覈之，實止一人耳。范蔚宗《後漢書》兼采群籍，以一稱伍瓊，一稱伍孚，遂分載于《董卓傳》，以爲兩人兩事。據陳志《董卓傳》，無入關後刺卓之伍孚，謝書又不言有與周毖同死之伍瓊，明是同此一人，而所紀互異。試思同郡、同姓名、同字、同官列校、同死卓難，豈有此事耶？《荀攸傳》所紀，必是誤文。蓋攸之謀卓，與荀爽同，皆其家傳所附會，不足信。

十一日丁巳　晨陰，旋晴，稍熱。昨夕又咳嗽，今日疲甚，手腕作痛，不知何故。海棠又作數十花，萼如猩紅，可愛。得伯寅書，送其令叔《玉洤詞》一册，即復。以陳氏《求古精舍金石圖》及《樊榭集》還竇森，又以《兩漢金石記》及《左傳賈服注輯述》寄售。

邸鈔：上諭：福建陸路提督江長貴才具平庸，年力就衰，著即開缺。從李鶴年奏劾也。以福建福寧鎮總兵羅大春爲陸路提督，以□□□宋桂芳爲福寧鎮總兵。

十二日戊午　晨及上午晴，午後陰，終日頗燠悶。鈔《唐韵考》。作片約逸山，同訪庭芷。逸山作片來催。下午步詣逸山小坐，即同詣定子，不值而歸。敖金甫、鄧獻之柬約十六日晚飲。王信甫來。夜無俚之甚，點閲《玉谿詩》。

十三日己未　上午晴，晡陰。朱鼎甫來，陳逸山來，同留小食，暢談而去。

邸鈔：成林實授右翼總兵。李勝記名提督總兵，借補湖南永綏協副將。補授湖南綏靖鎮總兵。

十四日庚申　晨陰，上午雨作，午後稍密。得敖金甫書，索王孟調《西梟山房集》，即復與之。鈔

《唐韵考》二十一混畢。傍晚，虹見東方，雨稍止。夜晴，月甚佳，涼可絮衾。

十五日辛酉　晴。先君子忌日，供牲饌，又以佛家今日爲中元節，以素食供曾祖考妣、祖考妣，午後畢事。下午剃頭。得房師陳訏堂先生閏月二十九日書，言已於五月八日抵仁和任，且言浙中久旱，閏月得雨，秋收可十之六七，紹興較它郡爲優。書中勤勤以首邑作令，無益于民爲憂，今之古人也。章文瀾縣丞來，不晤。（此處塗抹）

十六日壬戌　陰，傍晚微雨旋止，黄昏又小雨。廖雲鑾來，碩卿來。下午答詣王信甫，又詣董芸龕小談。傍晚赴鄧、敖兩君之招，順詣洪右臣道喜，即至金甫家，逸山及師御史長杓已先在，旋有湖北人陳提牢錦、陸提牢某、李軍機某及洪右臣皆至，飲至初更散，敖、鄧兩君約各賦詩送洪君典試山西，予見坐上有詩一聯云：『關河皆北向，星火自西流。』則此席似不容强與矣。夜子初初刻十三分白露，八月節。二更月出，清絶而有寒意。

十七日癸亥　晴熱。下午微陰。逸山來，午後偕訪雲鑾，遂同至廣和居小飲，傍晚歸。得賈琴巖片，送來胡梅仙書。

十八日甲子　晴，午後有風，晡後陰。鈔《唐韵考》二十八獮畢。

《説文》尸部之㞋，从尸从叉，小徐从又，人善切，即今之軟字也。𤿭部之古文𤿺，从皮从人，而兖切，即今越俗語物柔弱之□奴輂切。字也。許君㞋訓柔皮，𤿺訓柔韋，是兩字聲誼並同，然㞋既訓柔皮，則不宜从尸，疑兩字實止一字，𤿭之古文𤿺，即㞋字也。其上作尸，乃从皮，非从尸，今㞋下説解訛脱不可讀，蓋後人所竄入。《廣韵》尼展切，有反字，注曰『柔弱，而兖切』。又有㞋，注曰『弱也，又尼展切』。是固合爲一字矣。

得殷萼庭書，即復。得紱丈書，即復。夜疾動。三更後小雨，五更風起。

十九日乙丑　晴，大風徹晝夜。

二十日丙寅　晴，風稍止，下午天氣高爽，凉意蕭寥，如深秋矣。得章秋泉書，饋摩菌、鱻脯，即作復書，還其脯，犒使者錢二千。得董芸龕書，乞題齊鎛銘文拓本。以錢三千，買桂花兩小盆。是日始衣纊。

邸鈔：李宗羲奏前任刑部侍郎吴廷棟于江寧寓所病故。詔旨褒惜，照侍郎例賜恤。詔：截留運通漕糧八百石，備順天府、順義等被水州縣灾賑。從府尹彭祖賢等請也。

二十一日丁卯　晨晴，上午陰，下午霡陰。作書致紱丈，借以錢衎石《記事稿》。上午步至邑館，答章秋泉，便詣寶卿談，下午歸。閲《潛丘劄記》。

邸鈔：詔：于東南各省釐金關税鹽課項下，核撥銀三四十萬兩，賑濟畿輔被水地方。由李鴻章於直隸藩運關各庫内無論何款，先行動支，俟各省解到時歸款。其順天府所屬，應需賑濟銀若干，即于此款内撥給。

二十二日戊辰　晴。僕人王福忽病風。上午出門，詣陳鈞堂，已遷居。詣謝麐伯，不值。詣竹篔，晤。詣碩卿，適吕庭芷亦至，同暢談。傍晚詣殷萼庭，小坐而歸。逸山來。

邸鈔：湖南巡撫王文韶奏湖南布政使河南固始人吴元炳長子户部主事吴琳之妻徐氏，河南鹿邑人，吴琳以同治十一年十一月病故，徐氏誓以身殉，服毒被救得穌。今年三月送夫柩回籍，遂絶食十一日而死，年二十六歲，請予旌表節烈。許之。

二十三日己巳　晴。作書致庭芷，乞轉請皮户部爲王福診脉。閲《爾雅義疏》。王福風益甚，夜大叫喚跳擲，欲闖入對門胡總憲之家。因顧兩人夾守之，此真無妄之灾也。夜再致書庭芷，速皮君診。得庭芷復。王福屢發狂，爲之終夕不寐。

二十四日庚午　晴。逸山來。爲王福召巫媪視鬼。庭芷走使來，偕王福坐車就皮君診。剃頭。作書致碩卿，得復。得是月四日家書及品芳書。夜祀屋鬼爲王福禱，且爲之驅魅，以紙錢送之。牧莊來。

邸鈔：李鶴年、王凱泰奏特參庸劣不職之福建泰寧縣知縣徐士俊、沙縣知縣楊淑仁、惠安縣知縣吴同盛、署崇安縣知縣候補同知丁承禧，請分别徹任降補。候補同知王錫奎、何慶生，候補按察司經歷謝揚炳，均請革職。試用通判李元賢，請革職永不敘用。從之。

二十五日辛未　晴。王福病益甚，決意覓死。予時時撫諭之，唯涕泣叩頭，爲之憂悶交集。作書致胡梅卿，作書諭王元，俱告以王福病狀。作書復品芳。

邸鈔：左都御史英元充崇文門正監督，刑部左侍郎恩承充副監督。

二十六日壬申　晨晴，上午陰，下午晴。再令王福坐車就皮主事診。下午步詣寶卿談，復同詣蓮花寺，晡後偕寶卿、紫泉、鼎甫游法源寺，摩挲唐人蘇靈芝行書《寶塔頌》，僧知常正書《景福元年重藏舍利記》《金大安十年舍利函記》，又李北海所書《雲麾將軍李秀斷碑》，共四石，實二礎之兩面也。此石舊在安定門内文丞相祠中，嘉慶末通州白小山尚書重模刻之，嵌於寺廊壁間，幾欲亂真。都中外城此最爲巨刹，規制深嚴，有北藏全經，其主僧丈室精潔幽邃，花竹便娟。有刺桐一株，作花方盛。明人詩所謂露出幾隻紅鸚鵡者。語雖凡俗，實象形惟肖矣。晚歸，又得浮生半日閑耳。

邸鈔：左宗棠奏甘肅平凉一帶與寧夏所屬靈州接界，中間廣袤八九百里，山谷複沓。原設固原州鹽茶廳，形勢遼闊，請升固原州爲直隸州，仍隸平慶涇道管轄。其州城西南硝河城要隘，擬設固原直隸州判，仿照隆德縣莊浪鄉縣丞例，畫界分治其州。北二百四十里地，名下馬關，冲途扼要，向爲沃壤，距平遠駔不遠，擬設平遠縣知縣。其西一百一十里，爲靈州，屬之同心城，擬設巡檢分駐。又平凉同知向駐海城，距府城三百九十里，管理訟獄、錢糧，而仍以鹽茶名其官，名實不副，擬改爲海城縣知縣。而于迤西打拉池地方添設縣丞，畫界分治，兩縣統歸固原直隸州管轄云云。詔下部議。

左帥疏言甘肅自乾隆年間肇置分省，控制遐荒。維時西疆開拓日廣，經畫之詳於關外而略於關内，固其宜也。關外增一缺，關内即裁一缺，平凉、寧夏所屬文武營汛各額，視元明裁省爲多，而花門種族雜處邊隅者，皆震於天威，罔敢自爲風氣。民間堡寨團莊距州縣治所近者百數十里，遠或數百里，又具犬牙交錯，經界難明。漢與回既氣類攸殊，回與回亦良莠互異，治理之員鎮壓無具，奸宄萌櫱莫折其芽云云。

二十七日癸酉　晨晴，旋陰，上午雷雨，下午晴。作書致伯寅侍郎，爲王福乞再造丸。作書致碩卿。得逸山書，即復。寶卿來，借《考工記圖》去。得伯寅復，并牛黄清心丸一粒。再得伯寅書，惠白金二十一兩，即復謝。碩卿來。得陶心雲明經濬宣閏六月二十書，并寄銀十兩。心雲教授自給，與予交甚疏，而遠道相思，束脩分餉，今人所僅見也。詞翰高潔，亦有魏晉之風。署中知會初二日夕月壇陪祀。作書致逸山。夜疾動。

邸鈔：兵部左侍郎寶珣奏假期已滿，請開缺回旗養病。詔：寶珣准其開缺調理。前任駐藏大臣恩麟著賞給副都統銜，俟駐藏大臣承繼到任後，護送哲木尊丹巴之呼畢勒罕前赴庫倫，再行回京。刑部郎中薛允升授江西饒州府知府。

二十八日甲戌　晴。得寶卿書，以再造丸一粒予王福，即復謝。得紱丈書，還《衍石記事稿》。作書致紱丈。

邸鈔：以都察院左副都御史恩齡爲兵部右侍郎。前任山海關副都統玉亮補正白旗漢軍副都統。

二十九日乙亥　晴熱。閲錢衎石《記事稿》。牧莊來。晡後偕牧莊訪朱亮生，不值而歸。寶卿來，夜談。

邸鈔：兵部郎中曾椿壽授廣西慶遠府知府。

三十日丙子　晨風，旋大雷有雨，即止，上午微有日景，終日陰。印結局送來兩月公費銀二十六兩。

邸鈔：上諭：前據左都御史胡家玉奏，江西省錢糧違例加征，請飭裁革，並不得私立捐款公費名目。當諭令劉坤一嚴飭所屬州縣恪遵定例，不准絲毫浮收。嗣據劉坤一奏，據實直陳丁漕改章實在情形，請仍照新章辦理，當經允准，仍諭令隨時認真稽查。兹復據胡家玉奏瀝陳江西省違例加征各弊，請飭部核議。著户部按照該左都御史所陳各節及江西省現在情形，應如何辦理始臻妥善之處，悉心酌核，妥議具奏。先是兩江總督曾國藩、江西巡撫沈葆楨以錢糧定例征銀一兩隨征耗銀一錢，嗣以捐攤供應諸費浩繁，地丁每兩征銀一兩七八錢折錢三千數百文，漕米每石折收錢七八千或銀八九兩，官民交困，因裁革陋規，仍核計辦公必不可少之需，通盤籌畫定議：地丁每兩征銀一兩五錢折收錢二千四百文。漕米每石征銀一兩九錢折收錢三千文。地丁除解正耗銀一兩一錢外，另提捐款銀一錢。漕米每石除解部銀一兩三錢外另提捐款銀二錢，亦解司道各庫。裁汰藩司衙門鋪墊供應於地丁，每兩提銀一分以濟公用。裁汰糧道漕規，于漕米每石提銀二分。裁汰知府節壽禮月費，漕規就所屬地丁每兩漕米每石各提銀五分，以資辦公。州縣公事獨多，地丁每兩餘銀二錢四分，漕米每石餘銀三錢三分，均留爲州縣辦公之需。其提存司道庫之地丁一錢，糟米二錢，以之抵放州縣攤捐，如文武鄉試，歲科考試，司道辦理秋審，各府辦理發審等不敷之款，及委解京協各餉不敷盤費，京省寧贛各提塘報資津貼，瘠缺各縣緝捕經費，督撫司道府書吏工食。同治元年，曾國藩先奏請豁免江西奏派州縣捐攤各款。同治四年，護理江西巡撫孫長紱以試辦數年，官民稱便，將釐定征收丁漕新章酌留公用數目據實具奏，且請逾限者加價及改收銀兩。户部議覆：每地丁一兩連加一耗羨，折收足錢二千四百文。每漕米一石折收足錢三千文，地丁除解征耗外另提一錢六分。漕米除解部款外另提二錢七分，准如所請。至逾限加價及征收銀兩，斷難准行。同治七年，巡撫劉坤一以銀價大昂，奏請一律改收銀兩，復下部議行。兵部侍郎胡家玉奏請地丁每銀一兩遵例加收銀一錢，不得額外征收。坤一復執奏。今年四月，家玉復疏請裁革。坤一覆疏請裁藩司所提一分丁銀，每兩征銀一兩四錢九分。家玉又上此疏争之，大略言加賦之名必不可開，陋規之例必不可長。文武鄉試例准支地丁銀一萬二千八百餘兩，其用物悉由各行户採辦，官價甚微，至歲科試等例不應支，江省耗羨例征銀二十三萬三千餘兩，今該撫于丁銀每兩提一錢，漕項每石提二錢，合計銀不下三四十萬兩，較定例幾倍之。即有公用，何須如許支銷。南昌一縣地丁銀四萬八千餘兩，漕五萬六千余石，以新章所加留餘計之，歲取銀二萬九千餘兩矣云云。

八月丁丑朔　晨晴，上午陰，午復晴，下午陰。上午詣逸山，即同詣庭芷，小坐而歸。鄧獻之來。

邸鈔：命刑部右侍郎錢寶廉浙江人，庚戌。爲順天學政。内閣學士馬恩溥雲南人，癸丑。爲江蘇學政。光禄寺卿許庚身浙江人，壬戌。爲江西學政。詹事府少詹事馮譽驥廣東人，甲辰。爲福建學政。翰林院編修王文在山西人，戊辰。爲湖北學政。顧雲臣江蘇人，乙丑。爲湖南學政。費延釐江蘇人，乙丑。爲河南學政。侍講黄體芳浙江人，癸亥。爲山東學政。編修謝維藩湖南人，壬戌。爲山西學政。吴大澂江蘇人，戊辰。爲陝西學政。張之洞直隸人，癸亥。爲四川學政。國子監祭酒章鋆浙江人，壬子。爲廣東學政。編修吴華年山東人，戊辰。爲廣西學政。順天府府丞張緒楷河南人，庚申。調補奉天府府丞兼學政。奉天府府丞張澐卿調補順天府府丞。安徽學政祁世長、山西人，庚申。浙江學政胡瑞瀾、湖北人，乙巳。雲南學政李端棻、貴州人，癸亥。貴州學政韋業祥廣西人，乙丑。俱留任。

初二日戊寅　辰正一刻二分秋分，八月中。卯刻皇上親夕月於壇，臣慈銘派陪祀。晴有爽氣。祭曾祖考妣、祖考妣、本生祖考妣、先考妣。下午陰，澂雨，大風，晚晴，風不止。得碩卿書，即復。

邸鈔：夏同善兼署刑部右侍郎。林天齡署理國子監祭酒。以通政司副使岐元爲光禄寺卿。

初三日己卯　晴，風凉甚。閲《金石萃編》唐代諸文字。章秋泉來。更顧庸媪張、庸僕徐，皆順天人，以今日受庸，食指日添，今年真愁餓死矣。

邸鈔：御史梁僧寶補鴻臚寺少卿。

初四日庚辰　晨及上午晴，下午陰，澂雨即止。無憀之甚，復試寫册摺各二篇。剃頭。

邸鈔：王文韶奏特參庸劣不職之湖南辰州府通判虞世庠、耒陽縣知縣尚宗康、臨湘縣知縣恩榮、候補知縣朱斗垣、東鄢縣教諭楊嶽方、桂楊縣教諭俞錫桓、寧遠縣訓導鍾德烈等，請分别勒休降革。從之。

初五日辛巳　晴。寫册卷二篇。下午出門賀廖伯、清卿得學政。送碩卿、廉生、秋泉移小寓，詣陳鈞堂，俱不值，即歸。鄧獻之來。陳逸山來。看逸山作畫。作書致蓴庭，詢其應試事。得復。

初六日壬午　晴。爲人書扇四。上午詣寶卿，以秋晴氣佳，結念故鄉山水之勝，欲得一二人同游僧寺，聊破岑寂。遂偕至邑館，訪陳倬雲孝廉。既又懶行，因與兩君話上方羊石諸山風景及陳僉都允恭北園遺址。僉都，倬雲之族祖也。倬雲言，園本未成，僅傳圖卷。蓋僉都系籍廣西之平樂，僅於通籍後一返越中，旋入都卒於官，子孫無居越者。故雖營構山林，而亭榭未置，今地犂爲田矣。圖後歸默齋總戎，今亦久失去。是日館中應試諸君，皆已移寓，人跡闃然，落葉滿地，不覺婆娑，至晚而歸。

此亦可想其無謬矣。是日命協辦大學士刑部尚書全慶爲順天正考官，左都御史胡家玉、吏部右侍郎童華、户部左侍郎潘祖蔭爲副考官。編修譚承祖、郁崑、陸懋宗、陳寶琛、劉廷枚，郎中李廷簫，御史邊寶泉，侍讀徐郙，修撰梁耀樞等俱充同考官。

初七日癸未　微晴多陰。寫册卷兩篇。清卿來，不值。作書致竹篔，致清卿，俱爲賃屋事。夜半後雨有聲。

邸鈔：單懋謙奏請開缺。詔：再賞假兩月。雲南鶴麗鎮總兵馬忠告病開缺，以記名提督張保和爲鶴麗鎮總兵。

初八日甲申　午前微晴多陰，午後晴，風。得竹篔書。得紱丈書，以新作令嗣侍郎典試京兆紀恩詩七律二首屬和，即復。寶卿來，談終日去。晚風益甚。

初九日乙酉　晴。

邸鈔：岑毓英奏請爲前任雲貴總督勞崇光建立專祠，又爲前任雲貴總督恒春請恤。言勞崇光督滇之時，正潘鐸被戕之後，即飭毓英嚴防楚雄一帶。先克復曲靖、馬龍、霑益各城，復鎮雄州、平猪拱苗，通川滇大道，旋進駐省垣，分攻迤西，功德在民。恒春當咸豐六年率師援剿貴州，因回亂旋滇方，攻迤西未下，而曲靖等處之賊於七年閏五月竄逼省垣，燒殺城外居民。恒春帶隊出城，欲與賊死戰，司道極力勸阻，恒春歸署，即與其妻博禹特氏同時自縊，深堪憫惻云云。詔：勞崇光准其在雲南省城建立專祠，春秋致祭。恒春交部從優議恤，伊妻博禹特氏照例旌表。

初十日丙戌　晴，午後微陰。譽伯來。作書致逸山。得紱丈書，即復。得逸山書。鄧鐵香刑部來。逸山來。晡後逸山招飲宴賓齋，潘孺初、鄧鐵香皆來。晚同過鐵香家，別院中頗有竹樹籬落。鐵香名承脩，惠州歸善人，年三十三，善書，能詩，蕭遠有塵外之致，以舉人爲郎，記名御史矣。夜更餘歸。是日，御出順天鄉試題：『回也其心三月不違仁』『凡爲天下國家有九經所以行之者一也』『孟子曰：人有恒言皆曰天下國家天下之本在國，國之本在家，家之本在身』『賦得湖色宵涵萬象虚得涵字』。

邸鈔：内閣侍讀恩霖授甘肅鞏昌府知府。

十一日丁亥　晴。牧莊來。午後赴劉仙洲之招，坐有陳庶常寶、過孝廉、張飏坪、鄭鹿門四人，晡後酒畢，登樓小望。傍晚詣謝惺齋，不值而歸。

十二日戊子　晴。入署監放本部秋俸銀。下午詣徐蔭軒師賀節，出城詣庭芷，不值而歸。得吴碩卿書，即復。夜月甚佳，以憊甚，早睡。

十三日己丑　晨微陰，上午晴，午後陰。庭芷來。剃頭。作書致庭芷，得復。得碩卿書。得陶心雲七月二十五日書。署中送來秋季養廉銀十二兩。

邸鈔：瑞麟奏廣東潮州鎮總兵楊青山難勝專閫之任。詔：降爲副將。以□□□□□鄭紹忠爲潮州鎮總兵。

十四日庚寅　終日陰。作復陶心雲書。作書致寶卿。寶卿來，暢談終日去。作書邀牧莊過談，不值。作致内子書，并寄家用銀十兩，壽禮銀四兩，以内子九月十八日爲五十初度矣。糟糠之妻，百年倏半，南北異地，一椽未安。未辦王陽之金，聊比東方之肉。牛衣展淚，雁帛緘情。寄此區區，略勝從公終餓死耳。

邸鈔：李瀚章、郭柏蔭奏湖北公安縣大水爲灾。

十五日辛卯　上午陰，下午晴。還各鋪煤米酒食錢。夜月甚佳，小作果餅筵，放礮杖，坐玩中庭。

蕉葉梧桐，清綺殊絶。賞詠久之，此亦窮居之樂矣。作復陳訏堂師書，約千餘言，不録副。

十六日壬辰　晴暖。牧莊來，朱亮生來，偕留早飯。下午偕牧莊至邑館訪人，不值。無憀，至胡雲楣家小坐而歸。蔡倩臣來。得碩卿書。作片致碩卿，致殷蓴庭，致章秋泉，俱約十九日晚飲。夜月甚佳。

邸鈔：署伊犁將軍榮全奏山海關副都統訥蘇肯在軍營患病，請給假回京。詔：訥蘇肯即開缺回京。以正藍旗漢軍副都統常順爲山海關副都統。

十七日癸巳　先妣忌日，素服供饋。未正初刻八分寒露，九月節。晴。讀《孝經》兩遍。夜，牧莊招飲廣和居，坐有朱亮生及陸姓同鄉人，更餘歸。

十八日甲午　晴，傍晚風。作片邀逸山來暢談，擲采選格久之，去。碩卿來。安仁軒來。夜風。以寄内子書并銀十四兩及復陶心雲書、致訏堂師書，俱作片託胡雲楣轉屬皁康賈人曹恬波寄去。今日御出宗室鄉試題：『性猶杞柳也，義猶桮棬也。』

十九日乙未　晴。同鄉馬虞暘來。得敖金甫書，即復。買菊花數盆。下午詣寶卿，不值。遇鄉人胡聚堂鍾奎于涂，偕至邑館談次，因問族兄雪樵二子。言其長子阿寬已就灤陽赤城縣幕，襄辦刑名矣。聚堂，雪樵之婦弟也，故二子往依之。夜詣廣和居，邀亮生、牧莊、秋泉、蓴庭、碩卿、寶卿飲，逸山亦來。二更後偕牧莊、寶卿歸寓，談至四更後，始就寢。

邸鈔：吏科掌印給事中陳廷經升内閣侍讀學士。

二十日丙申　晴。早飯後牧莊、寶卿去。終日倦甚思卧。庭芷柬約廿七日飲。

邸鈔：哈密幫辦大臣錫綸調補烏魯木齊領隊大臣。以副都統銜參領明春爲哈密幫辦大臣。

二十一日丁酉　晴。亮生來。此君留心經濟，精於地理之學，議論侃侃，人亦極樸實，世之志行士也。嘉興人，辛酉優貢，現在李合肥節相幕。章秋泉來，殷蕚庭來。

二十二日戊戌　晴。潘星丈來。比日頗病目。剃頭。摘梧子炒食之。付賃屋錢五十六千，又爲王福别造一間屋，付錢十七千。此身以外，又不名一物矣。

邸鈔：以大理寺卿蘇勒布爲都察院左副都御史。詔：已故候補鹽運使李昭慶前後在營十有餘年，功績懋著，兹因積勞病故，殊堪憫惜。加恩照軍營立功後病故例從優議恤。從李宗羲、張樹聲奏請也。昭慶，鴻章之弟。宗羲等奏稱其同治元年髮逆竄擾安徽時，督軍屏蔽沿江一帶，甚爲得力。旋隨李鴻章克復江蘇常州各城。同治四五年間，復隨曾國藩、李鴻章剿辦捻逆，轉戰湖北、河南、安徽、山東等省云云。

湖南巡撫王文韶奏請變通外官回避章程。疏略言：吏部奏定回避章程，祖孫、父子，自道府以至佐雜，各省現任及候補試用各員，如非同官，令官小者迴避；如係同官，祖孫父子名分攸關，無論補缺到省先後，應令其子其孫迴避。臣詳思其義，竊有未安。夫所謂名分攸關者，誠以父不可避子，祖不可避孫，倫紀至重，初不繫乎官之同異也。今同官者，既以名分攸關而不論其先後之次，不同官者又若名分可略而但計其大小之殊，是子孫以貴而加于祖父，祖父以賤而屈于子孫。苟爲孝子慈孫，必將蹙然有所不忍。即臣等忝膺疆寄，遇有此等案件，往往不無動於中。在部臣定章之始，亦謂内則父子，外則君臣，國家設官大小，自有定分，不得盡以父子之恩掩君臣之義也。臣兼權其輕重，而量議其變通。凡各省督撫、藩臬以及特旨簡放之道府大員，朝廷擇人而任簡拔，斷自宸衷。若此者，以君命爲重，應遵照章程，令其祖、其父之官小者迴避。至道府以下銓選之缺，並揀發、分發指省留省各員，按班固有定章，而授職非由特簡。若此者，以天倫爲重，應准於赴部註册之日自行陳明，無論官階大小，概令其子孫迴避。似此酌量變通，凡爲人臣爲人子者，庶幾理得心安於君親之間，兩無遺憾云云。詔：吏部議奏。

江蘇巡撫張樹聲奏請暫停江蘇分發人員。疏略言：吏部定制，凡道府以至雜流，例准先行分發。誠以省會之地，政事殷煩，此等學習人員，督撫可以量材器使。遇有現任出缺，隨時酌量委署，不致民社虚懸，無非爲歷練人才、裨益吏治起見。然必有缺可補，而後有候補之人；有功可試，而後有試用之人。是以從前邊遠省分以及軍務河工事機煩劇之區，往往奏請揀發正佐各員，用資差遣，自籌餉例，開准由各捐生自行指省，無論該處是否需員，但經赴部報捐，立即照例分發，兼以軍營勞績，保留指省，紛至沓來。江蘇地勢適中，官斯土者，例其舟楫之安，服食之便。自同治三年克復省城，至今分發到省道府以至未入流，不下二千餘員，州縣一班多至六七百人。壅滯情形，爲各省所未有。核其年勞資序，不獨終身無可補之缺，亦終歲無可派之差。投閑久而賢愚何所區分，冗散多而察看難於遍及。甚至資斧乏絶，俯仰無以自存，逆旅窮途，尤堪矜憫。天之生人，中材居多，需次無聊，進退維谷，而欲望其激發志氣，講求地方公事，即賢哲或亦未遑。似於吏治隆污，人才消長，均屬大有關係。伏查指省事例，原以度支孔絀，不得已爲權宜濟急之計，事關籌餉全局，何敢率議更張。惟江蘇就目前而論，業已無缺可補，無事可差，此後源源到省尚不可以數計。多一分發之人，即多一向隅之人。臣目擊情形，深愧疏通乏術，仰懇恩准，飭部暫停分發，俾得截清界限，未到者無虞冗費，已到者逐漸清釐。請以奉旨之日起，將指分籤掣江蘇捐納、勞績兩班大小各員，一律暫行停止。其先經指分條留尚未到省之員，如有情願改發他省者，免繳離省等項銀兩，以示體恤云云。詔：從其請。

二十三日己亥　晴。馬虞暘來。下午走送亮生行，不值。夜作書致亮生。三更時忽雨，有聲，旋止。

二十四日庚子　晴。

春時於聽事側籬邊種草本四五事。其一蔓生，葉圓而上鋭，有細藤相糾結，遍緣籬間，葉性甚黏，五月即開小黄花，經秋不歇，花下結子，圓如小瓜，而青漸熟，漸紅，漸椭，長至秋正赤，京師人呼爲赤雹。考之《爾雅》，即鉤，藈姑。《禮·月令》所謂王瓜，《吕氏春秋》所謂王菩也。《爾雅》郭注：『鉤瓞也，一名王瓜，實如瓝瓜，正赤，味苦。』《本草》：『王瓜，一名土瓜。』陶注：『今土瓜生籬院間，亦有子，熟時赤如彈丸。』《廣雅》云：『藈菇、瓝瓞，王瓜也。』又京師人庭院多種紅穀子，初生亭亭直立，葉幹略似鷄冠雁來紅而高大，始青後紅，秋時結紅穗紫米，粒細而圓，可食。都中人以和糖作餳，俗呼爲西陵穀，亦名萬年穀。考之《爾雅》，即虋，赤苗，《詩·生民》所謂穈也。毛傳：『穈，赤苗。』郭注：『今之赤粱粟也。』又予庭院後有高樹一株，人呼臭椿，葉對生，長鋭，而較榆槐爲粗大，木理鄙陋而質脆易枯，六月間有細花作毬，先緑後黄，七月成莢，經冬始落盡。考之即樗也。《詩·豳風》：『采荼薪樗。』《小雅》：『言采其樗。』毛傳皆云：『樗，惡木也。』《説文》：『樗，樗木也。』各本作『檴，樗木也』，今依段氏改。《本草圖經》云：『椿木、樗木形幹大抵相類，但椿木實而葉香可噉，樗木疏而氣臭。』《農桑輯要》云：『有花而莢者爲樗，無花不實者爲椿。』今此樹質疏野而有花，則爲樗無疑。其葉至四月後始生，八月初即落而敗，莢蓬勃滿於枝上，最爲可厭。葉不可食，樹不可用，故毛公以爲惡木也。惟臭椿亦有不花者，越中罕見有花莢之樗，而多有臭椿，今庭後又能差小者六七樹，葉皆不可食，而四樹之葉較細，早生後落，其一葉生落與此同候而無花莢。詢之土人，言臭椿樹有雌雄，有花莢者爲雌，理或然耳。

又今年新植梧桐一樹，皮青，五六月間開花五出，如牽牛花而小瓣，中赤而外微黄，蕊亦黄，結實如豆莢，旋開如瓢，有青子綴瓢邊。按《爾雅》『櫬梧』注云：『今梧桐。』又『榮桐木』注云：『即梧桐。』段茂堂據《齊民要術》所引，謂郭注『櫬梧』下當本作『今梧桐皮青者』，後人删節之耳。《説文》：『梧，梧桐木，一曰櫬，又榮桐木也。桐，榮也。』自賈思勰《齊民要術》、陶弘景《本草注》，皆分别青桐、白桐，而其説互異。要以賈説爲長。蓋結實者爲青桐，無實者爲白桐，而青桐可專稱梧，亦可稱梧桐。白桐可通稱梧桐，不得專稱梧也。然白桐亦有花，青桐亦有不花者。《月令》：『季春，桐始華。』《夏小正》：『三月，拂桐芭。』此白桐之花也。其材中琴瑟。羅願《爾雅翼》謂桐與梧既異，而桐之中又有數種者是也。青桐南北皆有，白桐南中爲多。白桐葉較大，其花未嘗目驗。青桐之花，則今始諦玩之。乃知陳見桃謂白桐三月開花，如牽牛花，而白色，心微赤，實長寸餘，殼内有子片，輕虛如榆莢者，此誤以青桐之花，實爲白桐也。郝蘭皋謂青桐四月開小黄花，白桐花紫黄色者，此誤以青桐、白桐之花互易言之也。至《詩》所謂『其實離離』者，羅氏謂其子可以取油，乃桐之又一種，其説良是。今桐油南中所出，予未嘗見其樹。段氏、郝氏謂指青桐，因言青桐亦可單稱桐，其説恐非。陳氏以作油者爲岡梧。按《本草》陶注謂岡桐無子，則《説文》不合矣。蓋古今草本之質，性有變而終不大相遠，其有迥異者，多由誤認。如蔡謨誤讀《勸學》，以彭其爲蟹之比。此非參考群書，目驗廣詢，不能遽定也。聊拈出之，以爲多識之助。

今紹興有芝栗，出於山中，小而圓，味甘于大栗。案：此即《禮》所謂榛栗之榛也。古人以爲婦人之贄字，本作亲，《説文》『亲，實如小栗』者是也。《爾雅》作栵栭，注云：『樹似槲樕而庳小，子如細栗可食，今江東亦呼爲栭栗。』《詩》釋文引舍人注云：『江淮之間，呼小栗爲栭栗。』陸璣《詩草木疏》云：『今人謂之芝檽。』蓋芝、栭音轉，栭、檽同字。陸稱今人謂之芝檽者，彼時吴下方音連言之耳。今越俗稱芝栗，猶存舊音也。陸氏《詩疏》又言榛有兩種，一種枝葉如栗子，如橡子，味亦似栗；一種枝葉如木蓼，高丈餘，子作胡桃味。《齊民要術》亦引《詩義疏》云榛栗有二種。案：味如胡桃者，今南北乾果皆有之，形甚小而圓，呼爲榛子。此未知其木是否叢木之榛也。紹興又有榧子，亦稱榧果。李德裕《平泉草木記》有會稽之榧。案此字本作柀，《爾雅》『柀，煔』注：『煔似松，生江南。』《説文》：『柀，檆也。』《本草》作彼。《爾雅》釋文：柀音彼。羅氏《爾雅翼》云：柀似杉而異。柀有美實，而材尤文采。其樹大連抱，高數仞，葉似杉，木如柏作松理，其實有皮殼，大小如棗而短，去皮殼可生食。《本草》有彼子，即柀子也。陸氏《埤雅》云柀子一名榧實。考榧字，《玉篇》尚無之。《廣韵》始云：『榧，木名，子可食，療百蟲。』《集韵》云：『榧，木名，有實，出東陽諸郡。』皆不言即柀木，煔不成字，檆字，小徐本《説文》有之，云即今之杉字。大徐亦補入木部，云：『檆今俗作杉，非是。』《玉篇》先出柀，云：『杉木也。』次出檆，云：『所咸切，木名。』次出杉，云：『同上。』今吾越山中杉所在有之，榧自爲杉之别種。李衛公列榧于珍木，羅端良亦以爲古之文木，則榧即柀無疑。顧野王、孫愐、陳彭年、丁度等，皆未嘗至越，故無由知耳。

又近世食饌中有所謂松花彈俗亦作蛋。者，紹興謂之皮蛋。其製法秘不示人。聞取樹皮之赤色者，雜草灰、鹽湯及竹柏、松花枝葉擣爛，塗鴨卵殼外封閉之，久而取出，則卵黄作青黑色，卵白作紫黑色，中有松竹文而通明，其味辛苦，而有雋永之致。以之下酒，風味尤别。考之《爾雅》『杬，魚毒』注云：『杬，大木。子似栗，生南方，皮厚汁赤，此指杬木皮汁。中去聲藏卵果。』劉逵《吴都賦》注引《異物志》云：『杬，大樹也，其皮厚，味近苦澀，剥乾之正赤，煎訖以藏衆果，使不爛敗，以增其味，豫章有之。』《臨海異物志》云：『杬，味似楮，用其皮汁和鹽漬鴨子。』《齊民要術》有作杬子法云：『杬木皮，净洗細莖，剉，煮取汁率二斗，及熟，下鹽一升和之，汁極冷，内甕中，浸鴨子。一月，煮而食之。』無杬皮者，用虎杖根。虎杖似紅草。《玉篇》：『杬，木名，出豫章，煎汁藏果及卵，不壞。』《廣韵》同。郝蘭皋云：『今北方無杬汁，以柞木灰代之。』乃如所謂皮者，杬樹皮也。越俗呼皮蛋，蓋舉其實。今或文之曰采蛋，轉非古矣。至陶宗儀《輟耕録》云：『今人以米湯和入鹽草灰以團鴨卵，謂曰鹹杬子。』乃今之鹹鴨蛋，非《要術》所謂杬子也。

以上三事，皆耳目前常物，而鮮能知所出者，并識之，以見越中方言多存古義。

得碩卿書，催題小像。竹篔來，言浙江鄉試題爲『子曰人之過也各於其黨』一節，『天命之謂性』三句，『天子適諸侯曰巡狩』六句。江南鄉試題爲『菲飲食而致孝乎鬼神』一句，『武王纘太王王季文王之緒』一句，『以天下養養之至也』二句。六題皆可覘學識，能善取之，必可得人。邑館東告二十八日秋祭。得章秋泉書，約夜談，人苦不自量如是。作片辭絶之。

二十五日辛丑　晴，時有微陰，兩日來和如春中。圬人來，涂墻，掃屋上落葉。朱鼎甫來。殷蕚庭來，不晤。

二十六日壬寅　晨震雷大雨，上午密雨，午後稍止。下午風凄厲以寒，晚晴。夜大風徹旦。是日和潘三丈詩二首，題碩卿小像詩一首。今日御試，翰林保送御史題爲『汲黯論』。

潘紱庭丈以令子侍郎典試京兆賦紀恩述懷二詩索和即次元韻奉呈二首

桃李長連玉樹榮，香山《賀楊僕射致仕後楊侍郎門生合宴》詩：可憐玉樹連桃李，從古無如此會榮。文昌佳氣重持衡。笑他神慶誇三載，行見春卿拜五更。祖德親承天語奬，原唱有云：祖庭清慎聖人知，兩度秋風玉尺持。自注：先文恭戊辰、己亥兩主京兆。庭聞時勵素風清。遥知珠履新昌第，預卜掄材致治平。

愛吟紅葉九重知，内制絲綸一手持。丈官内閣侍讀最久。牙笏滿床花下宴，宫衣待漏月中詩。即今退傅堂開日，何似郎君谷隱時。此事韋平那敢望，孫曾遍繞萬年枝。原唱云：怪底老夫衰更甚，門前桃李是孫枝。然侍郎丙辰、戊午、壬戌三科，門下門生已不少矣。

題碩卿小像碩卿亦以無子買妾未遂故末韻戲及之

投分京華十四年，鳳麟才調自翩翩。師門衣鉢今誰嗣，謂崧甫宗伯師、碩卿之世父也。祖武科名爾必傳。碩卿大父棣華先生，嘉慶壬戌會狀。夜燭閑情三瓦笛，秋風鄉夢五湖船。相看一事同惆悵，桃葉江頭思渺然。

二十七日癸卯　大風，晴，下午微陰，風小止。作書并詩，致紱丈。傍午出門，答拜馬虞暘，不值。

詣倪越湖中表，晤。詣子蕁、碩卿，俱不值。詣蕚庭，晤。詣星丈、紱丈、王廉生、胡鐵龕、石槎，俱不值。晡後歸。碩卿來，不值。傍晚赴庭芷之招，坐有廖伯、清卿、六舟、味秋、碩卿五君，肴饌精潔，二更後歸。是日驟寒，聞昨西山有雪，予綿夾衣裘皆在質庫，今日以拜客不得已，借京錢三十一千贖夾褂一事，又揚揚謂鳳皇不如我矣。廖伯、六舟約明日同至大通橋，爲二閘、三閘之游。夜風稍歇，五更疾動。

二十八日甲辰　風，陰，下午風益甚，微見日景。晨作書致六舟，以風詢游期改否。作書致逸山，得復。逸山來。得六舟書，以今日至玉河放生，屬必去。得紱丈書。偕逸山同車，詣六舟、廖伯，張硯秋工部、徐壽鴻户部皆至。遂同出東便門，至大通橋下，舟過賞荷軒，泛至二閘，小憩龍王廟，壽鴻先歸。予等更舟過福壽公主墳園及廣惠寺。將至三閘，望見高碑廟以北風勁甚，遂折回二閘至三閘，幾及六里，河廣水深，烟波渺然，土人不便槳楫，以牽行。舟過蘆葦叢，爲風所逼，深入叢際，雪花露葉，紛披衣袂間，宛然故鄉水村風景也。自大通橋至二閘不及三里，水亦淺狹。都人夏日游者，雲集閘上。流泉如水簾，濺沫飛花，鷗鳧群浴，魚罾隱樹，桔槔遠聞，京華塵坋，耳目俱洗。然絶無園亭，船又無篷障，有日炙之苦。經秋以後，人跡遂闃。今日寒甚，蕭寥倍常，而烟樹蒼茫，秋陰可繪。紅墻野廟，遠映微明，足令畸士忘情，雲客濯夢。此河源自西山之麓玉泉、柳沙諸泉，由西湖入都城，穿金水河，宛轉而出。今年夏秋多雨，諸泉甚壯，河水盛于昔時。前日又新得大雨，故諸閘濤奔湍激，聲喧數里，北地所僅見也。因屬逸山繪圖，諸子各賦詩紀之。傍晚坐車入城，逸山邀同張研秋飲福興居，夜初更後歸。王廉生來，傅子蕁來，章秋泉來，張𡺳民來，俱不值。𡺳民以所作詩詞三册來質。二更後大風達旦。

二十九日乙巳小盡　大風徹晝夜，寒甚。始换風門。印結局送來是月公分銀十六兩七錢。聞前日順天同考官李君廷簫以風疾出闈。此君湖北人，癸丑庶常，改户部主事，入直軍機，擢員外記名御史，近日甫升雲南司郎中。補王守基缺。王，山東人，壬子進士，深曉部務。著有論鹽務、漕務、銅政等文數十篇。伯寅侍郎方爲之梓行，而遽病卒。伯寅近刻諸書，無見在人著述，獨王君無恙。而忽刻其書，乃甫授梓而遽歿，此示一奇事也。前月敖金甫、鄧獻之招飲，有所謂李軍機者，即此君也。予與之東西對席坐。金甫謔言：今日坐頭兩李郎中。然是夕王福隨予往，歸數日，而即病狂。李君入闈，初無恙也。至十六日，忽覺言動稍異，然猶坐堂上閱文。二十一日遂大發狂，先持剪刀自刺其腹，不入，繼以小刀自揕其胸及腰，血滿重衣。監臨遂奏聞，舁之出，至家尚日覓死不已也。此大可異矣。敖、鄧之集以前月十六日，王福病以二十一日，李君以是月十六日病發，二十一日遂劇，尤可異。

九月丙午朔　晴，風。吴玉叔刑部來。嚴六溪户部來。玉叔約初六日聽曲并夜飲。夜風不絶，讀《爾雅》。

初二日丁未　晴，有風。趙心泉來。得陶子珍七月二十日書，孫子宜書，并各和予作水仙、杏花、垂柳、海棠詞四首。子珍書筆簡古，極有魏晉之風。子宜亦雅鍊無一凡語。詞則陶詞清綺，孫詞婉秀，俱深入草窗、玉田之室。鄉里多異才，非它處所敢望也。予賦諸詞，頗自誇賞，而都下無可索和者。因寫寄子珍，屬與子宜、眉叔、秋伊、心雲諸君共和之。今先得二君佳什，視予作轉拙矣。子宜年少而所就如此，門墻得此生，殊不寂寞也。剃頭。傅子蓴來，章秋泉來。俱不晤。買菊花十盆。夜疾動。

初三日戊申　薄晴多陰，有風，申正三刻三分霜降，九月中。上午出門答拜吴玉叔，晤。詣鄧獻之，不值。詣謝麐伯、周荇翁、嚴六溪、朱修伯，俱不值。晤朱鼎甫。至邑館晤秋泉、子蓴，晡後歸。鄧獻之來，不值。得紱丈書。

初四日己酉　晨陰，上午微晴，下午陰。逸山來。倪月湖來。胡石查來。牧莊來。獻之來。朱修伯來。今日石查言有一名士，場中作五經文，直用《莊子》、《淮南子》、鄭康成、王肅等字，此亦近來之怪異也。得吴玉叔書。夜閱任子田《釋繒》。敦金甫、陳六舟俱約明日飲廣和居。

邸鈔：先是署伊犁將軍榮全奏遵旨催令參贊大臣富和起程前赴景廉軍營，被富和肆罵，並毆傷榮全數處。詔：富和實屬目無綱紀，交部嚴加議處。並著榮全傳旨，令其即日前赴景廉軍營。詔：前任鎮守塔爾巴哈台參贊大臣鑲藍旗漢軍副都統富和即照兵部議革職回旗，毋庸赴景廉軍營。以祥泰爲漢軍副都統。

初五日庚戌　晴。逸山來。周荇翁約重九日飲慈仁寺。傅子蓴來，章秋泉來，俱不晤。傍晚赴廣和居敦、陳二君之招，坐惟麐伯、清卿。夜初更後詣邑館，與子蓴等久談，二更後歸。五更時雨有聲。

邸鈔：楊盛宗補授雲南騰越鎮總兵。原任李維述。丁奎訓補授雲南迤東道。原任李祜故。

初六日辛亥　晨密雨，上午稍止，傍晚又雨。得逸山書，即復。上午詣庭芷，約十二日夕照寺醵飲，作展重陽之會。旋赴吴玉叔萬福居之招。坐有余刑部撰及一金華人，胡姓，捐納道員，蚩鄙之甚。此人向在京師，無所不爲，又不識一字，而近日聞其好吟詩，有湖北名士王柏心者與之唱和，刻以詒人，見者無不大笑，而香濤且爲之序。今日此人遂爲予言，香濤湖北學政任滿時，耗費甚鉅，非我振恤之，不得歸。小人不可與作緣，可以爲戒矣。王柏心，字子壽，以進士官部曹，告歸不出。聞頗好學，能詩。楚人以爲巨擘，今年已病卒，年七十餘矣，而爲此人所連染，亦文人不自愛毛羽之過也。下午詣鄧獻之，不值，留書約夕照寺之飲而歸。付車錢二十千。作書致逸山，并寫單約廖伯諸君，後明日飲廣和居。

初七日壬子　終日霠陰，午間微有日景。傅節子之從子槐庭來。蕚庭柬約明日飲餘慶堂，即作片辭之。寶卿來，言新得家書云周吉臣以羸疾卒，年僅三十八，無子，其家貧甚，可哀也已。留寶卿夜飯。談至三更，止宿齋中。

初八日癸丑　晨溦雨即止，上午密雨，晡後稍止。晚詣廣和居，鄧獻之已先在，清卿、廖伯、金甫皆來。飯畢，清卿邀至其家，燃燈看菊花。初更後歸。聞是日郭外雪積數寸。

初九日甲寅　晴，有風。庭芷來。午偕庭芷詣慈仁寺赴周荇丈之招，廖伯、清卿、逸山、徐叔鴻、鮑子年、王廉生皆已至，遂坐飲。傍晚登毗盧閣看夕陽中西山，淡青如掃，晚歸。子蕁來，不值。夜得子蕁書，近何所營，奚其業業，不憚煩耶？

初十日乙卯　晴，終日風，上午尤甚。呼賣花人王二來裹梧桐樹，并掘芭蕉去，藏其暖窖中。北地沍寒，梧桐須以草束之，芭蕉非入窨火温之則凍死。此人名阿順，住右安門外施家寺。付庸直三千，又買菊花錢一千。殷蕚庭來，鄭鹿門來。作片付廠肆，欲印《炳燭編》五部、《越三子集》十部，而鄭盦已將板片悉收歸家矣。刻書本欲以流傳，此又何也？夜初更後，傅子蕁又偕章秋泉來，三更後始去，若有所要求。以予閉門忍餓之人，而尚以終南捷徑相視，真大怪事矣。

十一日丙辰　晴。得清卿書，屬題所手拓本古器款識及所繪圖册，此本不煩題辭，而已有歙人鮑某之跋，自謂惡札，真不妄也。近人善講金石而不通文理，極爲可笑。如天津之樊彬，廣東之李宗岱，山東之陳介祺，吾浙之吴雲、張德容，後生小子慕而傚之，謂不讀一書而可稱名士矣。鮑某憙聚古泉，居然著書，予以未見爲幸也。剃頭。傍午步至琉璃廠看紅録，因便閲市，晤吕庭芷、潘紱丈、朱鼎甫、謝惺齋、史寶卿，傍晚偕寶卿歸。逸山來，不值。夜月甚佳。

十二日丁巳　晴，有風。晨起閲順天題名録。南皿四十五人，向例三十五人，今科廣額十人。吾浙得八人，皆不知姓名者。相識中胡石查中第五，嚴六洲亦中，王廉生中副榜。逸山來。上午詣夕照寺，由三里河而東復數里，行曠野中一二里方到寺，已將及左安門矣。今呼沙鍋門。庭芷、逸山、獻之皆先至，寺僧僅一二人，皆杭僧也。寺創于明時，眉批：朱竹垞《日下舊聞》南城下引《析津日記》（周青士著）云夕照寺其建置年月無碑記可考，或云燕京八景有金臺夕照，此寺之所由名也。爲西山浙僧分院，規制頗陜，而廓宇雅潔，窗檻明靚，有江南風。後殿右壁有北人陳松壽山畫松，左壁有王安崑平圃所書沈約《高松賦》，後有跋，言京師左安門外弘善寺静觀堂有陳香泉、禹之鼎兩君畫壁，觀者雲至。夕照寺恒吉師欣慕之，乾隆乙未夏六月，因乞陳壽山畫松，而平圃書此賦。今日寺僧言，陳君畫時，年已將八十，當暑盤薄，頃刻而成。其畫雄深蒼古，腕力絶人。王君謂其筆墨陰森，一堂風雨，洵不虚也。王書作行草，亦婉勁有米襄陽、董文敏之風。沈賦見其本集，有云葉拒禽蹤，枝通猨路，又云飛蓬下捲，明月孤懸，爲一篇之警策矣。東院有挹翠軒，爲燕坐處，庭中有竹樹小池，對軒有平臺，上設欄檻，墻外環以楊柳，野景蕭寥，女墻掩映，南望荒亭一二，錯跱榆槐，即馮益都萬柳堂也。廖伯、六舟後來，清卿、金甫，期而不至。蔡梅盦不期而來。是日行廚偕庭芷庖人，肴饌精潔，晡後酒畢，夕陽澹然。初月已上，坐平臺上。秋烟遠生，疏柳微黄，歸鴉萬點，爲之徙倚不能去也。傍晚游萬柳堂，已爲佛寺，門垣俱圮，僅存御書樓三，楹尚完好。

阮文達題『元萬柳堂』四字，八分書。樓上中間有石刻『簡廉堂』三字，爲聖祖御書。兩旁壁間，皆嵌石刻詩，樓外有欄，眺望甚美，春夏之間，彌應佳耳。樓西爲大悲閣，尚藏絹屏一扇，爲朱野雲鶴年所畫《萬柳堂圖》，阮文達書趙文敏所賦廉園詩于上。文達以爲此地即元廉野雲之萬柳堂，而馮益都因之後石倉埸文桂改爲拈花寺。然予考朱竹垞《日下舊聞録》，廉希憲萬柳堂於存疑卷中，是已莫知其處。當日益都開閣延賓，最稱好事，竹垞親爲坐客，使舊址可尋，不容不知，未悉文達何所據也。眉批：案文達《文選樓詩存》卷九《野雲處士種柳萬柳堂自作圖卷屬題詩》注云：廉右丞，號野雲，其萬柳堂别墅或以爲在南西門外，豐臺相近。然今杳不得其遺址。而朱竹垞《日下舊聞》則以南城内東南隅地當之，故不列於郊坰而列于南城，即馮益都亦園也。亦園歸石氏，後改爲拈花寺，朱野雲自喜其號與廉合，爲之種柳栽花云云。案《日下舊聞》南城下未嘗載萬柳堂，葢誤記耳。夜月下驅車歸。是日賞車夫王九錢三千。得伯寅侍郎書，并惠銀二十兩，即復謝。

十三日戊午　晴。得清卿書，催所題册，并惠散館卷十册，即復。爲伯寅撰擬鄉試録後序，及一滿洲人詩集跋。作書慰碩卿、蓴庭落解，並約明夕小飲。作片致劉仙洲約飲。寫單，邀吴玉叔、章秋泉、鄭鹿門、寶卿飲。得伯寅書，即復。清卿來，胡石查來，嚴六舟來，俱不晤。章秋泉來辭行，不晤。作書致伯寅。夜月其佳，爲清卿題五律二首，爲麐伯題《玉河秋泛圖》七古一首。

吴清卿編修大澂**以手繪古器圖識屬題即送其視學秦隴二首**

當代論金石，潘伯寅侍郎。陳壽卿編修。古癖推。翰林誰繼起，吾子擅清才。餘藝兼圖繪，高齋足鼎罍。讀書期有用，都趙等輿儓。

百二秦關啓，山河接隴凉。至尊方側席，大帥已平羌。慷慨登車始，文章致治長。此邦多古蹟，餘事及縑緗。

秋日大風偕陳六舟謝麐伯陳逸山徐壽鴻户部樹鈞張研秋工部兆鼎出大通橋泛舟至三閘而迴逸山繪玉河秋泛圖以贈麐伯奉使山西屬予題詩

玉河之水西山來，西湖太液相縈洄。東會潞河設閘七，建瓴之勢如轟雷。神庚百億此津逮，千夫轉運萬緡費。舟楫雖通不敢行，徒供鷗鳧水中戲。火雲三伏天熾熾，追凉逐隧驅城東。緑沉西瓜玉乳酪，輕車怒馬行如風。大通橋旁百肆集，衝波萬道濺飛雪。游人擲錢群兒争，出没驚濤狎魚鼈。我來正值秋深時，沿河十里無酒旗。空舟三兩亂漁槮，紅闌黯淡摇寒漪。謝公休沐理游屐，陳子放生載魚出。六舟喜放生，故屢至其地。粤東二客皆好奇，我亦茸衫挈蠻榼。西風颯颯吹榆楊，蒼茫烟靄遥天長。前朝廢寺惟秋草，公主墳園空夕陽。二閘有明代廣惠寺，已廢，又有福壽公主墓。回舟忽入蘆花際，蕭騷大有江南意。相憐方麴騎驢人，何日魚菱作家計。夕風轉勁不得留，回車買醉天街樓。幸有畫圖長在眼，明年相憶晉汾秋。

十四日己未　晴。作書并圖册還清卿，得復。作書并《玉河秋泛圖》還麐伯。比日秋氣甚和，菊花大開，澆水培泥，甚疲不恤。今日因擇佳種十餘盆陳之聽事，亦足夸貧家花事矣。下午出門詣譚硯孫、潘侍郎，俱晤。答賀胡石查，送吴清卿行，俱不值。傍晚歸。牧莊來，寶卿來，俱不值。晚詣邑館，旋至廣和居，仙洲、碩卿等皆來，二更飲畢，復至邑館小坐，即偕寶卿歸寓，寶卿止宿齋中。是日下午微陰，夜月色澹然。付車錢十八千。作致孫琴士陝西書，託清卿附去。

十五日庚申　晴，上午有風。寶卿去。閲《金石萃编》。洗足。夜月甚佳。看菊花，有名牡丹春、金銀針者，光彩清絶，尤足賞也。二更後月食之既，約兩時許始復。夜讀《後漢書》諸序論。

邸鈔：左宗棠爲殉難花翎按察使銜甘肅寧夏道侯雲登、已故二品頂帶前署福建布政使道員周開錫請謚。疏稱：侯雲登，道光辛丑進士，由户部員外郎改江南道御史，京察一等，授寧夏道。勸學濬渠，民賴其利。同治元年，寧靈回匪變亂，疆吏以其曉暢戎機奏，令兼署寧夏鎮總兵，會同滿營，督率防剿。二年十月，城内奸回勾結外匪，郡城遂陷，雲登及子錫田厲聲罵賊，賊將其父子相對臠割，剜腹剖心，臨死罵不絶口。遺黎至今言之，莫不流涕。前已奉旨賜恤，請再加恩予謚，並於原籍及死事地方建立專祠。周開錫先駐秦州，百廢具舉，連克渭狄城池，進扼洮岷險要。後駐鞏昌，功績尤著。前已奉旨照副將軍營立功後病故例賜恤，請再加恩予謚，並准鞏昌、秦州二郡士民建立專祠云云。詔：禮部議奏。

十六日辛酉　晴。閲《金石萃編》。庭芷知會夕照寺公宴各派錢二十千，即付之。遣人至寶森取《金石録》，至文華取包季懷《毛詩禮徵》。季懷名世榮，涇縣人，慎伯世臣之從父弟，道光辛巳舉人。其學師慎伯，而與甘泉薛傳均子韵，儀徵劉文淇孟瞻，旌德姚配中仲虞，族子慎言孟開四人爲執友，所著有《學詩識小録》十三卷，《毛詩禮徵》十卷。此書前有朱虹舫、陶雲汀、陳芝楣三序，慎伯所撰行狀，沈文起所撰墓表。碩卿來，不晤。夜月始望，清光佳絶，補撰前日夕照寺紀游詩。

重九後三日偕庭芷六舟逸山鄧獻之郎中琛飲城東夕照寺并餞廖伯督學山右酒畢同游萬柳堂四首

又展重陽飲，東郊策騎便。路平知水近，野曠得秋偏。遠樹因藏寺，高城欲切天。言尋磬聲去，不覺入林烟。

蹋葉山門裹，蕭閑衲子家。講臺依翠竹，禪榻映寒花。池小泉聲閟，林疏塔影斜。最憐秋柳外，夕照帶歸鴉。

昔日平津館，風流最可傳。愛才賢相業，行樂盛朝年。花木憑誰記，樓臺盡作田。荒池留一曲，曾與照華筵。

晝篠明將發，乘軺上太行。河聲三晉壯，日氣九邊黄。地險風猶古，民貧學易荒。澄清吾輩責，話别暮雲蒼。

十七日壬戌　晴。馬虞暘來。傅子蓴來。馬錫祺來，子蓴之甥，新舉京兆試者。伯寅約二十日夜飲。家人祀財神，求文章利市也。牧莊來，寶卿來，留之夜飯。

邸鈔：命孚郡王爲册封榮安公主正使。禮部侍郎綿宜爲副使。

十八日癸亥　晴，大風，午後稍止。申正一刻九分立冬，十月節。内子五十生日，爲之祀福神。紱丈來。得伯寅書，以新刻密縣王少芳郎中守基《鹽法議略》一册屬校，且爲之序。得董芸龕書，以令兄研樵所寄《西狹頌》拓本爲贈，即復謝。

十九日甲子　上午晴，下午陰。譚研孫來。得伯寅侍郎書，惠銀十二兩，即復謝。校《癸酉消夏詩》訖，即作書致伯寅。殷蕚庭來，不晤。

二十日乙丑　晴和。上午入城自買靴一雙，付京錢三十三千有奇。又至東四牌樓買貂冠連纓，須京錢九十六千。小冠吾自有，何必傾家易之耶？記予初婚時，買一貂鼠冠，不過一千銅錢耳。用之十餘年不易。及己未入都，更買染貂冠，亦祇銀三四兩，今其價又倍矣。民貧而物益貴，可爲太息，更十餘年，不知當何如耳。傍晚赴伯寅侍郎之招，坐惟碩卿及潘辛芝，初更後歸。是日剃頭。得鍾慎齋八月二十一日蕭山書，言明年不赴公車矣。

二十一日丙寅　晴和。殷蕚庭來。謝惺齋爲其子娶婦，（此處塗抹）送分子四緡而已。傍午走詣寶卿久坐，復至兵馬司中街送碩卿行，碩卿贈紫毫筆一枝，晡後歸。得朱亮生十二日天津書，并寄所撰《治河私議》約數萬言，大指主于順水之性，由曹濮、利津入海，同蔣作錦、喬松年之説，而力斥丁寶楨挽復淮徐故道議之非。熟於地輿，深權利弊。蓋一就水之已行而增築堤，防一强水之逆注而開鑿。故道其事之難易，費之多少，不待智者而决。南還之議，雖丁中丞亦知其必不能，而姑爲是説，以苟幸旦夕者也。惟北行之議，於漕運亦終無善策。亮生所籌，要是就河言河耳。昨日邸鈔不至，聞以誤刻上諭一條。北城譚御史悉收各報房書手懲治之，今日始放出，不知緣何事也。近來所刻宫門鈔，既多道聽塗説之言，不足據依。而所載諭旨，往往不遵内閣發鈔次序、輕重長短，刊落任意。而吏部鈔單，如捐納同知以下分發引見各官貲流末秩，盡數羅列，其翰林之記名御史，五部之除授郎員，以及經筵直閣日講之兼官，寶泉寶源木廠窑廠街道巡城之差使，皆由簡授者，概不登載。即此一事無人整頓，亦可見廢弛之極矣。

邸鈔：上諭：刑部奏已革烏魯木齊提督成禄押解到部請旨辦理一摺。著派軍機大臣會同刑部嚴審，按律定擬具奏。

二十二日丁卯　晴和。作書致寶卿，寶卿惠故山茶葉一斤。同年盛伯希盛昱喪其母博爾濟吉特夫人，安徽孫筱漪家穆喪其兄斐生，俱送公障。得紱丈書，借《後漢書補注》，即復。作書致逸山，約過談。作書致蕚庭。得逸山書。閲《毛詩禮徵》，以《禮》爲門類，而分隸《詩》語及傳、箋、正義，每類之首有總敘，大率以《通典》爲本。夜，蕚庭來，二更始去。風起。

邸鈔：上諭：前據步軍統領衙門奏，已滿徒犯藍翎都司李山壽遣抱赴京，控告四川遂寧縣知縣盧光吉串通首府楊重雅等受賄冒功。當諭令吴棠密查根究。兹復據步軍統領衙門奏，李山壽同伊妻李張氏來京呈控，稱案久未結，冤不能伸等語。此案業經兩年之久，何以該督尚未具奏？著吴棠按照所控各情，迅速查明，徹底根究，毋稍回護。原告李山壽及伊妻李張氏均著該部照例解往備質。

二十三日戊辰　晴，風至下午稍止，寒甚，有冰。作書致紱丈。牧莊來。以近人所繪《歲朝兒女圖》長卷見示。婦女皆宫妝，群兒相聚踢毬、放礮、走狗、驅車，梅花、竹樹，掩映闌砌。點綴生動，有昇平人物之觀。寶卿來，以數珠一串、三品女補服一副爲内子壽。

邸鈔：上諭：此次覆試，順天鄉試舉人列入四等之文秀文理紕謬，及未經完卷不列等之許芳蘭，均著斥革舉人。以太常寺卿惠林爲大理寺卿。

二十四日己巳　晴，寒甚，冰堅。得紱丈書，即復。牧莊來，寶卿來，留之暢談。夜飯後話至四鼓始寢。是日市中行刑，以明年爲慈禧端佑康頤皇太后四十萬壽，今年十月十日爲慶九之辰，故不及俟冬至也。秋審入情實待決者十一人。上僅句斬一人，絞一人。

二十五日庚午　晴。同牧莊、寶卿暢談，夜飯後擲采選圖，二更後就寢。次早二君去。

二十六日辛未　晴。閲《毛詩禮徵》。作書致庭芷，致逸山。逸山來。庭芷來。

二十七日壬申　晴。作書致牧莊，還《張蘭渚年譜》。得伯寅侍郎書，借《陔餘叢考》。即復。校王郎中《鹽法義略》，凡九篇。首長蘆，次山東，次河東，次兩淮，次浙江，次福建，次廣東，次四川，次雲南，共約五萬言。備載各省鹽法源流，改定章程，增加引目，及前後利弊，至今日而止。其言皆沿用吏牘，絶不修飾，期於詳盡易曉。王君，咸豐壬子進士，官山東司二十年，兩列京察一等，皆不用。山東司故筦鹽務，王君據會典、則例及邸報公牘，鈔最而成。考國朝鹽務者，固莫詳於是書矣。近儒言鹽之産於場，猶穀之産于田，惟當就場定税，而不問其所之，則可以省官省費無數，而國課歲歲足額，行之永遠而無弊。包慎伯、魏默深等皆以爲第一良策。今觀王君言，雲南自乾隆時更章以後，鹽惟就所産之井起税，不立引目，縱其所之，其課至今常足，人遂争爲在場抽税之議。不知滇池地僻而産鹽少，故其法可行。若試之於山東、廣東、兩淮、浙江地大物博之區，則未見能濟者。此誠通方之論也。

二十八日癸酉　上午晴，下午陰。蔡梅盦來。馬虞暘來，不晤。

《左傳·襄公十八年》：『晉人執衛行人石買于長子。』《釋文》：『長，丁丈反，又如字。』《漢書·地理志》『上黨郡長子』，顔師古注曰：『長讀如長短之長，今俗讀作長幼之長，非是。』案兩《漢志》、《晉志》、唐《元和郡縣志》、新舊《唐志》、宋《輿地廣記》、《水經注》皆無説，但云周史辛甲所封邑而已。《路史》以爲紂太史。《水經注》又引《竹書紀年》梁惠成王十二年鄭取屯留尚子涅，謂尚子即長子，是亦不讀長短之長矣。考長子自漢及晉，皆屬上黨郡，唐、宋屬潞州，自元及今皆屬潞安府。《漢志》上黨郡有潞縣，云故潞子國，有屯留縣，《左傳》作純留。《水經注》云：『故赤狄留吁國也，潞氏之屬。』近儒遂謂長子乃長狄之長。然辛甲所封，何又屬之長狄？《唐十道圖》以爲堯時丹朱所封，故謂之長子城，亦曰丹朱城。其説誠無稽。以爲長狄，亦附會不足信也。

二十九日甲戌　晴，上午大風至夕。印結局送來是月公費銀十四兩五錢。晨起小食後，詣逸山，適潘孺初亦在，相與快談。因約至東頭聽戲。孺初先去，予偕逸山詣庭芷，不值，遂泝風至大栅闌。園館寂然。始悟今日是始國忌，且齋期也。迺自瑠璃廠閲市而歸。閲《潛丘劄記》。夜大風徹旦。

邸鈔：上諭：記名提督宇文秀隨同周達武轉戰數省，甚爲出力。嗣後剿辦貴州苗匪，攻堅破鋭，戰無虚日，勤勞卓著。上年感受烟瘴，在營身故，殊堪憫惻。交部照提督立功後在營病故例，從優議恤，加恩予謚立傳，與陣亡之提督文德盛等合建一祠，以彰忠藎。從曾璧光、周達武奏請也。

三十日乙亥　晴，嚴寒大風，傍晚小止。得星丈書，以新刻《小鷗波館詩補録》二卷爲贈，即復謝。

作書致胡雲楣。得伯寅書,即復。寫殿卷兩葉。雲楣來,以南中新寄題名録見示。浙江以十五日揭榜。會稽九人,山陰五人。解元沈壽慈,第三名倪堯,皆會稽人,不知是何年少也,相識中惟秦秋伊樹銛獲雋耳。後二日見官本題名録。沈壽慈、倪堯皆監生。(此處塗抹)倪堯年已五十矣,予外家陸家埭人也。仁和高仲瀛中式,足爲一榜眉目。楊理庵之子名家騄,以官卷中式闈墨刻會稽任官燮兩策。其一論經字通借,一論音韵。全用錢竹汀答問之説,是亦能留心漢學者。又刻曹某一策論河工、漕運,用周定王五年河徙砱礫事。此本出於蔡沈《書傳》之妄造,而王厚齋《玉海·河渠考》誤因之。其實《漢書·溝洫志》如淳注曰『今礫谿口』。小顔引《水經注》亦不誤。胡氏渭《禹貢錐指》中亦辨之。今曹某據不知何人夾帶本,謂砱礫出於《漢書》,《漢書》則因《水經注》今礫谿口而誤,則令人噴飯矣。

冬十月丙子朔　晴。寫殿卷一葉。上午自出换銀,便詣寶卿不值,即歸。作書致逸山,託買椅案小物。作致傅節子臺灣書。是日剃頭。

初二日丁丑　晴。祖母倪太恭人忌日,上午供饋,午後畢。寫殿卷一葉。作書致寶卿,得復。得逸山片,送來椅四事,以錢不足還之。寶卿來,留夜飯,止宿。

邸鈔:上諭:御史沈淮奏請暫緩修理圓明園一摺。現在帑藏支絀,水旱頻仍,軍務亦未盡蕆,朕躬行節儉爲天下先,豈肯再興土木之工,以滋煩費。該御史所奏,不爲無見。惟兩宫皇太后親裁大政,十有餘年,劬勞倍著,而尚無休憩游息之所,朕心實爲悚仄。是以諭令總管内務府大臣設法捐修,以備聖慈燕憩,用資頤養。但物力艱難,事宜從儉。安佑宫係供奉列聖容之所,暨兩宫皇太后駐蹕之殿,並朕辦事住居之處,略加修葺,不得過於華靡,餘概毋庸興修,以昭節省。將此明白通諭中外知之。

初三日戊寅　未初一刻九分小雪，十月中。晴。寫殿卷一葉。閲汪梅村《水經注圖》。其圖皆分繪，須合數葉接而觀之，以爲東西可展，南北限於紙幅，如縮小之，則注字不能容，故不按計里畫方之法。然觀者殊苦眩瞀，蓋分者仍須可合，近之刻《大清一統全圖》者，其法較爲善也。王信甫來，不晤。

初四日己卯　晴，上午大風又起，入暮益横。寫殿卷一葉。牧莊來，言前日來而不值，予實未知也。予是日正欲約牧莊及寶卿夜談，以牧莊所寓遠，且慮其未出城，故止邀寶卿，豈知適逢其來，而爲童僕所阻。都中此曹子惡習，雖屢約禁之，不能得也。王信甫來。閲《禹貢錐指》。夜大風。

初五日庚辰　晴，風至下午稍止。寫殿卷半葉。閲《禹貢錐指》。夜作致傅節子臺灣書。作致内子書。是日付賃屋錢三十六千，又買菊花三盆，已就殘矣。

初六日辛巳　晴，晡後陰。祖妣余恭人忌日，供饋，至下午畢。張颺民來，不晤。寫殿卷半葉，訖《爾雅·釋宫》。閲《禹貢錐指》。夜作書致孫生子宜，致鍾慎齋，致胡梅卿。

邸鈔：禮部精膳司郎中王福保授四川成都府遺缺知府。成都府知府朱潮以道員用，後以寧遠府許培身調成都總督。復請以潼川府李德良調寧遠，而王補潼川。部駁始補寧遠。

初七日壬午　陰，晡晴。作致沈曉湖書，并以今春詩詞草稿一紙封寄，又寫六月間《夜坐待月懷曉湖慎齋》詩二首致慎齋。閲《禹貢錐指》。發所作各書，交輪船局寄去，付錢三千。長隨夏升以是月朔逸山薦來，今日付庸錢六千。又王福病已愈，而陽狂不受役。此僕昧良挾欺，因得心疾，今幸得差，而怙惡如故，深可忿疾。予每日食之四頓，兼給茶葉、點心、蠟燭，不勝其煩，而彼尚有怨言。今日付以錢四千爲每月零用，不復給茶點矣。書此以見養小人之難。

邸鈔：上諭：丁寶楨奏請假回籍修墓一摺。丁寶楨著賞假一年，毋庸開缺。山東巡撫著文彬署理。恩錫著署理漕運總督，江蘇布政使著該督撫派員署理。丁寶楨，貴州平遠州人。奏稱貴州苗教之亂，全係本地土匪内相殘殺，挾私尋怨，極爲分明，非若他省寇自外至。臣自咸豐癸丑回籍遽丁毋憂，奉命募勇防剿，遏下游之賊，使不得上竄者六年，賊恨次骨。同治壬戌，賊竄上游，遂掘其父墓云云。

初八日癸未　晨陰，上午微晴旋陰。作致陳藍洲書，與論平生志行，略以儷語行之。日來與曉湖書言作詩，與慎齋書言近事，又皆勸其計偕。與子宜書言學術，且慰其落解。大半用偶句爲，多因信筆所成，不加藻飾，故未録副。然其中頗有名理雋致，使有鈔胥録而存之，亦可編入外集也。牧莊來。鈔《唐韻考》，自三十五馬至四十静。數月以來，既有它課，又以其書疏漏太多，不勝補正，故久輟寫矣。聞修理園籞出西朝之意，李傅苦諫，不可違。今日宫門鈔召見御史游百川及恭、醇兩邸。蓋游昨日有疏，二王當亦有言也。夜大風。是日買白泥火鑪兩架，付直京錢八千。

初九日甲申　晴，風。鈔《唐韻考》四十一迥至四十九敢。馬虞暘來。夜有風。是日晨起，始服地黄六味丸。買新曆。

初十日乙酉　晨微陰，旋晴，又風。鈔《唐韻考》五十琰至去聲五寘。以京錢二十九千買楠長小案一、椅二、几一。閲《禹貢錐指》。夜風稍止，四更後有賊逾墻入，將啓扉，覺逐之，始去。

邸鈔：上諭：文麟奏固守哈密擊賊獲勝一摺。回逆白彦虎大股攻撲哈密城垣，逼築礮臺。經文麟督飭營務處誠慶、已革統領魏忠義等將礮臺拆毁，該逆復偷挖地道。魏忠義等設伏攻擊，將地道之賊全行誅戮。文麟督率將士固守危城，以少擊衆，力遏凶鋒，實堪嘉尚，著賞加副都統銜。

十一日丙戌　晴。寫殿卷一開又半。庭芷來，逸山來。移置聽事西箱及後堂案几，并遷書數十卷於外。是日付几塾錢六千四百文，又賞庚午長班皮襖錢二千。

邸鈔：丁寶楨奏山東鹽運使鄭蘭懇請開缺回籍養親。許之。以福建督糧道傅觀海爲山東鹽運使。

十二日丁亥　晴。五更，賊又逾墻入，挾書室一簾去。至曉迹之，室後已空壁矣，近日六街劫盜縱横，居人眠不帖席。此豈王丞相所言，不容此輩，何以爲京師耶？剃頭。買叢棘兩擔，計二百六十餘斤，洊之東墻，付京錢十一千，始信昔人薪桂之説。

十三日戊子　晨風起，旋陰，傍午晴，風亦漸止。

朱竹垞《與查德尹書》述李天生之説，謂唐人七律，凡同紐之字，皆不連押。杜陵於一、三、五、七句，上去入亦必相間用之，故于詩律尤細云云。予按之亦不盡合，然其言極有理。蓋所謂律者，如樂之有律吕，詞曲之有宫譜，不可紊也。而此中又自有斟酌。蓋同紐之字及雙聲疊韵之字，出句皆不宜相犯，以疑於平仄兩用韵也。若對句，則既屬用韵，可改者改之，不可改者究以語之工拙爲主，不可顧此失彼也。至上、去、入相間，尤不必拘。與其相間，而音仍屬同部，不如連用而異部也。今日因取舊作五、七律，凡犯此病者皆改易之。

邸鈔：左副都御史唐壬森爲武鄉試正考官，翰林學士周壽昌爲副考官。

十四日己丑　晴。寫殿卷兩開，至《爾雅·釋天》。

十五日庚寅　晴。補作《己巳秋暮游靈隱韜光》五古二首，《游顯聖寺宿澄公房》五古二首。以近日寒飇掩户，窮愁無俚，故狀故鄉巖壑之美，發清思，怡羈魂也。其中最得意之句如：『嵐影墮空砌，落葉相參差。』『時見飛泉光，倒瀉松竹影。』『峰陡勢欲落，飛翠忽復連。』『天風摇殿鈴，時聞暗泉續。』恐非中唐以後人所能道也。惜都下不特無可唱和，欲覓解人，亦不易耳。張赻民來。連夕月甚佳，張燭讀書，倚窗而坐，不施簾幕，覺内外通明，曠無一物，吾肺中亦無窮出清新耳。因賦詩四章，以紀一時光景，俾後之覽者，知長安今夜尚有此人焉。

京邸冬夜讀書四首

日入夜氣定，皓月當窗隅。晷短課常絀，蘸燭還讀書。插架雖無多，撢經頗有餘。意專生默悟，力猛忘前紆。隨時理舊業，道一無岐趨。禮爲六藝本，名物尤根株。此事未剖析，安足名爲儒。所苦乏記憶，一密嫌百疏。深思始知艱，博搜乃愈殊。亦或遇創獲，孤怡慰積痡。間復及百家，流覽息我劬。有生秉孤尚，誰能惑他塗。

庭樹葉盡落，上承月與霜。銀燭與相映，内外通清光。茶鑪養餘火，風簾敞虚廊。曠然無一物，星斗在我旁。遂覺肺府瑩，清新發文章。嘯詠一俯仰，天地相低昂。豈不患飢餓，明晨尚無糧。此樂足予餉，進修安其常。霜厚宿鳥噤，吾亦夢禮堂。

街頭叫賣物，果餌酏餳糕。雜以乞兒呼，月慘聲彌高。驅車忽雷動，隱轔一何驕。上者走貴要，次亦競酒肴。苦樂雖云別，身心同其勞。亦有就燈火，高視群兒曹。摇頭誦帖括，攘臂談風騷。生死櫜聾瞽，吐納儕蠐螬。其間稍才俊，大言益囂囂。碑攤漢魏字，器列商周朝。問以五經目，茫然墮雲霄。人憐不自恧，噉名忘中枵。荏冉歲華逝，姓氏吹枯蒿。同有此夜月，萬竅争讙號。閉門不相聞，凍竹風蕭蕭。

昨日中旨下，率錢修離宫。讀詔私太息，此舉宜從容。聖人秉純孝，不暇權始終。長樂樓百尺，積慶花千重。取足天下養，承歡良無窮。四海幸平壹，物力猶未充。島夷怙群醜，鼾睡長安中。誠宜法文景，勵治威諸戎。安可舍禁籥，危照甘泉烽。臺疏間一上，未得回宸衷。賢傅造辟言，主德本至聰。豈不念民瘼，何難罷新豐。事關國根本，連章期諸公。冗官未食禄，涕淚徒沾胸。伏闕詎可效，草奏誰爲通。負此讀書力，僅争章句功。漆室夜深議，四顧無予同。

十六日辛卯　晨微晴，上午陰，下午晴。續鈔己巳年詩，至庚午之春十九首。作書致潘星丈并絶句二首。作書致伯寅侍郎，得復。夜半後有風。

邸鈔：倉場侍郎延煦丁母憂穿孝。刑部右侍郎廣壽署理倉場侍郎。内閣學士紹祺署理刑部右侍郎。

十七日壬辰　晴，風，下午稍止。曾祖考忌日，供饋，至午後畢。得星丈書，即復。再得星丈書，并和昨所寄絶句二首，即復。作書約寶卿夜談。晡時牧莊來。傍晚寶卿及陳倬雲來。夜飯後倬雲去，兩君留宿暢談。

潘星齋丈以新刻小鷗波館詩補集見示率題二首

石湖松雪不同時，風雅中吴有主持。鄧尉梅花三百樹，一齊香入侍郎詩。

老輩吴玉松太守。程春海侍郎。接迹難，桐城姚伯昂總憲。婁縣張詩舲尚書。迭登壇。誤他落第羅昭諫，也作貞元朝士看。集中附詩惟吴、程、姚、張諸公，予亦與其末。

附星丈和作：

海棠天氣菊花時，老輩風流與主持。四十年前觴詠地，一編重認舊題詩。自注：予年二十，隨侍春明，即與諸老輩載酒看花，唱和甚多。

落落琴音遇賞難，即論詩筆冠騷壇。自雲紅樹柯山路，夢裏池塘畫裏看。自注：予爲君繪《柯巖消夏圖》，君酬以詩，有『十載長風林下客，池塘今日夢中看』之句。

十八日癸巳　辰正一刻五分大雪，十一月節，晴。偕牧莊、寶卿暢談，至傍晚去。得九月廿二日家書，言妹夫張文溶於七月十四日病歿廣東省城，又得穎堂、品芳書，言石湖叔以七月四日歿于河南，哲庵兄以八月廿三日歿，蘭如弟以九月十九日歿。數月之間，親族死喪相繼，不禁泫然。張妹夫家已赤貧，微官赴補，客死萬里，年甫三十有一，尤可傷已。二妹身弱多病，一子一女，零丁何依。吾母九原，定爲腸斷耳。

十九日甲午　晴。

邸鈔：上諭：前據左都御史胡家玉奏，復陳江西省錢糧違例加征情形，請飭裁革。當交户部妥議具奏。兹據劉坤一奏稱，胡家玉原奏諸多失實。該左都御史及其弟姪有田六七百畝，自咸豐初年至今二十餘年，銀米絲豪未完。該撫接胡家玉干預原籍諸事之信，不一而足。前于丁漕新章奏奉諭旨之後，復貽書該撫等，意存恫猲等語。除江西征收丁漕章程業經户部議奏降旨准行外，劉坤一所陳各節，著胡家玉明白回奏。

二十日乙未　晨晴旋陰，終日微有日景。夜疾動。

邸鈔：定祥授陜西西安府遺缺知府。

二十一日丙申　晴。上午詣逸山談，偕詣庭芷，不值，即歸。洪右臣來，不值，以山西闈墨及與范吏部道中唱和詩名星騈聯唱者爲贈。解元趙履中首題文，夫子之言性與天道不可而聞也。次題文，身不失天下之顯名。皆頗有先輩名程風範，近年所罕見也。牧莊來，夜飯後去。是夕始用爐。閱《禹貢錐指》。

邸鈔：以太僕寺少卿宗室桂全爲通政司副使。

二十二日丁酉　晴。鈔《唐韵考》六至七志。得張駋塘丈九月十日書。此老尚能作字，語雖不多，亦有首尾，蓋神明未衰也。得逸山片，以仇實父《宫禁晏朝圖》長卷見示，實臨本也。中畫一貴妃端坐者，一妃坐牛車，侍從十餘人者，一妃出宫門步行，宫人擁扇，若往朝者。其餘宫女數十人，或習舞，或奏樂，或澆花者。畫雖未工，而宫殿界畫極其分明，自出於十洲也。

邸鈔：上諭：據胡家玉明白回奏，稱本籍祖遺湖田四五百畝，其父兄弟五人各分田不及百畝，歷年未完銀米，均因灾歉緩征。劉坤一間或貽書詢問地方公事，亦曾函答。此次丁漕改章，適江西藩司書來，據實答覆，並致函劉坤一，實非意存恫猲等語。該撫此次所奏措詞，固多激切，惟胡家玉致書本籍地方官，雖爲公事起見，殊屬不合。著交部照例議處。所稱地畝被淹緩征，是否屬實，歷次往來信件，是否該撫先行致函，均著劉坤一據實具奏。

二十三日戊戌　晴。寫大卷一開。剃頭。朱鼎甫來。作片致逸山，還畫卷。傍晚偕鼎甫詣蔡偁臣小坐，即歸。子蕁來，不值。

邸鈔：御史吴可讀奏爲前署甘肅西寧府貴德廳撫民同知承順于同治六年二月城陷，與其母弟等同時遇害，死事甚烈。請飭查明，予謚建祠，並將事蹟開單呈覽一摺。詔：承順在署任内，舉行善政，頗得民心。嗣聞回衆滋事，守城禦賊。因衆寡不敵，廳城被陷遇害，極爲慘烈，殊堪矜憫。惟予謚之典，臣下不得率行奏請。著左宗棠將該故員殉難及其家屬死事情形，確切查明，據實具奏。

二十四日己亥　晴。上午出門，答拜洪右臣，不值。詣陳鈞堂，不值。詣王信甫，晤。詣胡石查、潘司農，不值。詣許竹篔、嚴六谿，俱晤，傍晚歸。夜校《漢書·地理志》。

邸鈔：上諭：奉天府府丞張緒楷奏順天貢院號舍無可再增請定應試人數一摺。鄉試録送科舉，向有例定名數。近來國子監及各省學政録送太濫，不獨號舍不敷，且人懷倖進之心，于士習文風大有關系。嗣後順天及各省鄉試録送人數應如何嚴定限制，用昭核實，著該部議奏。另片奏酌擬變通鄉試事宜八條，著該衙門一併議奏。上諭：鑲藍旗蒙古都統慶春、吏部左侍郎魁齡、署兵部左侍郎殷兆鏞，均加恩在紫禁城内騎馬。

二十五日庚子　晴，上午有風。校《漢書·地理志》。近日本不暇爲此事，以昨檢一音，忽見太原郡廣武下云：『河主賈屋山在北。』疑河主字有誤。因考全謝山、王石渠諸家之説，知爲句注之誤。王説甚博而精，竹汀、西莊尚不及也。今日粗畢一卷，惜無錢獻之、吴卓信兩家之書共相參證耳。

邸鈔：上諭：左宗棠、金順奏克復肅州一摺。肅州逆回，自東關克復後，踞守孤城，負嵎抗拒。左宗棠於本年八月間馳赴肅州，督飭徐占彪等軍分投進攻，復調劉錦棠各營助剿。九月四日，金順派所部搶登城頭扎卡。逆首馬四名文禄，曾就撫受職，改名馬志良。自知罪不容誅，於十五日出城乞撫。二十三日，左宗棠親提該逆並馬永福等各犯，悉數其罪，當即正法。金順、宋慶、徐占彪、劉錦棠並將各起凶悍客回立予駢誅。諸軍隨即入城，將土回悉數殲除，當將肅州克復。逆回竊踞州城，於今十載，實屬罪無可逭。左宗棠、金順將首要各逆，殲滅净盡，實足以伸天討而快人心。左宗棠親臨前敵，激勵各將領協力攻剿，克拔堅城，實屬督率有方，深堪嘉尚。金順督軍助剿，共奏膚功，亦屬奮勉可嘉，除再降諭旨加恩外，提督徐占彪身先士卒，卓著戰功，著加恩賞給雲騎尉世職。餘升賞有差。提督宋慶交部從優議敘。總兵劉宏發等均以提督記名簡放。提督蔣東才賞穿黃馬褂。總兵李寶林等均以提督記名簡放。提督陳春萬賞穿黃馬褂。蘇洪順等均以提督記名簡放。總兵龍得勝以提督詔名，遇有提督總兵缺出，請旨簡放。李玉山、康得勝以提督記名簡放。宋賢以提督記名，遇有提督總兵缺出，請旨簡放。齊懷權以提督記名簡放。道員劉錦棠交部從優議敘。總兵黃錦雲、副將張沛、總兵譚慎典均交軍機處記名，遇有提督總兵缺出，請旨簡放。總兵陳上連以提督補用。總兵萬守根以提督補用，並賞給正一品封典。楊龍彪、李嘉泰均以提督記名簡放。陣亡記名提督王子龍、補用總兵陳登雲、補用副將周玉林均交部各照官階議恤。已革頭品頂戴記名提督楊世俊開復原官，照提督例議恤。記名提督黄虎臣交部照提督軍營立功後病故例議恤。

二十六日辛丑　晴，有風。校《地理志》。牧莊來。閲桐鄉陸以湉《冷廬雜識》。此書丙辰初出時，曾流覽一過，雖學識有限，見聞亦隘，而言多切近，小有考據，亦足取資。所載藥方尤裨世用。可與梁章鉅《歸田瑣記》並傳。夜二更後大風。疾又動。

邸鈔：上諭：陝甘逆回擾亂，十有餘載，勢極猖獗。自簡任左宗棠總督陝甘，數年以來，不辭艱苦，次第剿除。此次親臨前敵，督飭將士，克復堅城，關内一律肅清，朕心實深嘉悦。自應特沛殊恩，用昭懋賞。左宗棠著以陝甘總督協辦大學士，該大臣前經賞給騎都尉世職，並著改爲一等輕車都尉世職。將軍金順督軍助剿，共奏膚功，洵爲奮勉，著開復革職處分，以彰勞勩。

二十七日壬寅　晴。潘孺初來，逸山來。得竹筼書。作書致伯寅侍郎，借馬氏玉函山房所輯佚書及林惠常《三禮通釋》。偕潘、陳二君詣庭芷，不值，遇之於涂。孺初遂邀至慶樂園觀劇。傍晚復邀飲廣和居，遇嚴六谿。酒畢，六谿再邀同王廉生諸君飲，二更後歸。得伯寅書，並玉函山房書六函。再得伯寅書，并林惠常《衣讔山房詩集》及《海天琴語録》。濮紫泉來，不值。得陳藍洲閏六月二十日書，并寄贈浙江書局新刻《舊唐書》一部。得王眉叔閏六月十二日書，并寄懷五言古詩二首。是日同鄉范户部鴻謨、同司何主事桂芳，俱爲子娶婦，各送分二千。牧莊來，止宿。

二十八日癸卯　晴，寒甚。嚴六谿來。作書致伯寅。作書致紫泉。

林昌彝《衣讔山房詩集》，卑冗鄙陋，其《海天琴語録》，雜載近人詩詞，全是諂媚達官富兒。書僅數卷，于定遠方氏記載至百餘條，其廝養婢僕之詩，亦加諛頌，以數年來游乞粤東，而方氏兄弟相繼爲彼邦監司也。中朝官于尚書寶鋆之詩，采至百餘首，其語言之誇誕俚鄙，亦足相副，閲之令人作惡。伯寅題其首曰『乞食之書』，真不謬也。其中載吾鄉吴蓉峰先生壽昌督學廣東，清修絶俗，以不附和珅，由侍講轉侍讀，復由侍讀改侍講，遂告歸。又歙縣程問源督部祖洛官刑部郎，在秋審處，最有名。宣宗在潛邸，一日嘗問宗人府司官曰：『此事程老問所辦耶？』蓋京師士夫皆呼督部爲程老問，其受眷始此。惟此二事足采也。

林字惠常，侯官人，道光己亥舉人，咸豐三年進所著《三禮通釋》二百八十卷於朝，賞教授。伯寅言其師陳頌南侍御嘗謂此書乃侯官林一桂所撰，惠常爲其弟子，攘而有之。及進書得官，其師之子欲訟其事，惠常賄之，始得解。侍御正人，又同鄉里，所言必不妄。其書同治三年刻于廣州，毛督部鴻賓爲助一千五百金。《琴語録》中載之。觀其詩及《琴語》，絶無學問，必不能成此經學巨編。其《通釋》中間采及今人桂浩亭等説，蓋稍有附益者。惠常自言受業于陳恭甫，又爲一桂弟子，口耳傳授，故亦有一知半解，足以欺人也。

近代竊人之書效郭象故智者，傅澤之《行水金鑑》，出於歸安鄭元慶，見《全謝山集·鄭芷畦墓志》。趙翼之《廿二史劄記》，出於常州一老諸生，武進、陽湖人多能言其姓字。王履泰之《畿輔安瀾志》，出於戴東原，見《段茂堂集》。任子田大椿之《字林考逸》，出於丁小雅杰，忘出何書。畢秋帆之《釋名疏證》，出於江艮庭。梁章鉅之《文選旁證》，出於陳恭甫。任、畢皆非不能著書者。《釋名疏證》以江氏在畢幕府，爲之屬稿，非攘竊者比。若梁與林，則成閩人之慣技矣。

得伯寅書，并送《三禮通釋》六函來，即復。

二十九日甲辰　上午晴陰相間，下午微晴。許竹篔來。

閲《三禮通釋》。共二百八十卷，分一千二百門，爲釋二百三十卷，爲圖五十卷。首天文，終喪服，大恉發明鄭學，而博采自漢迄今諸家之説，多所辨正，亦時匡裨鄭義，體例略依陳氏禮書，而確守古訓，不同陳氏之好出新意，誠《禮》學之鉅觀，不朽盛業也。前有歷城毛寄雲總督鴻賓、湘陰郭筠仙巡撫嵩燾兩序及自撰論略二十八則，冠以上諭及禮部奏議、進書呈詞。其書浩博無涯涘，窮年不能殫也。

三十日乙巳　終日陰。自昨日起傷風不快。邑人來告賈琴巖以今日未刻病卒。比數聞其病，欲往視之，而其寓在内城。予久不入城，竟未果，不意其至此也。鄉人宦京師者寥寥，琴巖又老友，能爲古文，於儔類中爲可與言者，甫擢員外，年才逾五十，家尚有太翁，可傷也已。夜雪。

邸鈔：上諭：前據左宗棠奏，肅州克復，關内一律肅清。因思該省各路統兵大員，或扼要設防，或相機彫剿，同心協力，共奏膚功，允宜一體施恩，以彰勞勩。將軍金順著再賞還黄馬褂、花翎、清字勇號，以示鼓勵。穆圖善賞給雲騎尉世職。提督宋慶、張曜均賞戴雙眼花翎。副都統銜西寧辦事大臣豫師賞給頭品頂帶。其辦理西征糧臺之二品頂戴詹事府詹事袁保恒亦著賞給頭品頂帶。現在關内肅清，亟應乘此聲威，將關外各處竄匪次第掃除。著金順督率所部迅赴古城，會同景廉進剿。穆圖善著即派隊赴安西、玉門、敦煌一帶扼扎，以壯聲援。哈密尚未解圍，張曜著與宋慶統帶所部馳往哈密，與文麟明春會同剿賊。該將軍等務當奮迅圖功，殄除醜類，用副委任。所有出關轉運糧饟，著左宗棠認真督辦，源源接濟，毋任闕乏。

十一月丙午朔　陰，上午微見日景，有風。感寒，身熱不食。賓卿來。得伯寅書。龐户部際盛束訂初三日飲福隆堂。作書至伯寅，還《三禮通釋》諸書。閲《舊唐書》，浙中新刻者，誤字甚多。夜風益甚，食粥。

邸鈔：阿勒楚喀副都統海瑛告病，以崇歡補授。

初二日丁未　晴，上午有風。病未愈，食粥。印結局送來前月公費銀十五兩五錢。下午入城，視琴巖斂，傍晚歸。閱《舊唐書》，中有脱落數行者，近日局中諸君皆不知史事，又甚粗疏，所謂書愈刻而愈亡矣。夜不寐，蓋心氣虚極矣。

初三日戊申　丑初三刻七分冬至，十一月中。上親祀南郊。終日清曠，無風，嚴寒。早起剃頭。祭曾祖考妣、祖考妣、本生祖考妣、先考妣，下午畢事。又饋張太宜人，晚饋屋之故主。是日計酒果牲饌之費京錢三十三千。作片，辭龐俊卿招飲。

夜閱《舊唐書·高宗王皇后傳》，敘后及蕭淑妃廢爲庶人後，既云武昭儀使人縊殺之，其下又言各杖之百，截去手足，投酒甕中，數日卒。其複累若是。疑高宗至囚所呼后一段事，《舊書》本無，後人據《新唐書》及《通鑑》添入耳。其穆宗論贊，貶斥亦太過。鄭覃、陳夷行傳論與李珏、楊嗣復等同科，尤爲賢否不分。蕭俛與段文昌勸穆宗銷兵，致唐室再亂；蕭遘召朱玫討田令孜，遂以亡唐，無異何進之召董卓。二人實唐之罪人。傳雖明載其事，而尚極稱俛之德器，遘之忠誠，亦史識之不足也。李德裕傳論極言其功，反復盡致，則較《新唐書》爲優。

鄧獻之來，不晤。

初四日己酉　晴。閱《舊唐書》。張䞇民來，庭芷來，逸山來，夜肝氣發動。

初五日庚戌　晴。閱《舊唐書》。胡石查來，不晤。牧莊來，以薛子韵《説文答問疏證》見借。殷蕁庭來，不晤。夜大風，閲《舊唐書》。

初六日辛亥　晴，微陰，上午有風。閲《舊唐書》。爲馬虞暘寫横幅，甚長，可厭之至。得董芸龕書，送來其兄研樵所著《集韵編雅》一部，并催題齊鏄拓本。

初七日壬子　晨霒陰欲雨，上午後微晴。爲芸龕題齊鏄拓本，得七古二十二韵。此等詩集中不宜多存，不復録稿，即作書致芸龕。閲《舊唐書》。得芸龕復。夜題鄧獻之詩集七古一首，即酬其見贈之作。

題黄岡鄧獻之詩集即酬其見贈之作獻之以蒲縣令改官入都者

黄州詩人晉陽吏，十年宰縣乏生計。苦吟每和蒲鞭聲，載酒時聯入山騎。京官比屋無炊烟，仰望守令如登仙。君獨胡爲解黄綬，翻携琴鶴栖寒氈。竭來示我好詩句，别有風懷託毫素。衣上猶飛句注雲，杖頭曾拂天池樹。君嘗攝寧武令，著《天池風葉》等八詠。長安寥落無往還，余亦經年常掩關。相約結鄰枕書卧，還支手板看西山。時與君有同居之約。

邸鈔：以光禄寺卿宗室岐元爲太常寺卿。

初八日癸丑　晨陰，旋晴，午復陰。薌濤宗人飈民屢以詩詞求指示。此人年已老矣，貧甚，素不讀書，故詩甚里俗，然向學之志甚專，其求予也又甚誠，今日略爲評點，且題五律一首贈之。午出門詣鄧獻之、陳鈞堂、馬虞暘，俱不值。詣傅子蓴，晤。詣朱肯夫家，晤其館師。詣劉仙洲、張飈民而歸。閲《説文答問疏證》。甘泉薛傳均子韵即錢氏《潛研堂答問》中鈔出。其論《説文》者共三百二十三條，加之疏證，分爲六卷。錢氏義據精深，引而不發。子韵參考群籍，大率以《説文》本書及《經典釋文》《玉篇》《廣韵》爲主，而一以形聲通假之法求之，多所發明，有裨小學。間訂錢説之誤，亦尚不失謹嚴。其中附載曰經世案者十數條，經世未知何姓字，而其人于小學甚爲精覈。眉批：經世姓孫，字濟侯，號惕齋，福建惠安人。道光時優貢生，著有《十三經正讀定本》八十卷，《春秋例辨》八卷，《爾雅音疏》六卷，《孝經説》二卷，《夏小正説》一卷，《釋文辨證》十四卷，《經傳釋詞續編》八卷，《説文會通》十六卷，《韵學溯源》四卷，《詩韵訂》二卷，《惕齋經説》六卷，《讀經校語》四卷，《四書集解》十二卷，《周易本義發明》十二卷，又集古今治術本經術者爲《通經略》，未成，又著《小學輯記》《近思録附注》《性理輯義》諸書。最爲陳侍郎用光所知，見包慎伯所撰墓志。乃首有平定張瀛暹重刻此書序，極詆訾之，以爲强作解事，淺陋之甚。張瀛暹亦不詳其人，據序中所駁薛氏數條，其言亦甚淺也。眉批：張瀛暹即石舟，後改名穆。張序又言此書陳碩士侍郎督學浙江時始刻之。是本爲道光十七年張氏所重刻。

題布衣張颬民詩集

一飯尚艱難，愁來把劍看。文章貧後健，天地布衣寬。莫效唐衢哭，誰憐范叔寒。朱弦勤拂拭，爲遇賞音彈。

初九日甲寅　終日霒陰，晡後有飛雪。謝夢漁來。寫大卷一開，鈔《爾雅·釋天》畢。作片致庭芷，薦僕人。作書致陳鈞堂，詢北舍桃葉事。得紱丈書，即復。

邸鈔：上諭：御史鄧慶麟奏京控發交案件承審不公，請提交刑部審辦或派大員前往審理一摺。國家設立都察院步軍統領衙門，准各直省民人呈訴冤抑，原所以通達下情。一經各該衙門具奏，無不立降諭旨，交各該督撫親提嚴審。其關涉命案者，並令督同臬司嚴行訊究。如各該督撫等承審不公，仍准其赴各該衙門呈控。倘遇案情重大或地方官有貪婪不法情事，自當提交刑部，或特派大員前往審辦。若如該御史所奏，直隸遵化州民人郝越、生員王晴川京控兩案，俱係尋常案件。總督爲國家大員，自有承審之責。如紛紛提交刑部，或欽派大員，尚復成何體制。該御史不達事理，率行陳奏，著毋庸議。所有郝越等京控各案，仍著李鴻章秉公研訊。嗣後直省京控案件，務當親提人證卷宗，依約審結，毋枉毋縱，用副朕洞達民隱至意。上諭：京師尚未得雪，農田待澤孔殷。本月十一日朕親詣大高殿、時應宫、昭顯廟拈香祈雪，並詣福佑寺拈香。十二日朕親詣宣仁廟、凝和廟拈香祈雪，並詣普度寺拈香。

初十日乙卯　上午雪至晚積二三分，夜晴。得陳鈞堂書。鈔《爾雅·釋地》。復鈞堂書。鈞堂來。得紱丈書，以七絶二首索和。

夜閲胡竹村、錢溉亭、許周生諸家説經之文。周生廟祧之辨最著，然實爲武斷。以文武之廟亦在迭毁之列，而文王以功德宗祀於明堂。然則武王始有天下，而穆王時已爲四親廟之首，共王時已去廟爲祧，夷王時去祧爲壇，宣王時已去墠爲鬼。（此處塗抹）許氏亦知其不可通也，於是取鄭君《祭法》『祖文王而宗武王』之注及《玉藻》『聽朔於南門外』之注，謂明堂以文、武並配。然《孝經》言『宗祀文王於明堂以配上帝』，《詩序》言『我將祀文王於明堂也』，皆不言及武王。許氏每事好違鄭義，而獨據此者，武王既並祀明堂，不致餒而，則可以成其祖宗别於宗廟之説，夫亦甚難而實非矣。

邸鈔：上諭：朕于明年二月二十四日恭奉慈安端裕康慶皇太后、慈禧端祐康頤皇太后啓鑾，二十七日祗謁西陵，禮成後於三月初二日還宫。

十一日丙辰　晴。閲許周生《説經文》。作書并紱丈并和詩二首，得復。

紱丈以雪後遣懷用予問疾箋中天教微疾養維摩語賦絶句二章屬和即依元韵却呈

攝静焚香侍翠蛾，謝庭佳事近如何。料知萬頃梅花海，不及園林雪色多。

琢罷珠璣一串詩，烹茶暖酒事都宜。多應已入吴中畫，風帽紅闌倚杖時。

附原作：

一年多半病中過，舊侶凋零可奈何。今日忽聞粲花論，天教微疾養維摩。

盼到園林雪落時，滌除炎熱好吟詩。閉門自有家庭樂，捫腹消遥散步宜。

十二日丁巳　晨雪，至午日見稍止，下午晴，是日嚴寒。兩日來睡起甚遲。賦《琵琶仙》詞一闋，將以致鈞堂。

閲《舊唐書》。《李泌傳》云魏太保八柱國司徒何弼之六代孫。徒何弼，即李弼，以西魏嘗賜姓徒何氏也。眉批：《李密傳》言弼以後周賜姓徒何氏者，因此制出宇文泰之意，遂屬之後周耳。司字後人妄加，錢氏大昕以何字爲誤，非也。《李光進傳》：『元和四年，王承宗、范希朝引師救易定。』案王承宗反，攻易定，而范希朝救之。承宗下脱一反字。《新書》亦承其誤。

琵琶仙 用白石元韵。有明州妓委身陳姓牙郎，爲適所嫌，構之，幾死。某比部者新納吴姬，與之有連，以計脱之，寫書于余，將爲紫雲之贈，作此戲柬。

夢覺銀屏，彩雲已、寄與定情花葉。誰分開了金籠，啼妝尚愁絶。重料理、嫁時鸞鏡，還怕聽、曉窗鶗鴂。紅淚封綃，青裙舉碓，舊恨休説。　恁天風、吹入闌干，正老去、相如病時節。猶勝龍丘獅吼，賣門前苕荚。須燭下、梅花妝罷，報佳客、一甌清雪。寄語燕燕紅樓，鈿車催別。

十三日戊午　晴，風，嚴寒。寳卿來談，竟日去。閲《舊唐書》。

邸鈔：盛京工部侍郎宗室奕慶留京當差，以户部右侍郎桂清調補盛京工部侍郎。

十四日己未　晴。嚴寒。作書致鈞堂，得鈞堂復。比日貧甚，復以佩表質京錢七十千。閲《舊唐書》，以錢、王、趙三家考訂書校之。夜二更後風起，連夕睡甚遲。

今夕讀《唐書》李德裕、裴度、李絳、柳公綽、温造、鄭覃、李石、鄭畋、王鐸、李訓等傳，皆數復，爲之憤激流涕，有生不並時之歎。又讀元稹、白居易傳至三四復。香山固無可議，微之亦挫折致然，少年錚錚，何可及也。白性恬静，知難而退，遂壹以詩自見。微之熱中，竟至苦節不可貞矣。二人之僅以詩名，要豈本心哉！

黄東發云：自知其必能相而相之者，古今一伊尹也。自知其必不能相而不相之者，古今一鄭五也。人皆曰必不能相，已獨曰必能相而汲汲於相者滔滔，皆鄭五之罪人也。嗚呼！伊尹吾不得而見之矣，得見鄭五者斯可矣。徐仲車云：尊官重禄，人之所好也。安肯曰吾不才也，吾辱其位者耶？有禍敗隨之耶？取天下之笑耶？爲萬世之羞耶？甚者亡人之國，危人之天下不顧也。予讀《陳平傳》，嘉平知其任。讀《鄭君傳》，愛君知其量。嗚呼，如君者豈易得哉，豈易得哉！黄、徐兩公之言，蓋皆有所激，然實古今之名言也。唐人以進士爲宰相之極選，以詩賦爲致治之本原，馴至國亡，而猶不悟。聾蟲瞎馬，併爲一談，史官無識，奉爲定論。予觀張濬、朱朴、鄭綮三人傳，鄭綮侃然守道，史有明文。張濬之主討李克用誠謬，然當時太原與朱温，逆順之節，尚未盡分，濬亦非謂李罪甚于朱，惟以天下之亂，由此兩人，欲先去其一，則其一易圖，故因太原之危而先傾之。短於將略，僨師辱國，罪固難辭，要其人自有才氣。始爲王鐸判官時，片言諭平盧王敬武即時出兵。後退居洛陽時，聞劉季述廢立，移書藩鎮，共圖匡復，卒爲朱温所害而死。此其建豎卓卓，豈不勝粥飯和鼓之流萬倍哉！即朱朴入相無幾，旋遭貶戮，史官詆之更甚。然其議遷都襄陽，志在興復，見忌韓建，遽致誅夷，而史云時議以昭宗命台臣濬、朴、綮三人尤謬，季年之妖也，其無識至此。又云朴在中書與名公齒，筆札議論，動爲笑端。其所謂名公者，猶《文宗紀》所謂石經立後數十年，名儒皆不窺之，以爲蕪累甚者，正是一樣肺腸，一色筆墨。此名儒者，詩賦書判庸爛鄙陋之名儒也。此名公者，進士宰相齷齪朋黨之名公也。

五更始寐，疾動。

邸鈔：詔：以内閣學士承恩公崇綺爲户部右侍郎兼管錢法堂事務。以奕慶爲鑲藍旗蒙古副都統。内閣學士德椿充國史館清文總校。

十五日庚申　晴，風極寒。得謝夢漁書，屬書便面。閲《舊唐書》。夜風不絶。

十六日辛酉　晴，有風。剃頭，馬虞颸來，不晤。閲《尚書後案》。王氏此書最得漢儒家法，無可議者。

十七日壬戌　小寒節。晴。祖母倪太恭人生日，以窘甚，僅供饅頭兩大盤，麵一盤，一鳧、一菽乳、一火鍋、壺酒而已，傷哉貧也！閲《後案》。牧莊來，因留夜飯，共蔬食，二更後去。是日酉正三刻七分小寒，十二月節。比日凛冽較甚往年。夜四鼓後風又起。

十八日癸亥　晨晴，上午大風，午陰，下午風止。校《賈子新書》中《保傅》《官人》《容經》《勸學》四篇。夜又大風。

校《後漢書》蔡邕、仲長統兩傳。邕著《釋誨》中『速速方轂，夭夭是加』。後人因此疑《詩》之『夭夭是椓』，當作『夭夭是椓』。章懷注方轂爲並轂，而夭夭無訓。案陸氏《釋文》『蔌蔌方穀』，本無有字，以作『方有穀者』爲非。惠氏士奇謂方轂定出齊、魯《詩》。阮氏元謂速轂字所傳本異，而以毛作穀爲借字，當依章懷訓方轂爲並轂。近人保山吴氏樹聲以段懋堂謂錢唐張賓鶴言親見《蜀石經》作『夭夭是椓』，遂駁段氏斥蜀本爲誤之武斷，而以毛作『夭夭』爲誤。謂夭夭者，少盛也。『夭夭是椓』，言民之壯盛者皆被殘破，所謂民，今之無禄也。毛傳謂君夭之在位椓之，既以君釋天矣，『在位』二字非横添乎？鄭箋謂天以薦瘥夭殺之，王者之政，又復椓破之，既以天之薦瘥釋天夭矣，『王者之政』四字，非横添乎？其説甚辯。慈銘案：蔡氏本習魯《詩》，所傳本容有不同。蔌蔌方穀，《釋文》本無有字，今作『方有穀』，自爲衍文。至《釋誨》此節云：『華離蒂而萎，條去幹而枯，女冶容而淫，士背道而辜。人毁其滿，神疾其邪，利端始萌，害漸亦牙。速速方轂，夭夭是加，欲豐其屋，乃蔀其家。』玩其上下文義，所解當與韓、毛誼同。韓《詩》同毛，見章懷注。皆謂小人方逞其得志，而天罰已加。方字與是字對，轂乃穀之誤，速乃蔌之借，方穀者，謂方食禄也。速速不必，定以夭夭重字爲對，古人文皆如是，若如吴説，以夭夭爲壯盛，則何以云『夭夭是加』乎？『夭夭是椓』者，謂天既夭之，而是復椓之也。毛以『在位』釋是字，鄭以『王者之政』釋是字，皆不得謂之横添。段氏、阮氏以蔡傳『夭夭』爲訛字，是也。

邸鈔：詔：十九日再親詣大高殿祈雪，時應宫等分遣諸王。户科給事中王書瑞轉刑科掌印給事中。蔣彬蔚病故缺。浙江道御史邊寶泉升户科給事中。詔：黑龍江副都統吉爾洪額、巴里坤領隊大臣沙克都林札布以赴援哈密，立解城圍，均賞穿黄馬褂。從景廉請也。

十九日甲子　晴，下午有風。校《後漢書》。兩日來外城傳成禄將行刑，市口設棚，觀者如堵，至城内夾路不絶，然竟寂然，可怪也。鄧獻之來談，至夜人定時始去。主飢僕倦，是何爲者？然獻之人甚樸實，今日本邀予出飲，予既辭之，又不能具盤餐留客，可自愧耳。

邸鈔：上諭：御史吴可讀奏請將已革提督成禄立正典刑一摺。除原議之軍機大臣及刑部堂官毋庸會議外，著御前大臣、大學士、六部九卿將該御史原摺並軍機大臣會同刑部定擬一摺，再行核議，定擬具奏。

二十日乙丑　晨至午陰，下午晴。校《後漢書》。是日檢《張敏傳》《仲長統傳》『一切』二字，《蔡邕傳》所載三互法事，注皆不明。惠氏取小顔説，以『一切』爲權宜。予記近人有詳辨之者。因遍翻所有書不得，匆擾之甚，至於傾几碎盤，流汗剥指。讀書健忘，其苦如是，亦可笑矣。殷萼庭來，不晤。

夜既倦甚，又苦煩躁，因閲翟晴江《通俗編》以自遣。翟氏書共三十八卷，分三十八門，采取極博，下至稗官小説，無所不搜，而經史所有，轉有遺落者。如俗以鷄之種大者爲大倢頭鷄，本於《爾雅》未成鷄僆。俗以附和人言爲㗭屁，本於《列子》承公孫之餘竅。此類甚多，不可枚舉。然異聞瑣事，足以資談助，正俗謬。其俳優、故事兩門，尤可觀也。此事始于王伯厚《困學紀聞》俗語多有所本一條，所載皆經史語。自後陶宗儀《輟耕録》、楊慎《丹鉛總録》、胡應麟《莊嶽委談》、郎瑛《七修類稿》等書，多喜證據俗事，漸及小説。近儒錢竹汀《恒言録》專取經史諸子，不及猥談。趙雲松《陔餘叢考》間載閭里謏辭，加以證佐。翟氏書在錢、趙之前，雖各不相謀，要爲繁富獨出者矣。

四更後大風。

二十一日丙寅　晴，有風，下午稍止。終日校書。（此處塗抹）

《漢書》『汝南郡鮦陽』，孟康：『鮦音紂。』自方氏《通雅》據監本作紂紅反，始以音紂爲誤脱二字。錢氏大昕深主之。段氏玉裁喜言合韵，而此字獨主錢説，惟盧氏文弨據《高帝紀》小顔注以音紂爲是。王氏引之更列七證以明之，然不過主《後漢書》章懷音、《晉書》何超音、《左傳釋文》音、《太平御覽》音皆作紂，及《玉篇》《廣韵》《集韵》『鮦』下皆不收紂紅反，又引東韵之與幽韵通叶者十餘事。予向主錢、段説，謂諸書之音皆因孟音已脱，相沿而誤。凡地名異讀者，《漢志》諸家所音，不可枚數。皆本其方俗，而要不外雙聲疊韵之通轉。鮦从同聲，可轉爲調，亦可轉爲投，必不可轉爲紂。王氏所舉，亦惟從與由通，融與由通，𡰪與穹叶，𡾰與猺通，皆雙聲最近，而無與鮦、紂可貼切比例者。今以《周緤傳》『封子應爲鄲侯』，蘇林『鄲音多』，而明監本作『多寒反』例之，乃信紂下『紅反』二字，確是明人妄增，而王氏父子之説皆不可易也。鄲侯之鄲，《史記·周緤傳》索隱引蘇林音、《漢志》孟康音、《水經注》音、《漢表》小顔音，皆作多。自沈氏繹旃據監本作多寒反，全氏祖望、趙氏一清皆深主之。王氏念孫辨之曰：單聲之字，古多轉入歌韵及哿、箇二韵。《説文》驒从單聲。而《魯頌·駉篇》『有驒有駱』，音徒河反。《爾雅》：『癉，勞也，音丁賀反。』《小雅·大東》篇『哀我憚人』，《小明》篇『憚我不暇』，並音丁佐反。蓋邯鄲之鄲自音單，而沛郡之鄲縣，則音多也。其言已極精覈。又云：凡《漢書》注中所引漢魏人音，皆曰某音某，或曰音某某之某，未有曰音某某反者。予因檢全部《漢書》，有音某某反者，皆小顔自注語，它人固無是也，益服王氏之精識細心，雖以錢之謹嚴，段之通博，猶未悟及此也。憶去年周荇農丈曾告予云頃校《漢書》得一好事，因舉《周緤傳》鄲字一條，獨明監本作多寒反，而宋本、汲本、殿本皆誤。予時既忘全、趙之已有此説，又不憶王氏之言，然亦心疑之，惟語荇丈以單多雙聲可通轉，明板恐未可據，而荇丈不之信。日後晤時，當備告之。

二十二日丁卯　晴，比日天氣稍和。終日校書。

閲蔡氏雲所輯《蔡氏月令》。雲字立青，吴縣人，錢竹汀弟子，嘉慶甲子優貢生。其書共二卷：上卷爲《明堂月令論》，從《續漢志》劉昭注中録出者。次爲《月令章句》，乃刺取《獨斷》及鄭氏《月令注》、劉氏《續志注》、陸氏《釋文》、孔氏《正義》、《初學記》、《藝文類聚》、《北堂書鈔》、《通典》、《白帖》、《太平御覽》諸書所引中郎遺文斷句，附以疏證。下卷爲《月令問答》，從《中郎集》及《説郛》本録出者。次附以《月令集證》，乃采取古今及近儒之言《月令》者，以證《月令》非秦制。條理秩然，可以推見中郎一家之學。

其《章句》中辨正經文數事，如『孟春之月鴻雁來』，據《吕氏春秋》《淮南子》作『候雁北』，此因鄭注止言令《月令》鴻皆爲候而不言來、北字之異，則《戴記》經文本亦作北也。王厚齋《困學紀聞》已言之。『還反賞公卿、諸侯、大夫于朝』，據陸氏《釋文》、《唐石經》及《吕氏春秋》作『還乃』，以《正義》引夏秋冬皆作『還乃』，則知經文本亦作『還乃』也，夏、秋、冬同。《御定石經》《考文提要》已言之。『措之於參保介之御間』，據注疏及《東京賦》作『參保介御之間』，段氏玉裁已言之。『仲夏之月、仲冬之月處必掩身』，據注疏及《吕氏春秋》皆作『處必掩』爲句，嚴氏可均、盧氏文弨已言之。掩，當從《吕氏春秋》作弇。『孟秋之月坯垣墻』，據《正義》《釋文》及《白帖》，秋門、墻壁門。皆作『坯墻垣』，阮氏元《校勘記》已言之。此皆蔡氏述前人説已有定論者也。『仲春之月玄鳥至至之日』，據《初學記》引《月令章句》作『玄鳥至之日』。毛《詩·生民傳》『玄鳥至之日』云云，疏云皆《月令》文。《説文》乙部引《明堂月令》以及《續漢志注》《北堂書鈔》《藝文類聚》《左傳正義》《周禮疏》《通典》《白帖》《太平御覽》引《月令》，皆作『玄鳥至之日』。因考孔疏此段，標經起止云，自玄鳥至之日至高禖之前。又『仲秋玄鳥歸』，疏云：『玄鳥至，不爲仲春之候。』則經文本作『玄鳥至之日』，不重至字，作兩句甚明也。『仲夏之月以定晏陰之所成』，據疏引《章句》『晏謂謂本作爲字，誤，蔡氏改正。以安定陰陽之所成』，因謂中郎訓晏爲安定，則經無定字可知。釋義兼陰陽，則經有陽字可知。疑經文本作『以晏陰陽之所成』，與仲冬一例。陰陽方争，一竢其定，一安其成，義皆蒙上。此二事可稱精心卓識矣。

二十三日戊辰　晴。作片致逸山。校書。上午詣逸山，並晤潘孺初。午後同詣庭芷，暢談至傍晚歸。牧莊來，不值。許振禕編修來，不值。夜二更後有大風。

邸鈔：山西歸綏道國英升廣東鹽運使。本任鍾謙鈞告病。詔：前任浙江提督鄭魁士由廣西帶兵轉戰湖南、湖北、江蘇、安徽、直隸、山東等省，宣力行間四十餘年，迭受重傷，勳勞懋著。兹因傷發病故，軫惜殊深。著交部議恤，加恩予謚。從李鴻章請也。内務府代奏李光照捐輸木植。

二十四日己巳　晴，有風，午後稍止。比日窘甚，盡以敝裘質得京錢七十五千。夢漁來。牧莊來，談至晚去。潘星齋丈爲孫娶婦，以無皮衣不往賀，送分子錢八千。夜又風，雜校諸書。倦甚，疾動。

二十五日庚午　晴。作書致庭芷，借宋搨《皇甫誕碑》，得復。

皇甫明公，隋之忠臣，其子無逸爲唐名臣。此碑立于唐初，無年月，于志寧製文，其結銜已稱銀青光禄大夫、黎陽縣開國公，則在貞觀時。歐陽詢書，其結銜止稱銀青光禄大夫，而不稱率更令，則在武德時。諸家論者不一。王箬林以其不避太宗諱，決爲高祖時。予謂必在貞觀初無疑也。《于志寧傳》言貞觀三年志寧爲中書侍郎。太宗内宴，敕召三品以上官，志寧以未爲三品不得入，即日加左散騎常侍行太子左庶子，累封黎陽縣公。《歐陽詢傳》言貞觀初官至太子率更令，封勃海縣男。考唐制，左右散騎常侍從三品，廣德二年升正三品。太子左庶子正四品上，率更令從四品上，而銀青光禄大夫爲從三品文散官，所謂階也。唐、宋人皆階卑於官，官者職事官也。蓋官以能擢，而階必以次升。志寧已官中書侍郎正四品上，大曆二年升正三品。稱爲執政，而未至三品，故太宗加以常侍。若左庶子，則與侍郎同品。唐制以高就卑者爲行，故曰行太子左庶子也。詢當高祖時官給事中，正五品上，安得有銀青之階？此碑兩人皆系階三品，則必在貞觀三年以後。古人書銜，繁簡任意，疑詢不稱率更令、勃海男，則中書侍郎爲執政，志寧何以不稱而僅稱庶子之閑職乎？至不避世字、民字，則太宗本有非連讀者不避之旨。故民部至高宗時始改户部，尤不必疑也。王述庵《金石萃編》著録，已缺八十三字。是本一一完好，古勁秀逸，洵可愛玩。予昨在庭芷處見一本不缺，乃故尚書趙文恪所藏。此本精采，尤覺過之。計平生所見信本書，周文勤有宋搨《九成宮醴泉銘》，本琦文勤物，今在毛昶熙尚書家。張孝達有舊搨《化度寺邕禪師碑》，本内府物，與此可稱鼎足。亡友陳德夫有宋搨《昭仁寺碑》，今不知何屬矣。此碑書隋作隨，碑首及碑文皆同，足證隋文帝去辵之言，未嘗垂爲功令。誕字元憲，史作元慮，明是字形之訛。

二十六日辛未　晴。

《鬻子》載禹治天下，得七大夫。曰臯陶、杜子業、既子、施子黯、季子寧、然子湛、輕子玉。自臯陶以外，皆無可考。《吕氏春秋・求人篇》云：『得陶、化益、真窺、横革、之交五人佐禹。』《荀子・成相篇》云：『禹得益、臯陶、横革、直成爲輔。』王厚齋《紀聞》謂陶即臯陶也；化益即伯益也；真與直相類，真窺即直成也；横革即横革也；之交未詳。盧氏文弨謂窺或是竀字，與成音近，王氏念孫以盧説爲確。景差《大招》：『直贏在位，近禹麾只。』姚氏範引《荀子》《吕覽》，又引《戰國策》禹有五丞，見《齊策》顏斶語。謂直、贏即五丞之二，蓋以直爲直成，贏爲贏，指伯益也。惟之交二字無釋。今案：之交，蓋支父之誤也。《莊子・讓王》：堯讓天下於子州支父，舜讓天下于子州支伯。《釋文》云：支父即支伯。皇甫謐《高士傳》亦云：堯以天下讓子州支父，舜又讓之，是子州支父與禹同時也。《新序》作州支父，省文則爲支父矣。《吕氏春秋・尊師篇》：『禹師大成贄。』《新序・雜事》引作『禹學大成執』。大成即直成，大猶直也。《易》曰『直方大』，贄執音轉，即支父也。蓋單言則爲支、爲贄、爲執，連其字則爲支父，重言之則爲子州支父，亦爲州支父，子、州、支皆一音之轉也。杜子業等六人及直成、横革，皆《古今人表》《四八目》等書所無。王氏《小學紺珠・名臣類》亦不載禹之七大夫及五丞。

《吕氏春秋・尊師篇》：『神農師悉諸。』《漢書・人表》上中：悉諸，炎帝師。而《新序》引《吕》作悉老。予謂者、諸字通，此因者誤爲老耳。又『湯師小臣』，高誘注：『小臣謂伊尹。』《新序》引《吕子》同。予謂以伊尹爲小臣，已甚不辭，而吕氏此處所舉十聖六賢之師，皆人名，何伊尹獨以小臣稱？疑小當是卞字之誤。卞臣即卞隨耳。臣有隨義，音亦通轉。湯師卞隨，正與上文堯師子州支父、舜師許由一例。《墨子·尚賢》下篇有『湯有小臣』語，然其中篇曰『伊摯，有莘氏女之私臣』，下篇又曰『伊尹爲莘氏女師僕』，皆以伊尹與舜及傳説並言。此處『湯有小臣』，則與禹有皋陶，文王有太顛、閎夭、南宫括、散宜生並言。則小臣亦是誤字，未必指伊尹也。《楚辭·天問》：『成湯東巡，有莘爰極，何乞彼小臣，而吉妃是得？』王逸注：『小臣謂伊尹。』此言伊尹本爲有莘之小臣耳，高誘蓋因此而附會。

譚研孫約明日飲宴賓齋，辭之。

二十七日壬申　晴，終日風。

《舊唐書·長孫無忌傳》稱貞觀十七年圖畫二十四人於凌烟閣，爲無忌及河間王孝恭、杜如晦、魏徵、房玄齡、尉遲敬德、李靖、蕭瑀、段志玄、劉弘基、屈突通、殷開山、柴紹、長孫順德、張亮、侯君集、張公謹、程知節、虞世南、劉政會、唐儉、李勣、秦叔寶，止二十三人，蓋偶脱高士廉。士廉、無忌傳同爲一卷。士廉傳已言圖形凌烟閣。其人皆備書官爵，已卒者并書謚。於柴紹曰：故荆州都督譙襄公柴紹，而《新書》乃作許紹。王氏《小學紺珠》引《兩京記》唐韋述撰。作柴紹。案《舊書》以唐儉、長孫順德、劉弘基、殷嶠、即殷開山。劉政會、柴紹傳共爲一卷，而於《殷嶠傳》中總之曰：『十七年與長孫無忌、唐儉、長孫順德、劉弘基、劉政會、柴紹等十七人俱圖其形於凌烟閣。』其獨舉無忌者，以圖形無忌爲首也。唐儉等五人總書於此，故不分載傳中。云十七人者，涉上十七年而誤。《柴紹傳》中備載其改封譙國公，卒贈荆州都督，謚曰襄。子哲威襲爵譙國公。《許紹傳》中則止云封安陸郡公，亦無圖形之語。柴紹以高祖之婿，歷著奇功；其妻平陽昭公主，又功參佐命。許功不及柴，又早卒于高祖時。宋子京以兩人名同，又同贈荆州都督，同謚襄，遂誤柴爲許耳。《通鑑》有柴無許，是也。

鄧獻之來，不晤。

邸鈔：詔：二十八日再詣大高殿祈雪。上諭：前據軍機大臣會同審擬已革烏魯木齊提督成禄罪名，比例以斬立決，聲明應否改爲斬監候，恭候欽定。旋因御史吴可讀奏請，將成禄立正典刑，當令御前大臣、大學士、六部九卿核議具奏。兹據王大臣奏稱，成禄罪名請仍照原擬辦理，其未經畫稿之通政使司通政使于凌辰、大理寺少卿王家璧亦據另摺陳明，均無異議。成禄著改爲斬監候，餘仍照軍機大臣等所請辦理。至御史雖准風聞奏事，何得以私意揣測，形諸奏章。該王大臣等謂吴可讀刺聽朝政，與風聞言事不同，請旨究詰實據等語。吴可讀著降三級調用，無庸究詰。詔：副都統銜二等侍衛特爾清阿賞給頭等侍衛，爲塔爾巴哈臺領隊大臣。

二十八日癸酉　晴，風。爲謝夢漁書扇兩面。逸山來。是日成感事一律。

夜見邸鈔：軍機大臣刑部會奏成禄罪名。據成禄親供稱，前（此處塗抹）因高臺縣貢生馬吉貞等聚衆抗捐，經三清渠等士民稟稱欲反，復據署安肅道竇型、署高臺縣知縣秦德鈞稟請，派兵剿捕馬吉貞等。槍斃親兵二名，傷勇丁數十名，遂將馬吉貞等擒獲正法。據已革署高臺縣知縣管笙供稱，但聞馬吉貞等抗捐，不聞謀逆。成禄呈出士民各稟，亦無叛逆之言。所傷勇丁俱有名册，所斃親兵獨無姓名。向其究問竇型等請兵之稟，又稱只有口稟。而竇型等攻破權家屯後，所稟有云『檢閲馬吉貞等槍礮器件，係辦團防時由縣給發』，是成禄冤殺馬吉貞等，已無疑義。查律無誣民爲叛，殺斃二百餘人正條，應比照誣告人反其人，已決者斬立決，未決者斬監候律，成禄應請斬立決。惟係誤聽人言，並非親自統兵攻殺，應否改爲斬監候，請旨定奪。馬吉貞等應請昭雪云云。

御史吴可讀疏略云：臣恭閲邸鈔，關内肅清，奉上諭，左宗棠以陝甘總督協辦大學士，命下之日，中外翕然悦服。臣方謂皇上既于身立大功者，予以不測之賞，即當於身犯大罪者，予以不測之罰。自來戡定禍亂，未有無誅而能有濟者也。是故青麐誅而後湖北之軍威振，勝保誅而後陝西之回務平，何桂清誅而後金陵之賊氛息。前事不遠，此明驗也。昨聞廷臣會奏審定成禄一案，既以例應斬決聲其罪，復以請改監候緩其死。在廷臣之意，以爲官犯有情實無緩決。成禄係大臣斟酌雙請，略示以朝廷寬厚，將來朝審時皇上亦必予勾，不過遲半年十數月之期耳。然此半年十數月中，或在監瘐斃，或因他故身亡，使窮凶極惡之輩，與尋常監候斬犯同邀此法外之仁，獲保首領以死，國法之謂何而姑息若是！况成禄鬼蜮百端，將來生死用舍，事正有不可知者。臣每讀宋臣張詠劾丁謂之奏，輒不勝流連慨慕，想見古人忠君愛國、奮不顧身之義。臣亦願效此愚忱，請皇上先斬成禄之頭，懸之藁街，以謝甘肅百姓，然後斬臣頭懸之成氏之門，以謝成禄。如我皇上不以無罪而殺微臣，則請于斬成禄後將臣下獄牢固監禁。察看關外軍務情形，倘仍有不以成禄爲炯戒而妄殺無辜冒報功級如成禄其人者，乞即置臣于理，以正欺罔之罪。臣與成禄，無德無怨，徒以公義私情，兩難自已。一則爲鄉里伸二百餘人男婦老幼之沉冤，一則爲國家惜二百餘年列祖列宗之大法。此而可稍緩其誅，則是使我皇上不惟無以對臨難死事諸臣，抑且無以服獲咎被戮諸臣。現今冬久不雪，多燠少寒。雪，刑象也。天其或者警在廷輔弼諸臣率多姑息之政乎？臣請皇上宸衷獨斷，正雙請之失，允立決之條，則賞罰悉當，天下幸甚。臣忠憤所激，倘蒙我皇上察其愚，憐其戇，而采其言，俾得稍有補于我皇上新政，則臣區區餘年，又何足惜！無任迫切，延頸待刃之至。

醇親王等會議覆奏：照茲詳核，成禄親供内賓型等口稟之辭，固不足憑。然三清渠紳士實有懇請攻剿之稟，秦德鈞等實有稟呈楊姓提督實據，成禄所部實有受傷弁名册。此則成禄科以輕信稟詞，草率派隊則有之，例以造意誣叛，則不無屈抑。軍機大臣會同刑部承審成禄一案，按律聲明，毫無偏袒情弊。而吴可讀不問事之委曲，法之當否，必欲力踐前言，飾辭瀆奏，牽涉天時，以輕信稟報之將領，妄擬爲前代弄權之奸相，並以棄城逃走之何桂清、青麐，不候定罪具呈强辯之勝保，引爲證據，甚至負氣忿激，有斬頭懸門、延頸待刃及請收獄監禁等語，大乖盡禮盡敬之義。然猶可略其狂而原其愚。惟所稱成禄鬼蜮百端，將來生死用舍，事正有不可知者，生殺予奪，出自乾斷。成禄縱有伎倆，何能施之於黼座之前？而爲其摇惑。該御史有何確據，乃逆揣至此。又日前承審大臣原奏，並未奉旨頒發中外，該御史何以言之歷歷？事關職員刺聽朝政，必應立杜其弊。以上二節，與風聞言事迥異，應否究詰實據，出自聖裁云云。

于凌辰、王家璧奏略云：會議稿内稱該御史刺聽朝政等語。臣等查該御史原摺，以桑梓受害，措詞不無激切，究屬出於公憤，發於愚誠。我皇上曲示包容，愈以見聖德之大。况朝廷設立言官，監察是其職守。凡京外政刑得失、臣民奸僞，皆當糾察，庶不負朝廷耳目之官。皇上躬親大政，正宜開闢聖聽，博訪兼收。若使無言責者既不得言，有言責者又不敢言，相顧緘默，日久相習成風，恐非國家之福，臣等不敢隨同畫稿云云。

讀史感事二首

瀛海空環大九州，覆棋全局幾時收。河流東走魚龍壯，烽火西連鳥鼠秋。臺築軒轅誰敢射，圃觴穆滿已難留。被衣一睡渾閑事，便解鈞天萬古愁。

黜陟山中豈與聞，罪言諫草重紛紜。將軍鐵券賒三死，大賈金錢策異勳。已爲免冠憎汲黯，徒傳請劍出朱雲。洛陽痛哭終何益，輸與當年萬石君。

二十九日甲戌小盡　晴，上午後大風。剃頭。同司奎順主事續娶妻，送分子四千。雜閱諸子。作片致夢漁。

十二月乙亥朔　晴。

因校《賈子》，遂并校《史記·秦始皇本紀》。王氏鳴盛謂贊中所載《過秦論》上篇『秦孝公據殽函之固』至『攻守之勢異也』，爲後人所羼入。此徐廣注可據。其説是也。謂贊末所附『周曆已移仁不代母』一篇，其『向使嬰有庸主之才』句上『賈誼、司馬遷曰』，『司馬遷』三字是衍文，其『秦之積衰』句上當有『司馬遷曰』四字，非也。『周曆已移』一篇，上冠以『孝明皇帝十七年十月十五日乙丑曰』，乃明帝問班固論賈誼、司馬遷所言是非之文，後人所附入者。徐廣注及《索隱》言之甚明。班固以賈誼責子嬰而司馬遷取其説，故先列賈誼、司馬遷曰云云。『秦之積衰』以下，乃班駁賈、馬語也。

印結局取到前月公費銀十五兩二錢。馬虞暘來，不晤。

初二日丙子　晴。讀《史記》。作書約寶卿、蓉生過談。庭芷來。逸山來。寶卿來，夜飯後去。

初三日丁丑　午正初刻七分大寒，十二月中。晴。讀《史記》。王福將隨一福建知縣李姓者南歸，付以銀四兩，又京錢二十千。牧莊來，夜飯後去。賞本司茶房皮襖錢四千。夜讀《史記》。

初四日戊寅　晴。寫大卷一開。讀《史記》。是日付賃屋錢三十七千，米錢十八千，煤錢十千，僕媪等庸直二十一千。得族弟嘯巖十一月朔日書。

初五日己卯　晴，比日無風，寒威少減，室中可去温爐。歲將盡矣，窮幾斷炊，思欲作書乞米，無可干者。家中弟妹又待予舉火。偶讀《舊唐書》馬懷素、褚无量、劉子玄、元行沖、韋述等傳論云：『子玄鬱結於當年，行沖彷徨於極筆，官不過俗吏，寵不逮常才，非過使然，蓋此道非趨時之具也，其窮也宜哉！』此必出唐史官之筆，非劉昫輩所能爲者。

《舊唐書》論贊有極佳者。江夏王道宗等傳論云：『道宗軍謀武勇，好學下賢，於群從之中，稱一時之傑。無忌、遂良銜不協之素，致千載之冤。永徽中，無忌、遂良，忠而獲罪，人皆哀之。殊不知誣陷劉洎、吴王恪於前，枉害道宗於後，天網不漏，不得其死也宜哉！』太宗諸子傳論云：『太宗諸子，吴王恪、濮王泰最賢，皆以才高辯悟，爲長孫無忌忌嫉，離間父子，遽爲豺狼。而無忌破家，非陰禍之報歟？』此深得褒貶之直，而無忌、遂良傳中，則皆不見此事，《春秋》之爲賢者諱也。

景龍中，褚无量之争皇后不得與祭南郊，開元初，盧履冰之争喪服父在增母三年，韋述之争舅服小功及堂姨舅服，皆援據漢儒古義，力破俗説，深有功於經學，非宋以後人所能及也。

以韓休之骾直，而感李林甫先告以入相之命，遂力薦林甫。以裴度之忠勳，而大和重入相時，亦效王播掇拾羨餘，以希恩寵。蓋非常之遇，中智所驚；晚節之貞，君子難保也。然薦休者蕭嵩，而休與之不叶，竟爲林甫所中而兩罷。度以薦李德裕，旋爲李宗閔、牛僧孺所惡而去位。究其得失何在哉？此大過之所以貴獨立不懼也。宋世趙昌言出知鳳翔，而太宗慮其涕泣；向敏中門無賀客，而真宗歎其耐官。故寇忠愍附會天書而再相，卒罹丁謂之譏；錢若水力辭樞密以悟君，遂洗蒙正之謗。

唐代人主好淫，宫闈無别，臣下化之，帷薄多慚。劉禕之賢相也，而通於許敬宗之妾。裴光庭名臣也，而卒後其妻武三思女。與李林甫通。忠奸混淆，轉相污染，何其醜也。故高祖私裴監之宫人，而有三貴妃經宿之報；太宗納巢剌之故婦，而釀武媚娘聚麀之殃。

公族有罪，宥之再三；婦人從夫，梱外不與。此百王之通憲，有國之深謀也。息隱、巢剌之因惡，罪貫神人，太宗不得已而誅之，可也。而滅其子孫，削其屬籍，竟以亂賊待之矣。此例既開，而吴恪、曹明，皆以愛子而枉死。平陽公主之戰功，奇絶今古，高祖越常格而謚之，可也，而葬以甲胄，送以鼓吹，竟以功臣視之矣。此事既著，而太平、安樂，皆以女子而干權。

《禮樂志》載開元時刑部郎中田再思之議服制，揣阿君意，淩蔑禮文，其辭僞而辯，經學之賊，奸言之雄也。范履冰一一折之，而謂别父母之服者，所以嚴夫婦之分。則天請父在爲母三年，外示隆慈愛之服，隱以抗天皇之尊。履霜堅冰，其來有漸。數言義正詞嚴，卓識無兩。周人制服，義在尊尊，可謂深知禮意者矣。此志於期字皆作周，故一期爲一周，再期爲再周，以期斷爲以周斷，皆避玄宗嫌名也。今人呼期年爲周年，以後爲兩周年、三周年，蓋始於此。

初六日庚辰　晨陰，上午雪作，旋止，下午晴。牧莊來。夜風。

邸鈔：以詹事府詹事松溎爲内閣學士兼禮部侍郎銜。以大理寺少卿長敘爲光禄寺卿。以正白旗蒙古副都統恒訓爲成都副都統。以前吉林副都統毓福爲正白旗蒙古副都統。

初七日辛巳　晨陰，上午晴。

錢竹汀《養新録》論張守節《史記正義》合汜、汜爲一字，遂列汜字有四音之誤。臧拜經《日記》以王觀國《學林》知汜水當音祀，而不知南汜之當音凡。又以汜澤、汎城相混，因爲分而疏之。《左傳·成四年》：『晉伐鄭，取汜祭之。』汜音祀，漢河南郡成皋之汜水也。孔氏《左傳正義》、顔氏《漢書注》皆辨之甚晰。今河南開封府氾水縣西有氾水者是。《左傳·僖二十四年》『王出適鄭，處於氾』之氾，音凡，漢潁川郡襄城之氾城，所謂南氾也。陸氏《左傳釋文》、蘇林《漢書注》皆音之甚明，今河南許州襄城縣南一里氾城者是。《左傳·僖三十年》『晉侯、秦伯圍鄭，秦軍氾南』之氾，亦音凡，漢河南郡中牟之圃田澤，杜元凱所謂東氾也，《釋文》亦音凡，今河南開封府中牟縣西圃田澤者是。成七年『楚子重伐鄭師於氾』，襄二十六年『涉於氾而歸』，皆襄城之南氾也。襄九年『諸侯伐鄭，甲戌師于氾』，此中牟之東氾也。惟昭五年『鄭伯勞子蕩于氾』，杜注及《釋例》皆不言南氾、東氾。以子蕩自楚歸推之，亦當是南氾，蓋鄭之南竟近楚也。故臧氏系之氾城。《史記·漢高祖本紀》『即皇帝位氾水之陽』之氾，音敷劍反，在漢濟陰郡定陶，今山東曹州府曹縣北四十里有氾水，與定陶分界者是。《春秋·隱七年》『天王使凡伯來聘』，注『汲郡共縣東南有凡城』，《釋文》作汎城，汎亦音凡，漢河内郡共之汎亭也，今河南衛輝府輝縣西南凡城者是。《左傳·昭二十二年》『王師軍于氾』，杜氏無注，《釋文》音凡。臧氏以下文于解注洛陽西南有大解、小解推之，則此氾亦周地，當即凡伯之汎城。

臧氏之學，頗嫌餖飣，繁而寡要。此數條折衷諸說，剖斷詳明，極有功于經學、史學。氾水之氾，今河南公私皆讀如祀，而經籍反致轇轕者，則由陸氏《釋文》誤音凡始。予案《山海經·中山經》浮戲之山，『氾水出焉』，『北流注於河，其東有谷，因名曰蛇谷』。浮戲山者，《水經注》謂即方山。方山今在氾水縣東南。氾从巳，《說文》：『巳爲它，即蛇字。象形。』因氾水出於此谷，故名曰蛇谷，可證氾之字从巳音同巳無疑矣。郭注蛇谷言此中出蛇，故以名之。望文生義，實爲附會。至氾澤，杜氏《釋例》以爲在中牟縣，而僖三十三年『鄭有原圃』注云：『中牟縣有圃田澤。』兩《漢志》中牟縣皆有圃田澤，而不言有氾澤。臧氏謂圃田亦甫田，甫、巳一聲之轉，疑氾澤即圃田澤，其說近理。而洪北江《乾隆府廳州縣志》云新鄭縣東北有東氾水，今涸。洪氏自當有所本，俟再考。

馬虞暘來辭行。吴蓉圃來，送湖北闈墨，不晤。

邸鈔：上諭：京師得有微雪，尚未渥沛祥霙，農田待澤孔殷，殊深焦盼。著遴選光明殿道衆，在大高殿設壇祈禱，於本月十二日開壇。是日朕親詣拈香，派本格晉祺等八人分爲四班住宿，上香行禮。廣順常川住宿。時應宫等仍分遣諸王。

初八日壬午　晴。煮臘八粥供先人。得伯寅侍郎書，饋銀二十兩，即復謝。作片約寶卿過談。作片致蓴庭，贈以闈墨兩册。夢漁來，久談去。牧莊來，留夜飯，談至二更後去。

初九日癸未　晨陰，巳後晴。付米錢二十八千，煤錢二十千，剃頭。

閲《三國志·高堂隆傳》。隆上疏有云：『夫六情五性，同在於人，嗜欲廉貞，各居其一。及其動也，交争於心。欲彊質弱，則縱濫不禁；精誠不制，則放溢無極。』『情苟無極，則人不堪其勞，物不充其求，勞求並至，將起禍亂。故不割情，無以相供。』『由此觀之，禮義之制，非苟拘分，將以遠害而興治也。』數語可作《樂記》『人生而静，天之性也』一節義疏，是七十子所傳之精理微言也。隆爲高堂生後人，故能爲此論。阮文達撰《性命古訓》，未采及此。又其臨終上疏云：『臣觀黄初之際，天兆其戒，異類之鳥，育長燕巢，口爪胸赤，此魏室之大異也。宜防鷹揚之臣於蕭墻之内。可選諸王，使君國典兵，往往棊跱，鎮撫皇畿，翼亮帝室。』其於後日司馬氏之篡，事如燭照。誰謂儒者無益於國哉？

《王肅傳》注引魚豢《魏略·儒宗傳序》云：『正始中，有詔議圜丘，普延學士。』是時郎官及司徒領吏見在京師者萬人，而應書與議者略無幾人。『朝堂公卿以下四百餘人，其能操筆者未有十人。』『嗟夫！學業沉隕，乃至於此。』其言可爲絶痛。蓋魏之三祖，崇高文辭，遂成風俗。故《高堂隆傳》言自隆與蘇林、秦静卒後，學者遂廢。至于正始而何平叔誅，甘露而鄭小同酖。高貴鄉公勵精好學，間世一出，而所餘王沈、王業、司馬孚、鍾會等，皆人奴國賊，無足與言。發憤鋤凶，轉嬰酷變，而魏遂不可爲矣。國之將亡，學殖先落。承祚於《三少帝紀》中備載高貴講學往復之言。承祚史裁最簡，而此獨不厭其詳，且高貴爲司馬氏之所最惡，而絶不顧忌，此其所以爲良史也。

《魏略》載董遇善《左氏傳》，爲作《朱墨别異》。人有從學者，遇不肯教，由是無傳其朱墨者。《朱墨别異》，蓋章句點讀及表譜之學也。《儒宗傳序》言臺閣試諸生，不統其大義，而問字指、墨法點注之間。字指謂字之音義也，墨法點注，則謂句讀也。《經典釋文》、隋唐《書·經籍志》皆載董遇《左氏傳章句》三十卷。

初十日甲申　終日陰。閲《三國志》。上午出門詣劉絨三師，不值。送馬虞暘行，亦不值，即歸。夜飯後，劉仙洲來，邀同至一人家選侍姬，不往。得逸山書。

邸鈔：禮部郎中記名御史周家楣方註銷御史開缺，以五品京堂候補。周家楣，江蘇宜興人，通商衙門章京也。

十一日乙酉　晨陰，上午晴。閲《三國志》。牧莊來。得孫琴士陝西書。殷蕚庭來。夜風，三更後益甚。

邸鈔：理藩院郎中崇繕授西歸綏兵備道。崇繕，蒙古正藍旗人，賽尚阿之子，崇綺之弟也。刑部郎中鄧承脩補浙江道監察御史。

十二日丙戌　晴，有風。校《三國志》。作書致陳鈞堂，得復。此人無信，究不可與作緣也。王信甫來，不晤。

邸鈔：李鴻章奏甄别知縣楊承杰、壽山、劉賡年等七人，革降有差。

桃花聖解盦日記壬集 起癸酉十二月

同治十二年十二月十三日至同治十三年六月初十日（1874年1月30日—1874年7月23日）

同治十二年癸酉冬十二月十三日丁亥　晴，風。

校《三國志》。陳少章《三國志辨誤》舉注文誤入正文者兩條：一《王肅傳》評，以『王肅亮直多聞，能析薪哉』句止，下文『劉寔以爲肅方於事上而好下佞己』云云，乃裴氏注文；與《譙周傳》評後注引『張璠以爲』云云，正同。一《譙周傳》末『周三子熙、賢、同。少子同舉孝廉，除錫令，東宮洗馬召不就』，傳文已正。下云『周長子熙，熙子秀，字元彦』，乃裴氏注文，下接《晉陽秋》曰『秀性清静』云云，今本皆溷爲正文。其説甚確，然尚有不止是者。《邴原傳》末附張（太）〔泰〕、字本〈泰〉，先君子諱，用范史例改用太。龐迪、張閣三人，其文云『是後大鴻臚鉅鹿張（太）〔泰〕、河南尹扶風龐迪以清賢稱，永寧太僕東郡張閣以簡質聞』，傳文已止；其下云『杜恕著《家戒》，稱閣曰，『張子臺視之似鄙樸人』云云，乃裴氏注文。閣與（太）〔泰〕、迪一例，不容獨贅它人稱閣之語。裴注屢引杜恕《家戒》，此固不辨可知也。《步騭傳》末附其子闡降晉事，云『陸抗陷城斬闡等，步氏泯滅，惟璿紹祀』，傳文已完。其下云『潁川周昭著書，稱步騭及嚴畯等曰』云云，其文甚長，凡七百餘言，且并及顧豫章劭、諸葛使君瑾、張奮威承三人，皆泛論其美，辭恉重沓，全無事實，必非承祚所取，其它傳中絶無此例。其末又附見周昭本末，而目録《步騭傳》下，並不出周昭姓名，則本爲注文無疑，後人傳録誤連之耳。承祚史裁簡要，類此可推。《三國志辨誤》三卷。《四庫目録》不著名氏。今按錢氏《廿二史考異》《諸史拾遺》所引陳氏景雲説，皆與之合，文句亦同，《王肅傳》評一條。《徐詳傳》佚一條，錢氏《養新録》引陳少章説亦一字不異。陳氏著《文道十書》，僅刻四種，故此書衹有鈔本。《提要》因《何義門讀書記》引陳少章，謂《楊阜傳》『明帝被青綾半褎袖』，袖疑衍字，而此書無此一條，遂以爲非陳所著。不知陳爲義門弟子，此條何氏又證以《宋書·五行志》，已著之《讀書記》中，故陳氏削而不載，且陳氏之書，亦其子黄中及門人于各書評識中録出，自有所遺，故錢氏所引亦有此書所無者，蓋《提要》未見錢氏書故也。

夜二更時以爲粗婢所忤，肝气大發。將就寢矣，忽王信甫來，言有事須面談，出晤之，則並無它語，坐久而去。微窺其意，蓋不知聞何人言予窮甚，欲量有所助，故屢問予歲事，而予以它語答之，遂亦不敢發言也。

邸鈔：以察哈爾副都統杜戛爾署理烏理雅蘇臺參贊大臣。

十四日戊子　晴。吴蓉圃來。作書致陳鈞堂唁其兄喪。下午見邸鈔，以順天舉人徐景春磨勘事，主司皆被議，伯寅降二級調用，伯寅今春以户部遺失行在印，堂官皆革職留任。向例革留者再獲處分，即須革任，則官職盡去矣。傍晚步往詣之，而閽者不内客，因訪胡石查而歸。徐景春者，直隸遵化人，中第十九名，爲胡左都所取。其策有七十曰老公之語，蓋策題問《曲禮》曰七十曰老，《公羊》疏引作七十曰耊，歧異之故，景春讀作七十曰老公，以羊疏爲人名。此固可絶倒，然近來鄉會中式如此類者不可枚指，北五省尤十之七八。房官主考既例不看策，磨勘者亦不及之。此次房官陸編修懋宗以私屬磨勘官鴻臚寺少卿梁僧寶。梁素愎，即舉徐卷摘出之，曰公羊二字拆開。禮部侍郎黄倬欲繩以例，則徐當斥革，考官皆當嚴議。全協揆私，請之禮部。于是禮部議上，徐斥革，陸降一級留，主考罰俸。朝廷下吏部覈議。尚書寶鋆性忮，又以其子被放，怨主司，欲擠全而奪其位。郎中某者夙與諸侍郎不平，遂據律争。童、潘兩主司皆吏部侍郎也，顧無如之何，因爲駁議。移禮部，禮部乃更議以上，而諸公皆左降矣。順天比歲科場多故，庚午解元李璜綸及第二名、第十六名皆以鈔録舊文雷同斥革，主司房考亦皆議處，京師首善累厄文場，亦非佳兆也。

邸鈔：上諭：禮部奏議結磨勘處分請旨更正並自行檢舉一摺。本年順天鄉試中式舉人徐景春試卷文理荒謬，經磨勘官簽出，照例斥革，正副考官同考官均有應得處分。著照該部此次所議，正考官全慶、副考官胡家玉、童華、潘祖蔭均著降二級調用，同考官著即行革職。至此案正副考官、同考官處分，該部前奏辦理未能允協，所有禮部堂司各官著交部分别議處。上諭：郭柏蔭奏宿疾復發懇請開缺調理一摺。郭柏蔭著准其開缺調理，以湖南布政使吴元炳爲湖北巡撫，以湖南按察使涂宗瀛爲布政使，以前甘肅按察使崇福爲湖南按察使。上諭：常順奏參贊大臣任意妄爲騷擾台站一摺。據稱烏里雅蘇台參贊大臣文奎自出傳單，爲由京帶來之藥商徐姓傳坐駕杆車進口，並時赴臺市遊蕩，勒索兵丁木柴等語。文奎身爲參贊大臣，宜如何潔己奉公，以副委任。似此任意妄爲，實屬有玷官箴，著交部嚴加議處，即行開缺，來京聽候部議。上諭：給事中陳鴻翊奏順天各屬因灾蠲免各項旗租銀兩，請仍遵旨蠲緩一摺。據稱，順天、寶坻等縣各項旗租，因本年秋禾被灾，奉旨蠲免分數。風聞内務府莊頭等仍向各縣民佃催索，令照十分交納，以致被賑灾民將所領銀米折變交租，甚至遷徙，灾民不敢歸里領賑，請飭查辦等語。著總管内務大臣即查照從前被灾之案，核實辦理，如查有該莊頭等任意逼索、舞弊營私等事，即著從嚴懲辦，毋稍徇隱。

十五日己丑　晴。作片致逸山約過談。作書致伯寅。閲陳喬樅《禮堂經説》。傍午詣逸山並晤孺初、雲髦，快談至晡後而歸。得伯寅書。寶卿來，留共夜飯，後去。陳六舟來。族兄雅齋來，乞撰其母明年八十壽序。夜月甚佳，有春時意。

邸鈔：以前成都將軍崇實爲刑部尚書。吏部尚書寶鋆兼翰林院掌院學士。以前烏里雅蘇臺將軍金順爲正白旗漢軍都統。以刑部左侍郎賀壽慈爲都察院左都御史。以前禮部左侍郎殷兆鏞爲吏部右侍郎。以内閣學士宋晉爲户部左侍郎，兼管三庫事務。以都察院左副都御史劉有銘爲刑部左侍郎。

十六日庚寅　晴。閱《經義述聞》。夜月甚佳。讀《楚辭·天問》。

邸鈔：上諭：全慶現在因案降調，所有承修普祥峪工程改派工部右侍郎宜振敬謹辦理。上諭：童華現在因案降調，吏部右侍郎殷兆鏞著授奕詳、奕謨讀，仍兼署兵部左侍郎。上諭：前任陝西巡撫劉蓉前因剿賊失利，降旨革職。兹據王文韶奏，劉蓉於本年十月間在籍身故。該員前在湖南、湖北、四川、陝西等省曾著戰功，所有革職處分加恩開復。上諭：王凱泰奏籲懇陛見一摺。王凱泰著來京陛見，福建巡撫著李鶴年兼署。

十七日辛卯　晴。閱《經義述聞》。同司廷愷郎中爲子續娶，送分子二千。賞庚午長班年事二千。呼漆工以青色油大門，付錢三千，買春聯錢二千四百。夜因校經，倦甚，讀柳記。

邸鈔：以内閣侍讀學士恒明爲太僕寺少卿。

十八日壬辰　卯正一刻十分立春，明年正月節。晨陰，上午薄晴。書立春勝貼。劉仙洲來，乞撰鑴山師明年七十壽序。庭芷來。午後出門賀緘山師升少司寇，不值。詣譚研孫，已移寓内城矣。詣鄧獻之、董芸龕，俱晤。答拜吴蓉圃、王信甫，俱不值。賀鄧鐵香擢御史，亦不值，即歸。蔡枚庵約明日作東坡生日，辭之。换大門春聯。一曰：『何言漢樸學；正似楚枝官。』宋景文語也，以篆書之。一曰：『聖代即今多雨露；新春先有好風光。』集高常侍、白香山語也，以隸書之。

邸鈔：上諭：錢鼎銘奏命婦年屆百齡籲懇恩施一摺。原任漕運總督袁甲三之母、現任詹事府詹事袁保恒之祖母郭氏年屆百齡，精神强固，洵爲熙朝人瑞，加恩賞給御書扁額一方，以示殊榮。所有例應旌賞之處，仍著禮部核議具奏。上諭：本月二十日仍親詣大高殿祈雪，時應宫等仍分遣諸王。

十九日癸巳　晴，上午大風起，微陰。先本生王父生日供饋。潘星齋丈來。作書致寶卿。

考《論語》『輗軏』當作軏。兩字，皇疏、邢疏言皆支離。戴東原《釋車》、段懋堂《説文》車部始分晰言之。凌曉樓《四書典故覈》原本戴説，疏之尤明。蓋輗爲大車，鬲與轅所接之關鍵；軏爲小車，衡與軥所接之關鍵；皆僅咫尺之木，非此則鬲、衡與轅、軥離而車不可行矣。故以喻人之信，以爲交接之具也。包氏既誤以大車之鬲爲輗，以小車之曲軥爲軏，朱子沿之；皇氏又誤以輗爲鬲下曲木縛軛之物，軏爲軥耑同端。曲枙拘同鉤。横同衡。之物。黄氏式三《論語後案》既取戴説，以輗軏爲皆著轅耑持衡之物，通稱軥，亦爲轅鬲，亦爲衡。而又牽引皇疏，以《説文》革部之鞙當輗。豈知鞙乃縛軛之柔革，與輗何涉耶？皇疏引鄭君注『輗穿轅耑著之，軏因轅耑著之』，蓋大車兩轅，車廣六尺六寸，則兩轅相去亦六尺六寸，故須爲兩輗，各穿其耑，以著于鬲。小車一轅，則但爲一軏，因其耑以著于衡也。鄭注本自明晰。

得寶卿復。大風徹晝夜不絶。

邸鈔：上諭：給事中郭從矩奏禮部議結已革舉人徐景春一卷意爲重輕顯違定例據實糾參一摺，著禮部堂官明白回奏。郭爲徐訟寃，引乾隆廿五年上諭，考官不得因求免吏議，轉取平庸膚淺之文。又道光五年湖北舉人張衍豫首場文有杞棘之荷龍光句，僅罰停會試一科，其意以分開公羊二字較輕，于引經誤以蓼蕭爲杞棘也。蓋郭山西人，亦不知公羊爲何物，對策爲何事，謬種自護，笑柄滋多，輕污臺章，貽羞翰苑，不學之弊，一至此乎！

二十日甲午　晴，大風晡後稍止。牧莊來。紫泉來。蕚庭來。寶卿來，偕牧莊、蕚庭共夜飯談至二更去。

二十一日乙未　晴。得伯寅書，惠銀十二兩，即復書謝。鄧鐵香來。剃頭。周荇丈約明日夜飲。

二十二日丙申　晴。比日温經，此事輟者二十餘年，幾盡忘矣，既苦多病，又間以人事奈何。朱蓉生來。寶卿來。換聽事及内室春聯，一曰：『檻曲縈紅，檐牙飛翠；尊前柏葉，勝裏金花。』集白石詞語、少陵詩語也。一曰：『蛛絲燈花助我喜；鶯啼燕語報新年。』集劉文房詩也。傍晚赴周荇丈之招，坐有逸山、廉生及光主事、皮主事等數人。荇丈出示新得趙子昂楷書《道德經》全册，明人項墨林所藏，國朝歸桐城張侍郎若靄，後歸成哲親王，籤題、匣題皆哲王手書，後系以跋，以爲絶代之寶，有乾隆御賞之印，荇丈以數十金得之。初更後歸。

二十三日丁酉　晨晴，上午後微陰，傍晚陰。譚研孫來。得王廉生書，贈端溪大研一方，即復謝，犒使者錢四千。賞全浙館長班錢二千。夜祀竈。

邸鈔：上諭：劉坤一奏遵旨據實覆奏一摺，據稱查明胡家玉及其弟姪田畝歷年錢糧，實有未曾被災辦緩仍未完納者丁漕改章一案，胡家玉曾貽該撫書信，並非該撫先行致函等語。胡家玉本籍田畝應完錢糧既未完納，又將丁漕改章一事致書地方官，均屬不合，降調左都御史，胡家玉著交部議處。

上諭：現在肅州克復，關内肅清，已故廣東陸路提督劉松山前在甘肅督兵剿賊，卓著戰功，嗣因遇伏捐軀，業經得有三等輕車都尉世職，著再加恩賞一等輕車都尉世職，以彰忠藎。

二十四日戊戌　晨陰，午後微晴。鄧獻之來饋歲事二十金，獻之官貧，近復賦閑，與予新交，而殷勤如此可感也。牧莊來，以許周生《鑑止水齋集》爲贈。

二十五日己亥　晴和，有春意。署吏送養廉銀十六兩來，賞以車錢三千。爲吴蓉圃代作題畫七古一首，即作書致之。下午自出市换銀，晤寶卿于涂，即同至邑館小坐，復邀寶卿至寓，留共夜飯，談至更餘而去。賞邑館長班年事錢二千。

二十六日庚子　晴。終日閲《左傳詁》。以明日祀門行户井之神，料檢牲醴果餌之屬，又度歲糕粽之屬，共費京錢四十千，又付米錢卅千。夜初更洗浴，三更後報賽歲神及五祀。

二十七日辛丑　晴，上午有風而不寒，蓋條風至矣。予生日。懸三代神位圖，供蕡燭，祀財神，求文章利市。殷萼庭饋糕麵爲壽，犒其使者二千。作片致庭芷，致逸山，俱約過談。鄭鹿門來。萼庭來。賞僕媪拜壽錢四千。傍晚詣逸山，談至夕歸。夜風。

邸鈔：刑部尚書崇實、桑春榮、吏部右侍郎殷兆鏞、禮部右侍郎徐桐俱充經筵講官，内閣學士松溎、景其濬俱充文淵閣直閣事。上諭：給事中邊寶泉奏稱胡家玉累次未完漕糧，劉坤一豈漫無覺察，何以事歷多年，概置不問，胡家玉既有干預原籍諸事之信，何以不立時奏聞，迨胡家玉條陳江西丁漕改章互相牴牾，始行糾參，藉端報復，挾私攻訐等語，劉坤一于胡家玉本籍田畝未完漕糧當時並未奏參，接胡家玉信函後，又不即時陳奏，亦屬不合，劉坤一著交部議處。上諭：兵部奏遵議委散秩大臣處分一摺。委散秩大臣施振接班遲誤，著照部議革去委散秩大臣，仍罰俸俸四年。上諭：兵部等遵議署將軍織造處分一摺。前署杭州將軍兼勳舊佐領一等英誠公連成擅受革書韓溥華呈詞，著照兵部所議降一級調用，毋庸查級紀議，抵該員現無職任，其應得處分著照例折罰世職，半俸三年，免其降調世職；杭州織造内務府郎中文治失察犯書孫錦頂名朦混，著照吏部所議降二級調用，准其抵銷。

二十八日壬寅　晴，上午有風，午止。整理書籍以將爲伏臘之祭，故移叢雜者于外。付煤錢七十千餘，慶酒食錢二十四千，賃屋錢七十三千四百，銅洗頭盆錢十七千，茗碗及銅托子錢十千八百，伏臘牲豚等錢九千六百，果諸等錢十千二百，糕餅等錢四千四百，年糕錢三千八百有奇。得孫琴士十一月十九日陝西書。夜燒絳蠟作篆書，是日以泉三千四百買紅燭用以點綴歲華。

二十九日癸卯　晴。作片致庭芷，得庭芷復，上午詣庭芷談，午歸，再得庭芷書，即復。馬孝廉錫祺來，不晤。更書春聯换門聯云：『甲位孟方應德龍首；戊成五際拜寵天門。』卧室聯云：『甲坼一花開玉李；戊飛雙燕入金梁。』是日付廣和居酒食錢一百十三千，其餘別簿記之。得傅子蓴片，言踵門三次不内矣。

邸鈔：上諭：明年恭逢慈禧端佑康頤皇太后四旬大慶，並朕親政後初届元日令辰，允宜仰體慈懷，覃敷闓澤，推恩之序首重親親，孚郡王賞銀三千兩，多羅貝勒載治賞銀二千兩，俱由内給發；惠郡王奕詳、鎮國公奕謨均交宗人府從優議敘；多羅貝勒載澂恭親王子。賞加郡王銜頭品頂帶，載瀾惇親王子。賞給三等輔國將軍頭品頂帶，載湉醇親王子。賞戴花翎，用示篤念宗支至意。上諭：中外王大臣有勤勞素著者，亦宜特沛恩施，恭親王文祥、寶鋆均交該衙門從優議敘。沈桂芬賞給御書扁額一方，科爾沁親王伯彦訥謨祜、多羅貝勒奕劻、公景壽均賞穿帶嗉貂褂。大學士兩廣總督瑞麟、大學士直隸總督李鴻章、協辦大學士陝甘總督左宗棠均交部從優議敘。上諭：軍機大臣工部尚書李鴻藻之母姚氏年逾八旬，精神强固，加恩賞給御書扁額一方。上諭：鮑源深奏特參庸劣吏各員一摺。山西武鄉縣知縣劉崇禮性情貪鄙，不洽輿情，著即行革職。趙城縣知縣金祜精力就衰，難膺民社，著開缺以教職銓選。候補知州常豫才具平庸，難期振作，著降爲縣丞。金祐新昌人，壬辰舉人、甲辰進士，去年方以山陰（屬大同府）調趙城者，先君子受業師也。上諭：李宗羲奏甄別庸劣不職各員一摺。江蘇常州府知府吴鼎元年力就衰，難資表率；興化縣知縣黄際清年老目昏，難膺民社，均著以原品休致。金匱縣知縣俞明厚會稽監生。賦性剛愎，准補金山縣知縣何炳章蕭山舉人。操守不謹，安徽休寧縣知縣劉中孚怨聲載道，江蘇候補直隸州知州于昌遂巧詐荒唐，候補知縣孫亮功嗜好太深，陳毓藻性情狡獪，均著即行革職。江西道御史譚鈞培授江蘇常州府知府。

三十日甲辰　晴。得董芸龕書，惠銀十六兩，即復，犒其使五千。得朱鼎甫書，予本約其今夕來寓守歲而以疾辭。殷蓴庭饋一鴨一魚，還其魚。得庭芷書，言從河南袁保齡舍人借銀二十兩，爲其祖母郭太夫人求撰百歲壽序，先以此作潤筆。庭芷之意可感，然予文例定一篇百金，雖貧甚不肯減價，且年事已可支絀過去，因復書謝庭芷還袁氏之金。課童僕掃室宇、黏春貼子，賞夏升年事錢十二千，陳媪年事錢二十二千，升兒六千，更夫四千，皆更支工食一月。再得庭芷書，言袁氏情不可却，不得已受之，作書復。自出市换銀，付質庫贖衣物錢一百六十一千有奇。牧莊來。寶卿來。夜祀竈。祭先以十六簋加四果兩點心，多取先人所耆。饋屋之故主。偕二君飲屠蘇，遂圍爐守歲暢談徹夜，因作詩紀之。是日蔡枚叟來，以東坡生日詩見示，不值，留詩而去。

癸酉除夕偕同里張孝仲舍人錫中史寶卿同年慈濟寓齋守歲論學達旦因再用東坡除夕寄段屯田韵示二君

我讀佛氏書，論字分滿半。儒家反不識，伏獵貽笑歎。文章學俳優，師友供狎玩。淫聲益侏離，大義日破散。入耽博弈戲，出逐鷄狗伴。置身或廟堂，遇事同盍旦。鈴尾聽吏胥，俯首刮几案。謬種束一轍，馴致釀大亂。咎由昧六書，昏睡怠沃盥。所以宣聖言，正名豈容緩。我老頗嗜學，孤陋乏講貫。幸爲麻中蓬，抉此達心懦。竭澤慰羡魚，伐山恣取炭。二君今舊雨，歲寒適我館。圍爐共兹夕，談深覺衣暖。四鄰爆竹喧，一室燭花粲。會計終年功，煦嫗一室暖，試看廣長舌，共鬥燭花粲。

又疊前韵柬庭芷、逸山詩未成。

同治十三年（一八七四）

同治十三年歲在閼逢閹茂月在修陬元日乙巳　晴和。昧爽偕張、史二君擲采選格一周，卜今年科第，予得紅最多，由高甲至黄閣先賀，二君亦皆詞苑至黄扉，此亦鏡卜錢占之意。辨色放爆竹，二君就客次睡，予亦假寐，晨起供湯圓叩拜先人。趙心泉來。殷蕚庭來。晡後再偕二君擲采色三周，予皆得高甲，又一擲得全紅，傍晚二君去。得潘紱丈書。夜早睡。是日來賀者共十八人。

初二日丙午　晴，有風。濮紫泉來。作書復紱丈。以豚酒祀財神，京師風俗如是。以點心名紗帽餡子者供先人。

趙雲松《陔餘叢考》言三元自唐至明十一人：唐張又新、崔元翰，宋孫何、王曾、宋庠、楊寘、馮京、王巖叟，金孟宗獻，元王宗哲，明商輅。翟晴江《通俗編》引《文海披鈔》言明人三元尚有黄觀、楊用修，謂蜀在宋時三元三人陳堯叟、楊寘、何渙。翟氏謂宋未當有三元之號，明人追稱之耳。唐崔元翰京兆解頭、禮部狀頭、宏辭及制科三等敕頭；武翊黄府選爲解頭，及第爲狀頭，宏辭爲敕頭，時謂武氏三頭。章孝標贈詩：『花錦文章開四面，天人科第占三頭。』又張又新時亦號爲三頭。慈銘案：宏辭者，唐宋所謂詞科也。制科者，如賢良方正直言極諫等科。唐凡有八十六科，至宋止有賢良方正直言極諫一科。唐制科無一、二等，其最優者入第三等，故三等第一謂之敕頭，如無三等，則四等第一爲敕頭矣。宋世制科入三等者僅吴育、蘇軾、范百禄、孔文仲四人，南渡止開一科，得李垕一人，入第四等。以人主親策，故謂之制科也。《舊唐書·崔元翰傳》，元翰博陵人，進士擢第，登博學宏詞制科，又應賢良方正直言極諫科，三舉皆昇甲第，年已五十餘。《唐書》之例，凡進士第一人，亦止云登進士甲科，《宋史》始有第一之稱。此傳『宏詞』下制字誤衍，宏詞非制科也。其下云李汧公鎮滑臺辟爲從事。汧公者，李勉也，史文不當稱汧公，亦沿所據它書本文而誤。唐時進士試禮部，登第後即爲及第，其第一人謂之狀元，未嘗廷試，故往往有不授官者，其更舉宏辭及制科或試書判，始皆得官。五代以後進士則皆須廷試矣。至京兆太學及各州郡所舉試于禮部者，謂之舉進士，亦曰舉人，其第一謂之解頭，如不及第，則須更解，有終身不更得舉者。宋制亦然，故爾時無三元之名。《唐書·張又新傳》亦未嘗謂之三元，翟氏之辨甚是。宋時有免解進士，出于恩澤。陸定圃《冷廬雜識》言《遼史·王棠傳》，鄉貢、禮部、廷試皆第一，是亦三元也。據此，則唐至明三元共十六人。國朝二人，錢閣學棨、陳布政繼昌，故布政私印有曰『古今第十七人』，蓋尚考之未審也。明王鏊、李廷機鄉、會試皆第一，而殿試王得探花、李得榜眼，人以爲惜。宋歐陽修鄉貢、省試皆第一，至廷試在第九，而狀元爲其僚婿王拱壽。

國朝凡鄉、會試第一者，殿試必以狀元待之。李祖惠、顧元熙皆解元而會試第二，道光庚子科會試主司欲得三元，時辛卯浙江解元潘恭壽入試，潘素工書，闈中必欲物色得之，得一卷文筆相似，先移外簾，取其墨卷觀之，字迹又符，更于日中影閲其糊名，則姓名三字字體又皆作長樣，以爲必然矣，及拆卷則吴敬義。吴乙未舉人第三也。人之賢否固不系此，即論得失亦僅一時之庸耳俗目耳。唐之李、杜科目無名，韓昌黎宏詞落第，劉去華制科被擯，杜岐公、李衛公皆任子，至今文章氣節、著述勳名，震耀天壤，不特八關奸子，史册蒙穢，不啻以糞土絜嵩岱，即崔元翰、武翊黄姓名泯没，亦何異浮游蟪蛄耶！黄文貞之忠節、商文毅之嚴正，何假三元爲重？王文恪、李文節雖不得大魁，豈不足與黄、商並傳？歐陽文忠名德之高，惟王文正差可比肩，宋元憲等已有愧色，况陳文忠乎？

國朝乾隆以前狀元或取才名，其策亦多取條對。高宗屢有詔申飭之，故畢總督沅、莊協揆有恭皆由特簡。嘉慶以後漸形波靡，自己未姚文僖後遂無名元，然其時猶未專取楷法也，至道光後專論字矣，然猶取歐、褚、趙、董遺法，所謂帖意也，宣宗晚年講求字畫，于是禁帖體，奉行者乃并禁《說文》正體，遂以不誤者爲誤，而《字學舉隅》之書出矣，士人遂争以癡肥板重爲工，有黑方光之目，非此不得列前十卷，而楷法亦盡亡矣。故自道光至今，凡開二十五科，狀元識字通經者，惟壬辰吴侍郎鍾駿一人，其小有時名者，丙戌朱昌頤、辛丑龍啓瑞耳。而世之聾瞽寱語承其餘竅，猶以爲此足徵福澤。然福澤者，官位年壽而已。嘉慶至今七十八年，狀元三十七人，官至一品者僅二人，嘉慶己未姚文田至尚書，道光丁未張之萬由巡撫升總督，未至任告終養。至二品者十人，嘉慶辛酉顧皋至侍郎，辛未蔣立鏞至閣學，丁丑吴其濬至巡撫，庚辰陳繼昌至布政，壬辰吴侍郎，丙申林鴻年至巡撫，未抵任革職，庚子李承霖至閣學，辛丑龍啓瑞至布政，癸丑孫如僅由學士升閣學，未入京卒，丙辰翁同龢至閣學，凡六人，從二品。而偃蹇夭折者或半焉。嘉慶、道光之龍首，士大夫已多不能舉其名氏，自姚文僖外著作無一字流傳，事業志行雖親愛者絶無稱述，朝廷取此等人果何用也！乙丑狀元今户部侍郎承恩公崇綺則以外戚超授。

是日來賀者共二十四人。

初三日丁未　丑正一刻十四分雨水，正月中。晴，晨有風。剃頭。得紱丈書，借陳氏同姓名譜，即復。以炒年糕供先人。再得紱丈書，借《毛詩禮徵》，即復。是日來賀者十六人。

初四日戊申　上午澹晴，微風，下午晴。以饅頭供先人。得紱丈書，還所借諸書。下午步至廠甸閲市至火神廟，購得《薛氏鍾鼎款識》《陸宣公文集》，共直銀四兩。傍晚歸。《薛氏款識》已是後印本，《宣公集》爲制誥十卷、奏草六卷、中書奏議六卷，雍正間年羹堯進呈本，道光丁未耆英刻于廣東，又增輯二卷。

初五日己酉　晴。出門至城内外賀年三十五家，晡歸。劉緘三師來，潘紱丈來，俱不值。昨今兩日來賀者共十九人，皆僅投敕，故不記姓名。祀先以八簋。江以南度歲，皆供先代像，至正月十八日徹。北地亦間有之，然浙東重祀先，富家世族几筵甚盛，而果餌所需多取華美，不求滋味。其饋饌則僅除夕元夜及十八日徹像之祭而已。吾家惟除夕、十八日兩祭，謂之落堂、上堂。而元旦、元夜皆供湯圓子。初五日供茶湯，謂之了新年茶。十三日亦供茶湯，謂之上燈茶。又以次上墓，謂之拜墳歲。予嘗謂禮無二敬。既設像室于堂，不容復祭于墓。况今禮掃墓，春冬二祭，上下通行，丘隴遠者或六七十里，寒衣之送方還，麥飯之澆垂及，新年人事姻戚往還，又須跋涉山川，經歷墟墓，事近無謂，費亦不訾，嬻之不遑，敬將焉致？是宜省減此節，移饋于堂五日，元宵增益兩祭，其餘日皆供點心茶湯。家貧力不逮者，則自元旦至五日，自十三日至十七日皆供茶點，餘日供香燭，一年之内衹此旬餘像設在庭，出入瞻顧，物惟其潔，量力而行，思嗜好于平生，備時鮮于春始，所當刊爲家禮，永詔後人者也。

初六日庚戌　晨陰，上午後微晴，風起，下午晴，大風。復寫大卷，温《周禮》《左傳》以今日始。得紱丈書。料檢几篋間物，編寫《舊唐書》籤目。作書致紱丈。夜風。皇上今日出宿郊宫，以丑時行上辛祈穀禮于壇。

夜得紱丈書，借《舊唐書》，即復。

初七日辛亥　晴，風，至下午稍止，晚又起。供先以粉餈粔餌。作片致逸山，致牧莊，俱約明日閲廠市。得紱丈書，即復。得逸山復。作篆字數百以昨夜始。兩日來賀者十三人。

初八日壬子　晨晴，上午風，午陰，大風，埃有微雪，晡後微晴，大風不止。得紱丈書，即復。閲

《竹汀日記》。夜風。連夕疾動。

初九日癸丑　晴。得逸山書。吴松堂送來誥命三軸。予以乙丑恭逢文宗顯皇帝升祔，恩加一級；壬申恭逢皇太后加上徽號，覃恩應得誥命二軸，以本身及妻室誥命請貤封祖父母；癸酉恭逢皇上親政，恩加一級，皇太后再加徽號，覃恩又請得本身及妻室誥命，三代皆得中憲大夫恭人階封。寒門先世隱德不曜，今日乃籍貲郎追榮其先，而二親尚不及見，可悲也已。上午出門答客二十餘家。詣牧莊晤談，同至瑠璃廠火神廟閲書，士女甚盛，車馬填塞。晤逸山、鐵香、竹篔、紫泉、蓴庭、寶卿，晡後歸。得伯寅書，贈《越三子集》廿部，即復。

妻初授恭人誥命即以爲五十之壽戲寄以詩二首

一封花誥下紅雲，暫慰虀鹽半世勤。削竹擬添新首飾，曳柴仍是舊襦裙。五旬不愧稱丘嫂，四品居然比郡君。唐制，官四品者妻封郡君。腸斷二親都未見，虚銜天語待黄焚。

遠典朝衫壽孟光，黔婁垂老作貲郎。豈真晚貴同翁子，且自齋居學太常。搔背牛衣終歲少，伸眉鸞鏡一時忙。待卿百斛稱觴日，滿試花釵九樹妝。唐宋命婦，一品花鈿皆九樹，四品六樹。

初十日甲寅　晨陰，上午微晴旋陰，下午有霏雪。得伯寅書，再贈《越三子集》二十部。作書復伯寅。紱丈來。朱蓉生來。作片致逸山，致牧莊，俱約明日共素食。是日暫收先世神位圖，以明日是先妣生日計。先妣生嘉慶乙丑，正得七十年矣。俗有冥壽之説，江浙多作佛事，蘇杭人至有遍柬相識作筵請分子者。京師語以送禮錢爲分子。終天莫追，稱觴何屬？從宜從俗，禮佛追福可也。予既貧甚，不能供齋懺之資。惟飭家人潔治食物，多取夙嗜，略設几筵，懸新得誥軸于上，焚黄有待，上壽無期，虚濫芝泥之封，奚補風木之恨，生前菽水未盡一日之歡，今節衣冠遂成百年之事。音容永隔，涕淚何窮，今夕瀹茗焚香，繼以果醴、紗帽、餡子、饅頭、餅餤、炒麵，貧家風味、客裏杯盤，庶幾先靈歆其清白而已。

十一日乙卯　晴。先妣七十陰壽，供饋十二簋。憶歲甲子先妣六十壽辰，予在京師，平景蓀固勸張樂相慶，予辭以無事力。景蓀謂此固不易，然人生求費此錢者可多得耶！蓋景蓀早喪二親，故激發言之也。嗚呼，今日果何如耶！可痛也已。作片致潘孺初。致寶卿。牧莊來。逸山來。寶卿來。留小飲共素食夜飯後去。

十二日丙辰　晨陰，上午有微風薄晴，下午晴。剃頭。晡後步至廠閲市，以錢十四千購得張謙中《復古編》，末附張子野《安陸集》一卷，以謙中爲子野之孫也。此據東坡與趙清獻言，表忠觀碑篆額帖以爲子野之孫。而樓攻媿言據謙中篆書《金剛經跋》稱其父爲張三先生，又似子野之子。乾隆庚子安邑葛鳴陽刻本，丁小雅諸公所校，極稱精宓。此本又從葛本翻刻，頗有誤字，然予南北求之二十餘年，今日得之亦可快也。晤廖雲鷟、譚研孫二君。傍晚至廠甸小閲而歸。是日復懸先世神位圖，更設果供。

邸鈔：上諭：翰林院編修張英麟、檢討王慶祺均著在弘德殿行走。上諭：文祥奏病難速痊，籲懇開缺調理一摺。文祥著賞假兩個月，安心調理，毋庸開缺。上諭：左宗棠奏請簡漢中鎮總兵一摺。漢中鎮總兵員缺著楊長春補授，向來提鎮缺出均由特簡，且現在各軍營俱有記名人員候旨簡放，此次左宗棠將周紹濂等開單呈覽，殊屬非是，嗣後各督撫務當恪遵定例，不得列名請簡，以符體制。上諭：左宗棠奏甘肅士子赴陝鄉試，道遠費艱，請分闈就試，並分設學政一摺，著該部議奏。

十三日丁巳　晨陰，巳後晴。上午再游廠市，至二酉齋購得天都黄晟所刻巾箱本《太平廣記》一部，直四十千。此無佳槧，曾見大字舊鈔本，亦甚潦草，近日通行皆坊賈翻刻黄本，謬誤滋甚。予家舊有原刻初印本，置之几案，精緻可愛，而爲戚黨所借，遂失去，僅存首一帙，常惋惜之。今日得此甚慰所願。此書載唐人逸事甚多，予常取以考證兩《唐書》。黄刻雖亦多訛奪，然較坊刻自遠勝也。又得《燕子箋》一册，大字舊紙，尚是百子山樵原刻也，直六千，上下卷各有圖六幅，極精妙。首標雪韵堂批點。圓海於曲爲專家，非玉茗、青藤文人寄興者比。南都草創，蝸角經年，玉樹後庭，以此爲師涓之樂，故其書轉因凶德參會，足爲鑒戒而傳。予舊有小本，爲周素生借去，此亦甚難得也。又以錢四千買一粗研而歸，以供研朱之用。夜以紗帽餡子、餅餤、扁豆、紅棗、茶湯供先人。

閲《復古編》，共二卷。先以平上去入爲次，取字之有正俗别體者俱明辨之，次以聯綿字，如『劈歷』不作『霹靂』之類，次以形聲相類字，次以形相類字，次以聲相類字，次以筆迹小異字，次以上正下訛字。張有字謙中，吴興人，作此以救正同時王介甫之《字説》者，後爲黄冠，蓋有託而逃也。其書辨正極嚴，筆畫小異，概以俗繆斥之。雖或失之太拘，然有功于小學甚大。郭忠恕之《佩觿》、載侗之《六書故》，遠非其匹也。葛鳴陽據桂未古寫本，復取翁覃谿、錢可廬、程魚門各寫藏本，而丁小雅、宋芝山助之校勘，影摹極精。葛氏又校以元明間刻本，作校正一卷，更取各家最録序跋之文，以及張氏平生之著述、復古之宗派作附録一卷，其於是書可謂盡心焉矣。

連夕有好月，比鄰皆放花爆，予家獨寂然。

邸鈔：上諭：降調吏部右侍郎童華，著仍在上書房行走。前户部左侍郎潘祖蔭著加恩賞給翰林院編修，仍在南書房行走。

十四日戊午　晨陰，巳後晴，晡後又陰。閲《復古編》。作書致廉生，託代購山水人物小幅。上午再游廠市，晤胡石查、殷蕚庭、洪右臣。偕蕚庭閲肆。

于同雅堂購得吾鄉茹三樵先生所著書十二種，内《易》學十種：《周易證籤》四卷，《周易二閭記》三卷，《讀易日札》一卷，《易講會籤》一卷，《兩孚益記》一卷，《八卦方位守傳》一卷，《大衍守傳》一卷，《大衍一説》一卷，《周易象考》附《辭考》《占考》共一卷，《周易小義》二卷。又《尚書未定稿》二卷，《竹香齋古文》二卷，都爲一函。茹氏于《易》專言象變，多取虞説，實爲漢學，而不自名家，其登第爲乾隆甲戌，與西莊、竹汀、竹君、曉嵐諸公同年，而絶無往還商榷之語。三樵成進士時尚冒李姓，惟錢氏《養新録》中有詢其姓所自出一條。故蹊徑不同，聲華黯然。書皆刻于身後，其子古香尚書爲乾隆甲辰進士第一人，殊不知學，故書無序例，亦無年月，間有二自序，則似先成《周易小義》，後爲《二閭記》。今依其目録，以《證籤》爲首，其書以次詮釋六十四卦爻彖大小象之文，至既濟而止，尚少未濟一卦，繫辭以下則闕焉，蓋未成之作。證籤者，不過每條標此爲名，並無義例，與其《二閭記會籤》等名目同，皆師法西河毛氏《寫官記》《詩札》《白鷺洲主客》等故事。其説經妙于語言，時雜以滑稽，篇次接聯，自爲文法，亦與毛氏同。蓋吾越自宋陸農師氏《爾雅新義》《埤雅》、明季彭山氏《詩經解頤》《春秋私考》，皆爲此體，固宗派如是也。《尚書未定稿》則亦以僞古文爲真，而訓釋字義，多取于《説文》。《古文》清妙，有塵外之致，又善敘情事，而出以澹遠，在國朝可獨立一幟也。諸書予向皆有之，經亂燬於火，外間流傳絶少，版亦早失。歲壬戌予輯《國朝儒林小志》，欲載其書目而廑記其《易》有十種，能舉其名者惟《二閭記》《小義》兩種。嘗與平景蓀遍訪之而不得也。乾隆甲戌，吾鄉有兩經儒登第，先生與范衡洲也。范氏著書十餘種，刻者三種，其《詩經》兩種，得收入《四庫》。故世尚能知之，且其傳已載于乾隆末李亨特所修府志，備列其書目。先生之歿已在志成之後，故并無傳志可考矣。乙丑歸里，于倉橋書肆得其《二閭記》三册，去冬于寶名齋見其《易》學十種，索銀三兩，曾託胡雲楣圖之而未遂。今以錢十千得之，亦可喜矣。

又于寶經堂得吴荷屋《列代名人年譜》一部，凡十卷，以紀年爲表，始漢高帝元年，訖國朝道光二十三年。上一格爲歷代紀年，中一格爲時事，下一格爲諸人生卒，其法甚善，而詳略錯雜，有載所不當載者。國朝時事，僅有歷科鼎甲姓名及一二聞人宦蹟，而獨附顧亭林、王漁洋、王茂京原祁、陳秉之世倌、王德甫五人之譜。亭林、漁洋、述庵，猶足援少陵、香山、六一、東坡、景伯、放翁、遺山之例。吴氏于唐宋亦僅附此七人之譜。麓臺僅以畫傳，文勤止以官顯，獨何説乎？國朝時事，固不宜記，然列聖之傳授崩葬，皇太后、皇后之尊立崩葬，皇子諸王之封薨任用，内閣六部三院督撫之拜罷，歷代之征伐武功，斥土命帥，此又何顧忌而不書乎？甚至廟諱陵名，亦俱闕如。蓋吴氏雖以著述名，而譜學非深于史裁，不能得其要領，吴氏不過翰林名士，封疆雅吏，實不足語于大雅宏達。觀此書首稱漢曰前漢，即其學可知矣。每科進士載一甲三人，又取二甲一名以下，間載數人。其人亦不必有名，已不可解矣。又不曰進士榜，而曰翰林榜。康熙己未，乾隆丙辰兩次開鴻博科，皆僅載一等某某等、二等某某等，而餘概從略。又載乾隆九年、嘉慶九年兩次幸翰林院，賜宴賦詩，而如乾隆中之開四庫館、立國子監石經、建辟雝，此等大事乃反不書，又何説乎？據陳頌南序，言此書是其子莘畬所校刻，蓋荷屋未成之書也。

又翻刻阮氏顧畫《列女傳》一部。此本阮文達第九女季蘭名正。據宋建安余仁仲本影畫，其兄賜卿太守福復令人影寫傳文，爲之校刻，極爲精工。宋畫謂即顧虎頭本縮臨，雖有據依，終未敢信。然其畫古樸，誠有漢法。予少時曾購得數本，分貽家人及戚屬賢媛，今皆久歸銷燬。此本不知何年何人所翻，則圖既全失神氣，字尤訛脱不可讀矣。以付姬人將爲點改授讀之，兩書共直十二千。又于文貴堂携畢秋帆《中州金石志》、劉楚楨《漢石例》兩書。偕蕚庭同車歸寓，蕚庭少坐别去。

得紱丈書，借《雷塘盦主弟子記》，即復以文達於戊辰撫浙時，因科場事牽連罷官，旋賞編修，伯寅近日之事頗與之同也。夜得王廉生書，即復。比日來賀者共六十餘人。初更後風起，五更疾動。是日牧莊以洪北江遺書見詒。共七種。

十五日己未　晨至午陰，下午微晴有風，晡後晴。午出答客城内外共二十餘家，晡後歸。車中閲洪稚存《曉讀書齋初録》《二録》，其中頗不免疏漏，蓋隨時劄記，未及審正故也。予舊有此書，後以歸陳德甫，今日讀之，不勝人琴之感。編寫諸書籤額。元夕不能作燈，供以肴饌八簋及粉圓子、湯圓子祀先。夜月皎，風益甚。閲《太平廣記》。

邸鈔：英翰奏甄別庸劣不職之安徽全椒縣知縣黄嘉瑞等六人。詔革降有差。

十六日庚申　晴。作片致牧莊，贈以《周易二閭記》三册，并還其《傳經表》及《泠廬雜識》。《傳經表》畢氏沅所輯，自周至三國時止，上二卷爲傳經，據兩《漢·儒林傳》所載授受原流，分經爲表；下二卷爲通經，則無師承可考者，以通十一經、馬融。十經、鄭康成，以《孝經》爲小同注，故止十經。九經至一經爲表；而無經可考者，下至《漢》《魏書》所載博士姓名，皆依時代附録之，搜采頗博，間亦有所考證，較朱睦㮮《授經圖》爲優。以印章識所得諸書。補寫數日來日記。夜有風，閲茹氏《易講會籤》《竹香齋古文》、洪氏《唐宋小樂府》。

十七日辛酉　晴，時有風，稍寒。閲《曉讀書齋三録》黔中録、塞外録。《四録》及《伊犁日記》《天山客話》《外家記聞》諸書。庭芷來。牧莊來。夜以茶茗供先。王廉生來，不晤。作片致陳鈞堂薦僕人蘇升。

邸鈔：上諭：吏部奏遵議大員處分請分别革職革任一摺。降調左都御史胡家玉著加恩改爲降五級調用，江西巡撫劉坤一著加恩改爲革職留任，降爲三品頂帶。劉坤一前因漏洩廷寄革職留任，此次部議以照事應奏而不奏杖八十私罪律，降三級調用，又照官員徇隱例再降二級調用，既已革職無級可指，故照例請革任。詔改革留，蓋仍其舊而此次處分加恩寬免也，惟降頭品頂帶爲三品耳。

十八日壬戌　子正三刻十二分驚蟄，二月節。終日陰，上午微有日景。祀先以十簋，至晡畢事，收神位圖。汪柳門編修來，不晤。庭芷來。作片致殷蕚庭，饋以㷉凫、梨柑。補成除夕寄庭芷、逸山詩，謝鄧獻之惠炭金詩，柬伯寅仍入南書房詩，至夜方畢。

除夕柬呂庭芷編修陳木夫主事再疊前韵

我聞行百里，九十止者半。前者一失足，後人輒嘲歎。所以涉世艱，跬步不可玩。志苦誘每甘，神凝光易散。獨寢求魂恬，孤行畏影伴。殘膏方戀燈，旭日已戒旦。嗟此桑榆陰，起坐不離案。積瘁苦健忘，處賤易拂亂。所藉書味醲，時時相饋盥。舉世棄癡鈍，家人笑拘緩。呂安我舊友，承明滯華貫。陳重厲風義，壁立氣不懦。同度金門歲，滿貯榾盆炭。佛火分佳兒，庭芷挈其弟三郎居蕭寺。村醪映孤館。木夫善飲，寓雷陽館。不憂布衾寒，惟願大裘暖。相勖崇晚節，力作供薪粲。

歲暮鄧獻之惠銀賦此柬謝

廉泉一溢勸加餐，頓覺春生苜蓿盤。市上悲歌屠狗絶，袖中冰雪藐姑寒。新交真摯如君少，名士風流作吏難。聞説晉陽迎竹馬，不容偃卧伴袁安。君已改官郎中，而晉中大吏檄君還任，故云。

伯寅侍郎仍直南書房以詩柬之

喜聞天語與春回，壓袖黄柑錫宴歸。内署名言思李絳，外廷公論屬錢徽。恩深階級何須較，心戀承明肯暫違。又看宫花携滿袖，宣陽里第藹春暉。

十九日癸亥　晨陰，巳後晴。作書并詩致鄧獻之，兼贈以《越三子集》。作書并詩致伯寅。牧莊來。得伯寅復。得蕚庭片，送來《雷塘盦主弟子記》，即復。作片致寶卿。獻之來。偕牧莊夜飯談至二更時去。庭芷約廿三日夜飲。鄧鐵香約廿四日夜飲。

二十日甲子　終日微晴，多陰。作書致星丈并寫寄内詩索和。作書致紱丈以寄内詩乞和并借以《雷塘盦主弟子記》。寫除夕詩及寄内詩致庭芷。得星丈復。下午詣安徽館，以同司掌印郎中啓續爲其父作六十壽筵張樂召客，予本與之不識，因其去年、今年兩次來而未答，故今日往拜之，送分子六千即出。進城答拜葛寶華、孫子授、張家驤，子授處晤一庶常，丁姓，年少面麻，可憎之甚。近來館閣中皆此物也。出城答拜汪柳門、傅子蓴而歸，晤子蓴。

二十一日乙丑　晨有溦雨，晡後晴旋陰。寫殿卷一開又半。得紱丈書，還《弟子記》，借《詁經精舍文集》，即復。閲《太平廣記》詼諧部。夜得伯寅書，言近刻彭甘亭遺稿，又言馬竹吾所刻《玉函山房輯佚書》乃吾鄉章氏逢之宗源所爲，不知何時爲馬所得耳，即復。以章氏所輯本多至八百餘種，孫淵如《五松園文稿》中有章君傳可覆按也。

二十二日丙寅　晴。早間春睡甚美。濮紫泉來，不晤。得藍洲冬季書。得星丈書并和予寄内詩七絶一首，即復。令小僕除花虱，賞以錢六百。令僕黏補鼠齧頂格。作復孫琴士書并寄贈《越三子集》八部，託陝西不知何官劉襄初寄去。作復陳藍洲書，略與論涉世之艱，讀書之益，多有激乎，言之不覺其觸忤庸俗也。即作書致紫泉，託其轉寄。寶卿來。

二十三日丁卯　晴。最録《玉函山房輯佚書》經目。剃頭。

漢鄭仲師所撰鄭氏《昏禮》，有百官六禮辭及讚言，其書久佚，今從《藝文類聚》、杜氏《通典》所引參互録之，云禮物以元纁、羊鴈、清酒、白酒、粳米、蒲葦、卷柏、嘉禾、長命縷、膠漆、五色絲、合歡鈴、九子墨、金錢、禄得香草、鳳皇、舍利獸、鴛鴦、受福獸、魚、鹿、烏、九子婦、陽燧、丹青、女貞。其讚言曰：

『物之所象者，玄象天，纁象地。羊者祥也，群而不黨，跪乳有義。鴈候陰陽，待時乃舉，冬南夏北，各得其所。清酒降福，白酒歡之由。秔米馥芬，婚禮之珍，稷米粢盛，稷爲天官。此句據《太平御覽》卷八百四十所引，然文義不類，疑是誤引。蒲衆多性柔，葦柔之久。卷柏卷曲附生，嘉禾須禄，長命之縷，女工所製，縫衣延壽，缺二字。爲例，膠能合異類，漆内外光好。五色絲章采屈伸不窮。合歡鈴音聲和諧。九子之墨，藏於松烟，本性長生，子孫圖邊。此四句據《北堂書鈔》卷一百四所引，《通典》引作『九子墨長生子孫』，古人引書多節取其字，而以意聯合隱括之。此云『子孫圖邊』者，當是圓臱之誤，臱同綿。金錢爲質，所歷長久，金取和明，錢用不止。此四句據《太平御覽》卷八百三十六所引，《通典》引作『金錢和明不止』。禄得香草爲吉祥。鳳皇雌雄伉合。舍利爲獸，獸而能謙，禮義乃食，口無譏諐。此四句據《太平御覽》卷九百十三所引，《通典》引作『舍利獸廉而謙』。案：舍利即今之猞猁，亦狐類。鴛鴦鳥，雌雄相類，飛止相匹，鳴則相和。受福獸，體恭心慈。魚處淵無射。鹿者禄也。烏知反哺，孝於父母。九子婦有四德。陽燧成明安身。丹爲五色之榮，青爲色首，自東方始。女貞之樹，柯葉冬生，寒凉守節，險不能傾。』案自『鳳皇』以下，蓋皆繡繪之象。讚言，《藝文類聚》作謁文贊。古人六禮，如《儀禮》所載賓主荅問之辭，皆别爲書署，偕以通謁，謂之謁文。其禮物壻家致于女家者，每事皆爲韵語，以題記之，謂之讚言。其語多取吉祥，古雅可誦，惜所引不全耳。所輯諸書，皆據玉函山房本。

晚赴庭芷之招，坐有韓觀察錦雲、紫東，廣東文昌人，庚子翰林。孺初、逸山、鐵香諸君，周荇丈以病不至，二更時歸。

二十四日戊辰　晴。

最録《玉函山房輯佚》書目。其經編凡《易》類六十四種，《尚書》類十五種，《詩》類三十二種，《春秋》類四十九種，內《國語》連《舊音》共六種，而《舊音》别著于它目。《周禮》類十四種，《儀禮》類二十八種，《禮記》

類十九種，《通禮》類二十二種，原目祇十七種，今取鄭康成《魯禮禘祫志》、范宣《禮論難》、王儉《禮義答問》、梁正《三禮圖》、張氏《三禮圖》共五種，散雜于子書中者合計之。《爾雅》類十三種，《樂》類十五種，《孝經》類十六種，《論語》類四十一種，《孟子》類九種，五經總類十二種，讖緯類□□種，小學類五十五種。其散雜子編者，如荀爽之《禮傳》、李謐之《明堂制度論》，宜入《禮》類。顔延之之《逆降義》，宜入《儀禮》類；又《詁幼》，宜入小學類。蓋由刻者所淆亂，馬氏當不至此。賫拾奇零，綜理微密，雖多以朱竹垞《經義考》、馬宛斯《繹史》、余仲林《古經解鉤沉》及張介侯澍《二酉堂叢書》等爲藍本，而博稽廣搜，較之王氏謨《漢魏遺書》，詳略遠判。

然其中亦有未可據信及不宜收而收者。如《齊詩傳》輯至二卷，以《漢書敘傳》有『班伯傳齊《詩》』一語，遂謂班書所稱皆齊《詩》而盡入之，不知孟堅實習魯《詩》也。《論語周氏章句》一卷，何氏所輯七家，周氏與周生氏已無可分别。邢疏本作『周氏曰』，皇疏本皆作『周生氏曰』，乃因《經典釋文》敘録有『鄭康成就魯《論》張包周之篇章考之齊古』一語，遂謂鄭所注即周氏之本，取《釋文》所載鄭本異同之字皆入之，不知與敘録所言包氏何以别也。此皆未可信者也。禮類有《孔子三朝記》一卷，案此七篇之文，全載《大戴禮》中，本非佚書，何煩輯録？《孝經》類有《長孫氏説》一卷，據《隋·經籍志》『長孫有《閨門》一章』之語，遂取今所傳僞古文《孝經》單録其第二十二章『閨門之内具禮矣乎』二十三字，以備一種。案《漢志》唯云『古文多一章』，長孫本傳今文十八章，其書早亡，《隋志》並不著録，何以知其獨多《閨門》一章？其言本不足信。況此乃經文，未有長孫所説，何須録之。《孟子》類有《程曾章句》一卷，所輯録僅一條，乃《太平御覽》引所注《孟子外書》『犖門齊南門』一語。案《後漢書·儒林·程曾傳》雖有著《孟子章句》之文，而其書絶不見著録，則未知所注者爲《漢志》十一篇之本，抑同趙岐七篇之本。要之，《外書》四篇早亡，今所傳熙時子注本，乃明季姚士粦等所僞託。《御覽》所引，其爲本文與否，亦無從辨。馬氏既不收《外書》，何須尚存此注入之經類？此皆不宜收者也。

其齊《論語》一卷，據王厚齋語以『問王』爲『問玉』，遂取《聘義》子貢問『君子貴玉瑉而賤瑉』一節，及《説文》《初學記》《御覽》所引《逸論語》言玉事盡入之。然如孔子曰『美哉璠璵，遠而望之奂若也，近而視之瑟若也，一則理勝，二則孚勝』一節，及『如玉之瑩』一句，皆不引《説文》而引《初學記》，亦爲失檢。又顔延之《逆降義》，隋時已亡，今所輯唯《通典》引問答甥姪之稱一條，尋其書名，蓋緣《儀禮·喪服》大功章鄭注女子成人者有出道降旁親義而推言之，賈疏有逆降之稱，自本六朝禮服，諸儒相承舊説，而馬氏乃謂《逆降義》者，蓋明禮制升降之義，則疏甚矣。章氏不應有此失，疑馬氏得其稿本，其書有已成者，有僅列其目而未輯録者，每書之序，當亦有所增改。觀其子編農家類有《野老書》一卷，其序云：『《漢志》農家有《野老》十七篇，注六國時在齊楚間，隋、唐《志》皆不著録。考《吕氏春秋》載《上農》《任地》《辯土》《審時》四篇，家宛斯先生《繹史》云，蓋古農家野老之言而吕子述之，兹據補録。』夫騶御不過泛言，安得即以《漢志》之野老實之，此亦武斷之甚。而稱騶御爲家先生，則此書此序不出章氏明甚。且其中有録無書者十餘種，有書無序者亦十數種，蓋章氏僅著其目，或書存而失其序，馬氏遂亦不能補耳。

作書致伯寅，還《玉函山房書》六帙，更借下四帙，得伯寅復。

二十五日己巳　晨陰，上午微晴，旋陰。校補《小學紺珠》。買黄土兩擔，躬率僕輩培花樹，又親除花虱，半日爲鈔胥，半日爲園丁，一身兩役，疲乏之甚。孺初、逸山邀文昌館聽燈戲，夜飯後赴之，目昏力疲，幾于無睹。三更時歸。

邸鈔：上諭：禮部奏議結覆勘試卷一摺。江南舉人楊楫著即行斥革，正考官劉有銘、副考官黄自元均著降二級調用，同考官朱泰修著即革職。楊楫卷爲黄編修所取，其五經文皆集各經傳成語。《春秋》題爲春王正月，其文凑雜不貫，有曰歲云秋矣春者何。磨勘官梁鴻臚僧寶摘出之云：文不副題，多作不可解語，應嚴議。磨勘大臣寶鋆遂簽批云：雜凑成篇，文理紕繆。侍郎夏同善等力爲調停而不得也。禮部照文體不正例議以斥革，主司降調。

二十六日庚午　終日微晴，下午有風。得伯寅書，借《舊唐書・李紳傳》及近日日記，即復。校補《小學紺珠》。再得伯寅書，還日記。課僕澆花竹。三得伯寅書，還《舊唐書》，借《燕子箋》。夜閲《尚書後案》及《古文尚書考》。大風頗寒。

邸鈔：以内閣學士黄鈺爲刑部左侍郎。

二十七日辛未　風寒，晨陰，上午微晴，下午晴。閲《尚書後案》。下午詣劉緘三師，慰其左遷。傍晚詣鐵香，夜飲，坐有韓紫東丈、庭芷、孺初、逸山、何編修如璋子峨。酒間聽紫翁談雲南近事甚悉。如言何有保之殺鄧爾恒由徐之銘主使，徐之銘革職後，文宗有詔諭駱文忠，俟其出境，無論行抵何處，就地正法。而徐已知之，遷延不出，竟病殁于滇。岑毓英爲土司之子，烏程周御史學濬任廣西學政時補附學生，後以殺人逃入雲南，捐職從九從軍自效，既保至知縣，得部兵千人，遂脅布政使花詠春去位而權代之。同治九年勞文毅爲總督，廷寄令察看，勞以示岑，遂結爲師生。勞乃奏保可用，題署迤南道，旋授布政矣。劉嶽昭少以捕魚爲業，其劾川督吴棠及岑毓英也，因糧儲道彭瑞毓壬子傳臚，南書房翰林，咸豐辛酉之冬，由山西學政回京，不召入南齋，遂以京察授雲南糧道。紫翁言其頭踏、燈籠皆題『玉堂供奉金殿傳臚』八大字。爲劉主章奏急欲得巡撫，而其兄子彭汝琮以四川候補道入將軍崇實幕，又爲崇謀欲去吴而代其位。汝琮遂爲劉草劾吴及岑奏寄瑞毓，而强請劉上之。瑞毓又爲劉附片奏保己可大用云云。邊裔蟲沙，鬼蜮變幻，固無所不至也。二更後歸。

胡梅仙來，不值。寄到舍弟彦僑十二月十一日書，中述家事艱難，親族零落。仲弟惰窳自廢，僧慧癡鈍如故。三妹一嫠而窮，二皆所儷匪人，憂傷况瘁，令羈客聞之重傷懷抱耳。次妹家上馬坊之屋已賣爲同知署。孫子九貧甚，須佽助以活。王蓮伯、沈寄凡皆作古人，老友凋喪，彌增淒黯。又得王孟調之戚張念慈秀才書，言孟調婦子賃居龍尾山小屋，其長子裕古年已弱冠，次子瞻古年十餘歲，皆學賈不成。張秀才予因孟調歸柩事辛未之冬、壬申之春兩次致書，而遲至去冬臘尾才作此復，遷延誤事，情既難恕，書又草草數行，稱謂亦極不恭。此人年輩既稚，其補諸生時，予爲廪保，向嚴事予，而忽作此，唐突小子何足較，書之以見近日越中庠序不修，師資不立，史達狂傲，習爲固然耳。

邸鈔：上諭：伯彦訥謨祜呈進馬匹，朕騎用甚屬平穩，著賞給烏雲珠名號。上諭：神機營奏營員呈請差委等語，副都統銜祥恩著發往金順軍營差遣委用。

二十八日壬申　晴，風，巳後益甚，晡後微陰，是日甚寒，晚風止。曉臥時疾動，起甚遲。作片致同司譚敬甫員外，託代告會試假。得伯寅書還《燕子箋》，即復。夜閲《燕子箋》，大鋮柄用南都時，嘗衣素蟒服誓師江上，觀者以爲梨園變相，然此曲情事宛轉，辭恉清妙，殊似讀書人吐屬，予於戊申之秋觀之甚熟，時年二十歲耳。今日觀之，歷歷如昨日事，而所讀之四書諸經則往往迷其句讀，鄭聲艷曲入人之深固如是也。其《春燈謎》予亦於癸丑春從王孟調借觀之，其事極曲折而曲文簡略，遠不及矣。燈下戲書二絶于後。

題燕子箋後二絶句

防亂虚將一揭誇，伎堂終日按紅牙。可憐火迫成江令，一載南都玉樹花。

變相重登點將壇，此才真似没遮闌。笑他浪子錢紅豆，同演明妃雉尾冠。

邸鈔：上諭：前據皂保、胡家玉覆奏承修福陵隆恩殿工程同治八年五月合龍時謹將寶匣尊藏等情，當諭令都興阿、志和查明具奏。茲據奏稱派員將前次開工揭瓦之工匠詳細查訊，上年開工時見磚瓦並無裂縫，拆卸大脊並無寶匣。該將軍等反覆研訊，實與原報無異。前次隆恩殿工程合龍後，工匠尚在大脊高處工作多日，恐此際另有隱匿情事。至此次該將軍等未經到工，係因患病未能前往，自請議處等語，皂保、胡家玉承修此項工程辦理草率，實屬咎有應得，均著交部議處。都興阿、志和于此次開工時未經親到工次，並著交部議處。所有寶匣仍著内務府遵奏前旨敬謹備辦，發交都興阿等委員祇領。

二十九日癸酉小盡　晴，巳後仍風。作片致梅仙約晚間來談。得梅仙片，送來内子所寄乾菜、笋乾、笋煮小豆、風腸等物，（此處塗抹）三妹所寄燕窩、茶葉、糟鷄、醉魚等物。三妹困于狂夫逆子，此數種物嬛嬛掇拾，料檢艱辛，遠道寄將尤非易事（此處塗抹）也。是日撰蔡枚庵二女貞烈合傳詩序。晚間胡梅仙來，夜飯後去。

德化蔡編修二女貞烈録詩序

姑山萏草，怨帝女之未行；楚水桃花，悲息嬀之同穴。是以湘江栽竹，淚點常斑；夏屋磨笄，愁雲不改。而况若萃若憲，擅清陽五宋之才；伯娘仲娘，媲奉天二竇之烈。一則追成禮服，遂立臨汝之宗；一則急殉藁砧，永並彭郎之冢。貞蕤共穎，奇節各操，禮堂分寫其石圖，女憲同出於姆教。允宜傳以金管，風彼玉臺，成鼎門雙闕之觀，助國家六屏之化。不其韙歟。德化蔡貞女澤苕，及其妹彭烈婦澤芝者，枚盦太史之二女也。珠胎分毓，瓊華並妍，映桃李於中閨，粲蘭茝以均氣。貞女幼字漢陽袁侍郎希祖之子晉，君舅甫没，弱壻毁亡，莫憐死孝之孤，將殄愍孫之祀。貞女哭踊剺面，髽箭入門，求夏甫之袁宗，撫宏徽以爲後，視彼祝英慟墓，空餘蝶化之裙；衛女聞琴，遂諧雉飛之曲，論茲風義，尤爲其難矣。烈婦嫁江夏彭縣令祖壽之子元善，結褵半載，所耦遽摧。烈婦傷萇楚之無依，痛芣苢之不效，空幃飲酖，泣別皇姑，衰絰奠靈，竟從夫子。撫棺吞藥，遠同義成之妻；割鼻明心，奚取梁寡之行。夜臺鏡合，寧愴離鸞；漢水珠還，誰能請佩。夫未醮而守，禮家議其過情；自殺以從，儒者以爲傷孝。然而繫纓有屬，作配何慚，髧彼兩髦，知衛子之未娶；穀則異室，證周媛之守貞。至于舉案甫諧，崩城已慟，上無事奉之責，下無撫育之期，惟決計以相從，豈處急而能擇。雙飛孔雀，何勞黃鵠之歌；連理梧桐，不長紅蘼之草。臺端入告，朝旨旌門；懿夫二媛，並堪千古。太史輯左芬之遺稿，紓金瓠之哀辭，遍告藝林，播爲文詠。慈銘竊徵近事，式纂貞徽，凡自搢紳，以逮逢掖，閨襜奇節，月日有書，其爲具美一門、足光詞苑者，獻縣劉氏，雅州太守其年妻沉以殉夫，聞其兄貴陽太守書年有子肇埈，聘故按察遵義唐端節公之女，未婚壻死，誓志完貞，論者以爲先烈後貞，父忠子義。然叔姑從婦，分既稍懸，沛郡吴興，姓又各出，以較蔡氏，又不逮焉。九重旌節，長開姊妹之花；萬劫冰霜，寒照鴛鴦之碣。而侍郎僑居楚地，系本始寧，又足張曹江之波，增越嫛之采，柳朱守志，並祠廟於松陽，嗣卿有辭，補問對於典録矣。

邸鈔：上諭：黑龍江將軍德英由委筆帖式出征江南、安徽等省，歷著戰功，洊擢副都統署理吉林將軍，嗣復簡任黑龍江將軍鎮操防，不辭勞瘁，地方克臻安謐，方期黽勉從公，長資倚畀，遽聞溘逝，悼惜殊深，加恩照將軍例賜恤。伊子忠清俟百日孝滿後，由該旗帶領引見。德英旋予謚莊毅。以錦州副都統豐紳爲黑龍江將軍，以古尼音布爲錦州副都統。

二月甲戌朔　晴，下午有風。寫大卷一開。除花虱，澆竹樹。試作時文，題爲『子夏曰日知其所亡，月無忘其所能，可謂好學也已』。田杏村孝廉來。夜大風，兩夕睡甚遲，遂不能寐，至五更疾動。

邸鈔：詹事府右贊善歐陽保極轉補左贊善，翰林院編修吴仁傑升補右贊善。

初二日乙亥　晨晴，旋微陰，終日大風，寒甚。睡起甚遲。再作時文，題爲『知止而後有定，定而後能静』兩句。鄧獻之來。

初三日丙子　晨陰，旋晴，有風。得伯寅書，即復。印結局取來前月公費銀二十二兩九錢，自出市换銀。剃頭。殷萼庭來。署吏辦送考文書求賞，付以錢二十二千，此非故事也，以自後不復應試，故格外與之。晚詣逸山談，贈以茶葉兩瓶，筍煮豆一瓶，夜歸。閲《太平廣記》詼諧、嘲笑、嗤鄙、婦人諸部。

邸鈔：翰林院編修張英麟奏請賞假兩月回籍省親。許之。寧夏將軍穆圖善加恩在紫禁城騎馬。編修孫鳳翔補江南道御史，户部郎中沈敦蘭補陝西道御史。

初四日丁丑　丑正一刻一分春分，二月中　晴。是日本宜祀先，以正月之祭甫畢，又明日是曾祖妣忌辰，故留俟清明爲時物之薦。寫大卷一開。作片約田杏村、胡梅仙、牧莊、竇卿、紫泉明日晚飯。牧莊來。逸山來。付二西齋《太平廣記》書直錢三十千，高麗參錢四十千，米錢三十千。是日上親祀朝日壇，先日出宿齋宫。

初五日戊寅　晴，有風。曾祖妣忌日供饋。寫大卷一開。撰《蔡氏貞烈録詩序》成。竇卿、牧莊、紫泉來，梅仙來，晚小飲，擲漢官采選格一周，二更時散去。是日上親祀社稷壇。

初六日己卯　晴。

初七日庚辰　晨晴，上午後微陰。寫所作駢文并作書致蔡枚盦。得紱丈書，借《恩福堂筆記》，即復。梅卿自越來都，未卸裝即過予，而僕輩辭之，留書而去。閲玉函山房所輯小學諸書，較任氏《小學鉤沉》爲詳，而有録無書者《八體六技》一卷、蔡邕《女戒》一卷、索靖《月儀》一卷、李概《音譜》一卷、顔之推《訓俗文字略》一卷、《開元文字音義》一卷、《義雲章》一卷、李商隱《李氏字略》一卷，共八種。夜倦甚。閲《太平廣記》女仙類、神類。唐人小説多進士浮薄及窮不得志者所爲，如《逸史》言盧杞妻太陰夫人，《神仙感遇傳》言張嘉貞家妻織女、婺女、須女三星，《異聞録》言韋安道妻后土夫人，其荒誕鄙妄至此。小人之無忌憚，何怪《周秦行紀》言牛僧孺與楊太真冥合也。蓋唐重詩賦，弊遂至此，鄭覃、李德裕欲廢進士科有以也夫。

初八日辛巳　晴，晡後陰，比日有小風，頗寒，今日覺風漸暖矣。閲《魏書》儒林、逸士、外戚、列女等傳。魏世諸儒謹守師授，尚有兩漢遺風，不似江左六朝浮華相扇，然多失之固陋。張普惠引經據義，議論侃侃，雖不入儒林，其所學所守，魏世一人而已。作書致梅卿。下午答拜陳培之，不值。詣梅卿、梅仙、田杏村，晤杏村。詣吳松堂，不值。詣庭芷，久談，傍晚歸。趙心泉來，不值。梅卿來，夜飯後去。夜讀《魏書》李謐《明堂論》、見《逸士傳》。其駮《考工記》一堂五室之制爲狹小不容，近儒亦多疑之。惟江艮庭謂其誤會九筵七筵爲晐堂基之四周，而不知是言一面之修廣，是也。張淵《觀象賦》。見《術藝傳》，賦有注，蓋自注也。與隋李播《天文大象賦》可以參看。《大象賦》亦有注，或云李台，或云畢懷亮，或云李淳風，或云苗爲。孫淵如據孫之騄手寫本刻入《續古文苑》，顧千里爲之校勘，而未引及張賦，豈偶忘歟！

邸鈔：上諭：鴻臚寺少卿梁僧寶奏磨勘鄉試中卷應議過多請飭申明定例一摺。磨勘試卷關係甚重，近來往往視爲具文。上年癸酉科各省鄉試中卷經磨勘官及覆勘大臣指出疵謬甚多。國家取士原期甄拔真才，豈容以疵謬之文濫竽充數？嗣後鄉會試考官務宜悉心校閲，認真去取，毋得草率從事，並著禮部于磨勘時查照向章，將科場條例及磨勘處分各條詳細申明，認真辦理。另片奏科場條例内磨勘各條有未盡周密者共擬十一條，請飭部妥議等語。著禮部議奏。十一條皆極瑣屑，如承題必用夫蓋、甚矣字，起講必用且夫、今夫、意謂字，尤爲可笑。又文中禁用後世語、異教語，雖非無理，而奉行之過，必至抉摘六經，且金鋁、伏獵之流，何由分别古今，甄綜内外，勢將盡禁古書而後已矣。梁僧寶者，廣東人，本名思問，咸豐戊午中順天鄉試第三名，是科文題爲『吾未見剛者』，其文中二比以乾坤分股，士林傳爲笑柄。未幾，科場事發，梁卷中疵謬百出，自計必被議，遂逃歸，幸而得免。次年入都乃改今名，竟連捷爲庶吉士，改禮部主事入軍機處，由御史至今官云。

初九日壬午　晴。寫大卷一開。晡後裵回庭樹下，春氣盎然，紅蕚微綻，嘯詠至晚。得梅卿書，饋金華鯗脯一肩、杭脯兩段、乾魚一尾、龍井茶葉四瓶、宜興茶壺一具、紫豪八管、常州木梳五事、跳山大吉碑拓本四紙，又交到家中所寄書籍一箱、茶葉一大瓶、桂花糖一器及何竟山所寄大吉碑兩通、三老碑一通、南齊石佛像背題字兩通、永明六年。唐開成往生碑、一通開成五年庚申夏五月，會計禹寺請玄英法師講《金剛經》于餘姚平原精舍，道俗結九品往生社，僧處訥撰序。道光二十八年，禹寺僧始掘地得之，知府徐榮移置寺殿中。宋重刻李陽冰篆書縉雲縣城隍廟碑一通。宣和五年縣令吴延年模刻。即作書復謝，犒使者六千，所寄書籍多被磨損，幸皆近刻易得者耳。然拂拭裝釘亦須大耗日力。

邸鈔：以詹事府詹事袁保恒爲内閣學士兼禮部侍郎銜，以前吏部右侍郎童華爲都察院左副都御史，以通政使參議志元爲内閣侍讀學士。

初十日癸未　晴暖，下午有風旋止，晡後陰。整理新到書籍，躬自洗曝，甚覺其勞。閲《越中金石志》。得伯寅書，約十三日飲夕照寺，萬柳堂補柳，即復。作書致王廉生，贈以大吉買地記一通，齊永明石佛題字一紙。作書致逸山。得廉生復。傍晚坐庭下洗足。

閲孔延之《會稽掇英總集》，凡二十卷，先詩後文，一州宅諸詩，二西園諸詩，三送賀監諸詩，四鑑湖諸詩，五蘭亭古詩及前後序，附以宋人王相、王安國題蘭亭康相墓、顔魯公斷碑七古二首，六剡中諸詩，七五泄山諸詩，八石織峰諸詩，九四明山諸詩，十浙江諸詩，十一山水雜詠，十二雲門寺諸詩，附若耶谿詩，十三天衣寺諸詩，十四應天寺諸詩，十五天章寺諸詩，十六禹廟諸詩，十七曹娥廟諸詩，十八寺觀諸詩，十九送别諸詩，二十寄贈諸詩，二十一感興諸詩，二十二詠人物詩，二十三唱和詩，二十四雜詠，二十五史辭，《史記·越世家贊》一首。二十六頌，李斯《秦德頌》一首。二十七碑銘，二十八記，附唐太守題名及宋太守題名，至熙寧三年沈立止。二十九序，三十雜文。每類皆有標目，或系以小序，而不立總目。所采自秦漢至北宋之文，其自序謂到官後命吏卒遍走巖穴，且攟之編籍，詢之好事，得八百五篇，故多世所罕見。其書成於熙寧壬子，自署銜爲尚書司封郎中知越州軍州事。據《嘉泰志》，延之以熙寧四年任，蓋代沈立者也。延之字長源，臨江新淦人，慶曆二年進士，歷知潤州、宣州，有文集二十卷，曾子固爲撰墓志。有子七人，文仲、武仲、平仲，即所稱清江三孔也。是書向無刊本，四庫據祁氏澹生堂舊鈔本録入。嘉慶丙子，予姻山陰杜明經丙杰從文瀾閣轉鈔付刻，末附札記一卷。《提要》稱此書在宋人總集之中最爲珍笈，精博在嚴陵諸集上。又謂其有功文獻，裨益良多，誠爲知言，越之人士，尤宜寶貴。惜明經所纂《拾遺》二十卷未及刊行，今亂後杜氏藏書，悉歸亡何有之鄉，是書之版，亦久銷燬，予特最其細目於此。故鄉巑岏，按籍可稽，亦足以慰文字之古懷，通烟霞於夢寐矣。

得逸山復。夜三更後大風起。

邸鈔：上諭：本月二十四日啓鑾後派鄭親王慶至、大學士單懋謙、尚書萬青藜、崇綸、步軍統領英元留京辦事。

十一日甲申　晴，終日風。寫大卷一開。逸山來，留之小飲。閱《會稽掇英集》。

十二日乙酉　晴，風。得伯寅書，見示萬柳堂補柳詩五律四首，風格極爲老成，即復。再得伯寅書。三得伯寅書，以包子梁棟背臨仇實甫杜蘭香小影屬題，即復。牧莊來。剃頭。鄧獻之來。作書致伯寅。夜爲鄧獻之點定詩集，獻之詩鮮可取，而求予之意甚誠，故爲略改一二以塞其意。是日庭前再種紅白桃各一株。

邸鈔：上諭：前因岑毓英奏在籍職員仇殺撤任知府各情，當令刑部速議具奏，茲據該部詳覈案情定擬請旨辦理。此案雲南東川府知府孔昭鈖以補用遊擊楊玉麟有縱丁毆差情事，邀至署内面詢，將其頂帽摘擲，致被差練群毆斃命。復縱令差役入其家内搶虜資財，事後並不飭縣相驗。楊玉麟之子補用同知直隸州知州楊汝楫以案懸未結，因孔昭鈖撤任在省，挾仇將該知府刺殺。到案自首，本應予以斬立決，姑念其痛父情切，稍從末減。楊汝楫著即革職，改爲斬監候。開化鎮總兵楊玉科于伊姪楊汝楫刺殺孔昭鈖一案，雖無同謀情弊，惟平日不能約束，亦難辭咎，著交部議處。按察使程誠於此案遲延不斷，以致釀成重案。前署會澤縣知縣任傳綸于署内差役不能約束彈壓，逮楊玉麟被毆身死，復不照例相驗，且疏脱要犯以致案懸數年，均有應得之咎。程誠、任傳綸均著交部分別議處。

十三日丙戌　晴，有風，甚暖。題杜蘭香小影二絶句。上午驅車赴夕照寺伯寅之招，諸君已早至，下午飲畢至萬柳堂登御書樓延眺而歸。詣梅卿，不值。復訪鄧獻之，還其詩集，晡時還寓。

題包棟爲秦宜亭畫杜蘭香小影二首

一謫人間幾歲年，畫圖猶怯玉襦寒。不知張碩何班品，也服黄麟絳羽冠。

何事青童又却回，瀟湘清露落瓊瑰。羸他乞相秦淮海，夸道明星枕上來。

十四日丁亥　晴。寫大卷半開。作書致伯寅。寫單約庭芷、梅卿、逸山、胡雲楣明日飲廣和居。作書致星丈、紱丈，約明日飲廣和居。梅卿來。得星翁書。得梅仙書。三槐堂書肆送劉燕庭《金石苑》來。夜月甚佳，步詣邑館，偕寶卿、陳倬雲及吴介堂、金梅垞閑話。是日爲寶卿書扇，即以交之，三更時歸。

邸鈔：上諭：御史張觀準奏各省候補人員壅滯應行疏通一摺，著吏部議奏。其所稱直隸道員葉伯英鑽謀得缺等語，著李鴻章查明據實覆奏，毋稍徇隱。編修陳彝補湖廣道監察御史。

十五日戊子　晴。得紱丈書。作書致星丈、紱丈，得紱丈復。得伯寅書，即復。再得伯寅書。閲《金石苑》，共四册，無卷數，諸城劉喜海燕庭官四川按察使時所輯。書成於道光丙午，是冬即擢浙江布政使，至己酉正月爲巡撫吴文節所劾，召至京降四品京堂休致矣。是書皆蜀中金石，首册爲三巴漢石約存，自漢王稚子闕至蜀中書賈公闕共十二種，皆先以縮臨本存其形式而後雙鉤其文。第二册自北周高祖文帝廟碑碑尚稱文王，首曰：『此周文王之碑，大周使持節車騎大將軍儀同三司大都督散騎常侍軍都縣開國伯强獨樂爲文王建立佛道二尊像，樹其碑。元年歲次丁丑造，後有佛像二。』丁丑者，閔帝元年也。宇文初用周制稱天王，無年號。至孟蜀廣政二十六年報國院大悲龕記共四十四種。内唐刻三十六種，僞周一種，後唐二種。第三册爲兩宋金石，自太平興國五年新浦縣六印至紹定四年釋迦舍利寶塔禁中應現圖記共六十七種。第四册爲宋人題名五十九種，内附元人一種。皆縮臨本。其有圖像者，如宋甘露祖師像、太平興國禪院鐘、慶曆賜龍昌期誥敕、開禧封妙濟真人敕等，亦並續之。書無序目，其有考證者，惟唐張禕南龕題名記、重修化城龕記、宋賜龍昌期敕、壽山福海鐵器、巴州知府縣令勸農事實、紫府飛霞洞記六種，下各附跋尾一則，餘並闕如，蓋未成之編，而雕刻精絶，所録亦多前人未見之迹，可愛玩也。

梅卿來，傍晚偕至廣和居，潘星丈已先至，並邀庭芷、胡雲楣夜飲，二更時歸。

十六日己丑　晴，上午微風。寫大卷半開。江西同年江敬所式來，不晤，以所携陳訏堂師正月書見交。作片致梅卿，還所寄存竹木箱各一。作片致牧莊，還寄存書五册。作片致逸山。得梅卿復、逸山復。孺初、逸山來。

十七日庚寅　晴，晡後微陰。王賡廷自蘇州來。曉湖自越來，饋金華竹葉㲒脯一肩。梅卿來。田杏村來。牧莊來。

邸鈔：以翰林院侍讀學士鐵祺爲詹事府詹事，以太常寺少卿慶福爲大理寺少卿。

十八日辛卯　晴。賡廷來，以揚廷所惠銀十六兩及手書見交，并惠紫豪筆四管。連日除花樹間小桑蟲，日得數合。躬炙日景，目眩手戰，疲勞殊甚，此後當戒絶之。寫單約曉湖、賡廷、牧莊明日小飲。自出市换銀，以京錢八千買青鞋一雙。胡雲楣來。夜黄昏時，大風忽起，一時許止。夜疾動。

邸鈔：上諭：本日閲看騎射，御前大臣郡王銜多羅貝勒奕劻、御前侍衛都統銜副都統希拉布、乾清門侍衛副都統岳林、尚宗瑞、乾清門四等侍衛盛裕俱中箭三枝。奕劻賞穿黄馬褂，希拉布仍賞穿黄馬褂，岳林、尚宗瑞俱挑在御前侍衛，盛裕賞給三等侍衛。

十九日壬辰　晴，午後有疾風。卯正二刻十四分清明，三月節。祀先至下午畢事。晡後賡廷來，傍晚曉湖、牧莊來，同作夜飲，人定後賡廷去，二君留宿，談至五鼓始就寢。

二十日癸巳　晴。高呈甫同年來。是日先祖忌日，以昨日設薦不更祭。節孝張太太亦是日忌日，以素食供饋。施均甫同年來，以新刻所著《澤雅堂集》爲贈。比日杏花盛開。付賃屋錢三十六千七百有奇。聞十五日各省舉人覆試，列四等者三十五人，不列等者一人。上命題爲『性相近也，習相遠也』。閲卷者尚書寶鋆、崇實，少卿王家璧，通參李祉。有以文用蓋、雖字爲不通，用胞與字爲後世語，詩用祇作平聲爲失拈者皆列四等，分别停科。其不列等者雲南謝焕章，丙午副貢，老儒能文，頗舉先輩名，程此次所作，李祉不能句讀以質，寶鋆遂指其中有云『維皇降衷之初，人與物皆同此性』，以爲大怪，評爲文理荒謬，請斥革之，大理力争而不能得也。

二十一日甲午　午前晴，午後陰，晡時微晴。閲《魏書》。得伯寅書，即復。剃頭。陶子珍、樊雲門、陶仲彝同年來。傍晚答拜江敬所同年，即至天壽堂赴沈松亭之招，晤曉湖、梅卿、梅仙，夜飯後觀戲一劇而回。是日買梨、桃、李各一樹，付京錢二十千，植之後院，拔去前日所種山桃兩樹，以花甚小，且已落也。又王榮送來去冬所窨芭蕉兩株，仍栽之廳事前。付車錢十千。

邸鈔：上諭：本日閲視馬箭，内廷行走郡王銜多羅貝勒載澂、御前行走和碩肅親王隆懃、貝子銜科爾沁公棍楚克林沁、御前侍衛副都統和碩駙扎拉豐阿、副都統索布多爾扎布、乾清門頭等侍衛二品頂戴薩凌阿均中箭三枝。載澂、隆懃、棍楚克林沁、扎拉豐阿、索布多爾扎布加恩賞穿黄馬褂，薩凌阿挑御前侍衛。

二十二日乙未　晴。得陶紫畛、少篔書，惠彘脯一肩，仙居朮一匣，紫豪筆四管，墨四挺。并得心雲正月十八日書，饋魚翅、魚腸、笋乾、乾菜，即作書復謝，犒使者京錢四千。袁爽秋來。趙桐孫來。孫峴卿來。　蔣子相同年來。寫單約秦秋伊、樊雲門、孫彦清、仲彝、紫畛、少篔明日晚飲。

二十三日丙申　晴，暖不能衣綿，晨微陰，下午有疾風。王芝仙孝廉自越來。秦秋伊、陶少篔、仲彝來，秋伊饋彘脯兩肩、松門茶葉四瓶、印泥一合、大吉買地碑一通，又携交孫子九書、王眉叔書、張念慈秀才書。午前坐車入城，賀陳六舟得御史，並晤張御史澐。旋出城答拜秋伊、紫畛、仲彝、少篔、雲門、均甫、孫峴卿、袁爽秋、蔣子相、高呈甫、趙桐孫、王賡廷、王廉生、胡雲楣。晤紫畛、仲彝、少篔、雲門、均甫、桐孫六君，傍晚歸。楊理庵來，高仲瀛孝廉來，寶卿來，俱不值。晚詣廣和居，秦、樊、三陶君及孫峴卿皆來，二更歸。是日榆葉梅花半開，杏花盡落。夜大風。

邸鈔：上諭：本日御史張觀準條陳江西丁漕摺内聲稱本年正月間劉坤一奏請緩征錢糧，未將被災之都圖村社明白開列等語，該御史所指究係何州何縣之都圖村社，劉坤一未經開列，著張觀準明白回奏。

二十四日丁酉　晴，終日有風，微寒。朱亦甫同年來，鼎甫之弟也。寶卿來。作片致胡雲楣，并履歷一紙，託代取禮部卷票。作片致濮紫泉、王廉生。得雲楣復。楊理庵饋卷銀八兩。是日梨花半開，李花亦漸放矣。得嚴菊泉師正月十七日嘉興書。皇上以卯刻奉兩宫啓蹕上西陵。詔蹕路經過之宛平、良鄉、涿州、房山、易州等州縣地方本年應征錢糧加恩蠲免十分之三。

二十五日戊戌　陰寒，終日風。劉仙洲約二十八日晚飲。得王廉生書，即復。蔣子相饋茶葉四器，復謝。朱亦甫饋㷛脯一肩，復謝。藍洲自杭來。紫泉來。王芝仙來，饋㷛脯一肩，茶葉兩器。高仲瀛來，饋蓮子一合，《平浙紀略》一部，浙中書局所新刻也，凡十六卷，皆紀左帥之功，非傳非編年，略仿紀事本末之體，末二卷則述以前浙中軍務及庚申、辛酉再陷事。自謂多本于知府許瑶光之《談浙》，其痛貶張玉良之殺掠，微表段光清之戰功，皆好惡任臆之辭，然終不能没張之死事、段之苟活。而瑶光於諸暨陷時，潛遁出城，今乃謂被刃暈絶，民舁之以免，則真不識羞耻矣。吾越邵燦爲團練大臣，因瑞昌、王有齡劾罷。後有齡奏請以王履謙專辦浙江捐餉兼幫辦團練，時有齡以巡撫兼團練大臣，故以履謙幫辦寧紹團練，未嘗命爲團練大臣也。今乃謂先後命邵燦、王履謙爲團練大臣，燦知事不可爲，乞病免。則此等大事尚俱失實，何論其它乎？得胡雲楣書，并卷票一紙。晚風益横。

二十六日己亥　晴，微寒，終日有風。譚仲修來。得朱肯夫是月朔日杭州書，惠銀八兩，并以銀五十兩及家書屬致其家，以銀五十兩屬代還吴玉粟。三槐堂書賈來，付以書目一紙，屬其購覓，還正月書直五十千，又説定《金石苑》賈直四十千。下午出門答拜高仲瀛，不值。詣肯夫家以書及銀交其大郎定基。詣吴玉粟，不值。晤鄭鹿門、王弢甫同年禹堂，留書而出，弢甫交到施均甫去年八月所寄書。詣梅卿、梅仙，晤梅仙。詣施均甫，并晤湖州莫、褚兩同年。詣曉湖而歸。付車錢十二千。夜得庭芷書，言鍾雨辰修撰約明日至其寓賞花，即復書辭以它日。作書致雲楣，并禮部買卷錢十六千、小結費一千。作片致寶卿。梅卿來，夜談，饋銀二十兩。比日有山會公車數人來投刺。

二十七日庚子　上午晴，有風，下午風漸盛，晡後風霾。王弢甫來。得江敬所同年書，即復。杭州詹黼庭孝廉鴻謨來。得陶心雲正月晦日書，再饋新茗四瓶、菊花兩瓶。得肯夫二月十四日書。下午入城答拜王芝仙，晤，答拜楊理庵，不值。即出崇文門至金華館，答拜朱鼎甫、亦甫兄弟，晤亦甫。詣仁錢館，答拜仲修、藍洲諸君，不值。詣浙紹鄉祠庚午直省同年團拜，付分子錢十二千。晤紫泉及安徽吴蘭史、山東孔□□、雲南李叔寶諸君。夜觀燈戲，仲修、松谿、鳳洲皆至，演劇甚佳，三更後歸。張子虞來，吴玉粟來，俱不值。

邸鈔：上諭：伯彦訥謨祜所進之馬，朕乘騎甚好，賞給菊華騮名號。伯彦訥謨祜賞給尺頭兩卷。

二十八日辛丑　大風，晴，晡後微陰。卧起甚遲。吴玉粟來，不晤。得紫畛書，偕仲彝、少篔招晚飲同興居，即復書辭，且爲看花之約。作書致庭芷，訂明日同至法源、慈仁諸寺看花。比日李花盛開，丁香、海棠紅白半坼，梨花、藍子已漸落矣。風狂不止，爲之憮然。作片致吴玉粟，約今晚面交銀。王松谿來。傍晚詣玉粟，又不值，遂赴仙洲之招，同席八人，皆鐫師門下也。饋仙洲茶葉四瓶，又建茶兩瓶，大吉買地記一通。二更時歸，付車錢十千。得寶卿書，送場卷三本來，即復。

二十九日壬寅小盡　晴。書卷面履歷訖，即作書送交寶卿。作片致賡廷。得仲彝書，約晚飲東興居，即復書辭。吴玉叔來，即面交銀。寶卿來。吴百一同年思藻來。陳六舟來。得逸山書，言若農師已抵都。鮑敦甫來，言族兄渭亭於去冬之臘中毒暴卒，寒門兄弟，凋喪日甚，不勝慘悽。

三月癸卯朔　晴，午後風。寫大卷一開。剃頭。收到印結局二月分公費銀十六兩四錢。曉湖來，以近年詩文一帙見示。作書致王廉生，還其《四書求是》等四種。作片致殷蕚庭。閲曉湖近詩，佳句甚多。處州同年章質夫楷來。得寶卿書，送來卷票。得廉生復，以仿宋刻《四書集注》見借，嘉慶中璜川吴氏所校刊者。得蕚庭復。夜疾動。

初二日甲辰　晴。庭芷來。比日海棠盛開。傍晚坐花下賞詠久之。夜風。疾又動。皇上以是日午後回鑾。

初三日乙巳　晴。潘鳳洲來。張子芳刑部文泗來，妹夫張文溶之從兄也，其父錫疇吾邑諸生，刑部幼隨其父居粵東，遂寄籍番禺中，咸豐壬子進士，今改江西直隸州知州，入都引見者爲予言其出都已二十餘年，父母繼殁，兄弟三人皆爲諸生，先後夭折，顛沛萬狀，筆耕糊口，故久不赴官。蓋刑部之曾祖本寠人子，幼流轉粵中，以經營微末起家爲富人。生子六，諸生之父爲長，其次饒，心計訾獨饒還居會稽，年逾五十無子，遂以諸生爲嗣，已娶婦生刑部等兄弟數人矣。後忽得一子，大喜，名之曰天錫，即予妹夫之父也。天錫之母由是惡諸生，日謀逐之，及天錫父病甚，乃令諸生還越從其父。諸生憤甚，因得心疾，此事姻黨間皆能述之。今日刑部言之猶恨恨也。天錫與刑部同歲生，今貧甚，一目眇，居宅已賣，其子四人僅存其一。世間愚婦人專制其夫，私其所生子，惟恐財力之不厚，究何所得哉！書此可以爲戒。刑部又言予妹夫歿後，藩司中有一公費可領，還柩有期，爲之稍慰。午後出詣邑館答拜鮑敦甫及公車數人，并晤其兄益甫及牧莊、賡廷、宋薇川、寶卿。詣處州館答拜章質夫，吳興館答拜吳百一，煤市街答拜張子虞，俱不值。詣秋伊及仲彝、子珍昆季，亦不值。詣梅卿，并晤仲修。詣雪漁，不值而歸。廣西鍾孝廉德祥來，不值。得傅節子臺灣書，並惠銀八兩。傍晚坐庭下看海棠，返映艷絶，惜無多晷耳。晚有小風。鄧獻之來話别，且爲廣東劉雲生刑部邀夜飲，辭之。

初四日丙午　晨微陰，有小風，巳後晴，晡後陰。早起微陰，極佳，因作書約庭芷、梅卿極樂寺看海棠，庭芷復書以事不至。上午進宣武門出阜成門，元日平則門，今尚沿故呼。繞城經西直門過高梁橋，梅卿車亦至，同詣極樂寺。海棠爛漫已過，將就零矣。寺僧供素食于大殿西廊，遍游花下裴回至晡而還。入西直門，仍出宣武門，答拜張子芳，不值。詣邵伯英爲傅節子送銀，亦不值，留書而歸。鍾西筠來，名德祥，南寧人，言久客臺灣，與節子交好。楊理庵來，同邑陸一鶴秀才壽民來，福建楊孝廉崧年來，豫庭之子也，朱鼎甫、亦甫兄弟來，俱不值。晚詣傅子蓴爲節子送銀及書。詣萬福居赴吳玉粟之招，同坐爲王子裳、諸暨駱雲生孝廉及台州同年三四人，二更歸，付車錢十二千。

邸鈔：正黄旗漢軍都統阿克敦布卒。阿克敦布，旗人，年八十餘，頗善書，行草大小皆秀勁有法，滿洲近日如郎中德研香（德林）之八分，錫厚庵（錫縝）之篆亦稱能事。上諭：阿克敦布由司員升授侍郎、都統，在内廷行走多年，諸事勤勞。今聞病逝，朕意憐憫，加恩照都統例從優賜恤。上諭：巡視西城御史文保等奏職官謀娶釀命，請飭部傳訊一摺。民婦王劉氏自行抹傷身死一案，著刑部研訊確情，按律辦理，户部主事沈仕元著先行解任，聽候傳訊。以英元爲正黄旗漢軍都統。命吏部尚書寶鋆協辦大學士。

初五日丁未　晴，午有風。未正一刻十分穀雨，三月中。張子芳饋藥物三種，竹胎冠兩頂，受藥及一冠，作片復謝。作片致庭芷、致逸山、致曉湖、致梅卿。得庭芷復，薦僕人張融送考。得逸山復、曉湖復、梅卿復。邵伯英孝廉來，名松年，予昨約其來取銀者，而僕輩辭之去。

邸鈔：上諭：翰林院侍講學士李文田仍在南書房行走。上諭：本年補行覆試日期較早，各省續到之未經覆試舉人不能一體會試，未免向隅，自應量爲變通，以示嘉惠士林至意。著禮部查明准其先行會試，再令補行覆試，倘覆試時有應行罰科等事，仍著該部知照知貢舉照例辦理，嗣後各直省應行覆試舉人務當及早晉京，如期應試，毋許遲延，此係破格加恩，不得援以爲例。署山東巡撫漕運總督文彬奏陝西延川縣人、嘉慶甲戌科進士、二品頂帶鹽運使銜、前廣東候補道李宗沆年逾八秩，重遇恩榮，請援同治十一年吏部奏定四品以下已有三品以上升銜人員重赴恩榮筵宴，應照三品以上大員一律奏明辦理等。因籲懇天恩，俯准與宴，以彰盛典。硃批：禮部知道。

初六日戊申　晨晴，上午微陰，下午陰，傍晚有風夜雨。寫大卷一開。邵伯英來，今陝西巡撫邵君亨豫之子也，即以節子所寄十六金交之。夜爲伯寅題萬柳堂補柳圖七古一首。是日買一銅墨合，付錢十二千。

伯寅招集夕照寺爲萬柳堂補柳索賦長歌

廉公好客今所無，笙歌十隊紅氍毹。疏齋松雪踞上坐，當筵一曲千明珠。劉姬雙手白於玉，笑折荷花傾玉壺。盛事風流久消歇，遺跡滄桑向誰説。四百年後佳山興，種柳名堂後先埒。馮文毅萬柳堂實非廉野雲舊址。嘉慶間山人朱野雲誤認爲一，阮文達遂題曰『元萬柳堂』。仁皇御宇滇海平，詞科大舉羅群英。相公翹材啓東閣，城東驛騎紛將迎。竹垞詞賦西河舌，伽陵樂府湛園筆。吐茵唾地千萬言，盧趙有知應失色。庭前萬樹堆緑烟，柳花亂撲春酒船。幾輩朱衣引騶唱，兩行紅燭門新篇。平津老去珠履散，佛火鐘魚一朝换。幸逃馬廄壞朱閎，留得書樓映宸翰。儀徵太傅重停車，山人補柳傳畫圖。亭臺傾盡寺田鬻，東風一二摇纖株。侍郎退食命儔侶，載酒招提共延竚。疏畦便插千萬枝，頃刻濃陰滿庭户。俯仰何勝興廢哀，眼前無數菜花開。荒池水碧猶依舊，更補新荷聽雨來。

是日碧桃花初放一枝，襛香絶艷，愛賞久之，入夜得雨，當益鮮潤，未知東風能否緩款，俟至試事畢後，滿樹盛開，當酹以一卮，賦詞相媵也。

邸鈔：命禮部尚書萬青藜爲甲戌科會試正考官，刑部尚書崇實、工部尚書李鴻藻、吏部左侍郎魁齡爲副考官，右庶子宗室。崑岡、壬戌。侍講黄毓恩、乙丑，湖北。修撰鍾駿聲、庚申，浙江。編修陳振瀛、癸亥，順天。胡聘之、乙丑，湖北。李汝霖、乙丑，山東。張鴻遠、壬戌，河南。王先謙、乙丑，湖南。鈕玉庚、乙丑，順天。梁仲衡、戊辰，直隸。葉大焯、戊辰，福建。陳啓泰、戊辰，湖南。户科掌印給事中夏獻馨、丙辰，江西。禮科給事中郭從矩、庚申，山西。御史劉瑞祺、壬戌，江西。吏部員外郎沈源深、庚申，河南。户部員外郎吴廷芬、壬戌，安徽。刑部主事陸光祖庚申，湖北。爲同考官。以太常寺卿龔自閎爲内閣學士兼禮部侍郎銜，以翰林院侍讀學士周壽昌爲詹事府詹事。

初七日己酉　晨陰，旋日出，終日多陰，有風頗寒。作書并詩致伯寅，且還玉函山房書四帙，得復。剃頭。自出换銀。晡坐車入内城至大牌坊胡同與梅卿、梅仙、田杏村同寓。曉湖來。鮑敦甫來。

宋薇川來。秦秋伊來。陶仲彝、子畛來。樊雲門來。傍晚偕秋伊、子珍、梅仙詣譚仲修及高仲瀛兄弟，晚歸。

邸鈔：鴻臚寺卿楊書香署理光禄寺卿。

初八日庚戌　晴，暖甚。辰刻入闈，先點京官。坐西場生字舍，鄰舍有山西人王建基，丁酉舉人，年六十七矣。廣東賴俊卿，户部己酉拔貢，己未舉人，年亦五十餘，極致傾慕。同鄉鮑亦甫亦同舍。夜凉甚，三更得題紙，首題：『子曰：君子坦蕩蕩。』次題：『自誠明謂之性。』三題：『孟子曰：君仁莫不仁，君義莫不義。』詩題：『無逸圖得勤字。』

初九日辛亥　晴，午後有風，晡後微陰。晨起作文，晚畢三藝。

子曰君子坦蕩蕩

惟聖人能形君子，於坦見其蕩蕩焉。夫君子之坦，亦祇自安其常耳，子以蕩蕩形之，而循理之功不更見哉。且吾黨狀夫子之燕居，曰申申，曰夭夭，此固由齊遬而見舒遲者也。惟聖人之涵養粹合時中者泯敬肆之形，故論世之審察精徵盛德者，協寬平之度。蓋其理湛然，其情澹然，斯其氣象無一不出於自然，而朝乾夕惕之功，乃益與天理流行而無間。

日者夫子蓋嘗慮人之病君子者，以爲矜持過則體驗不真，嚬笑嚴則物我不浹，而又恐託於放曠者之以僞亂真也。因舉君子之所自異者以示人，曰：君子心存寅畏，居暗室者常凜旦明，而精意既孚，人視爲苦者己獨視爲樂也，故跬步有循，萬物莫如其翔洽。君子氣禀清明，入闈門者儼如朝典，而真誠相與，外覺其勞者，中彌覺其逸也。故風規既樹，終朝弗擾其弦歌。

然則君子者惟見其坦而已，惟見其坦而蕩蕩而已。世途亦甚險矣。君子獨行踽踽，方日處於危疑，而群邪鼎沸之中，要衹坦懷以相與，故寵之不喜，辱之不驚。即或憂讒畏譏，而俯仰無愧於帝天，即寤寐不慚其衾影。蓋寰區雖隘，方寸之寬礦自如也。雨露雷霆，聽彼蒼之位置而恬然物外者，并不願求諒於衆人。久之而畛畦悉化，僉壬亦白其無他，心跡共傳，史册盛言其大度，則蕩蕩乎純臣之舉動已。

學術亦多歧矣。君子自守硜硜，且不勝其戒懼，而異黨争鳴之會，惟坦履以自貞，故譽之不隆，毁之不污。即或負瑕蒙穢，而不因責備以加勉，豈因横逆以改常。蓋門户雖分，一室之包涵自廣也。華衮斧鉞，一任天下之愛憎，而悠然自得者，并不屑求知於後世。久之而黨同妒真，歎宫墻之廣大，著書立説，知聖道之從容，則蕩蕩乎大儒之軌範已。

豈無安貧樂道而簞瓢頤志，或不敵其鑽仰勞神者？然君子之蕩蕩，論醇疵不論夭壽也。故居易以俟命，而堅卓之誼飫以優游。豈無肆意鳴高而榮辱等觀，或轉涉於徉狂玩世者？然君子之蕩蕩，取志氣不取形骸也。故率禮以無愆而宏大之懷本於兢業。蓋君子者，固因坦而見其蕩蕩者也。彼戚戚者奚爲哉！

自誠明謂之性

由誠而明，聖人之性一天也。夫誠者，天之本性也。聖人自誠而明，此之謂性，非即天道哉。且天之所積者，氣也。而皆性之所彌綸。惟聖人爲能體天，即惟聖人爲能率性，此非可强以幾也。民彝物則，獨探萬類之先，斯竭智盡神，皆本一中之合。蓋與性相忘者，即與天相忘，而渾然者適以還其固有爾。

夫子言誠者天道，非以天者性之所出哉。洪荒初啓，未有性識之分。蓋狉獉之世，天之性，固能盡人而具也。維皇之貴，方日接於群倫，而元氣之所孚者，日月星辰，已無隱微之不照。虞夏以前，未有言性之旨。蓋隆古之時，聖人之性猶能盡人而知也。首出之尊，初不驚其神異，而盛德之所及者，冠裳文字，自無制作之不精。

是則自誠明也，是所謂性也。性之體每麗於虚，惟誠則以實著之。聖人與天合德，即下至尋常日用，亦皆真意之所將。故足不越户庭，而遐邇之情無弗窮其紛賾，迨至德施既溥，天下蒙光被之仁，而人見以爲明者，聖皆見以爲誠也。大則禮樂備五行之用，細則器物盡百産之精，而聖人者衹以爲太始之不漓也，夫亦自葆其性而已矣。

性之用每涉於動，惟誠則以静徵之。聖人得天有常，即有時震鑠古今，亦皆静氣之所攝。故心不計利害，而事變之會無不豫燭幾微。迨至功效大臻，萬世仰如神之教，而人以爲性之明者，聖壹以爲性之誠也。興一事必争氣數之先，除一弊必慮子孫之後，而聖人者衹出諸方寸之所安也。夫亦各正其性而已矣。

故或逞高遠之談，指良知以爲性之本。謂大人與赤子不異，即上哲與下愚不殊，此其説或近於自誠而明也。不知純疵厚薄之相懸者，其間正難計數耳。性雖同出於一源，誠固獨超於萬品。蓋實著其所自，而後所謂性者，不至氾濫而無歸。

抑或務清净之論，舉覺悟以爲性之真。謂持定力以絶所紛，即復靈機以入於寂，此其説亦託於自誠而明也。不知虚無真實之迥判者，其道彌大亂真耳。性之發必期於位育，誠之樞早驗於運行。蓋顯識其所自，而後所謂性者，豈等杳冥而無用？

此聖人之誠，所以爲天命之性也。而自明誠者，又何不可幾於聖哉？

孟子曰君仁莫不仁君義莫不義

大賢明爲君之道，仁義之感捷焉。夫仁與義，亦人君之所自勉也，而人莫不化之。孟子之有望於人君者，深哉。且戰國之世，爲人君者惟功利之是圖，而諱言仁義矣。顧其心非不知仁義之爲美，蓋惑於晚近之論，謂其效不可以刻期。即其人不可以遍曉，大賢雖屢爲齊梁諸君陳之，而無如左右之曲撓也。因明仁義之驗，以堅其信而祛其疑，而主極之端遂可率千古以爲之準。

不然，孟子嘗言君仁君義之效，由於大人之格君心矣。而此復以仁義責之君者何哉？蓋其意謂百辟之心思，咸視一人之趨向，垂旒塞纊，方自蔽其聰明，而一念之由乎仁由乎義者，早已與涣汗之頒同周區宇。廟堂之動静，衹關暬御之見聞，發號宣獻，或且視爲文具。而一事之合乎仁合乎義者，獨若有鬼神之告，遍浹親疏。

蓋君仁莫不仁，君義莫不義。有斷然者，其在開創之朝，草昧初平，天下各極其才以求勝。或謂戡大難者惟恃攻戰，或謂治新造者先尚權謀，而聖君之應運者，獨依仁義以行之。一時策士力争，功臣扼腕，方共議所爲之迂闊，雖干戈所指，亦嘗小絀於群雄。而究之仁政潛孚，闔境同仇以敵愾，義聲遐播，鄰邦歸命以争先，而效命之干城已，莫不爲循良之選矣。

其在守成之世，承平已久，斯人各挾其術以相當。或言慮後弱者宜用富强，或言救積弊者當資法律，而賢君之善繼者，獨本仁義以持之。當日老成進計，年少上書，方竊憂國勢之將衰。雖賞罰所行，間亦小失於寛縱，而究之仁心固結，蠻荒輸翼戴之忱。義問昭彰，婦孺識尊王之誼，而急功之才俊，亦莫不歸儒術之林矣。

亦有假小惠以施仁，沽虚名以市義，其精神所及，亦足以收旦夕之人心，而君德之未純者，則感化終不固也。惟宏仁義以敷之，而後恫瘝悉達，下民歌獄府之空，軌度大明，近侍絶倖門之想。亦有柔仁過而罕聞威斷，執義堅而絶少慈恩。其際會所遭，亦足以救一時之流失，而君心之偏倚者，其觀聽終未孚也。惟兼仁義以濟之，而後承雨露之恩，莫敢自私其同類，秉鷹鸇之志，咸知護惜夫人材。然則人君者力行仁義之效不大可睹哉？

夜二更時，鈔二藝畢，始卧。五鼓寒甚。

初十日壬子　晴。晨起鈔第三藝。作詩，午出闈，不快。

邸鈔：上諭：給事中胡毓筠奏禮部辦理覆試舉人謝焕章未盡持平一摺，著禮部議奏。原疏言謝焕章籍隸雲南，年逾六旬，萬里來京覆試時，精神不給，文字不檢，亦在意中。嗣聞萬青藜背誦其文，謂謝焕章不列等，未免屈抑，士論嘩然。群謂李祉閲謝焕章一卷，簽至十餘處，内有『由此觀之』句。李祉以『由此』二字屬上句，以『觀之』二字屬下句，如果屬實，何以服士心乎！且聞有詩中因用祗字，本非錯誤，列之四等者，禮部奏免罰科。夫四等可免罰科，則不列等之年老舉人，禮部既謂爲屈抑，何以徑請斥革乎云云。

十一日癸丑　晴。晨起身熱，不食即入闈，坐東場人字第一舍，與王芝仙同號。夜早卧，三鼓後得題紙，《易》爲『巽乎水而上水，井，井養而不窮也』；《書》爲『九五福一曰壽』；《詩》爲『琴瑟擊鼓，以御田祖，以祈甘雨，以介我稷黍』；《春秋》爲『冬，會陳人、蔡人、鄭人、楚人，盟于齊』；僖公十有九年。《禮》爲『韭曰豐本』。

十二日甲寅　晴熱。身熱不食。晨起作文，至夜初更畢，四藝俱寫訖，就卧。

十三日乙卯　晨至午晴，欝熱如夏，下午陰埃有風。晨起更成第五藝，并補稿畢，上午出闈。子珍、仲彝、雲門來。

邸鈔：上諭：給事中邊寶泉奏覆試舉人試卷出入太重，請飭會議一摺。所有覆試舉人謝煥章試卷著派桑春榮、彭久餘會同禮部秉公查核具奏。十一日疏言風聞禮部議結謝煥章卷有紕繆費解等字樣，而人言嘖嘖，咸謂其理境甚深，語有根柢，奴才雖未見其原卷，但就傳誦於衆口者觀之，實非紕繆，亦非費解。上年該部議革舉人徐景春一案，前後自形歧異。今于謝煥章一卷，更難保非含混奏結，意存迴護云云。上諭：文祥奏病久未痊，仍懇請開缺調理一摺。文祥著再賞假兩月，安心調理。十一日。富隆阿補授山東青州府知府。十一日。上幸圓明園安佑宮等處看視工程。十二日。上諭：吏部奏遵議臬司各員處分一摺。雲南按察使程誠、前署會澤縣知縣任傅綸均著降二級調用，不准抵銷。十二日。上諭：豫師奏已故户部尚書署陝甘總督沈兆霖前在甘肅辦理撫回事宜，不辭勞瘁。嗣在平番小沙溝遇水衝薄，遂致殞命，死事甚慘，請飭建祠等語。沈兆霖著再加恩在平番縣地方建立專祠，並將事實宣付史館。以前任湖南按察使倉景恬爲雲南安察使。十三日。

十四日丙辰　晨陰，悶欲雨，上午晴，午後陰，旋晴，終日有風而熱。辰刻入闈，坐西場藏字舍。鄰號有山東人吴仲頤，工部子苾閣學之子也。又鄞人□禾村言十年前曾識予於旅舍。是日身熱稍退，胸腹仍不快。

十五日丁巳　晨至午晴，下午陰，稍凉。早起見策題。第一道問群經疑義皆本之《經義述聞》；第二道問《儀禮》十事；第三道問《漢書》十二事；第四道問錢法；第五道問科目，此兩道皆本之《日知録》及黄氏《集釋》。予據所知者對之大約十得八九，至晚正稿皆畢。

十六日戊午　晨雨，上午陰，下午微晴，旋陰。晨出闈，梅卿諸君亦先後出，遂坐車出城至家。桃花尚盛開也。僕人夏升、張鑾當差不慎，皆斥去。得紱丈書，邀飲。得伯寅書，以湘潭黎御史吉雲本名光曙，道光癸巳進士。《黛方山莊詩集》屬爲分布，即復。作書致庭芷。庭芷來。逸山來。賞張融錢十二緡，令回去。

邸鈔：翰林院侍講學士烏拉喜崇阿轉補侍讀學士，以司經局洗馬松森爲侍講學士。十四日。左春坊左庶子林天齡充江南學政。馬思溥病故。

十七日己未　晴，午後大風。剃頭。寶卿來。譚研孫來。作書致梅卿，付犒庖人四千，王僕、梁僕各四千。作書致曉湖，邀其來同寓。牧莊來。王賡廷來。王芝仙來。藍洲來。吴蓉圃來。得曉湖復。得庭芷書。是夕望月食。五更疾動。是日王廉生來，吴松堂來，俱不晤。

邸鈔：翰林院侍讀學士楊慶麟署理國子監祭酒。

十八日庚申　晨至午晴，午後陰，旋晴，微風。石門人癸酉孝廉屈星階元炘、曹驤雲寶駿同來，并投行卷。屈又去年拔貢，曹第五策進呈。施均甫來。子珍、仲彝、雲門來。楊理庵來。許竹篔來。寶卿來。江敬所來。鳳洲來。紫泉來。孫子授來，劉仙洲來，張子芳來，殷蕚庭來，均不晤。夜同曉湖、寶卿、仲彝、子珍、雲門飯，曉湖留寓齋中。作書致紱丈，辭飲。致伯寅，致廉生，還所借書。是日宗室會試題。換戴凉帽。

十九日辛酉　晴。潘星齋丈來。族弟慧叔來。方勉甫、受甫兄弟來，王子裳來，黄維吉同年福楙來，傅子蓴來，吴子重來，俱不晤。比日困甚，故多謝客不通。蕚庭招聽戲，辭之。是日賈琴巘開吊，送分子十二千。

邸鈔：吴德溥補授貴州糧儲道。

二十日壬戌　晴。陳六舟來，不晤。張子虞來。

邸鈔：上諭：曾璧光奏已故撫臣功德在民，請加恩予謚建祠等語，已故貴州巡撫蔣霨遠在任積勞病故，業經奉旨賜恤。兹據奏稱該故撫籌辦防剿支持危局，省城賴以保全，現在全黔肅清，自應一體加恩以旌勞勩。蔣霨遠著准其予謚建立專祠。謚勤愨。硃筆圈出吏部堂主事成治鈺麟、吏部考功司主事孫汝霖、户部廣東司主事楊鴻典、山西司主事楊聯恩、兵部主事文魁、工部主事高臚璟，俱記名以直隸州知州用。

二十一日癸亥　丑初初刻七分立夏，四月節。晨晴熱，終日微陰，午後有大風。曉卧中疾又動。劉仙洲來。梅仙來。袁爽秋來。王芝仙來。竇卿來。牧莊來。鮑敦甫來。葛逸仙同年詠裳來，羊辛楣孝廉復禮來，施敏先來，俱不晤。夜同曉湖、竇卿、牧莊、敦甫飯，牧莊留宿齋中。二更風又起，甚凉。

二十二日甲子　晴，午有風，晡後陰。潘味琴喪偶來赴，送分子四千。庭芷招飲，辭之。黄研芳同年維翰來，以其尊人蔚廷所撰《梨洲年譜》一册爲贈。葉襄堂同年秉鈞來，金忠甫同年來，均不晤。王孝廉同來，不晤。梅卿來，同曉湖擲采選圖三周，夜飯後去。得紱丈書，薦僕人。

二十三日乙丑　皇上萬壽節。晴。趙桐孫來。譚仲修、王松谿來。朱鼎甫來。金忠甫來。作書致仙洲。鄧獻之來。作書致紱丈，贈以《平浙紀略》一部。作書致伯寅。得紱丈復。秦秋伊送致予家所寄楊梅燒酒一瓮，即復書，犒其使二千。鍾西筠孝廉來。再得節子正月書，并寄來《鮚埼亭集外編》三册，卷四十二至卷四十七，此予舊藏所缺者。蓴庭來，不晤。

二十四日丙寅　晨陰，傍午小雨，下午微雨。潘星丈柬訂初二日飲餘慶堂。伯寅柬訂廿九日飲松筠庵。楊理庵柬約初四日飲天福堂。補寫近日日記。閲金氏《儀禮正譌》。梅卿來。曉湖比寓予家，終日寫予近年詩詞，既服其勤，亦歎耆痂之專爲不可及也。予壬申春夏間詩初稿頗潦草，不甚可辨，今日爲寫出之。夜咳嗽，不快，疾動。

二十五日丁卯　晨陰，巳晴，下午陰，夜雷雨。得鍾慎齋二月廿八日錢清書。剃頭。爲鄧獻之題《寒機授讀圖》三絶句，不存稿。劉緘三師、李若農師訂初二日公宴長椿寺。得仙洲復書。下午始出答客二十餘家，晤鄧獻之、曹驤雲、屈星階、金忠甫，晚歸，付車錢四千。鄧鐵香來，鍾仲龢同年來，高仲瀛來，陸孝廉壽臣來，均不晤。是日新顧更夫甚愚而惷，以其固气自效也，姑留之，付錢八千，牙人錢一千。夜補録壬申詩訖，删去七律一首，七絶二首。

二十六日戊辰　晨雨至晡後稍止，晚晴，是日甚凉。

邸鈔：御定浙江此次會試中額二十六名。

二十七日己巳　晴，有風。得紱丈書，饋蘇州蝦子鹽鮝十四段，即復謝。吴蓉圃柬訂初一日飲餘慶堂。得梅卿書，饋煎鮝魚一盤，此《爾雅》之所謂「鮤，鱴刀」也。今謂之鱭魚，鱭即鮝之俗字。海邊皆有之，都中則自天津來者。即作書復謝，并答以鐵門燒餅五十枚，犒其使二千。湖州張子中同年行孚來，以七律一章爲贈。黄元同來。王芝仙來。王信甫來。寫大卷兩開。梅卿來。作片致趙桐孫，約三十日夜飲。

二十八日庚午　晴熱。上午唁謝夢漁丁其太夫人之憂。答拜王廉生、張子中、鮑敦甫，皆不值。晤寶卿。詣秋伊、仲彝、少筤、雲門，皆晤。答拜黄維翰、業秉鈞兩同年，不得其寓處而歸。下午出謁李若農師，送銀二兩，門包四千。晤談良久，若師出示其去年所得漢延熹四年西嶽華山廟碑，本馬氏玲瓏山館物，後歸陽城張吉餘敦仁、子稷薦染父子，若師在江西以三百金得之。有金冬心等印，其字神采完足，較黄氏小蓬萊閣、阮氏文選樓所模過之數倍矣。出詣劉鎸山師，答拜鍾仲和、張子芳，俱不值。詣楊雪漁亦不值。晤顧緝廷而歸。潘孺初來，鍾西筠來，俱不值。晚詣廣和居，邀張子芳、鍾西筠、劉仙洲、楊翰臣夜飲，初更後歸。酒錢二十六千，付請客車從及酒保賞錢六千。秋伊以過予寓齋五律一章寫寄。得孺初書，金忠甫書。曉湖去。

邸鈔：上諭：本日桑春榮、彭久餘會同毛昶熙、黄倬奏覆核已革舉人謝焕章試卷，請免其斥革，仍照疵類例罰停會試一科。又據禮部奏謝焕章仍請照前議斥革各一摺，除原派閲卷大臣禮部堂官及此次所派之桑春榮、彭久餘毋庸會議外，著九卿會議具奏。

二十九日辛未　晨陰，午雨旋止，晡後晴，凉甚。史寶卿來。上午答拜黄巖葛逸仙、王子裳、王弢甫。晤子裳、弢甫及瑞安孫仲容。午詣松筠庵，赴伯寅之招，坐客數十人，與若農師、逸山、子裳、錢唐吴子進庶常觀禮同席，晡後歸。藍洲來，不值。晚詣廣和居，邀高仲瀛、蔣子相、朱鼎甫、陸一鶴、潘鳳洲飲，二更時歸。酒錢三十三千，付請客車從錢五千六百，酒保賞錢三千四百，車錢二十千。

三十日壬申　晨晴，上午忽有雷，急雨數作，午風，下午晴。作片至王芝仙，約今日夜飲，得復。逸山來。同年知會四月初四日安徽館團拜，公請劉、李兩老師，付分貲京錢三十千。又劉老師五月十一日七十壽辰，公送屏障，付分資八千。曉湖携襆被來。傍晚扶朱藤上架。桐孫來。金忠甫來。夜邀桐孫、芝仙、鮑益甫、曉湖、寶卿飲寓齋中，至二更時桐孫去，偕曉湖、芝仙、寶卿談，徹曉始寢。芝仙賦七律三章見贈。鄭蓮卿同年雩來。施敏先約初二日飲廣和居。汪柳門來，不晤。

夏四月癸酉朔　晴。吴玉叔來，不晤。得金忠甫書。倦甚欲睡，偕曉湖讀《曾文正集》數篇。牧莊來。胡雲楣柬訂初五日飲文昌館。夜偕曉湖、牧莊説鬼，至三鼓始寢。

邸鈔：上諭：前據總理各國事務衙門奏俄國使臣籲請覲見呈遞國書一摺，著准其覲見。

初二日甲戌　晨微晴，上午陰，下午風雨，旋止，傍晚密雨，有風甚凉，晚虹見於東，餘映忽朗，仍有零雨，夜風星見。寶卿來，不晤。午詣餘慶堂赴星丈之招。晤汪柳門及吴清卿之弟誼卿，坐間有去年浙江主考徐姓、廣東主考周姓諸君。酒半予先起，出詣長椿寺，赴劉、李兩師之招，晡後歸。雅齋、慧叔柬訂初五日夜飲謝公祠。夜録舊作墓志二首。張子芳來，不晤。孫仲容孝廉（悦）〔詒〕讓來，不晤。

初三日乙亥　晨晴熱，上午有風雨，旋晴，終日鬱悶，夜有微雨，旋晴。謝夢漁開吊，送奠分京錢十千。作片致雅齋、慧叔辭飲。梅卿來，并贈小銅墨合一枚。雲門來。孫彦清來。仲彝、子縝、少筫三昆來。盛伯希同年來，以其母夫人所著《芸香館遺詩》二卷求序。夫人博爾濟吉特氏，蒙古喀爾喀部郡王之孫女，名那遜蘭保，那遜者，譯言善，其兄弟輩行也。字蓮友，其詩頗有清才。謝惺齋來。夜偕曉湖、梅卿、仲彝、子縝、雲門、少筫小飲，以《越三子集》分贈諸君，子縝以所著《蘭當詞》見貿，雲門以所著《茗花春雨詞》見貿，一密麗，一疏秀，各極其長。得星丈書。

邸鈔：上諭：前因署烏里雅蘇臺將軍常順、前署烏里雅蘇臺參贊大臣文奎互相糾參，迭經諭令額勒和布前往秉公確查。兹據該都統查明覆奏此案，常順於文奎之自出手論，收受木柴，文奎於常順之挪用采買菸茶銀兩。始皆含混徇隱，迨至意見不合，復摭拾往事，彼此參劾甚至，奉行有年並無不合之案，亦以虚誣失實之詞，率行入告。且文奎奏參常順挪用采買菸茶銀兩，文奎不惟隨同標放，並於該將軍出隊後，亦有自行標放此項銀兩情事。常順奏參文奎爲徐瀛傳坐台車捏稱公幹，而常順亦有爲文桂傳坐台車捏稱委員情事。似此挾私糾參，全不以公事爲重，實屬不成事體。文奎業經兵部具奏遵議處分，俟此次定案時再降諭旨外，常順著交部嚴加議處。以頭品頂帶記名列副都統健鋭營前鋒統領孝順爲庫爾喀喇烏蘇領隊大臣。

初四日丙子　晴，暖甚。剃頭。移新植梨樹於外。上午詣安徽會館團拜，劉、李兩老師俱早到後散，同年至者幾八十人，演四喜班，頗有佳劇，晚歸，付車錢十千。得仙洲書，辭飲。王子裳約明日夜飲福隆堂。是日丑刻上親雩祀於南郊。

初五日丁丑　晨至午晴熱，下午陰，傍晚風，溦雨有雹，夜又溦雨，旋晴。作片致子裳，辭飲。作書致星丈，贈以施均甫詩集。寶卿來。王芝仙來。得董峴樵兵備二月五日秦州書，并惠銀二十兩。作芸龕以書送來，即復謝，犒其使四千。梅卿來，同擲采選格。夜偕曉湖、寶卿談至四鼓始寢。是日以前月印結局公費銀九兩四錢，换得京錢一百十九千，付米錢三十千，煤錢二十千，新僕林升工食錢六千，以是月朔受庸。陳媪五千，升兒三千，水烟筒錢九千。是日上召見俄羅斯國使臣於紫光閣。

邸鈔：上諭：單懋謙奏病難速痊籲懇開缺一摺。單懋謙著准其開缺回籍調理。

初六日戊寅　未正二刻四分小滿，四月中氣。晴。謝惺齋邀飲如松館，辭之。得星丈書。仲彝來。藍洲來。牧莊饋醉魚三段。得紱丈書。曹驤雲來。牧莊來。得梅卿書，招夜飲，即復辭。留藍洲、牧莊、寶卿夜飯，二更時藍洲去，牧莊、寶卿止宿齋中，談至四鼓寢。得子縝書，并近詞九闋，俱極精麗。

初七日己卯　晴，晨至午風，下午稍止。偕曉湖、牧莊、寶卿暢談。吴泮香來。梅卿來，同擲漢官選格。朱蓉生邀飲萬興居，辭之。

初八日庚辰　晴。紱丈來。得星丈書，以所著《小鷗波館集》屬轉贈施均甫。作書致紫畛，贈以伯寅所刻《太誓答問》等四種。作書致均甫，并星丈所致詩。殷萼庭約後明日飲廣和居。得子縝復書，并前日飲寓齋七律一章。

邸鈔：上諭：前因桑春榮等奏派覆核已革職舉人謝煥章覆試卷與禮部意見不同，分别覆奏當經諭令九卿會議。兹據查閲謝煥章試卷用意艱深，語多晦塞，致被擯斥，不爲無因。禮部因係不列等，擬以斥革，係照成案辦理，惟卷内雖有未妥之句，尚非文理不通。謝煥章著仍照桑春榮等所擬，開復舉人，罰停會試一科。嗣後禮部於科場事宜仍當恪遵舊章，秉公辦理。此次係屬破格施恩，不得援以爲例。據給事中胡毓筠奏稱，謝煥章試卷萬青藜背誦其文，謂不列等未免屈抑等語，萬青藜於此卷既擬斥革舉人，乃於未經奏結之先，輒以屈抑向人傳誦，殊屬不合，萬青藜著交部議處。命協辦大學士寶鋆稽察欽奉上諭事件處，吏部尚書毛昶熙兼充翰林院學士，兵部尚書沈桂芬管理國子監事務。

是日萬青藜等始呈進前十本試卷，向例以初一日，今遲八日，示慎重也。去年順天鄉試則以九月初三進呈。

初九日辛巳　晴，下午微陰。牧莊、寶卿去。均甫來。作書致星丈，以曉湖詩及子縝、雲門詞送閲。曉湖將以明日移寓，賦七律一章留别。爲王杏泉書團扇以去年人日詩。芝仙來。梅卿來，同擲采選。上幸安佑宫閲視工程，於雙鶴齋進晚膳。

初十日壬午　晨晴，午陰，晡後晴，是日歊熱。仲修來。得紱丈書，并王烈婦詩一章，即復。爲子獻之弟子詒繼穀書團扇，答贈子獻七律一首，并贈子詒七律一首，以子獻言子詒能日誦予詩也，俱寫之扇上，不存稿。鮑益甫來，并惠堯脯一肩，適午卧未晤。仲彝來，雲門來，留之小飲去。殷萼庭再來速飲，作片辭之。得顧緝廷書，約明日飲其家，即復。作片致鮑益甫昆季，贈以《越三子集》兩部。是日曉湖移具去，答贈以七律二首。夜初更大風，二鼓後止。敖金甫來，不晤。

曉湖計偕入都留宿齋中二十餘日枉詩見贈奉答二首

風濤萬里御征輪，差喜天涯見故人。升斗服官貧似舊，文章知己老逾真。千秋豫訂名山業，四海誰憂曲突薪。同是名場遲暮感，羨君奉檄爲娱親。

喜聞襆被款柴關，二仲連朝共往還。謂牧莊、寶卿兩君亦時過信宿。久客琴書成老伴，閉門風雨似深山。荒年蔬蔌粗相勞，別後詩篇待細删。爲約同舟歸鏡曲，從君北渚結三間。君有廢園在宅南，頗具水竹。

邸鈔：上諭：禮部奏耆臣重遇恩榮聲明請旨一摺。二品頂帶前廣東候補道李宗沆年登耄耋，上年癸酉科鄉舉再逢，已准其就近在山東重宴鹿鳴。兹值甲戌科會試，蕊榜重逢，洵屬藝林盛事，著加恩賞給頭品頂帶，准其重赴恩榮筵宴，以示朕嘉惠耆儒至意。

十一日癸未　晨晴，巳後陰，午雨旋止。剃頭。作書并扇致王芝仙。藍洲來。寫詩致曉湖。得星丈書。上午出門答拜施敏先、吴玉粟、黄研芳。旋詣仲彝、子珍、雲門、秋伊諸君暢談，子縝、雲門各以見題《沅江秋思圖》詞出示，孫彦清以見題《桃花聖解盦填詞圖》詞出示，俱極精妙，而子縝尤工。雲門并賦七律一章爲贈，詩云：『郎官平揖對三台，朝論多聞惜此才。積雨掩關塵夢少，幽禽啼竹好春來。明時獻賦趨金馬，花下翻書檢玉杯。争怪故山猨鶴怨，獨因紅藥住豐臺。』極雋爽之詣，似明之大復、子相也。予作片招梅卿來，遂同訪綺春時郎家，梅卿具酒饌，飲甚歡，時郎弟子并以琵琶侑之。二更後歸，付車錢十二千。得曉湖復。族弟小圃户部國和來，不晤。

十二日甲申　晨密雨，上午小雨，下午微晴，傍晚又溦雨。

十三日乙酉　晴，傍晚陰，晚雨，大雷電。是日榜發，予又落第。山陰中二人，鮑敦甫與焉，會稽無有。庚午榜中二人，王松谿得雋，全榜又無一知名之士，可太息也。得梅卿書，欲與予同寓，即復書約其來。寶卿來。作書致子縝、仲彝、秋伊。王芝仙來。梅卿來。仲彝、子珍來。比日洗蕉芟竹，小作消遣。庭芷來，爲僕輩辭去。予杜門攝疴，勢不能概見客，而此輩便以己意進退之，可恨。

十四日丙戌　晴，有風。作書致曉湖。曉湖來。得梅卿書，約十六日移具來。禮部取闈卷出，房官評：『文詩俱佳，而詩多寫二韵，恐謄録錯誤，礙不能薦，惜之。』此真咄咄怪事也。聞今年闈墨更較辛未不堪，會元秦某文極惡劣，孟藝有『牛釁鐘蠶食葉』之語，第二米某、第三路某尤爲不通。萬尚書陋而妄，李尚書疏而迂，崇實、魁齡及諸房考則更混敦矣。此輩何足責，不能不爲國家憂耳。買玉簪花四盆。梅卿來。楊子恂自閩來，子恂壬戌庶常，今年始入都散館。曉湖止宿齋頭。

邸鈔：岑毓英奏雲南布政使宋延春因病懇請開缺。許之。以前山東布政使潘鼎新爲雲南布政使。

十五日丁亥　晴，有風，下午陰，傍晚微雨即止，晚晴。得庭芷書，言遭騎省之戚，即日南還。曉湖去。步詣逸山，小坐即歸。午出唁庭芷，答拜孫仲容，詣曉湖、牧莊，不值，詣梅卿、梅仙，答拜高震鑠，晤。進城答詣王芝仙、楊理庵、黄元同、譚研孫及理庵之子家騋，出城答拜張子芳，俱不值。晡後歸，付車錢五千。

十六日戊子　晴。仲修來，鳳洲來。作書致伯寅，爲鳳洲求幕席，得復。梅卿移具來寓聽事之西箱。作書致曉湖，致仲修。芝仙來辭行。作書致寶卿，贈以大卷十三本。寶卿來夜談。

十七日己丑　晨至午後晴，晡時忽大風，有雷雨，旋止。江敬所來辭行，言其鄉人夏給事獻馨、新建人，爲同考官。鄒工部舒宇安仁人，外收掌官。出闈後言予卷爲王編修先謙所薦，李尚書已取中第四名進呈矣。填榜時拆彌封，既唱名，忽嘩傳卷有大疵，以詩中十韵始看出也，歷一時許，復唱名則爲陳光煦矣，蓋倉猝取本房一浙江卷易之耳。此固命實爲之，然以經進之卷，始則疏忽而不察，繼則匆遽而擅易，牛頭馬脯，居之不疑，亦可謂無忌憚者矣。曉湖來。爲王芝仙題《鏡湖醉月圖》《青玉案》詞一闋，用賀方回韵，即作書致芝仙。傅子蓴來。夜與曉湖、子蓴、梅卿共飯，談至三更後，送客出門，看月久之。曉湖止宿齋頭，天明始各就寢。雲門來，傍晚去。

十八日庚寅　晴。晨起送江敬所行，訪蔣約夫，俱不值。答拜鄭蓮卿，不得其寓處。詣鮑益甫、敦甫兄弟而歸。午前偕曉湖、梅卿同車詣慈仁寺，登毗盧閣，遍游林宇，徘徊緑陰，坐方丈啜茗久之。晡後復至殿前，觀雙松而歸。作書致季弟，致内子，致穎堂、品芳、嘯巖諸弟，俱託曉湖附去，并致内子蜜棗、蘋果脯、桃脯、磨菰、大頭菜、春菜共一簍，饋曉湖磨菰二斤。爲曉湖書楹聯，撰十四字云：『宦情淵穎潛谿地，詩思松圓大復間。』晚送曉湖出門，以明晨登程南返也。窮涂落第，又别故人，不勝凄黯。得逸山書，借《讀書雜志》，即復付之。

十九日辛卯　晨陰，上午小雨，午晴。張子虞來。子縝、仲彝、雲門三君來。均甫來。剃頭。秋伊來。梅卿邀同子縝、仲彝、雲門、寶卿夜飲，二更後散，寶卿留宿齋頭。下午有風。

邸鈔：上諭：前署烏里雅蘇臺參贊大臣副都統銜文奎、署烏里雅蘇臺將軍科布多參贊大臣鑲黄旗漢軍副都統常順均著照部議革職，一并回旗，毋庸留營。

二十日壬辰　晴，終日有風。藍洲來，尚卧不晤。楊雪漁來，贈蓮心茶葉一小合。番禺劉雲生刑部來，名錫鴻，己酉舉人，今爲鄰居也。

邸鈔：以察哈爾都統額勒和布爲烏里雅蘇臺將軍，以鑲藍旗蒙古都統慶春爲察哈爾都統。富勒琿泰補授鑲黃旗漢軍副都統，托倫布補授科布多參贊大臣。以前刑部左侍郎劉有銘爲太常寺卿。

二十一日癸巳　晨陰，上午晴，午後陰，傍晚晴。點閱樊雲門《茗花春雨樓詞》。得秦澹如二月間書。得張子虞書，屬書扇，即復。牧莊來，止宿齋頭。陶少篔來。孫彦清來辭行。夜偕梅卿同車至打磨廠，送秋伊明日南還也。晤子縝、仲彝、雲門、少篔、彦清、均甫、子虞諸君，二更後歸。西南有電，四更後雨，刑部火。

邸鈔：禮部左侍郎察杭阿兼補鑲藍旗蒙古都統。

二十二日甲午　晨陰，巳晴，午微陰，晡又陰，傍晚晴。出門詣若農師，久談。賀鐫山師授常卿，不值。詣門樓胡同本家，晤小圃。答拜汪柳門、敖金甫，俱不值。賀謝惺齋移居，晤。詣王頌廷，晤。詣金忠甫、陳藍洲、王松谿，俱不值。答南鄰劉芸生，晤。晡後歸，付車錢六千。得紱丈書，即復。夜閱子縝《蘭當詞》。是日，卯正初刻七分芒種，五月節。

二十三日乙未　晨雨，旋晴。題雲門《茗花春雨樓詞》、子縝《蘭當詞》各得長調一闋。得謝夢漁書。駱雲孫葆慶來。王頌廷來辭行。施均甫來。寶卿來。夜偕寶卿、梅卿談至四鼓始寢。

摸魚兒 題樊雲門《茗花春雨樓詞》，即送其還夷陵。

最消魂，綺叢蘭芷，東風都化紅豆。暮江瑶瑟彈來慣，終古楚天長瘦。三峽口。更禁得，深篁鎮日啼猨狖。清吟曼奏。擬喚起湘靈，大招騷屈，同聽玉龍吼。長安邸，汗漫相逢杯酒。淚痕仍滿衫袖。蘋花老盡春波緑，邀得遠峰眉皺。君怨否？君不見，天涯芳草今依舊。玉驄去又。休更譜商音，吹成恨雨，濕遍薊門柳。

念奴嬌題陶子縝《蘭當詞》

鏡湖八百，把輕烟軟翠，盪成詞境。玉笛一聲雲外起，吹得鴛鴦都醒。鈿枕盟香，珊奩偎月，總是詩禪影。風情何似，露痕涼墮花頂。　一自春水悠然，碧山老去，零落間金粉。牙板銅琵都歇絶，寂寞魚龍誰聽。試譜冰絃，遍傳蓮女，唱徹江天迥。苧蘿谿上，萬峰同鬥妝靚。

邸鈔：上諭：御史佘培軒奏請撥户、工兩部餘款以濟工需，並請飭户部不得加收飯銀各摺片，著該部議奏。今年二月二十三日内務府奏請飭在京王公大臣官員竭力捐輸，以顧要需。三月十三日奉旨依議，佘培軒因請將户部捐輸隨解飯銀及照費約二十餘萬兩，工部河工水利銀約四五萬兩，均撥交内務府充園工之用，歲可得三十餘萬兩。

二十四日丙申　晴。爲梅卿、仲彝、雲門書扇。魯芝友庶常來，自乙丑别後不見者十年矣，芝友戊辰登第，今始來散館。得雲門書，即復。王松谿來，趙桐孫來。松谿言昨謁主司崇尚書，甚歎浙江有佳卷而犯大疵，力欲設法而不得。桐孫言昨謁房師王編修先謙，言予卷在其房，文工甚而詩誤作十韵，欲薦不能，與各房傳觀之，無不歎惜云云。崇尚書之言固明指予而不敢質言之，然予卷既未薦，主考何由得知？豈浙江卷專犯大疵者？王編修惟能知薦卷名氏，予既格不能薦，何由知爲予作？蓋予之臨填榜而抽换事已無疑。房官鍾修撰駿聲、監試黄給事槐森廣東人。出闈俱向人言予事極可惜，而亦未肯明言其中否及何名次。黄君監外簾，故又誤傳予經文中主司有不能解者。總之不坼彌封，不經唱名，斷無一時内外簾官皆知爲某人之理。經文既不能解，則已早當擯落，何待臨發而易之。蓋諸公内脅于梁鴻臚條陳之議，患失過甚，而又外震予名，恐得罪於清議，故既扶同欺隱，李僵桃代，反假憐才之名以自炫其能識予文。不知予卷果中，即被磨勘，亦不過罰停殿試一科，主司不過罰俸九月，房官不過降級抵留，受卷官則不過罰俸三月，而護惜頭目至於如此。若以進呈恭取欽定之卷，而臨時擅易，滅跡售欺，實犯大不韙之名，原情科罪有百倍於誤中疵卷者。所謂以放飯流歠而問無齒決也。今上沖年未能周知情僞，進呈文字不蒙披覽，故諸君無復顧忌，悍然爲之，又僞作予卷，若經房官察出而未薦者，此事既無質證，予又未嘗措意，亦可以已矣。乃復變幻其事，顛倒其語，彼矛此盾，進退無據，適自供其鬼蜮而已。予於應舉之文三十年來，不復置懷。所作雖文從字順，已無復人能賞者。今之被落，本以不冤，此等瑣瑣尤不足書。所以記科場之弊不可究詰而一時具位忍爲欺蔽，全無人心，亦世變之極途也。仲彝來。子縝來。雲門來。逸山來。夜同梅卿、寶卿、雲門、仲彝、子縝小飲，二更後始散，寶卿止宿。是日小傳臚。狀元陸潤翔，江蘇人，癸酉順天舉人；榜眼譚宗浚，廣東人，玉生孝廉瑩之子，少年喜爲詩文，亦小有才名者；探花黄貽楫，福建人，故侍郎宗漢之子，咸豐初恩賞舉人。得仙居王月坡三月五日書。

二十五日丁酉　晨至午晴，下午陰晴相間，極爲鬱悶。寶卿去。上午至嘉興館送桐孫行，則已去矣。詣王廉生，少坐。詣許竹篔，不值而歸。爲子縝、杏村書扇。得盛伯希書，饋江紬袍挂料一襲、靴一雙、佩飾四事、團扇一柄，即修狀復謝，犒其使二十千。夜偕梅卿同車至韓家潭瑞春歌郎家，赴少篔之招，晤子縝、仲彝、雲門、仲修、羊辛楣、時琴香，四更時歸。

邸鈔：翰林院侍講學士李文田轉補侍讀學士，以左春坊左庶子林天齡爲侍講學士。

二十六日戊戌　上午晴，下午陰曀。得南鄰劉芸生書，招飲，復書辭之。得子縝書言仲彝、雲門已行，子縝留待試中書。潘鳳洲來。得肯夫四月朔日書。是日换冷布窗。殷蕚庭來，不晤。

二十七日己亥　終日密雨。得張子虞書。仲修來，爲僕輩辭去。以《章氏遺書》一部爲贈，凡《文史通義》内篇五卷、外篇三卷，《校讎通義》三卷，共五册，道光壬辰其子華紱所刻，不知何時板歸於郡紳周以均，故印行絶少。近年以均死後，其子某及其從子福清謀鏟去章氏之文，更刻以均所著制藝。仲修、子縝等知之，力向福清阻止，遂以聞當事，購歸浙江書局，爲之補刻印行，此亦實齋之厚幸也。梅卿贈三老碑拓本一通，尚是咸豐時物，較近拓爲佳。爲子虞、田杏村、陳倬雲書扇。爲内子書扇。

二十八日庚子　晨雨至午稍止，晡後晴，地氣蒸潤，有黴意。鳳洲來。作書致子縝，致寶卿。剃頭。得子縝復。得寶卿復，并惠紫豪筆四管、墨兩挺。

邸鈔：庶吉士散館授編修者五十三人，授檢討者八人，以部屬用者七人，以知縣用者十七人。浙江散館者十人，惟金保泰改部屬用，周福清改知縣。清華之選，牛旁阿鼻，車載斗量，亦自來所未有者矣。

二十九日辛丑小盡　晨晴，上午陰，晡後晴，傍晚忽晦有風，夜晴。先本生祖父忌日，供饋。藍洲來。得子虞書，并舊作《游雲林》七律一首。子虞少年頗有才氣，而不肯致力，故所作甚淺率。杭人之詩本以江湖塗抹爲事，如厲樊榭、杭大宗、陳授衣、符藥林、趙谷林、金冬心、梁山舟、陳雲伯諸君已不免，此後進承之略無真詣，近益頹喪不復能成格調矣。知好中如子虞及鳳洲輩皆毛羽未成而又頗自足，予屢欲規之，既未可語以精微而窺其意氣，亦似不肯受繩墨，此事固非易言者也。子縝來，以新著詩詞一編見示。松谿來。仲修、鳳洲來。少質來。均甫來。寶卿來。子虞來。藍洲來。夜偕梅卿治具，同諸君小飲，三更時散去，寶卿止宿。

五月壬寅朔　晴，有風，上午微陰。睡起甚遲。午飯後又倦甚，卧至晡始强起，終日昏昏，土木形骸其若是乎！高仲瀛來，黄研芳來，俱不晤。得盛伯希書，再贈紈扇一柄，即復。得金忠甫書，即復。得伯寅書，惠銀十二兩，即復謝，犒其使四千。印結局取來前月公費銀十兩一錢，晚自出市换銀。夜早睡，疾動。

初二日癸卯　晨晴，上午陰，下午晴。晨疾復動，憊甚。楊理庵來辭行。高仲瀛來。張飈民來。撰劉鎸山師七十壽序，其高處頗逼韓、歐，非歸震川、惲子居輩所知也，文以申酉間成，别存稿。夜得子縝書，招飲桐仙家。二更時偕梅卿同車赴之，坐惟少篔賓主四人耳，清談甚樂。梅卿招琴香，予招芷秋不至，更招熙春、秋菱，四鼓後歸，付秋菱纏頭十千，天明始睡。

初三日甲辰　晨及上午陰，午後晴，晡後陰。田杏村來辭行，不晤。張子芳來辭行。孫鏡江同年來，名禄增，辛未聯捷，官吏部主事，聞其所著有《説文蒙求》，今日談金石數事，蓋亦留心古學者。王子裳來。周篔叔同年來，名郇雨，黄巖人，少年有才思，亦出陳訏堂師房。是日倦甚，多卧，閲章氏《文史通義》，其疵繆不勝指駁。

初四日乙巳　曉雨，巳後晴。署中送來春季養廉銀十二兩九錢。是日付薪米酒食等債三百九十二千，内惟四十千爲《金石苑》書直耳。得伯寅書，贈《曾文正集》兩部，借《舊唐書·李德裕傳》。再得伯寅書，以定遠人方濬師《蕉軒隨録》十二册送閲。濬師由舉人中書充通商衙門章京，得擢廣東道員。其人本不足齒，而復强作解事，妄談經學中言，詩文諂附時貴，卑鄙無耻，文理又極不通，梨棗之禍至於此極，乃歎鬼奴之爲害烈也。京師人稱通商衙門官員爲鬼奴，以其諂媚夷人無所不至也。至其贊吕晚村而詆黄梨洲、閻潛丘，極訟袁子才而痛詆王述庵、包安吴、潘四農。所謂虺蝮之性，迴殊好惡，非特浮游撼樹而已。謂阮文達因諂事和珅，大考眼鏡詩，和授以意恉，得列第一，尤小人狂吠之言。寶卿來，付以銀二十兩，託寄回予家。宋偉度來，名祖駿，長洲人，有詩名，以山東知縣病痊入都引見。三得伯寅書，即復。鮑敦甫來。晡後出門，詣劉、李兩師賀節。答拜高仲瀛，送張子芳行，均不值。詣潘星丈、魯芝友、鄧鐵香，俱晤。答詣王信甫，不值，晚歸。得潘鳳洲書。夜飯後鳳洲再書來，邀飲秋蔆家，即作復，託梅卿辭之。

邸鈔：命吏部尚書寶鋆、毛昶熙教習庶吉士。福建巡撫王凱泰、山西巡撫鮑源深俱奏因病請開闕調理。詔：俱賞假兩月，毋庸開缺。王凱泰旋以臺灣日本之警，李鶴年奏請迅飭回任，詔督促之，凱泰遂於六月航海還閩。

初五日丙午　上午晴，熱甚，下午微陰，傍晚有零雨，即止。金忠甫來，言今日分部。得楊理庵書，饋枇杷十枚，犒其使京錢一千。上午詣田杏村，送行。入城詣徐蔭軒師，賀節。詣理庵，送行。下午歸。梅卿邀子縝、少篔、仲修、鳳洲同飲寓齋，晡後同游天寧寺。坐塔射山房，緑陰如幄，檻外西山修眉朗映，賞詠久之。復至花圃，及塔下小作裵回，諸君皆携歌郎，繾綣甚至，各買末麗花而散。傍晚歸，附車錢十一千。琴香賀節錢十千。夜作致三妹書，託杏村附去。

初六日丁未　上午晴，午後微陰，忽有零雨，晡後晴。作片約寶卿後日小飲。洗足。是日多風。

初七日戊申　晨及上午晴，午忽陰，有雷雨，旋止，下午晴。曉卧中疾動。剃頭。趙心泉來，不晤。得子縝書，并前日游天寧寺《滿庭芳》詞一闋，且以鈔本《詩經韵譜》六卷見示。中有孔巽軒籤語、邵二雲印識，即復。孫鏡江來。盛伯希來，借駢文詩集共三册去。

初八日己酉　晴熱。祭曾祖考妣、祖考妣、本生祖考妣、先考妣。夏至。寶卿來。朱蓉生來。子縝、少篔來。鳳洲來。仲修來。傍晚邀諸君小飲齋中，梅卿、鳳洲、子縝、少篔各招歌郎琴香、秋蔆、桐仙等四人，箏琵間作，夜定始散。殷萼庭來，不晤。夜子初初刻七分夏至，五月中。

初九日庚戌　晨至午晴，午後多陰。萼庭來。族伯母施恭人八十壽辰，雅齋、慧叔兄弟於皮庫營太原會館張樂稱觴，送禮錢十千。上午答拜孫鏡江、王子裳、周篔叔，俱不值。答拜宋偉度、楊子恂，俱晤。午後歸。晡後詣太原館拜壽，晤廖雲驚、黃卣香、殷萼庭，即歸。得孫鏡江書、衢州同年鄭暉吉書。羊辛楣來，袁爽秋來，俱不晤。羊君新分刑部主事，袁君新捐内閣中書。梅卿寫劉師壽文訖，傍晚寫禮單送去，計八色大紅呢壽幛一軸，金箋壽屏十六幅，三鑲玉如意一柄連紫檀匣，滿繡紅段荷包一箧，共十事。紹興酒四大壜，燭二十斤，饅頭五百枚，麵百斤，門茶京錢四十千。此次同年在京者八十四人，人率京錢八千，共得六百餘千，均由金忠甫交來，梅卿爲之辦理。牧莊來夜談，止宿齋中。

初十日辛亥　終日陰，晡時微有日景。作片致鏡江，致寶卿，均得復。牧莊去。鏡江來。星齋丈來，不晤。夜半有雹，小雨。四更疾動。

邸鈔：自初七日至初十日，新進士引見畢。詔改爲翰林院庶吉士者華金壽等九十人，分部學習者七十三人，以内閣中書用者十二人，以知縣用者一百二十三人，以郎中員外主事原官用者七人。浙江得庶吉士者八人。鮑臨、吴講皆與焉。王麟書、王汝霖皆用知縣。雲南人陸葆德者，故江西巡撫蔭穀之子，入貲爲主事，咸豐己未以賭博革職，益變結無賴，椎埋鬥毆，狎娼聚奸，靡所不爲。辛酉正月從棍犯張西園邀擊刑部郎中吴養源於廠市，幾斃。遂擒至刑部嚴刑考掠，夾脛幾折。西園旋掠死而陸竟得脱免。今上登極，起廢員，得授通政司經歷，庚午中順天舉人，今成進士爲庶吉士矣。其朝考也，論文誤低二格，其首句曰蓋聞云云，已寫二三行，有鄰鋪生告之，乃於首加兩字曰自古蓋聞云云，閱卷者竟置之高等。又有江蘇人程秀者，故副都御史庭桂之子。咸豐戊午，庭桂主順天試，秀在外招摇，收受關節。是年科場事發，庭桂初不爲意，以秀年尚少，恐質證吐實，令其長子工部主事炳采代之赴質。王大臣載恒、端華、陳子恩等嚴鞫之，炳采不勝刑，自誣服，并逮庭桂入獄考訊，讞上皆坐辟，而秀宴居徵逐倡優自若也。炳采竟伏法，庭桂戍軍臺，赦還旋死。秀入貲爲户部主事，丁卯中順天舉人，今亦成進士，以原官即補矣。探花黄貽楫亦罪人之子，其殿試也，以『君仁莫不仁』『君義莫不義』二句爲主意，文義淺陋之甚。庶常九十人中，蓋無一識字者，而妄夫佻子居其十八，其名字怪鄙，則庶常有顧懷壬、石成峰、張廷燎、白遇道。部屬有江南金、張西園，知縣有梁天昂。而張西園尤與陸葆德事巧合，真奇之又奇也。至庶常之徐浩、王烈則古人復生。知縣之田蘇游則取裁《國語》。任步月則已有尋步月開其先，固不足責矣。聞前月之庶常散館及此次之進士引見，散留、改授皆由軍機擬定，開單呈覽。上竟不置可否，所進之單，亦不施圈點，故留館入選者皆俱多於昔年耳。

十一日壬子　晨陰，上午大雨，下午陰，晡後又密雨，晚晴。朱蓉生來。衢州人鄭暉吉來。孫鏡江來。下午偕梅卿，朱、鄭、孫三君同詣緘三師家拜壽，送壽禮銀二兩。晤王松谿、金忠甫、王少梅汝霖，程咸焯、朱味笙、王信甫諸君，日晡演四喜部，夜演西班，聒耳之甚。三更時歸，飽飧而寢，得子縝書。

邸鈔：上幸圓明園安佑宫閱視工程。以翰林院侍講學士祁世長爲内閣學士兼禮部侍郎銜。吏科給事中李臨馴轉兵科掌印給事中。

十二日癸丑　晨至午晴，午後陰，晡後小雨，晚晴。得逸山書。寶卿來。復逸山書。作片致鍾西筠，問臺灣消息，以近日傳日本與彰化土番鬨，郡縣已爲日本所據也。西筠則已行十餘日矣。

邸鈔：文祥奏請開缺調理。詔：再賞假一月。湖南巡撫王文韶奏協辦大學士陝甘總督左宗棠之子已故候選主事壬戌科舉人左孝威爲母封臂，孝行卓著，請旨旌表。許之。

十三日甲寅　晨至午晴，下午陰，傍晚晴。得寶卿書，言十五日準行矣。復仲修書，并題予《沅江秋思圖》《綺羅香》詞一闋，用梅溪韵，即復。作書致寶卿，饋大芥頭五斤，春菜五斤，磨菰二斤，且贈以《凌氏禮經釋例》及《曾文正集》。寄季弟京靴一雙、荷包四事，爲其今年三十之壽。寄内子數珠、補服及紈扇一柄、誥命三軸。寄二妹紈扇一柄。託梅卿畫蠟梅墨竹，予題三絶句於上。又以高麗五色扇二柄寄姪女琳姑、甥女琛姑，俱託寶卿附去。鮑敦甫來。孫鏡江來。

十四日乙卯　晴。寶卿來辭行。剃頭。得王廉生書，以李香君小景畫扇乞題，即爲系三絶句。

得子縝書，并贈新購《龍龕手鏡》一部，即復。作致季弟書、致内子書、致張純甫書、致張竹舫書，俱託寶卿寄去。夜飯後偕梅卿步詣邑館送寶卿行，再以銀十兩託寄予家。并前后交銀共三十兩。並晤鮑敦甫、吴介堂、陳倬雲、何達夫、陳善夫，談至二鼓後歸。得子縝書，招飲瑞春堂。

題王廉生扇頭李香君小影三首

粉本南朝絶可憐，扇頭璧月尚嬋娟。清流何與人間事，花下長翻燕子箋。今年廠市購得百子山樵元刻《燕子箋》。

傾城一笑太情多，十斛明珠奈若何。畢竟秀才空嫁與，輸他一品顧横波。

秋柳情深大道王，掌中猶見舞時妝。只憐曲裏桃花扇，唐突當年鄭妥娘。

十五日丙辰　上午微晴多陰，下午陰有溦雨，即止，晚晴。有衣估徐姓來，賒羅衫一領，銀六兩，羅綺脛衣也。一副，銀一兩五錢，姬人鏤紗羅衫一領，銀四兩三錢。作書以李香畫扇并前所借璜川吴氏刻仿宋《四書》還王廉生。胡石查來。

十六日丁巳　晴。得仲修書，以題予《桃花聖解盦填詞圖》《一萼紅》詞見示，即復。子縝來，以新填《蝶戀花》寄内詞四闋見示，清談竟日，夜飯後二更去。

邸鈔：上諭：本年十月初十日恭遇慈禧端佑康頤皇太后四旬萬壽慶辰，謹照乾隆六年皇太后五旬萬壽加賞八旗年老人等成案，所有在京八旗官員及男婦、太監等六十以上者均加恩賞，該部即遵諭行。上諭：今年秋審朝審照例辦理，其情實人犯著停止勾决。詔：前湖北提督向榮、前江南提督張國樑於江寧省城合建一祠，由地方官春秋致祭。從兩江總督李宗羲奏請也。

十七日戊午　晴。檢理内室書籍，以胡刻《文選》景翻本還梅卿。王福自越來。得季弟三月廿九日書，并彘脯兩肩、茶葉一簍，内子所寄笋乾一簍。傍晚自出市换銀。比日倦甚，多卧。是夕望，偕梅卿月下坐凉久之。

十八日己未　晨微陰，巳後晴。殷葶庭邀飲陶然亭，辭之。譚仲修來，濮紫泉來，同擲采選格，談至晡後去。均甫來，言將至甘肅謁左督相，以二十二日行矣。傍晚庭下讀書，有風翛然在蕉柳間，殊多爽致，夜早卧。

十九日庚申　終日多陰。袁子九舍人保齡來，求爲其祖母郭太夫人撰百歲壽序。得子縝書，借《方言》及邵氏《説文群經正字》等書，即復。撰盛伯希母夫人《芸香館遺詩序》成，凡駢儷八百言，别存稿。下午風，傍晚雨，入夜漸密，至曉點滴有聲。

二十日辛酉　雨，傍晚微晴，晚又微雨。作片邀子縝、少篔來寓暢談終日，間以劇棋。子縝見示《送均甫之臨洮謁大帥》七古一章，極警麗。夜飯後去。

邸鈔：以户部郎中鍾濂爲太常寺少卿、鍾濂，故大學士柏葰之子。編修崇勳升詹事府司馬經局洗馬。

内務府代奏廣東進奉木材并呈木樣。

二十一日壬戌　晨及上午晴，午後微陰，晡後晴。得盛伯希書，催序文，即復。剃頭。是日始留須。予今年四十六矣，俗以逢一六歲留須吉，有生老病苦死之説也。爲伯希寫詩集序，將以付刻，故雜褚、顔法書之。施均甫遣人致語明日準行。予欲餞以杯酒，已不能及；欲薄贐之，比又窘甚，作書將意而已。得沈松亭片，送來王孟調歸櫬銀十兩，予前託曉湖所致意者也。然孟調淺葬已十餘年，啓殯之後，棺須更易，重以衣衾、安斂及搬運之費必須二百金，鳩集甚難。故今年尚不克舉行，即作復還之，約後日需用時往取。夜閲《龍龕手鏡》。

邸鈔：四川總督吴棠奏同治十三年二月十九日准總管内務府咨修理圓明園等處工程奏請行文兩湖、兩廣、四川等省采辦大件木料各三千件，作正開銷。先將丈尺根數務于今春三月内報明，迅即運京。發册一本，内開需用楠、柏、陳黄松木徑四尺至七寸、長四丈八尺至一丈五尺，共三千根。查川省于道光初年奉文采辦楠、柏四百十七根，係在距省十數站之打箭爐越嶲廳老林開廠砍伐，離水甚遠，中隔崇山峻嶺，連年縋幽鑿險，疏通道路，始能般運出山。自奉文以至起運，前後時閱數載。是從前采購已屬不易，此次需用較前多至數倍，内地經滇、髮各匪，相繼竄擾，成材巨木多被毁伐，無從購覓。必須多派幹員，分赴夷地，帶同土樵人夫，越嶺翻山，深入老林尋覓。如獲合式之木，又須履勘經過道路，或遇懸巖深澗，阻隔不通，人力難施，不得不另開新徑，豫爲繞道地步。然後雇匠鋸材，募夫起運。蜀中跬步皆山，素稱崎嶇，引重致遠，其難倍於他省。此陸路之情形也。及抵水次，又多巨石險灘，横亘中流。其自嘉定、雅州以上盡屬山谿小河，舟楫不通，木植必須逐根漂放至嘉定大河始能扎筏東下。此水路之情形也。原咨爲時太促，萬難依限，懇請展緩限期云云。又原咨需用杉木一千根，查川省杉木亦曾於道光初年奉文采辦，因木質鬆浮，一經水泡日曬，概多損裂，不適于用。經原任督臣戴三錫奏請免解，奉旨允准在案。此次可否援案免解，以省冗費云云？硃批：著照所請。

吴棠片奏再前准内務府咨代奏候選知府李光昭報捐圓明園木植一摺。内開該員願將數十年商販各省購留香楠、梓柏等項巨木價直十數萬金斫伐運京，報效上用，由兩湖、四川等六省起運等因。臣查李光昭既稱購留巨木十數萬金，已歷數十年之久，則購于何廳州縣，何處存留，若干商販係何姓名，所在地方商民斷無不知之理。當即分檄各巡道督飭各地方官確查。兹據永寧、川東、川北各道陸續具稟，遍訪各屬山廠木商及地方耆老，咸稱數十年來未聞有外來李姓客商在川購辦木料存留未運之事，近歲亦無。李光昭其人采辦木植殊屬豪無憑據。又查川省滇、髮各匪竄擾邊腹州縣，即使購有木植已數十年，中間迭遭兵燹，亦未必獨存。所有李光昭報捐木植之事，係屬空言無稽。請旨飭下内務府將該員原呈註銷，毋庸置議，仍由各省委員采購，以杜紛擾，而期實濟云云。硃批：著照所請。

二十二日癸亥　晨陰，微雨旋止，上午小雨，下午大雨，至晚稍止。作書并序致伯希。爲子縝題桐枝畫扇小詞一闋。託梅卿畫『晚趁寒潮渡江去，滿林黄葉雁聲多』詩意。是日凉甚，夜晴。

臨江仙爲子縝題桐枝畫扇

一院秋陰新過雨，月兒檐際纖纖。桐枝斜颭玉階前，暗聞風葉響，人影隔疏簾。　剛是轆轤金井歇，夜深還動箏絃。微雲清露乍凉天，畫闌閑似水，梧子落誰邊。

二十三日甲子　晴，上午微陰，比日頗凉，而苦潮濕，今日又鬱蒸熱煩。爲少篔扇上作金泥書。閲《龍龕手鏡》。近日倦甚，看書略無意緒，時時思卧，食後尤甚。蓋虚勞兼感濕疾也。無聊看梅卿作畫，且共劇棋數局。作書并扇致子縝，且以海棠丁香畫扇索題小詞。得子縝復，以近作《懷仲彝雲門南浦》一闋見示，極清怨幽綺之致。

邸鈔：詔刑部尚書崇實馳驛往山海關查辦事件，隨帶司員一併馳驛。

二十四日乙丑　晨晴，旋陰，上午晴，晡又陰。申正三刻小暑，六月節。是日蒸溽益甚。聞均甫以阻雨，須明日行。賦詩二章送之，并饋以南中鮝脯一肩，茶葉一簍，作書致之，則已先兩日行矣。傍晚小雨，旋止。

送施均甫同年補華**落第後夏中赴隴謁左督相二首**

匹馬臨洮去，狼居正築臺。關中天下險，幕府一時才。戰伐今初定，風塵眼暫開。受降城上月，遲爾一徘徊。

局促長安陌，惟堪語蒯緱。文章非本意，科第待常流。鞭影千山雨，河聲六月秋。此行詩更健，邊調入涼州。

夜雲合睒電，有風，旋晴。

二十五日丙寅　晴，熱甚。作書致潘星丈，爲子縝乞畫便面。作書至伯寅，還方某隨筆。作書致楊子恂，贈以《越三子集》一部。子縝、少篔來。仲修來。紫泉來。得星丈復。下午偕諸君擲漢官采選格。子縝、少篔邀夜飲廣和居。二更後少篔復招飲瑞春堂。予招秋蔆，梅卿招琴香。是夕熱甚。飲于庭中花下，四更後始散，以《醉花陰》一闋紀之。偕梅卿、紫泉同車歸，天明始寢。

醉花陰陶少篔同年招同仲修匡伯紫泉令弟子縝夏夜飲花下作

小院珠燈光乍定，露濕瑶階冷。香篆隔窗紗，團扇風前，人與花相並。　晶盤瓜果筵前飣。又漏聲催飲。莫道暫時歡，杯底銀河，剛度涼蟾影。

二十六日丁卯　晨及上午晴，午後微陰。閲《舊唐書》。得王杏泉表兄五月九日鄞縣學署書及令子芝仙書。得星丈書并所畫便面，作秋水菱花小景，有題句云：『清露濕蘅皋，微風泛菱渚。吟到水葒花，翦燈寫秋語。』蓋寄興之作也，即復。共梅卿劇棋。夜三更時疾動。

邸鈔：上諭：江西吉南贛寧道文翼、福建延建邵道鍾禄、廣西鹽法道劉楚英均著開缺，送部引見。署福建鹽法道陸心源前在廣東高廉道任内，本係開缺送部引見之員，著即開署缺，仍遵前旨，送部引見。

二十七日戊辰　晴，下午微陰。閲《舊唐書》。得子縝書，以所作詩詞兩册見示，并鄞人徐時棟

《逸湯誓考》兩册，即復。同梅卿劇棋數局。袁子九來，不晤。夜同梅卿填詞，予得《一萼紅》一闋，心似彈棋局，終朝自不平，非知本事者不能解也。

一萼紅 舊乞潘星齋侍郎畫《沅江秋思圖》，寄意瀟湘，實傷遲暮。今年春試，風影多奇，湘瑟無靈，焦桐已爨，恨弱水之無力，怨蹇修之不良，偶逐吴歈，小延楚思，語擁樴以無歡，懷采溯而何已，星丈復爲作菱花秋水便面，因以曼聲譜之。微波脉脉，孤鴻冥冥，不徒江上峰青之感也。

記年時。試凌波步屧，常自惜春遲。雁去西風，猨啼夜月，幽恨傳遍江蘺。漸開到、紅蘭碧芷，費幾許花葉琢新詩。露白舟空，峰青霧擁，那解相思。 腸斷懊儂重唱，衹瀟湘意淺，不繫蘼絲。緑綺搴簾，黄金解佩，心事都怕人知。忍偷換、珍珠密約，便緘淚何處更通辭。剩有菱花鏡中，畫取空枝。

二十八日己巳 晨陰，巳後晴，晡後復陰。得星丈書，即復，并寫昨所作詞致之，又書之子縝扇上。得趙心泉片，約初二日飲廣和居，即復。閲徐同叔《逸湯誓考》共六卷，全學毛西河説經家法。閲《舊唐書》。

邸鈔：江西南昌府知府許應鑅升吉南贛寧兵備道。

二十九日庚午 初伏。晨微晴，旋陰，晡時微晴，復陰。

閲《逸湯誓考》，其據《墨子》及《説苑》諸書，謂《論語》所引『予小子履』一節是湯禱旱之辭，以孔注『伐桀告天』爲誤，其説是也。謂《尚書》本有兩《湯誓》，一伐桀，一禱旱，則武斷矣。書中徵引辯駁，頗有斷制，旁及訓詁音韵，亦有依據。所附鎮海吴善述、平湖葉廉鍔、鄞劉鳳章及王子常籤校之語，亦俱見讀書細心。

寫單約宋偉度、楊子恂、魯芝友、吴松堂初二日飲廣和居。向愛杜少陵『白沙翠竹江村暮，相送柴門月色新』二語，深於田園之樂，今日以高麗扇屬梅卿繪圖。題妙相寺南齊石佛款識拓本一則。牧莊來。夜同牧莊、梅卿談，且劇棋。五更雨作甚急，不久止，天明始睡。

邸鈔：前紹興府知府海霈授江西南昌府遺缺知府。刑部郎中董學履授廣西慶遠府知府。

三十日辛未　晨雨，至巳後稍止，下午日景見，傍晚又陰，欲雨。同牧莊、梅卿劇棋。宋偉度來，久談而去。言尹湜軒在山東爲第一循吏，宰黄縣二年，痛絶苞苴，會保升同知，遂乞解官去。縣之士夫留之修邑志，半載書成，竟歸江西矣。雲南吴樹聲去年由壽光移章丘，未抵官卒。又歸安人丁彦臣，山東候補道，不知學而喜刻書，亦卒於去年。牧莊去。近世學者如陳碩甫、宋于庭、鄭子尹、陳樸園，自經亂後十餘年來，相繼凋喪。莫子偲年輩最後，前年亦卒。夏心伯、弢甫兄弟齒既相懸，學亦兄遠過其弟，心伯逝後，弢甫亦以去年卒於江西。若湖北之王子壽、湖南之何子貞，皆久享時名，實無真詣，何又較王爲劣，而於去年七月一時病歿。馮林一經學、小學遠勝王、何諸君，吴人推爲碩果，今亦於三月間逝矣。經生衰謝，儒學將絶，即文辭標舉，亦復闃然，運會陵夷，彌有孤立之懼。夜三更密雨，至曉始止。

高陽臺詠李花

琢雪輸妍，裁冰比潔，路人争説豐姿。上苑移來，玉顔獨冠芳時。東風幾日無消息，惹昭陽、夕照參差。況禁他、杜宇啼殘，燕子歸遲。　纖桃稚杏紛相笑，奈輕英力弱，亂逐游絲。不信傾城，無言换取空枝。還應戀續笙歌夢，便山中、落盡誰知。問能消、幾度憑欄，幾度題詩。

六月壬申朔　晨密雨，不久止，日出，巳後陰，午後溦雨，旋晴，晡後復陰。比日疾動憊甚。剃頭。胡石查來，久談去。張子中來，不晤。得孫鏡江書。收印結局前月公費銀二十兩。閱《舊唐書》，偶有所感，拉雜成四絶句。

閱舊唐書偶成四絶句

愛寫道龍前進士，果然龍種屬文孫。免遭僧舍郎君辱，自向毬場奪狀元。

温子八叉終落第，祖生兩韵已成名。由來曳白登科慣，那得登樓盡放卿。

失笑當年王紹宗，家貧聊作寫經傭。得錢便絶人間事，老爲蓮花累却儂。

墻頭闢節幾躊躇，老作高人乞遂初。贏得千秋諸道士，銘旌夸寫贈尚書。

初二日癸酉　晨有小雨，旋晴，午陰，晡後晴，旋陰。趙心泉來催飲。上午自出市换銀，遂至廣和居赴心泉之招。坐客未齊，而予所約宋偉度、魯芝友、吴松堂及梅卿、子恂諸君已先後至。遂辭心泉，更與諸君飲。秋湊、琴香來顧影，予與梅卿留之，至晡始散。偕梅卿至東館看屋，遂歸。是日以傅節子寄其族子名敬齋者銀三十兩，託心泉轉交之。其銀本附鍾西筠來書，面題曰『順天府東公廨』，西筠以路遠轉託予，予既不知其人，又不知東公廨爲何地。以詢□□，則云亦其族人也。予因屬□□致語約日來取，乃遲之兩月有餘，足音寂然。而子蓴已來數次矣。□□行事，都下皆知。予弟彦僑嘗以四百金託其捐官，竟化烏有，予慮此銀又爲所劫，執不肯與，而鄉人亦無有知傅敬齋者。今日以心泉居安定門，與順天府近，其作事極精細，故託其訪交也。鄭暉吉來，不值。子縝、少箕來。紫泉來。松谿來。傍晚偕梅卿，邀諸君及張子中、殷蕚庭飲廣和居，二更時歸。溦雨旋止，三更後又雨。

邸鈔：英桂兼署刑部尚書。

初三日甲戌　密雨數作，上午尤甚。偕梅卿劇棋數局。金忠甫來。得紱丈書，借《衍石記事稿》。夜有雨，微雷。

邸鈔：上幸安佑宫閲視工程。

初四日乙亥　晨雨，巳後晴，下午有風，頗爽，日景微陰，晡後風勁雨作，入夜淋浪。閲《舊唐書》。晡時偕梅卿同車詣龍樹寺，車馬甚盛，遂不入，更詣陶然亭。坐亭之西窗，下臨葦田，萬頃一碧，南風大作，烟翻霧卷，有江湖波濤之觀。對面西山隱隱雲際，右環雉堞，左帶龍樹、龍泉諸寺，紅墻遠映，間以緑樹，陂塘積水，時露隙光。都中勝地，此爲第一，夏中雨後尤爲宜耳。未幾雨作，觀壁間石刻江藻《陶然吟》。藻，字魚依，漢陽人，康熙乙亥以工部郎中督黑窑廠。樂此寺陂池之美，始構軒三楹，取白香山『一醉一陶然』語以題其額，詩作七古，平弱率冗，絶無結構，尚不甚俗耳。後有其兄蘩字采伯跋。此軒既成，游賞遂集，然實無亭之稱，而雅俗相沿，皆以陶然亭呼之。蓋地據高阜，廊檻翼峙，四望翹竦，有似亭形。故乾隆以來，見於各家詩文集者，皆仍其稱不改，近更名以江亭，繫姓於地，比於滕王之閣，庾公之樓，子雲浩然，同斯佳話，亦此君之幸矣。傍晚冒雨而歸。牧莊來，不值。是日付米錢三十千，車錢十三千。自前月望後有彗星出東井，犯紫微末坐，漸及中宫，近日又東犯文昌，其光益大。上於二十九日召見欽天監正閻信芳，今日邸鈔，信芳又進見，不知其奏對何如也。夜雨益甚，達旦有聲。

初五日丙子　大雨，至晡後少疏，傍晚晴，晚虹見東南。閲段氏《古文尚書撰異》。其意實矯江氏聲、王氏鳴盛之專主《説文》諸書，改定經文，而尤與江氏爲難。然謂枚氏所傳之古文三十一篇，字字爲孔子國真本，夫亦孰從而信之。苦爲分别，多設游辭，所謂甚難而實非者，徐謝山詆其爲僞古文訟冤，有以也。惟其博證廣搜，旁及音詁，義據精深，多有功於經學，故爲治《尚書》者所不可廢耳。得紱丈書，還《衎石集》，即復。夜晴。

初六日丁丑　晨陰，已後微晴，午後晴，晡後陰晦，大風雷雨旋作，傍晚晴。徐式齋來。梅仙來，以季弟通判實收託其换部照及補足監生銀四層。季弟自十年前以通判託傅□□、□□兄弟辦捐三班分發，交其銀四百兩而詐負以去，至今寂然。季弟拮据報捐，彼兄弟所目見，予待彼兄弟亦極有恩，而喪心昧良與周□□、□□二蜮先後若出一轍，以此歎吾越鄉誼之惡。而傅□□又著名無賴，爲鄉人不肖之尤。平生慎擇交游，尚屢遭此厄，薄俗險巇，難以理測。而予兄弟雖求一銅臭階級，亦蹉跲如是，何况僅收白蠟之科名，宜其寸進，難於登天。而場屋之中，風波變幻，鬼蜮百出也。孫鏡江來。作書致松谿，辭今日睇春之飲，并約游陶然亭。

邸鈔：詔：京口副都統恒惠開缺來京當差有無別項情弊，著穆騰阿查明，據實參奏。以穆騰阿奏駐防兵丁因放半遲延，糾衆鬨署也。以前阿勒楚喀副都統海瑛爲京口副都統。江蘇巡撫張樹聲奏請以太倉州先儒陸世儀從祀文廟。詔：禮部議奏。

初七日戊寅　晨及上午晴陰相間，傍午晴，午後倏陰，下午晴，熱甚。寫《太平廣記》書跗六十册。得子縝書，以所作《長亭怨慢·寄懷》詞見示，即復。以錢十五千買團扇兩柄，將寄家人。

邸鈔：以翰林院侍讀徐鄙爲右春坊右庶子。

初八日己卯　晨陰，已晴，上午有風，午微陰，下午晴，傍晚陰，雷有雨。比日苦腹疾多卧。衣估徐客來爲姬人買西紗退紅裙，價銀七兩。又爲三妹製金銀羅衫，先付十金。金忠甫來。黄研芳來，言同年蔣約夫解元以昨夕病卒於鄉祠，其家貧甚，相與商身後之事。得孫鏡江書，託題《僧伽禪趣圖》。

得松谿書，託書楹聯、團扇、便面，即復。夜密雨，三更後稍止，是夕暴下，早卧聽雨，得詞三首。其一補録於前。

長亭怨慢雨夜和子縝《寄懷》詞韵。岑旅鮮歡，同此蕭寂。子縝閑情無寄，託興騷蘭，然予愁則更深矣。

正扶病、疏衾偎冷。緑浄房櫳，濕雲催暝。雨滴空階，暗聞蛩語，共秋醒。猧兒閑趁。還猛觸、煎茶鼎。待檢點銀荷，怕蠟淚、前宵紅剩。最恨。是黄昏燕子，芳訊傳來無定。湘簾咫尺，攪撩亂、一闌花影。便玉笛訴盡相思，衹屏底更無人聽。再莫憶瑶璫，緘札是他曾省。

百字令乞胡石查户部畫《湖塘村居圖》，用金風亭長《索曹次岳畫竹垞圖》韵

故園蕪盡，便輕賫歸去，依然飄泊。舊揀牽船終隱地，頭白團蕉誰託？隔岸千山，長堤十里，大縱漁樵樂。稻田如繡，映林多少村落。最愛西跨湖橋，峰迴水抱，丹翠供斟酌。爲畫吾廬深竹底，小綴風欄雲幕。春至桃花，秋來楓樹，隨意施丘壑。賀祠紅處，酒旗斜颭樓角。

初九日庚辰　中伏。晴。爲蔣約夫撰小啓，交長班，告諸同年乞賻。梅卿助三十金，予助四金。子縝來，以所製《香草靈嬉詞》畫册索題，并新詞四闋見示，談至二更時去。

初十日辛巳　巳正初刻十分大暑，六月中。晨小雨，旋止，巳晴，晡後陰。得孫鏡江書，屬題泰山秦碑殘字拓本，即復。得子縝書。作答何竟山書。

邸鈔：詔：已故陝西巡撫劉蓉前隨駱秉章入川佐理軍務，深協機宜，洊擢任四川布政使，剿匪有功，于吏治亦實力講求，遺愛在民，加恩將事蹟宣付史館，并入祀名宦祠，暨祔祀駱秉章成都專祠。從吴棠請也。　内務府代奏李光照呈進木植。

桃花聖解盦日記癸集 起甲戌六月

同治十三年六月十一日至十一月三十日(1874年7月24日—1875年1月7日)

同治十三年甲戌夏六月十一日壬午　晨至午晴，午後忽陰，小雨旋止，晡後陰晴不定。陳芰聲、濮紫泉兩同年來。剃頭。有新分吏部主事戴錫鈞來，不晤。王松谿同年來。趙心泉同司來。作書致子縝，并和韵詞一闋。得李若農師書，以蔣約夫賻銀十兩屬轉交，即復。

邸鈔：總管内務府大臣誠明卒。上諭：誠明由清漪園苑丞洊授今職，當差勤慎，兹聞溘逝，殊堪軫惜，伊子薩章、薩申均加恩以主事用。詔：都統春佑開總管内務府大臣之缺，以前奉錦山海道貴寶爲總管内務府大臣。

十二日癸未　晨及上午晴陰相間，午陰，下午雨數作，傍晚晴。作書致松谿，以若農師所交銀屬轉交黄研芳。爲孫鏡江題泰山殘碑，即作書還之。作書致陳逸山。得松谿復、逸山復。鮑益甫來。牧莊來。得子縝書，并近作《題墨鷄》七古，即復。逸山來。

十三日甲申　晴。早起偕梅卿詣西鄰看屋。紱丈來。午痔發，憊甚。得子縝書，并新作《夏夜飲越縵記》駢文一首，紀前夕之聚也，其文修潔名隽，得魏晉之骨、宋齊之韵。傍晚詣朱肯夫，新自餘姚入都者，談數頃而出。答詣袁子九、胡石查，俱不值，以近作索畫詞致石查，夜歸。新知慶遠府董喬生來，同年林國柱編修來，俱不晤。夜作書致子縝。得梅仙書，言舍弟部照事已託胡雲楣，即復。庭梧新葉，映月娟然，賞玩久之。

邸鈔：文祥奏請開缺。詔：再賞假兩月。

十四日乙酉　晨及上午晴，午後晴陰相間。得紱丈書，即復。鮑益甫、敦甫兄弟邀飲廣和居，偕梅卿至北半截胡同看屋後，即赴之。晤牧莊、婁秉衡。午後詣紫泉，久談。晡至保安寺街看屋而歸。夜坐庭中，忽有零雨，稍定月出，四更後雨作。

邸鈔：上諭：巡視西城文保等奏本月十一日宗室德明額等在海玉軒茶館因事械毆，突至西城坊署喊嚷，門窗均被毁壞，現在訊録供詞請旨辦理等語。案關宗室覺羅人在關廂地面，持械群毆，毁壞衙署，亟宜徹底根究。著刑部會同宗人府迅傳富五、富成、英壽、德明額、桂盛、鳳曉到案，并嚴拏在逃之桂三等，一併嚴訊究辦，以儆凶頑。

十五日丙戌　昧爽，大雷雨，至巳稍止，晡晴。河南周小田邀飲廣和居，作片辭之，小田名文浚，文勤從兄弟子，其父官潼商道，小田以湖北候補知府，今年中進士矣。牧莊來。是日得詞一首。夜凉有月。

緑意夏日潘紱庭丈枉過草堂，次日書來有『柳絲花影，恍到江南』之語，因演其意，賦此奉酬。

牽蘿小住。借槿籬蔓架，商量逃暑。過了花時，猶有清陰，消得幾番梅雨。垂楊金縷無人惜，枉自學、漢宫新舞。最憐數摺芭蕉，解展緑窗愁緒。　多少紅芳嫁後，指雙鬟漸見，星星如許。此去江南，便問鴛鴦，也道凌波非故。横塘舊種田田葉，怕瀉盡、盤心清露。等甚時、共載吴娃，醉遍五湖深處。

十六日丁亥　晴。節孝張太孺人生日供素饌，午後畢事。始以西瓜薦先。寫詞致紱丈。子縝來。許怡卿同年來。蕭山湯鼎煊庶常來，不見。金忠甫約十九日飲東昇堂，辭之。牧莊來。晚偕牧莊、子縝、梅卿坐梧柳間，清談、劇棋，繼以素食至甲夜後，子縝先去，牧莊止宿，相與看月，逮丙夜而寢。是夕望。

十七日戊子　晴。

閲唐潁川王訓等《碧落碑》，不特字畫高出《峿臺銘》《縉雲城隍碑》，其假借通正亦深有裨於小學。顧亭林《金石文字記》中首稱重之，至錢竹汀氏及其從子同人推許甚至，而同人爲辨其原流，疏通證明尤得竅要。蓋唐人溺於詩賦，不重六書，古人器物、碑碣、銘識之屬，絶不留意。吾鄉秦望山上李斯刻石，據《梁書·范雲傳》言，齊建元初，竟陵王子良爲會稽太守，會游秦望，視刻石文時莫能識，雲獨誦之。是秦碑，齊梁時固無恙，又北魏孝文《吊比干墓》文，後有宋人吴處厚跋，言會稽齊唐言兒時嘗登秦望山，見李斯碑猶存，既仕宦四方，至老而歸，則碑已亡矣。案齊尚書爲大曆以後人，是秦碑亡於中唐時可知。當日風氣，全不知有篆籀之學。雖古物如相斯字蹟，亦任其毁棄，無有人過問者，宜其見《碧落》此文，群然駭怪，好事者又造爲道士白鵠之異，以神其説也。乃趙明誠既輕視之，而郭宗昌詆之尤力。宗昌何人，亦浮游之妄撼矣。

得紱丈書，見示和予《緑意》詞一首，清婉極得南宋風味。再得紱丈書，借今年日記，即復。作書致肯夫，并吴玉粟回書。見邸鈔，楊子恂散館補引見以部屬用。夜月佳甚，子縝書來，少篔招飲瑞春，已卧不往。

十八日己丑　晨晴，上午微陰，午有雨，數點即止，晡晴，晡後又陰，晚晴。再得紱丈書，俱借書。徐金坡同年鑾來，湖南人翁户部學籛來，俱不見。錢振常禮部來，不晤。子縝、少篔來談，至夜飯後去。

得孫鏡江書，以所購《五瑞圖》《西狹頌》求審定，即復。是日早起，洗桐前竹，終日營營，至晚倦甚。梅卿邀飲綺春，不往。初更月出，清皎如前。得紱丈書，論《疏影》《緑意》兩調同異，兼贈沈隱之詞，即復。

邸鈔：順天府府尹彭祖賢丁母憂，以翰林院侍讀學士楊慶麟爲順天府府尹。以左春坊左庶子許應騤署理國子監祭酒。

十九日庚寅　晴，有風。得子縝書，即復。吴玉粟薦僕人岑福。得朱蓉生書，交來蔣約夫賻銀四兩，即復。以所賻銀及前日許怡卿交來京錢二十六千，俱託梅卿彙付。逸山約廿二日飲其鄉人蔡氏之家。再得肯夫書，借《玉函山房書目》，俱復。得紱丈書，再借《太平廣記》，即復。剃頭。仁和周伯蓀編修蘭今日開吊，送京錢四千。

閲《清夢盦二白詞》，長洲沈傳桂隱之著。隱之，一字閏生，爲道光吴中七子之一。其詞分五種，曰《鶯天笛夜新聲》，曰《今雪雅餘》，曰《蘭騷賸譜》，曰《小臨邛琴弄》，曰《霏玉集》。每種皆有小引，其總目下有短序，皆駢語，極幽雋之致。所作長調爲多，嚴於陰陽去上之辨，研求律吕，與其曹耦戈順卿稱同志，而辭情妍雅，寄託清深，迴非順卿俚率槎枒所堪并語。《小臨邛琴弄》皆閑情之作，蓋仿朱竹垞之《静志居琴趣》。《霏玉集》皆集詞中成句，亦仿竹垞之《蕃錦》，前有吴嘉淦序及閏生自序，亦皆集詞句，又仿黄唐堂之《香屑集序》也。詞都爲一册，前有潘功甫、董翰卿國華、蔣子于志凝三序文，皆小品可觀。閏生著有《東雲草堂詩文集》《匏葉齋詩稿》，已燬於兵火，此集爲重刻本。

邸鈔：潘祖蔭謝以三品京堂候補恩。此昨日旨也，何以不見邸鈔？蓋因捐修圓明園議敘加恩耳。

二十日辛卯　晨至巳晴，午後晴陰相間，晡晴，晡後陰，傍晚小雨即止。早起復洗桐。旋出門答拜詹庶常、諸庶常、王松谿、朱竹卿、蓉生喬梓、林編修、湯庶常、翁户部學籛、戴吏部錫鈞、金忠甫、陶少篔、子縝、羊辛楣、袁爽秋、周小田、孫鏡江。晤蓉生、忠甫、子縝、辛楣、爽秋、鏡江，下午歸。得盛伯希書，紱丈書。黄研芳來。得肯夫書，即復。晡後答拜董太守，賀紱丈、伯寅喬梓，答拜徐金坡，俱不值。晚赴梅卿綺春之招，子縝書來邀飲桐枝家，不往。偕鏡江、梅卿、琴香、秋蓤夜飲，子縝、少篔、鳳洲亦至，四更時歸。是夕有小雨。

二十一日壬辰　晴。朱蓉生來。作書致伯希。作書致子縝。孫鏡江來，遂偕梅卿各坐車，入宣武門，進西安門，經金鼇玉蝀橋，紅芰半零，緑蕢漸老。出地安門，至十刹海，坐柳陰下觀荷花，爲稻田所占，較昔年少十分之三矣。啜茶説餅，逾時而還，復入地安門，循煤山而東出東安門、正陽門。鏡江邀飲泰豐樓，予招秋蓤，梅卿招琴香，酒甫闌，子縝、仲修、紫泉、竹篔、程黻卿亦至，復飲入夜，予邀諸君飲秋蓤家，三更後歸。兩日來，辨色即起，鷄鳴始寢，困劣幾不能堪，無謂甚矣。是日付秋蓤酒錢三十千，賞其僕十二千。少篔來，新分户部主事唐登瀛來，海錕來，俱不值。

二十二日癸巳　晨至午後晴，晡後大風雷雨，傍晚晴，有斷虹見於東。再得紱丈書，即復。作書致逸山，辭飲。倦甚，卧閲《金石萃編》，時時睡去。

邸鈔：以宗人府理事官嵩溥爲通政司參議。掌京畿道御史王道源升吏科給事中。

二十三日甲午　晴。仲修來。孫鏡江約聽戲，不往。感凉小極，終日卧閲《金石萃編》。鄭暉吉來，不晤。

邸鈔：右中允張鵬翼轉左中允，檢討王慶祺補右中允。

二十四日乙未　晴。病寒身熱，不食。紱丈來，不晤。得子縝書。

邸鈔：副都統恩來補荆州右翼副都統。

二十五日丙申　晨晴，上午陰，有㣲雨，午晴，下午大雨傾注，雷電，入晚雨始止。得劉仙洲書，送來鎸山師所賻蔣約夫銀十兩，屬轉交，即復。胡石査來，見示王石谷所畫《九夏松風圖》長卷，極橋榭竹樹荷芰之觀。爲三妹作小楷書團扇。程藪卿同年咸焯來，其人通算學，留心西洋事，以方卧不晤。自昨夕患咳欶，身仍熱，夜飲盡一器許。付岑福工食錢六千，黏釘舊書錢三千五百，高梁橋薄脆餅錢三千四百。

邸鈔：總兵崔福太補湖北宜昌鎮總兵。

二十六日丁酉　丑正二刻一分立秋，七月節。晴，上午微陰。得金忠甫書。作書致子縝。作書致松谿，薦僕人王福。得子縝書。孫鏡江來，不晤。比日卧閲《金石萃編》畢，有唐一代述庵附案，罅漏甚多，往往有明見兩《唐書》而不知檢覆者。然淹貫經籍，旁通訓詁，其浩博終不可及。近來輕薄小兒率意詆之，多見其不知量已。

邸鈔：御前行走喀爾喀札薩克親王達爾瑪卒。詔：賞陀羅經被，派睿親王德長帶領侍衛十員往奠，給廣儲司銀一千兩經理喪事，伊子那彦吐八歲，俟百日孝滿後，即襲王爵。詔：前任内閣學士翁同龢仍在弘德殿行走。上諭：御史鄧承修奏賤役冒籍捐考，請旨斥革一摺。候選直隸州知州黄天錫即黄翰齋，又名黄壽田，曾在兩廣總督署内充當門丁，輒敢冒入番禺縣籍蒙捐官職，復令其子黄章俊蒙混應試，幸列優生，賤役蒙捐冒考，亟應嚴行懲辦，黄天錫及其子黄章俊均著即行斥革，交兩廣總督、廣東巡撫，飭令地方官追繳執照，按律懲辦。

二十七日戊戌　晴。雅齋來，不晤。少篔來。是日偕梅卿定寓北半截胡衕宋氏之屋，各付京錢百六十八千。令車卒往交宋氏，忽車卒逸去，使其儕來，告宋氏不肯賃屋，所付之錢已遺之涂矣。京師人詭險百出可駭也。疾未瘳，夜咳嗽甚。

二十八日己亥　晨晴，上午微陰，午後陰。鍾仲和同年來，寶庶常同年寶昌來，俱不晤。趙心泉來，周小田來，小田邀飲廣和居，辭之。以昨終夕咳逆憊甚，多卧。力疾爲人書便面二。是日命寶鋆、毛昶熙、魁齡考取内閣中書，文題：『如有王者必世而後仁。』夜初更後雨作，三更大雨。

邸鈔：翰林院侍讀學士李文田奏請開缺回籍養親。許之。内大臣正紅旗蒙古都統奕山奏請年老步履艱難，請開缺調理。許之，仍留一等鎮國將軍，加恩賞食全俸。文祥病痊請安。

二十九日庚子　末伏小盡。晴。偕梅卿同車至琉璃廠看屋，又至綿花胡衕看屋，俱不可居者。訪陳逸山，暢談而歸。湯庶常鼎煊來，不值。作書致子縝，致紫泉，致蒪庭。子縝來。得王松谿書，蒪庭復書。是日所失錢票俱追得，賞追者十千。

邸鈔：肅親王隆懃補授内大臣尚書，皂保補授正紅旗蒙古都統。

秋七月辛丑朔　晴，晡後微陰，傍晚晴。是日日加寅。上親嘗太廟，慈銘陪祀。剃頭。松谿來，言初五日行。得金忠甫書，商公餞若農師，即復。紫泉來，談至夜飯後去。夜得紫泉書，爲賃居季同年邦楨保安寺街宅事，即復。是日鬱熱不可當，夜達旦不凉。

邸鈔：在籍户部尚書羅惇衍卒。惇衍，字椒生，南海人，壬辰進士。詔：羅惇衍學問優長，持躬恪慎，由翰林擢正卿，屢司文柄，嗣因丁憂，開缺回籍。兹聞溘逝，悼惜殊深，加恩照尚書例賜恤。謚文恪。

初二日壬寅　辰刻雨，至申稍止，有日景，旋復雨，入夜始止。作書致紫泉，得復。作書致松谿，致子縝，致劉仙洲。爲松谿、藍洲書楹帖。得鏡江書，即復。得子縝復，仙洲復。夜作詩送松谿行，得七古一首，即寫所託書扇面上。

送同年王元楓進士麟書**出宰江西**

今日仕宦無所樂，惟有宰縣殊不惡。臺府供應雖苦繁，猶喜專城習民瘼。上報天子稱循良，下潤妻孥免藜藿。王君文譽垂卅年，食貧經亂餘寒氈。白頭差幸得一第，不與臺閣争華妍。江南西道浙鄰地，受牒尚書往作吏。匡廬彭蠡天下奇，手版徜徉足快意。槐花黄遍長安城，紅荷十里環蓬瀛。分曹治具爲君餞，吴兒勸酒彈金筝。閑來走馬章臺側，燕子年年占花國。杜秋漸老歌舞稀，欲把黄金買顔色。柳枝未折西風愁，盧溝曉月辭紅樓。人生聚散自有定，一鞭遥指長空秋。此去西湖時正好，蓴葉大肥菱未老。頗聞文字誇兒曹，更博宫花媚蓬葆。李生作牧蠻荒中，嘉興李宗庚子長時權知廣西西隆州。陳子彈冠歌楚風。仁和陳豪藍洲以縣令赴補湖北。勉持清白相贈答，毋令儒術長終窮。

初三日癸卯　晨晴，上午後微陰，午後陰，晡微晴，旋陰，晚晴。早起行視花竹。紫泉來，得松谿書，即復。作書致子縝，詢閣試消息。張飏民來，求爲其祖父作傳。作片致鮑敦甫，詢邑子取中書者幾人。夜爲子縝題《香草靈嬉》册子。

解語花子縝小住春明，屢尋歡隊。初以琵琶佐飲，眷眄桐郎。近中微嗔，移情雲侶，適持所繪《香草靈嬉》小册屬題，其中託興蘭茎，寓言柘舞，騷情客感，殆不自勝。爲賦此解寫之，浪蕊迷離，微波綿邈，非寄懷於翠被，祗觸淚於青衫。楊柳曩愁，櫻桃新寵，亦復誰能遣此也。

湘簾門影，翠管留春，恨譜翻都遍。殢人星眼。無言處，不比往時相見。檀槽自暖。弄嬌小、乍彈還倦。知幾時、桐葉秋風，暗替團欒扇。　聽取清歌宛轉。覓微雲山外，離緒難遣。蕙心深淺，無由託、一例亂紅波捲。珠塵夢短。問何處、露華能戀？應共收、碎佩叢鈴，寫入騷蘭怨。

初四日甲辰　晴。得紫泉片，約今晚飲廣和居，即復。儀徵同年張兆蘭兵部來，面交蔣約夫賻銀二兩。作書致松谿，并楹帖扇面。得金忠甫書，交來朱味笙賻約夫銀二兩，即復。少篔、子縝來，子縝以新賦《高陽臺·白鸚鵡》詞見示。紫泉來，晚偕子縝、梅卿、高仲瀛同飲廣和居，夜初更歸。得鮑敦甫書。牧莊來，不值。

邸鈔：内務府郎中恒裕授四川敘州府知府。

初五日乙巳　晨晴，上午晴陰相間，午後陰，有雨數點，晡後晴，比日秋暑甚盛，晚後有風稍凉。昨夜苦嗽不寐，是日憊甚，上午酣睡至午後始醒，時苦煩憊。傍晚坐庭下，閱張謙中《復古編》，風來翛然，稍覺神爽。

邸鈔：上諭：總理各國事務衙門奏比國使臣籲請覲見呈遞國書一摺。比國使臣著准其覲見。

初六日丙午　晨晴陰相間，上午晴，傍午陰，傍晚雨蕭歷，入夜止。作書致松谿，致少篔、子縝，致紫泉，致牧莊，俱約明夕小飲。向愛杜工部『白沙翠竹江村暮，相送柴門月色新』二語，爲深得村居往還之樂，前日屬梅卿畫之高麗扇上。畫作南塘一帶，其地似湖桑埭，亦似湖塘之三家村，二者皆予卜居處也。今日因題一絶句云：『水偏門外南塘路，竹樹村村間白沙。難得故人營粉本，長湖頭尾是吾家。』得紫泉復。牧莊來。作書致鮑益甫、敦甫兄弟，約明夕小飲。得松谿諸君復。牧莊邀飲廣和居，以小極不往。季士周同年來，不晤。比日以久嗽鮮食，遂致虚乏，今日對客殗殜不可支，卧閱雜書，亦甚惝怳，夜食辣椒，嗽遂大作，困甚，早睡。

初七日丁未　晨陰，上午晴，午後陰晴相間，晡後晴，傍晚陰，有虹見。先大夫生日，上午供饋，至午後畢。胡梅仙來。王同年汝霖來。金忠甫來。子縝來，紫泉來，牧莊、鮑益甫、敦甫來，松谿來，夜設酒脯果茗，邀諸君小飲，至二更畢。作致季弟書，致三妹書，寄以金銀羅衫一領，象牙團扇一柄，洋紬飯單一事，花帶二丈。又還姬人所借珠一粒，夾衫一領，俱託鮑益甫附去。作致從伯父硯香豐城書，託松谿附去。

邸鈔：上諭：李鴻章奏職官報效木植無從驗收轉解一摺。據稱候選知府李光昭報效木植，現與美、法兩國商人互控，轇轕甚多。其所買法商木植，較之呈報内務府之數，木價既多浮，開銀亦分豪未付等語。李光昭所辦木植經李鴻章查明，係買自法商，其價僅議定洋銀五萬四千餘圓，而在内務府呈稱購運洋木竟敢浮報值銀三十萬兩之多，似此膽大妄爲，欺罔朝廷，不法已極。李光昭著即行革職，交李鴻章嚴行審究，照例懲辦所有李光昭報效木植之案，著即注銷。

初八日戊申　晴。作片致鮑益甫，送其行。作書致季士周，并銀十二兩，以賃居其保安寺街宅也。偕梅卿同居，每月各出銀四兩。得士周復。閲《東都事略》。痔發多卧。蔡備臣來，許竹篔來，俱不晤。直隸同年吴淞送來蔣約夫賻銀二兩，即復。梅卿先移居新宅。傍晚爲袁子久撰其祖母郭太夫人百歲壽序，故漕督袁端敏之母也。予於庚申歲識太夫人仲孫篤臣觀察，曾乞撰文爲壽，時太夫人年八十三，端敏方督師臨淮，文宗顯皇帝特旨賜壽，今十四年矣。子九復乞予文，端敏本族伯父芸圃觀察甲午所取士，於袁氏亦可謂文字因緣矣。

邸鈔：以翰林院侍讀王之翰爲侍講學士。署山東巡撫文彬奏特參庸劣不職各員。山東寧海州知州王璽、沂水縣知縣張慶熙、觀城縣知縣張恕、夏津縣知縣耿光祜均請即行革職，昌邑縣知縣滕家興請以教職選用。從之。

初九日己酉　晨陰，有微雨，午晴。早成袁氏壽序散文一首，以子久乞撰散儷兩篇也。散文潤筆銀四十兩，駢文潤筆銀先送二十四兩。予本非百金不下筆，今以與袁氏有世誼，且子久求之甚誠，庭芷、石查又爲之再三通意，故勉應之。然其金已早用盡，筆頭復乾矣。上午録副，作書致石查，屬轉交子久，其稿別存。剃頭。得石查復。牧莊來。鏡江來。寫柬請若農師十四日偕忠甫、梅卿及朱蓉生、孫鏡江、林篤甫公餞於保安寺街新寓也。晡後詣若師，不值。詣肯夫，久談。晚詣新寓，晤梅卿，即歸。

初十日庚戌　晨晴，上午陰有雷雨，旋晴。晨起理書籍，先移兩車於新寓，作書致梅卿。得王少梅同年書，乞書楹聯。得仲修書，爲詹庶常乞書楹聯。梅卿來。石查來。午後詣新寓，看黏飾墻窗，相度栽花樹處。魯芝友來，不值，涂遇之。張子中來，乞題《荷鉏帶經圖》。殷蕚庭來。

邸鈔：上諭：崇實奏體察山海關實在情形一摺。山海關及永平府等額設兵丁一千餘名，巡羅哨探是其專責，既據崇實聲稱未能得力，徒費口糧。即照所請，所有添撥哨探官兵三十一員名全行裁徹，以節縻費。山海關各口駐防馬匹向由兵養備操，前此添設官馬四百匹，現在疲乏倒斃，既與原數不符，且有滋擾閭閻情事，著即裁減一半，其歲給馬乾銀兩，即由海關道庫作正支銷，并嚴定章程，隨時察核，不准復有侵扣作踐等弊。臨榆縣設局抽釐接濟軍需，原係一時權宜之計，隨後添設官馬，即以釐金提備馬乾。現在馬匹既經裁減，馬乾已由道庫作正支銷，所有釐局即行停止。

十一日辛亥　晴。早起悉移書籍及器具於新寓。令圬人造竈，梓人作門窗。牧莊來。爲嚴六谿題張自新所作《東園探梅圖》二絶句。東園者，揚州平山堂之第一園也。詩云：『勝絶東園俯北湖，早春雲樹最蕭疏。承平老輩尋詩地，留得吴裝映畫圖。』『烏舄青衫曳杖來，雪痕深淺見樓臺。紅橋明月銷魂夜，獨自銜寒看野梅。』得子縝書，索還《毛詩韵譜》稿本。作書并圖致六谿，得復。袁子久來，朱竹卿來，陸一鶴來，楊翰卿來，俱不晤。是日付黏飾房屋工料錢六十四千又十五千。付王九車錢十八千，米錢十五千。以三代神位圖謹付裝池工料錢六千，又《澣紗圖》、錢松壺《墨梅》各一幅付表。下午内外折几、敗床俱移去，廑存卧榻一、食案一、椅二而已。夕易半庭竹樹娟然，徙倚無所誦。昔人『千歲鶴歸猶有恨，一年人住豈無情』之句，不勝三宿之感。

十二日壬子　晴，秋暑特盛。申正三刻十四分處暑，七月中。是日慈安端裕康慶皇太后萬壽節。晨起畢移家具，賦《留別舊居》七律二章。巳初移居保安寺街東頭屋，内外三重，每重四間，予居最後四間。其西有旁院二間，可作精舍，因令種樹人阿郭移海棠二樹、丁香二樹、碧桃一樹、芭蕉二本，植於後院，移梧桐、垂柳、李樹、紫藤植於西院。梅仙來。殷蕚庭、季士周各饋糕餅。付圬人工食錢十八千五百，梓人工錢八千，種樹人五千，阿郭二千，胡元四千，孟廚子四千，車卒阿魯六千，英桂一千，阿周二千。夜風月甚佳，小理書籍，同年邵松年送來蔣約夫賻銀二兩。劉仙洲來。

移寓保安寺街留別鐵門舊居二首

横流誰是好家居，到處牽船縱所如。荷鍤隨時移樹石，束裝多半累圖書。此身天地終何寄，回首江湖夢亦虚。只冀登真能拔宅，不煩鷄犬與驅除。

南北飄蓬已十遷，予自乙丑南旋，西郭故居已燬於賊，凡兩遷柯山，兩遷龍山下，三遷光相橋，一遷新河。辛未入都，初寓打磨廠，計十歲中十徙其居矣。句留桑下又三年。泓師頗識瓊杯破，鐵門有兵馬司署及文昌歌院，向傳居者不利。予門對司署，其鄰宅自歸安姚文僖居之，後數十易主。近年喬松年河督修葺之，題門額曰『千年鐵門限』，蓋欲爲之久居讖也。然不兩年，河督由倉場侍郎外授，胡家玉左都繼之，一年即貶官。同里如徐壽蘅侍郎、馬思溥閣學，皆居此。甫逾年，徐丁憂，馬出爲江蘇學政即卒。此皆二年中事也。智永虚誇鐵限穿。偶有賓朋都簡寂，小栽花竹漸便娟。他時坊里誰編録，一畝幽居定我傳。

邸鈔：以協辦大學士左宗棠爲大學士，仍留陝甘總督之任。以烏魯木齊都統景廉爲欽差大臣，督辦新疆軍務。以正白旗漢軍都統金順幫辦軍務。

十三日癸丑　晴，比日炎歊不可當。殷蕚庭來。鮑敦甫來。紫泉來。鏡江來。季士周來，不晤。終日位置書籍，勞擾不堪。所居四間，以最東一間爲卧室，次一間爲讀書處。下午垢膩煩躁，殆不可堪，將浴而客至。晚風頗凉，遂止。夜寫門堂聽事聯額。

十四日甲寅　晨陰，旋雨，上午稍霽，午微晴，下午陰溽晦悶，傍晚雷作，旋大風，猛雨傾注，入夜止，水溢庭除。朱蓉生來，忠甫來，鏡江來，若農師來，午設飲，至傍晚散，付車飯錢十千。是日期而不至者曰林國柱，小子無禮如此。夜晴，月甚佳。

十五日乙卯　晴。先君子忌日，以素食祭曾祖考妣、祖考妣張太孺人、先太恭人，以特牲饋先君子。日加午，子縝、紫泉兩君送肴饌一席來，遂并以薦先。紱丈來，不晤。子縝來，以七夕飲㴊齋五律一章見示。作書致逸山，致鏡江。王少梅來，袁爽秋來，仲修來，鳳洲來，少篔來。予是日例不對客及飲酒食肉，今晚梅卿與諸君飲，予素食對之。夜三更後有盗入，將穴窗叱之，逸去。

十六日丙辰　晴，下午微陰。鄧鐵香來，楊惺吾守敬，湖北宜都人。來，逸山來。嚴六谿來，不晤。得子縝書，并示見和移居詩二首，即復。作書問紫泉疾。梅卿和予移居詩二首。是日，令圬人改造卧室，出入所向離北墉近南墉。令梓人製扉，塵坋囂集，無復坐處，疲乏殊甚，咳嗽復作。下午力疾行視宅之前後左右。宅後爲包頭張胡同，予卧榻隔墻之外即行路也。車聲轔轔，震動几席，一囊之寄，何日得安。是夕望。夜飯後困極早睡，少篔招飲瑞春堂，不往。

十七日丁巳　晴。得袁爽秋書，并見和移居詩二首，即復。陸一鶴來，楊翰卿來。同年陸繼煇編修爲其尊人星農修撰作六十雙壽來請銜名，寶昌庶常爲其母夫人作七十壽公送壽障。是日至晚工匠始去，室中塵沙積尺許，稍拂拭之，略容坐卧而已。聞近日太白貫日，今日上召見閻信芳，蓋司天有封事也。

十八日戊午　晨及午晴，下午微陰。復整理書籍，安置几案，又費竟日之力，雙足罷軟，亦窮涂之厄矣。張颸民來。作書并移居詩致紱丈。作書致肯夫，索還日記且借夏氏《拾雅》。作書致王廉生，問王照圓《詩經小義》已刻竣否。作書問紫泉疾。得肯夫復，廉生復，紱丈復。剃頭。是日付板扉及壁間皮板、門楗、釘鈕等錢二十一千一百六十文，圬人、梓人工食錢十二千八百文，石炭錢八千零四十文，尚有石灰錢三十餘千未付。

邸鈔：上諭：御史陳彝奏内務府大臣辦事欺矇，請予處分一摺。革員李光昭報效木植種種欺罔，總管内務府大臣於該革員先後具呈時，并不詳查駁詰，遽爲陳奏，實屬辦事欺矇，咎有應得，均著交部議處，以示懲儆。醇親王、伯彦訥謨祜俱授爲掌纛大臣。

十九日己未　晨陰，上午小雨，下午澂雨，晚霽。爲袁子久再撰其祖母郭太夫人百壽駢文。同邑沈百墉之母開吊，送分資二千。得黄研芳書，言蔣約夫之子已到京，即復。得平景蓀四月書。

邸鈔：上諭：朕於八月二十七日啓鑾駐蹕南苑，九月初六日還宫。

二十日庚申　晴。撰壽文訖，即作書致石查，屬轉交。作書致子縝。晡後偕梅卿同車至南下窪，游陶然亭。夕陽滿軒，西山朗映，惜熱甚，不堪久坐耳。軒側憑檻倚樹，看山啜茶。而出亭外，汾陽曹宗丞學閔題聯云：『窗前綠樹分禪榻；城外青山到酒杯。』句甚清麗，字亦生動。薄暮游龍樹寺，寺新修葺，竹樹蔚然，有旗人斌某居寺之東院，鑿土爲罫，養金鯽魚甚佳，流連至晚而歸。洗足。

二十一日辛酉　晴。自前夕夜晴，有風甚涼，今日復熱。得婁秉衡書，即復。少篔來，子縝來。上午出門拜鄰居京官四五家。詣陳芰聲，不值。詣王信甫、董雲舫、芸龕兄弟，俱晤。詣潘紱丈。詣紫泉，問其疾。答拜陳光煦、季士周、周小田文浚，俱不晤。陳逸山來告聞其尊人之訃，即往唁而出。答拜鄭暉吉而歸。許竹篔來。晚偕梅卿詣泰豐樓赴少篔之招，同席竹篔、子縝及鄉人徐雲棟而已，予招秋菱，二更時歸。夜三更時，又有盜入，穴窗竊去錫器二，覺，逐之始去。從此壁立之室，眠不帖席矣。是日栽秋花數種於窗下。

邸鈔：上諭：兵部奏遵議奉天金州匿灾不報，案内武職各員處分一摺。奉天金州佐領閻士芳、防禦那明阿、富森泰，於屬界地方被水成灾，業經勘驗屬實，輒取觀望推諉，不行詳報，實屬任意玩延，均著照部議革職，永不敘用。副都統安圖接據訴灾呈詞，并不於限内飭查咨報，迨鄉民赴署滋鬧，經將軍衙門咨查，又復含糊聲覆；佐領奎山係副都統衙門辦事司員，亦不即時回明覈辦，均屬玩視民瘼，辦理乖謬，著照部議革職。　翰林院侍讀學士孫毓汶奏病難速痊，懇請開缺調理。許之。

二十二日壬戌　晨及上午陰，傍午晴。牧莊來。朱蓉生來辭行。午詣安徽館拜袁太夫人壽，送禮錢十千。子久兄弟張樂甚盛，車馬填閧不得遽歸。因詣三台館，訪王子裳、周叔篔，談逾時出，路尚未通，久之始得行。詣子縝，辭今日聽戲之約。詣金華館，送蓉生喬梓行，晡歸。雅齋喪婦來赴，送奠分四千。夜有雹。

邸鈔：上諭：都察院奏工部員外郎明琳以地方官縱盜殃民，赴該衙門呈訴。據稱奉天岫巖廳一帶，馬賊結黨搶掠，并有花會、賭局人等械鬥得贓，通判城守尉等概不差緝等語。案關賊匪肆搶擾害地方，該文武各員并不認真緝捕，亟應嚴行查辦。著都興阿、志和、恭鏜秉公確查，按律嚴懲，據實具奏。上諭：都察院奏據蒙古已故郡王達達巴札木蘇之親父繼福晉諾爾斯德瑪氏，遣抱以盟長欺孀冒襲王職等詞，赴該衙門呈訴。據稱科爾沁札薩克圖郡王達達巴札木蘇病故，無子承襲，諾爾斯德瑪氏與該郡王福晉依尼格馬氏商議將該氏堂姪愛敏烏爾圖呈報大盟長圖什業圖王旗下，乞准承襲，該大盟長兩次批駁，旋將年甫五歲，無譜系可查之迪瓦占三報院襲職，該氏等冤抑莫伸等語，并據蒙古台吉茂依罕等呈訴情節相同。案關承襲王職是否挾私擅報，亟應徹底根究。著理藩院提集人證卷宗，秉公嚴訊，確情據實具奏。上諭：鮑源深奏病仍未痊，懇請開缺一摺。鮑源深著再賞假一月調理。以前吉林副都統毓福爲金州副都統。刑部員外郎軍機滿章京。增林授奉天錦州府知府。

二十三日癸亥　晴。得伯寅書，問逸山近狀。作書致梅仙，屬其轉告杜某呼王福回去。是日俗事粗了，庭院寂然。入夜讀書，遂理清詠。

秋夜讀書即事

筆床茶竈暫安居，滿地秋花蟋蟀初。殘月半庭梧影直，風窗銀燭照翻書。

二十四日甲子　晨晴，巳後陰。作詩懷陶心雲，兼寄孫生子宜得七古一首，又謝心雲惠茶葉、菊花七律一首。作書致子縝，得復。梅仙來。午後詣鄧鐵香、楊惺吾，俱不值。詣肯夫，久談。詣宋偉度，則已行矣。詣煤市橋豐樓，邀子縝、少篔、王子裳，周叔篔、金忠甫小飲。傍晚，王、周兩君先至，偕登樓眺西山落日。子縝、少篔繼來，忠甫以事辭。予招秋菱，子裳招蓉秋。酒將畢，梅卿來，二更時歸。是日又買江西菊數叢，植之蕉下。

寄懷陶文沖濬宣兼示孫生憙孫

吾鄉文獻數陶氏，有明及今五百年。名臣儒學代輝映，不特科第誇蟬嫣。近來才彥更秀出，三君同歲情尤聯。謂仲彝、少篔、子縝三賢弟。君年最少共追逐，副車一落遲飛騫。文章不受俗眼媚，意氣肯讓他人先。發憤陳書互切礶，上與揚馬争嫿妍。學問愈進志愈猛，所攻輒洞無中堅。即論書法亦遒美，取骨兩魏參唐賢。方今世事日龐雜，顛倒白黑迷方圓。侏優戴面侮周孔，嫫瘤帶蝮驕施娟。聾蟲自賞杳冥響，糞蛆吸盡芳華鮮。語言稍異動遭斥，何怪論事同寒蟬。都門廣奏百部伎，九衢車馬馳闐填。念奴新聲久已絶，崑侖樂器無人傳。何來邊調雜西鄙，音噍氣促行蹁躚。四坐歡娱萬人醉，和以亂櫰兼繁絃。時都中盛尚山西梆子腔，其聲急促，而褻演俗惡，無一雅齣。且色有名萬人迷、十三旦、水上漂者，蕩褻萬狀，朝士無不惑之。我聞此曲輒憂歎，得非哀靡尋師涓。耳目之玩尚如是，深情古貌人誰憐？君抱朱琴且高卧，天風寥落無成連。東湖堰下富水竹，稱山一抹修眉蜷。烏衣群從半未仕，共厲素業勤丹鉛。對床圖史映花樹，揮手珠玉盈千篇。世家所重在文學，小兒朱紫徒紛然。城南孫郎我舊侶，盛年嗜古同精專。姚江族望本相匹，岡頭澤底長延綿。越中世家，惟陶堰陶氏與餘姚燭湖孫氏名德最著，若山陰峽山之何，後馬之周、張，漊之胡，會稽道墟之章，蕭山長河之來，以及新昌之吕，餘姚之邵，皆不及也。爲言感遇未足賦，千秋殆庶齊仔肩。

邸鈔：上諭：御史孫鳳翔奏前署内務府司員肆行欺罔，情罪尤重，請先予嚴懲一摺。據稱上年李光昭呈請報效木植及此次呈進木植，皆係現任内務府大臣貴寶署理堂郎中任内之事，貴寶朦混具稿呈堂，並與李光昭交通舞弊等語。貴寶於李光昭報效木植一案輒敢朦混回堂入奏，致李光昭得售其奸，欺朦尤甚。貴寶著先行交部嚴加議處，並著李鴻章查明李光昭有無與貴寶交通舞弊情事，據實奏明辦理。

二十五日乙丑　晨至晡晴，午後有風，晡後陰，晚澂雨即止。以詩書扇寄心雲。得子縝書，借羽纓冠玄衣，即復。紫泉來，邵伯英同年來，不晤。得家中五月二十八日書及竹樓書。梅卿邀鏡江、仲修、鳳洲、子裳、叔貿、少貿、子縝飲齋中，夜一更後散。二更時澂雨數作，旋止。

邸鈔：綏遠城將軍定安奏舊疾復發，懇請開缺調理。上諭：定安准其開缺回旗調理，以杭州將軍善慶調補綏遠城將軍，定安俟善慶到任後，再行回旗。兵部尚書英桂充崇文門正監督，御前行走貝子銜科爾沁公。棍楚克林沁充副監督。

二十六日丙寅　晨至晡晴，晡後陰，有風，小雨旋止，虹見，復晴。得子縝書，還衣帽，即復。得史寶卿七月十日杭州書。楊翰臣來，不晤。王信甫來。

邸鈔：以荆州左翼都統希元爲杭州將軍。福建道監察御史王緒曾授河南開封府遺缺知府。

二十七日丁卯　晴熱。吴松堂來。得梅仙書，還《世説》及《惲子居集》，即復。剃頭。松堂邀廣和居早飯，偕梅卿赴之，坐惟魯芝友及其從子藝芸工部，名宗頲，辛未進士，言十年前曾於德甫、研孫處識予，然予久忘之矣。午後歸。鏡江來，不值。潘孺初來。得趙桐孫廿三日天津書。作書致伯寅。致胡石查催畫。作片致殷蕚庭，致楊翰臣。得伯寅復、石查復、蕚庭復。晚雲合有電，小雨旋止。夜書小屏一幅，又爲少貿題《試香圖》，得《一剪梅》一闋，不存稿。

邸鈔：以黑龍江記名協領委防禦尉穆克德布爲荆州左翼副都統。

二十八日戊辰　卯初初刻白露，八月節。晴。作報陶心雲正月間惠食物小啓，又書小屏三幅。得王子裳書，并鈔示邵位西所記《後漢書》各本。作書致少篔，以寄心雲屏扇託附去，且問子縝出闈早晚，以子縝今日應各學教習試也。作書致子裳。作片致蓴庭。得子縝復。蓴庭復片，并致票錢十二千，即復。比日窘甚，今晨幾斷炊矣，然此中快然殊有自足之趣。蓋近年讀書力也，世上小兒安從知之？

謝陶文冲饋魚鬐魚脬笋脯乾菜啓

遠辱豐貺，備拜芬鮮。東海文鰩，南溟珍鰈。銀鬐曜日，玉腴膩雲。擘之作鮭，取以充脯。絲縷金擢，脂液碧凝。勝鵝毛之脡珍，掩石首之含肚。誠虞方所未見，段單所不詳。至於家山竹胎，故園菜甲，會稽佳箭，著於《周官》；越路美菌，稱之《吕覽》。當其紫新脱穎，翠乍分莖，滿握泥香，連畦露滴；脆逾炙蹠，嫩比蒸豚。迨熅火而就乾，遂傾筐以藏密。琅玕百束，綸組千純，甘溢盤飧，香生竈突。不意金門飢朔，分任公之釣竿；栗里醉陶，代莊叟以灌圃。坐傲雷池之長，竟成渭川之對。口實永充，風義何極。

謝文冲惠菊英佳茗

三千里外書頻寄，水物山鮮乍滿前。時新拜惠食物。餐菊豫知儲白石，品茶應計乏清泉。幾經陶令籬邊賞，新試樵青竹裹煎。珍重清風相貺意，近來詩句有誰憐。

貧甚炊將不繼戲賦一律

已絶平原乞米書，何論仁祖與胡奴。笑聽林雀喧争食，静看茶烟淡繞廚。陶令飢驅何所詣，賈逵人事本來無。澆花掃葉生涯了，一卷黄庭自據梧。

邸鈔：上諭：吏部奏遵議總管内務府大臣處分一摺。總管内務府大臣於革員李光昭具呈報效木植，欺矇入奏，咎有應得。除魁齡告假，無庸議外，工部尚書崇綸、工部左侍郎明善、前任總管内務府大臣鑲黄旗漢軍都統春佑均照部議，即行革職。上諭：吏部奏遵議前署内務府司員處分一摺。總管内務府大臣前署堂郎中貴寶於革員李光昭報效木植時，朦混回堂入奏，咎無可辭，著照部議，即行革職。

二十九日己巳　晴，比日秋暑甚盛。印結局送來是月分公費銀十兩。得梅仙書，招飲廣和居，傍午赴之，下午歸。譚仲修來。族子有名定者，自山西來，不知出何房也。福建王同年仁堪新授中書，來拜，俱不值。張子中來，久談去。

邸鈔：上諭：已革總管内務府大臣崇綸、明善、春佑均著加恩改爲革職留任。上諭：前降旨諭令總管内務府大臣將圓明園工程擇要興修，原以備兩宫皇太后燕憩用資頤養而遂孝思。本年開工後，朕曾親往閱看數次，見工程浩大，非剋期所能蕆。現在物力艱難，經費支絀，軍務未盡平定，各省時有偏災。朕仰體慈懷，甚不欲以土木之工，重勞民力，所有圓明園一切工程均著即行停止，俟將來邊境乂安，庫款充裕，再行興修。因念三海近在宫掖，殿宇完固，量加修理，工作不致過煩。著該管大臣查勘情形，奏請辦理，將此通諭知之。

三十日庚午　晴。爲少質以金泥書扇。族子阿稼來見，此人芋町先生之孫也。素行無賴，在家時，靡所不爲，娶妻甚美而旋死，田業罄盡。今入都將爲餓丐矣，予以錢三千。傍晚自出市換銀，晚詣若農師，久談，夜飯後出示其六月初七日所上請停止園工封事，約三千餘言。以近日彗星見戌亥之交，爲天象示警，其前列今有三大害：一民窮已極，二伏莽遍天下，三國家要害盡爲西夷盤踞。中言焚圓明園之巴夏里等其人尚存，昔既焚之而不懼，安能禁其後之不復爲？常人之家或被盜劫，猶必固其門墻，慎其筦鑰，未有更出其財物以誇富於盜賊之前者。後言此皆内務府諸臣及左右宵人熒惑聖聽，導皇上以朘削窮民，爲其自利之計。《大學》言：『聚斂之臣，不如盜臣。』又言：『小人爲國家菑害。』並至説者謂：『菑者，天灾害者，人害。』今天象已見，人事將興，彼内務府諸人豈知顧天下大局，借皇上之威肆行朘削，以固其寵，而益其富，其自爲計則得矣。皇上亦思所剥克者固皇上之民，所敗壞者固皇上之天下，於皇上何益哉？使自來爲人君者日朘削其民，而無他患，則唐、宋、元、明將至今存。大清又何以有天下乎？又言，皇上亦知圓明園之所以興乎。其時高宗西北拓地數萬里，俄羅斯、英吉利、日本諸國，皆遠震天威，屈服隱匿。又物力豐盛，府庫山積，所有園工悉取之内帑而民不知，故天下皆樂園之成。今俄羅斯諸夷出没何地乎？國帑所積何在乎？百姓皆樂赴園工乎？聖明在上，此皆不待思而决者矣云云。深論危言，詳盡痛切，古今之名奏議也。聞上閲竟不置一語，蓋聖心亦頗感動。外間傳上震怒，裂疏擲地者，妄言也。若農師去年江西任滿時，以太夫人年已七十有七，常有小疾，已欲乞養歸。因聞朝廷議修園籞，江西僻陋，邸報罕至，巡撫劉坤一又秘廷寄，不肯告人，師乃入京復命。先以東南事之可危，李光昭之奸猥無行。告尚書寶鋆責其不能匡救，寶曰：『君居南齋亦可言也，何必責軍機。』李曰：『此來正爲此耳，無勞相勉。』遂不歡而散。上疏以後，絶不告所知，有往詢者，則曰已焚稿矣。見之者惟逸山與予等一二人耳。迹其所爲，可謂今之古人。自去年園工之興，上疏者沈、游兩御史，大臣惟李尚書力争之，外間則兩江李總督宗羲及袁閣學保恒、時尚爲詹事。謝詹伯學使而已。其參劾李光昭者王少卿家璧、兩湖李總督瀚章，皆據其在湖北時詭險無籍，控案甚多言之。其力陳時弊者，今年春鄧鐵香、陳六舟兩御史先後有疏，近日李尚書及侍講竇廷亦言之甚切，皆留中不報。

邸鈔：硃諭傳諭：在廷諸王大臣等，朕自去歲正月二十六日親政以來，每逢召對恭親王時，語言之間諸多失儀，著加恩改爲革去親王世襲罔替，降爲郡王，仍在軍機大臣上行走，併載澂革去貝勒郡王銜，以示懲儆。以兵部尚書英桂、户部左侍郎榮禄兼總管内務府大臣。山海關副都統常星阿照兵部議降二級留任，准其抵銷。五月間，羅文峪防禦訥勒和善揭告山海關協領和盛阿侵扣探兵口費，倡賣衙署，挾勢嚇索官兵銀兩，捏報工程，冒領庫款等情。命崇實往山海關查辦。旋訊結奏稱，和盛阿停放心紅膏火，仍向八旗索取文領，且援引私人，盤踞把持，實屬有玷官箴，革職發往軍臺效力贖罪。訥勒和善於赴京呈控之前，輒以邊防費弛等詞禀控副都統，實屬有意要挾，革職交該管官嚴加管束。山海關協領順庭於停放撥還各款，並不分晰具稿，實屬不合，交部照例議處。副都統常星阿並不查明輒行畫稿，亦有不合，交部議處。常星阿著即來京，以前兵部右侍郎竇珣爲山海關副都統。

八月辛未朔　晴。以新移居爲故寓公設尊酒脯饌，禮也。作書至子縝，招過談。得子縝復。牧莊來，偕梅卿共弈數局，賭蒲桃炒栗食之，夜飯後去。金忠甫柬約後明日飲東升堂。潘孺初來，屬撰逸山太翁輓聯。

邸鈔：上諭：朕奉慈安端裕康慶皇太后、慈禧端佑康頤皇太后懿旨，皇帝昨經降旨將恭親王革去親王世襲罔替，降爲郡王，併載澂革去貝勒郡王銜。在恭親王於召對時言語失儀，原屬咎有應得，惟念該親王自輔政以來，不無勞勩足録，著加恩賞還親王世襲罔替、載澂貝勒郡王銜。該親王當仰體朝廷訓誡之意，嗣後益加勤慎，宏濟艱難，用副委任。聞之道路，二十九日辰刻已升魁齡爲工部尚書，崇綺調吏部左侍郎，志和内調户部右侍郎，綿宜調工部左侍郎。上忽震怒，召軍機御前王大臣等，諭以恭親王無人臣禮，當重處，遂朱筆盡革恭王所兼軍機大臣及一切差使，降爲不入八分輔國公，交宗人府嚴議。王大臣等頓首固請，上不顧而起，即以所革恭王差使分簡諸王大臣。復崇綸等三人官收回，魁齡等開調。諭旨及未刻，闈中急奏至，乃復恭王軍機大臣，三十日朱諭下故有加恩改爲云云。今日宣皇太后懿旨，盡還恭王父子爵秩矣。又聞上將以前月二十日復閱園工。十六日軍機大臣恭王、御前大臣醇王等合疏上言八事曰：停園工；戒微行；遠宦寺；絶小人；警晏朝；開言路；懲夷患；去玩好。辭極危切。俟上出，伏諫痛哭，文相國至昏絶於地。其疏草出於貝勒奕劻，潤色之者李尚書也。上大怒，醇王三進見，以死要上下停園工手詔，上益怒。今日先有朱諭盡革惇王、恭王、醇王、伯王、景壽、奕劻、文祥、寶鋆、沈桂芬、李鴻藻之職，謂其朋比謀爲不軌，故遍召六部尚書、侍郎、左都御史、内閣學士將宣諭。兩宫聞之亟止上勿下，因出見軍機大臣、御前大臣，慰諭恭王，還其爵秩云。上諭：前降旨令總管内務府大臣查看三海地方，量加修理，爲朕恭奉兩宫皇太后駐蹕之所，現在時值艱難，何忍重勞民力，所有三海工程該管大臣務當覈實勘估，力杜浮冒，以昭撙節而恤民艱。

初二日壬申　晨至午晴，甚熱，午後陰，晚風雨大雷電。潘紱丈來。施啓宗來。紱丈邀飲燕賓齋，作書辭之。董雲舫來言已驗看，以截取知府分發安徽矣。牧莊來，鮑敦甫來，黄研芳來，不晤。以早起時即不快，下午身遂發熱。作片致忠甫，辭明日之飲。作書致孺初并陳太翁輓聯。是日付石灰錢二十九千，苦水錢三千五百，邸鈔錢二千，岑福工食錢六千，王福工食錢十千。夜雨，至三更時止，五更又雨。舊疾大動。

初三日癸酉　晨霒陰，巳後密雨，終日蕭寥。紫泉來，陳芰聲來。得沈曉湖書，并《游慈仁寺》詩。祀新竈以酒果，禮也。夜賦寄懷董峴樵七律二章。雨蕭瑟達旦。

寄懷董峴樵觀察秦州并答其書問二首

持節西征擁碧油，上邽秦蜀此襟喉。花門十部新編籍，麥積千屯仰唱籌。畫戟香凝金帳夜，戍笳寒報玉關秋。伊吾取次風烟静，充國頻煩足老謀。

三載長安隔酒尊，故人多半擁高軒。誰從擊筑歌屠肆，肯學彈箏候相門。暨艷嫉邪終被黜，劉蕡落第孰稱冤。清流眉目今誰是，世事悠悠總莫論。

邸鈔：都察院左都御史兼步軍統領英元卒。英元，宗室正黄旗人。上諭：英元老成練達，供職勤慎，由宗人府筆帖式洊陟正卿，宣力有年，克盡厥職。兹聞溘逝，悼惜殊深，著派載濂帶領侍衛十員，即日往奠。照左都御史例賜恤，伊承繼子增堃賞給主事。英元旋予謚恭毅。上諭：朕於本月二十七日詣南苑行圍，隨駕各員均著穿行衣，各衙門值日人員仍穿長襟袍褂。以刑部右侍郎廣壽爲都察院左都御史，兵部尚書英桂調補吏部尚書，吏部尚書寶鋆調補兵部尚書。以英桂爲步軍統領，以安興阿爲正黄旗漢軍都統。刑部郎中錫光授浙江湖州府知府，翰林院編修曹秉濬授江西贛州府遺缺知府。

初四日甲戌　晨陰，日加巳晴，終日秋氣甚爽，凉可綿衣。逸山於廣惠寺受吊，送賻銀二兩，以病不往，作書將意。作書致若農師，爲潘鳳洲請同行也，得復。作致董峴樵秦州書，并寫詩與之。作致施均甫蘭州書，并五月送行詩札，以均甫孑身遠征，意甚悵罔，又聞其中涂被盗，故思有以激發之。書中極言唐自寶應、宋自咸平以後謀臣猛將不敢窺洮岷一步，即國朝葱嶺以西、伊吾以北拓地數萬里，烏孫、身毒，盡入版圖。然先此六七年間，群回變亂，蘭州行省亦以甌脱視之。則今之得孤行萬里，恣其壯游，不可謂非千載之幸。而隴凉之地，風氣剛勁，山川雄厚，尤與磊落魁奇之士爲宜。彼中幕府多賢，節帥一時之傑，必能振其抑塞，相得益彰云云。又致書峴樵，屬其解后爲之拂拭，其書即附峴樵函中。比久不讀書矣。自春初故鄉知好計偕入都，即苦酬應，迄於過夏，罕得下帷。昨今兩日，筆札之暇，稍理故業。讀《禮記注疏》數葉，便覺罷乏欲睡，蓋近日虚勞之疾所致也。忠甫來。作書致董雲舫，贈以大吉買地記兩通，并託寄令弟峴樵書。作書致胡石查，催袁氏潤筆。作書致紫泉，爲鳳洲事。

付米錢三十千。

邸鈔：以吏部右侍郎載崇調補刑部右侍郎。户部右侍郎崇綺調補吏部右侍郎。以内閣學士慶陞爲户部右侍郎。廣科補授左翼前鋒統領。明瑶補授正白旗護軍統領。富勒渾泰調補鑲紅旗滿洲副都統。喜昌補授鑲黄旗漢軍副都統。博崇武調補鑲藍旗滿洲副都統。崇禮補授正黄旗漢軍副都統。以鑲黄旗蒙古副都統尚宗瑞兼補武備院卿。

初五日乙亥　晴，凉甚有風。早起掃花下敗葉。寫近日日記，换聽事及寢室書畫屏障。得董雲舫復。魯芝友來，胡石查來，并爲袁子久轉致壽文潤筆三十金。張戺民來。爲胡梅仙書扇。作書致子久。得子縝書，即復。夜飯後與梅卿劇棋兩局。

邸鈔：户部郎中李衢亨授江西督糧道。

初六日丙子　晴。作書致紫泉。子縝來。作書邀肯夫過談，肯夫來。紫泉來。雅齋來。夜飯後，肯夫、子縝、紫泉先後去，已一更餘矣。清秋佳日，素心暢談，客中難得事也。

邸鈔：命英桂佩帶總管内務府大臣印鑰。御史吴鳳藻掌京畿道事。

初七日丁丑　晴。得紫泉書，即復。作片致黄研芳。以所收順天同年賻蔣約夫銀共八兩。陳户部惟和、張兵部兆蘭、邵舍人松年、吴光禄淞。又予所賻四兩先送二兩，屬交約夫之子諸生日衔。作書致肯夫，得復。作書致鄧鐵香，取還《讀書雜志》。付賃居銀四兩。付前月公餞若農師酒食之費三十四千。付陽湖左女士錫惠畫團扇錢二十千。得孫鏡江片，招飲，即復。肯夫約明日飲。夜鏡江來催飲，偕梅卿赴之，（此處塗抹）更餘歸。點閲子縝《潩廬詩》。

邸鈔：吏部郎中史崧秀授四川敘州府知府。崧秀，江蘇溧陽人，丙辰進士，軍機章京，以截取得之。

初八日戊寅　晨陰，上午微晴，旋陰，下午霒陰，傍晚有微雨。庚午長班甘瑞送來北榜同年公賻蔣約夫銀二兩。廬江章刑部玗。票錢二百一十千。陽湖惲編修彥彬等十七人或二十千、或十千，有四千者。即作書付甘瑞持交浙紹鄉祠黄研芳及約夫之子，賞甘瑞二十千。得紫畛書，即復。剃頭。得紱丈書，即復。閲子縝丙寅至癸酉詩竟，系以評語。其詩五古説理最精，寫山水刻露處亦幽警絶俗。七律、七絶時有佳句，用字尤新。壬申以後，又多參以雅詁，再能厚其魄力，臻於渾成，於此事中可稱庶幾之才矣。晡後偕梅卿步詣肯夫，坐庭院樹下清談彌時，子縝晚來，遂共夜飲，肴饌甚潔，二更而散。得王子裳書，乞題芙蓉秋水團扇。夜小雨，四更醒，時聞蕉葉間點滴聲，清絶以悲。

邸鈔：授左宗棠爲東閣大學士。明代以東閣大學士爲入相初授之地。國朝順治十五年，漢人李霨授東閣。康熙三十八年，熊賜履繼之。而滿人自雍正七年尹泰始由額外大學士授東閣大學士。乾隆元年，漢人徐本亦拜東閣。蓋自嘉慶初年以前猶沿明制，一殿一閣分授數人，不必一人占一地也。國朝殿閣之名，初無一定，崇德以來，始爲内三院。順治後爲中和、保和、文華、武英諸殿，惟謝陞一人授建極殿，衛周祚一人授文淵閣。十八年復改爲内三院，康熙九年仍改爲殿閣。然漢人如李霨、魏裔介、金巴泰、杜立德、王熙、梁清標、張玉書、吳琠皆授保和殿。滿人惟九年授索額圖爲保和殿，後皆授文華、武英殿及文淵閣，無更爲保和者。而中和殿之名，滿漢皆無之。雍正朝，滿人馬齊、鄂爾泰，漢人張廷玉皆授保和殿。乾隆朝則滿人訥親、傅恒皆授保和殿。三十五年，文忠卒後亦不復授，漢人無爲此名矣。二十八年，漢軍楊廷璋始授體仁閣大學士，滿人則嘉慶二十二年始以授伯麟。東閣自徐本後，乾隆十五年授張允隨。二十四年授蔣溥。二十六年授劉統勳。二十八年授梁詩正。二十九年授楊應琚。三十二年授陳宏謀。五十年授梁國治。五十二年授王杰，皆漢人也。滿人則自尹泰後，乾隆四十四年授三寶。四十九年授伍彌泰。文端卒後亦不復授，至嘉慶元年，漢人復授董誥，時王文端仍居東閣也。董文恭旋於二年丁憂，王文端亦於七年卒，此後終睿皇朝無授東閣者，而滿人自二年授蘇凌阿，四年休致。後至十一年授禄康，十六年降。十八年授松筠。十九年文清改武英後授託津。至道光十一年文定致仕，授富俊。十四年，文誠卒，授文孚。十五年，文敬改文淵，授漢人潘世恩。十八年，文恭改武英，授王鼎。二十二年，文恪暴卒，後遂久虛位。咸豐七年授滿人桂良。次年，文端改文華，後亦無授他人者。然劉文正自乾隆二十六年拜東閣後，至三十八年始薨於位，實爲首揆，而閣名不改。王文端自乾隆五十九年嵇文恭卒後亦爲首揆，託文定自道光元年至十一年皆爲首揆，潘文恭自道光十五年，曹文正卒後，阮文達拜體仁閣，潘位亦居阮上，而東閣之名如故也。大抵嘉慶一朝，漢相董文恭居文華二十年。故滿首揆惟得武英，漢次輔皆授體仁，惟章煦、戴均元授文淵。滿次輔多授東閣，其授文淵者，亦惟慶桂一人。道光以後，則滿相授文華、文淵，漢相授武英、體仁。迄今三朝，幾爲故事。中惟咸豐六年，滿相裕誠居文華，文慶居武英，漢相葉名琛居體仁，彭蘊章居文淵，爲小變耳。前年以文華瑞常，武英曾國藩，體仁朱鳳標三相先後繼逝，故瑞麟以文淵改文華，文祥以協揆得體仁，李鴻章以協揆得武英，單懋謙得協揆後始入閣，故授文淵。今左恪靖所補者即單公之缺，應得文淵而特授東閣，蓋僅事也。

初九日己卯　晨至晡霃隂，晡後晴，旋隂。得雅齋片，索還《續寫家譜》一册，即復。少篔來。牧莊來。王同年蘭來，不晤。以約夫賻銀二兩交梅卿。偕牧莊劇棋。再得黄研芳書，即復，以此後不復料理約夫賻銀矣。傍晚，牧莊邀同子縝、少篔、梅卿、敦夫、徐雲楝飲廣和居，至夜一更後散。偕子縝、梅卿步詣止潛，不值，復至邑館與牧莊、敦甫談，二更後歸。是夕有小雨。

初十日庚辰　晨日出旋隂，小雨，上午霢霂數作，下午隂晴相間，傍晚復雨，入夜漸密，初更雨除星見，有月。族子阿稼復來，再予以錢三千及舊襦二領。得伯寅書，惠銀四十兩，即修小狀復謝，犒其使十千。得鄧獻之六月五日太原書。周叔篔來。得蔡俌臣片，送來約夫賻銀二兩，即復片屬其却交陳芠聲。夜共梅卿劇棋兩局。

謝伯寅侍郎饋銀啓

使來渥拜朱提之賜，誼溢倫表，望逾分外。僵卧蹷起，固疾頓蘇。將炊烟驟生，鄰家疑爲增竈；酒券畢了，市保訝其點金。執事清絶朝流，秩懸班品，卿奉未給，内直需供。屢聞貭貂之言，頗書乞脯之帖。迺復垂念相如之渴，竟傾隱之之泉。事出過情，益用鏤臆。慈銘貭等蒲柳，材謝籩蓤，莫效技於下風，徒仰飲於清露。閉門有恃，補屋何愁。辭疊慚顔，汗浹悚夢。謹修狀陳謝，不宣。

十一日辛巳　晴，下午微陰。殷蓴庭來。上午自出市换銀，即詣逸山話别，且送贐銀四兩，至則已於昨日行矣，怏悵之甚。作片致紫泉，致鮑敦甫，俱約其至子縝寓暢談。得敦甫復。詣王子裳、周叔篔，送行不值。詣子縝、少篔，不值。詣牧莊，亦不值。再詣子縝，晤，即作書邀張、鮑二君，不至，午後歸。作片致蔣約夫之子，再送賻二金，仍託肯夫轉交。晡後詣鄧鐵香，不值，復詣子縝、少篔，俱晤，同至市中夜飯。予邀飲秋菱家，并作片招梅卿、子裳、叔篔，子裳以片來辭，子縝召雁儂佐飲，三更歸。是日付秋菱酒資三十千，僕賞十千，王九車錢三十二千，車飯錢二千五百。得肯夫復。五更有雹，小雨。

邸鈔：翰林院侍講學士鍾寶華、林天齡俱轉補侍讀學士，以左春坊左庶子許應騤、翰林院侍讀徐致祥俱爲翰林院侍講學士。

十二日壬午　晴。作書致肯夫。作書致子縝，贈以郝氏《爾雅義疏》足本一部，即得復。點閲子縝今年詩詞。再作書致肯夫，約明日飲，得復。作書致敦甫，約明日飲，得復。得子縝書，招飲雁儂家。王子裳來。晡後赴子縝之招，紫泉、仲修、鳳洲、羊辛楣及陳芰聲皆在坐，聽雁儂彈琴，迨晚設飲，予招秋菱，酒畢，偕子縝同車歸。夜月甚佳，以詩一律紀之。

凉秋月夜子縝邀聽歌郎李雁儂彈琴

凉宵初月妥花陰，來聽虚堂一曲琴。寂寂簾櫳通綺語，蕭蕭梧竹出清音。朱弦三歎孤將絶，翠袖雙寒感易深。到處華燈歌管地，誰從松柏結同心。

送子縝南還二首

歘然聲價出江東，力守經師兩漢風。鄉國奇才如子少，天涯落魄幾人同。猶遲待詔金門側，君試中書被落，近需次景山教習。常共深談漆室中。朝野恬熙吾輩老，憑誰上策定和戎。

玉河秋色薊門烟，翠黛離愁咽管絃。羈旅中年難作別，文章孤唱更誰憐。西風村笛旗亭酒，涼月夷花海國船。料得故園重九會，登高相憶有新篇。

邸鈔：李鶴年、王凱泰奏拏獲逆首僞輔王楊輔清。詔：楊輔清積年漏網，經福建文武員弁會同安徽委員訪聞拏獲，尚屬著有微勞。提督羅大春交部從優議敘，泉州府知府章倬標開缺以道員留於福建補用。翰林院編修董兆奎授福建泉州府遺缺知府。

十三日癸未　未正初刻五分秋分，八月中。晴。祀曾祖考妣、祖考妣、本生祖考妣、先考妣，至晡畢事。作書并詩致子縝，則已行矣。得紫泉書，并子縝臨發書，作書復子縝。張子中來言昨已引見，以鹽大使發兩淮。牧莊來，敦甫來。作書致肯夫，致紫泉。肯夫來。夜偕肯夫、牧莊、敦甫、梅卿小飲。二更散去，月色甚佳。是日付肴饌、果醴等錢二十三千，付裝表先世神位圖軸及漢官采選圖軸等錢十三千，買桂花一樹錢四千。

十四日甲申　晴。仲修來。下午出門詣緘三師、若農師，賀節，答拜張子中，俱不值。進宣武門，訪譚研孫，亦不值。訪陳六舟，久談而歸。夜月佳甚，桂花大開，滅燭卷帷，卧賞久之，此所謂鼻功德心太平也。得紱丈書，即復。是日付衣鋪銀八兩九錢六分。

十五日乙酉　晴。紫泉來，不值。譚研孫來。錢秋薐來叩節，秋薐名青，小字桂蟾，貌不揚而按曲妍静，能作小行書，有魏晉人風格，人亦閑雅，潘星丈、紱丈及秦宜亭皆極賞之。今年三月，諸同年燕集安徽館，秋蔆演《驚夢》一齣，趙桐孫歎爲僅見。予曰，君未見沈芷秋耳，若令比藝，不止拔茅棄旌矣。然潘鳳洲遂因此惑之。其人亦頗知親文士，近日都伶之秀出者也。署吏送來秋季養廉銀十二兩九錢。下午入城詣徐蔭軒師，賀節。仍出正陽門答拜殷萼庭、董雲舫、星丈、紱丈、仲修、紫泉、李叔寶庶常，傍晚歸。是日付酒食之債錢百十三千，薪米之債錢八十千，諸僕叩節錢二十千，秋蔆叩節錢二十千，師門僕賞錢八千，車夫錢八千，各館長班賞錢五千。夜梅卿招仲修、鳳洲、婁秉衡小飲，予以點心左之，秋蔆來奉觴，賞以錢十千，其僕八千。月出甚佳，小設燈果作供，二更後有微雲，予倦甚，就卧，三更月皎如初，不復能賞矣。意城内之玉蝀橋，城外之天橋，樹色山光，晶采萬疊，壓以橫笛，浮以巨觥，爲風月之極觀，亦京洛之佳話，惜無好事共此勝懷。

十六日丙戌　晴，比日秋氣頗炎。王福隨公車南歸，賞以銀四兩，此奴陰險無天良，今之决遣，蓋予負其責去，從此了矣。牧莊來，梅仙來，相共劇棋至晚。是夕望，月出甚皎。夜飯後復坐庭下，圍燈劇棋，二更雲起，雨作始止，客去，小雨。得張子中書，招飲瑞春堂，以明日是家忌，作片辭之。

十七日丁亥　晴。先妣忌日，供饋素食八簋，加豚肩、特鳧爲先君也。點心栗子湯一巡，杏酪一巡，酒三巡，茶二巡，時果四盤，饅頭一盤，自午至晚畢。生無啜菽一日之歡，殁有鋪席子身之奠，饋而不祭，聊志終身之喪而已，哀哉。金忠甫來，黄研芳來，不晤。鮑敦甫來辭行。夜黄昏時，讀《孝經》再過方素食，以先妣忌時也。此事去年始行之，自後遇今日，若非甚疾病者，當終身以爲常。

十八日戊子　晨陰，微雨即止，上午陰，午微晴，下午晴。昧爽時疾動。巳刻詣若農師送行，久談，俟其上車而别。詣同司李李村，賀其擢江西糧道。答拜王刑部祖源、舍人仁堪父子。詣仲修、鳳洲、敦甫，俱不值。午歸。楊惺吾守敬來。鳳洲來，以若師所贈八金轉致之。紫泉來。剃頭。王彣甫彦威，本名禹堂。來，乞題其母盧孺人《焦尾閣遺集》，以新刻方正學《遜志齋全集》爲贈。張子中來。蔣秀才日銜來言後明日扶其父柩南歸。夜同梅卿、紫泉小飲。

邸鈔：上諭：據李鴻章奏訊出李光昭捏報木價，并捏造奉旨采辦銜條旗號及圓明園監督各情，實屬膽大妄爲，不法已極。李光昭即著照所擬斬監候，秋後處决。另片奏李光昭訊無與貴寶交通舞弊實據，貴寶業經革職，著無庸議。

十九日己丑　晨晴，上午後微陰，霎靆。是日疲倦不可支，而以故鄉諸君皆即日治行，過此以後無可附書，因料檢信物，寄仲弟銀四兩；寄張氏妹銀四兩，大頭菜、京東菜一簍；寄鄭氏妹摩菌、杏仁、頻婆果脯各二斤，大頭菜、京東菜各三斤；寄王氏妹摩菌至京東菜等數皆如鄭氏妹，俱作書致王氏妹，屬其分送。作書致季弟，爲其補足監生銀四十三兩，又换部照費銀數兩，屬其匯致梅仙，其照即託梅仙携交。又言修家譜事，與諸兄弟商定，先將世表、年表補完，其昏娶、子女、葬地皆宜詳明，官職、封誥、虛銜不可妄造。其淫蕩無行甚不肖者，但於其父下注明生幾子，存其名，而於本格則存一黑塊，不列其名字，惟注明宗行第幾、娶妻某、生子某而已。先世墓圖宜續繪，高祖兄弟八墓，詳載山田、四至、河步、現在土名，其板樣宜縮小精整，墓圖尤宜精工。不可妄求人作序，其凡例列傳，俟後撰寄世表等有清本後寄都閱定，然後寫樣本。又作書致内子，屬其定計入京。王信甫來言，十二日試送御史題爲『貴德賤貨論』，信甫取第二，其第一則内閣侍讀丁士彬也，此輩入臺，朝廷不必設内務府矣。張姬致其母書，并寄銀四兩，舊著單夾衣九領。予爲託梅仙附去，平生不作不近人情事，此其一也。又爲陳媪作家書，先生此手亦太勞矣。越俗妾之父母不得往來，雖似過情，然防微杜漸，正適庶之名分，斷私昵之覬覦，先民於此自有苦心，不可議也。惟其中又當有貴妾賤妾之分，唐宋以下無貴妾，雖王公之妾，俱不得封，至於庶民，本無妾制，安得有貴？ 就今而言，其妾之身家清白，或零落衣冠，或世業農畝，否則克生賢子或仁或儒者，皆當擬之貴妾，不絶其家。 張姬所生微賤，本應禁斷，憐其貧考，故聽之耳。

邸鈔：詔：興京城守尉一缺，守護陵寢，照料工程，兼有緝捕、訓練諸務，任重事煩，著賞加副都統銜，以資鎮攝。 從都興阿等奏請也。 上諭：御史周鶴奏候選人員續中進士請仿照京員銓選一摺，著吏部議奏。 前日，侍郎何廷謙奏請疏通正途選缺，專爲部曹之中進士者選缺壅滯而發。 此輩惟知有進士耳，不思今之進士學問若何，人品若何，施於仕途果何所用。 然都曹觀政已久，量爲疏通，猶可言也。 外吏既守缺於吏部，本不應復逐隊於禮闈。 幸而獲售，則其人惟死守舉業，何知吏治？ 予以先選，事既兩岐，屈其儔人，恩亦過濫。 且既名舉子而兼作選人，其人必躁進多貪，奔競取巧，未知此疏取義安在？ 可謂不識時務者矣。

二十日庚寅 晴。 梅仙來。 作片致敦甫，以家信及銀物等託附去。 料檢已畢，晴晝無事，窗明氣清。 讀唐人岑參、高適、李頎、裴迪諸家詩。 得紱丈書，詢中秋夜飲詩篇，且以一絶見簡云：『月光如水浸罘罳，緑酒紅菱倒玉卮。 秋思今宵忽飛到，圓箋小硯寫新詞。』蓋紱丈聞秋蔆言予肴饌頗精，其意爲秋蔆發也。 此老興復不淺，即作小簡復之。 盛伯希來，以其先淑人《芸香館遺集》十餘部屬分送，且訂月杪游西山。 得七月二十九日家書，竹樓所代寫也。 言鄭氏沛甥殤，秋舫族叔母去世，皆前月中事。 張子中來辭行。 夜復屏當家事，寄内子銀四兩，摩菌、杏仁各二斤，猺桂三兩，再致書一紙。 又作書致竹樓，言修族譜事。

邸鈔：大學士文祥奏病仍未痊，懇請開缺。 詔：再賞假三月，安心調理，毋庸開缺。

二十一日辛卯 晨及上午晴，午後陰。 潘星丈來。 上午步詣邑館，送敦甫行，再以致家中銀物託寄，又以《芸香館集》四部寄季弟及分贈子縝、心雲、秋伊、竹樓各一。傍午詣伏魔寺，訪仲修、鳳洲，晤鳳洲，借得新刻龍翰臣《古韻通説》而歸。下午出門詣王信甫，知其不得記名御史。詣鄉祠，送黄研芳、蔣左金約夫之子。之行，晤研芳。詣西河沿，送梅仙行，晤。詣教場第四巷，送張子中行，不值。答拜邵伯英，賀其新取中書。晡後歸。殷蓴庭來。

邸鈔：吏部郎中李淇，員外郎傅大章、劉澤遠，户部郎中沈鋐、吴廷芬，員外郎歐陽雲、孔憲縠、黄元善、何桂芳、董儁翰，禮部郎中戈靖，員外郎胡延夔，兵部員外郎梁俊，刑部郎中潘敦儼、林拱樞、唐汝楠，員外郎李映、王培仁、方學伊、文鐍，工部員外郎邵友濂，内閣侍讀丁士彬俱記名以御史用。李淇、傅大章、劉澤遠、吴廷芬、歐陽雲、孔憲縠、黄元善、何桂芳、戈靖、胡延夔、梁俊、李映、王培仁、方學伊皆進士，餘皆舉人，潘敦儼蔭生。

二十二日壬辰　晨陰，微雨，上午陰，午晴，下午微晴，傍晚復陰。閑門無事，巡行花樹。上午雨止後，夾竹桃明艷欲絶，新移紫藤碧莖怒抽，蕉心漸舒，桃李、海棠、丁香俱有生意，拂拭久之。得仲修片，催書楹聯。得紫泉書，還《金石萃編》。得子縝十九日天津書，并通河舟中見懷古詩五章，極簡老遒中，近詞三闋。得董雲舫書，乞題其大父壽堂翁《拊膝隸書圖》，祁之鏐叔和所畫，滿洲德林君直以八分題額，皆極工。爲張子中題《荷鉏帶經圖》，得五古一首，詩成已晚矣，作書將致之子中，適走信來取，即付其使，并作片送行。夜復作詩兩首，四更後舊疾大動。

題張子中同年行乎荷鉏帶經圖兼送其赴補淮揚

吾友張稚讓，博學精天文。君家靈憲術，造化窮烟熅。維淵與太素，累代稱專門。君今繼家法，推步高疇人。不喜西學幻，愈覺周髀尊。伊昔歲在午，同舉何份份。黄君既老宿，程生亦精勤。同年中如餘姚黄蔚農丈極精算學，著《測地志要》《交食捷算》《五緯捷算》《方平儀象》等書，金華程觳卿亦爲此學。共闡九章秘，觚綫論繽紛。君識獨卓爾，理晰袪詞煩。長貧有餘力，端居羅典墳。朅來不得意，日下多風塵。言就鹽筴吏，遵彼淮海濆。示我荷鉏卷，歌吟籬樹根。道場好山色，蒼翠彌郊原。太湖三萬頃，半繞苕上村。悠然坐苔石，讀書忘朝昏。比來秋正好，晴天無片雲。禾稼大就穫，木葉晞微曛。仰觀星曜動，俯聽蟲鳥喧。此樂可終老，散帶時忘言。題詩三太息，微禄寧救貧。著述吾豈敢，相期事田園。

雨止行花樹間有會而作

秋陰釀微雲，疏雨自然止。庭柯尚敷榮，階草半含蕊。晴日忽滿檐，鳥雀聲亦喜。嫋嫋朱藤枝，弱蔓漸能起。梧柳三兩株，葱翠各忘徙。吾生無競營，流行盡天理。萬物安其常，滋培貴能俟。顧此一畝間，可悟達生旨。

得子績通州見懷詩却寄

別來未十日，忽得幾行書。白水通州次，黄花九月初。詩成還憶獨，天遠漸愁予。知下津沽去，時時覓鯉魚。

邸鈔：吴棠奏請暫停捐發四川新班遇缺、先新班遇缺兩項人員。略云：川省連出峨眉、江安、銅梁知縣三缺，按照部章均應歸新班遇缺先人員序補，名爲大八成。此後有缺出，又應歸新班遇缺人員頂補，名爲大四成。蓋因所捐銀數較多，并無試用甄別年限，到省一月後，遇有缺出即可連補。是以蜀中近年以新班遇缺到省者，紛至沓來，爲他省所未見。川省知縣一百十二缺，計不及十年將爲兩項占補十之七八，知縣如此，知州缺分較少，更可類推。查銅局上兑捐數州縣，八成實銀不過一萬餘兩，四成實銀不過數千兩，如一年報捐十員，部庫進款亦衹十萬兩。而該員等家非素封，其上兑捐項均由重利借貸而來，其中即有可用之才，私債累累，索逋者日向追呼。逮到任後，心有所分，官債雖清，民生必困。得失相較，自在聖明洞鑒之中。雖舉劾之權操之疆吏，例得隨時撤换，而地方受累已深。故考察人才，必觀其進身之始，而講求吏治，尤當慎於序補之先。請敕下户部將報捐發川之新班兩項州縣人員，暫行停止，俾試用甄别年滿，歷練較久人員得有序補之期云云。詔該部議奏。

二十三日癸巳　晨晴，旋陰，上午微晴，午後晴。買菊花十八盆，京錢四千，賞莳人酒錢四百。得仙居王月坡五月十五日書。晡後又陰，傍晚有急雨飛零。爲詹黼廷書楹聯一，爲王少梅書楹聯二，作書致仲修，屬其轉交。得鳳洲復。

閲《古韵通説》，臨桂龍啓瑞翰臣著。啓瑞以道光辛丑進士第一人，歷官通政司副使、江西布政使，卒於官。書凡二十卷。前有自序，言自交漢陽劉菽雲名傳瑩，官國子監學正，卒時年僅三十有一。曾文正爲志墓。始爲聲韵之學。道光庚戌爲湖北學政，乃參考姚氏《説文聲系》、張氏《説文諧聲譜》、苗氏《説文聲讀表》，折衷其説，爲《音論》十篇。辛亥丁父艱歸，始成此書。分冬、東、支、脂、質、之、歌、真、諄、元、魚、侯、幽、宵、陽、耕、蒸、侵、談、緝二十部，每部首列平上去入之目，先以《詩》韵，次群經韵，附《騷》韵，次《説文》本音，次通韵，次轉音，後系以論贊，部爲一卷。其經韵取裁於段氏，本音取裁於姚氏、張氏，謂段氏之分之、脂、支三部，張氏及高郵王氏之言通轉流變，武進劉氏之論入聲同部異用及異部同用，皆至當不易。又謂顧氏古無入聲之説，不爲無見。然平上去入四聲，始於永明而定於梁陳之世，當日沈約諸人，精通音律，製爲四聲，以括天下之字，必有不可缺一者。又謂《詩》及群經用韵，有齟齬不合者，段氏以爲合韵，其説較顧氏、江氏以爲方音者爲近理。然古人之韵，既不得而見，又安知何者之爲合？蓋合韵不外轉聲，轉聲不外雙聲，雙聲即漢儒所謂聲相近也。凡聲近者皆可轉，而不近者不能。故言韵則有一定之限，言聲則遞轉而無窮，轉聲之説，自錢竹汀氏發之，其《聲類》一書，實開字學、音學之奥突。

又謂《説文》諧聲之字，往往有取諸轉聲者，小徐旁紐之説，略發其端。如曼，冒聲也，冒音如帽，又讀如墨，帽、墨皆曼雙聲。雚，萑聲也，萑讀若和，而雚讀如桓，桓與和雙聲。推之，叡从古雙聲，汎从八雙聲，叢从取雙聲，牡从土雙聲，莧讀若丸。从苜讀若末。雙聲，乾从倝雙聲，汨从冥省雙聲，憲从害省雙聲，充从育省雙聲，作从作省雙聲。又或體中所从之字，多與小篆雙聲遞變，如䵒本日聲也，而或从刃作⿰黍刃，則刃與日雙聲矣。萉本肥聲也，而或从賁作黂，則肥與賁雙聲矣。玭本比聲也，而《夏書》从賓作璸，則賓與比雙聲矣。又謂入聲古所謂急語，又所謂短言，其字多由平聲矢口而得，不經過上去二聲樞紐，如登爲得、州爲祝之類，皆見《公羊》。即由上去轉者亦然。如趣之爲促，害之爲曷，惡惡度度之類，皆以兩字相切而成。其辨析聲韵，致爲精確。

二十四日甲午　晴，有凉風，秋晶氣爽。鳳洲來辭行。紫泉來商量西山之游。牧莊來，盤桓日夕，同梅卿劇棋數局。夜作書致鳳洲，並還《古韵通説》。

二十五日乙未　晴。終日同牧莊、梅卿劇棋，真飽食之無僇耳。清談間之共遣岑寂。鄧鐵香來，言其太翁病，即日還粵省覲。

邸鈔：上諭：現在大軍陸續出關，著派欽差大臣、大學士、陝甘總督左宗棠督辦糧餉轉運一切事宜。内閣學士袁保恒作爲幫辦，並將西征糧臺移設肅州，著袁保恒前往駐劄。

二十六日丙申　陰，上下午有疏雨，秋意深凉。早偕梅卿詣伏魔寺，送仲修、鳳洲之行已不及，詣紫泉，不值而歸。閲《鮚埼亭外集》。伯希約明日游西山，宿潭柘寺，以屐資未辦，作書屬紫泉辭之。山期屢愆，悢悢無已。

二十七日丁酉　晴。終日閲《鮚埼亭外集》，予最喜國朝朱、毛、全、錢四家文集，所學綜博，纂討不窮。謝山尤關鄉邦文獻，其文多言忠義，讀之激發，自十八九歲時即觀之忘倦。平生坎坷，一無樹立。惟風節二字，差不頽靡，誠得力於《後漢書》及《劉蕺山集》、謝山此集耳。其疾惡過嚴，避俗過甚，則於諸書受病亦不小也。夜爲鐵香書扇訖即送去。上以卯正三刻啓鑾出正陽門、永定門，至南頂廟拈香，元靈宫、永慕寺拈香，駐蹕南苑舊衙門。

二十八日戊戌　晨陰，巳初微晴，旋復陰，午後薄晴。是日戌初三刻十三分寒露，九月節。

全謝山謂蔡中郎書《熹平石經》，未及寫《詩》，至魏正始中乃補立毛《詩》、魯《詩》，此特以章懷注引《洛陽記》止有《尚書》《周易》《公羊》《論語》《禮記》以符五經之數。然蔡邕本傳明言六經，則不應無《詩》，是謂魏時所立，已屬無據。至洪氏《隸釋》所載《詩》經文，皆是魯《詩》，其間有齊、韓字，蓋兼載二家異同之説，本未嘗有毛《詩》。全氏因《隋書·經籍志》載『《一字石經魯詩》六卷』下注云『梁有《毛詩》三卷，亡』，遂謂石經、魯、毛並列，亦恐未確。

午後送鐵香行，並晤楊惺吾，久談至夕陽時，散步其籬落間而别。惺吾以早年所著《論語事實録》《三毫考》相質，并贈所鉤模漢張表碑、王純碑、戚伯著碑、陳德碑、唐虞永興夫子廟堂碑、歐陽勃海醴泉宫銘、化度寺塔銘、日本元明天皇和銅四年殘碑、定武榮芑本蘭亭、神龍半印本蘭亭、王居士塼塔銘各刻本。惺吾名守敬，湖北宜都人，壬戌舉人，爲輿地金石之學，書法極工。其《論語事實録》爲問答之辭，其辨康成未嘗見《齊論》，説甚有理。是日身微熱不快，傍晚思爲西山之游，作書約紫泉，擬明日宿碧雲，後日宿潭柘，又後日歸。紫泉復書以事辭。

邸鈔：翰林院侍講孫詒經、黄體芳俱轉侍讀，右春坊右中允王慶祺、編修張家驤俱升侍講。

二十九日己亥　晨陰，上午微晴，下午晴。印結局送來是月公費銀八兩六錢。是日身小熱，時時澆花行散。閲《鮚埼亭集外編》。

邸鈔：詔：本日閲看騎射，那爾蘇著加恩賞用紫韁，岳林、德明、溥翰俱賞穿黄馬褂。

聞日本和議已成，其使人大吉保利通入都，初索二百六十萬，後減至一百五十萬，皆以兵費爲辭，大學士文祥公力持之，今議定五十萬，以四十萬購其番地所造屋舍，以十萬恤其所傷夷兵，約以十月十二日夷舶盡退出臺灣境外矣。

九月庚子朔　晴，有風甚凉。閲《鮚埼亭外集》。羊辛楣來乞書扇，不晤。謝惺齋來。殷萼庭來。是日付僕媪傭直錢二十千。

初二日辛丑　晴。是日秋高氣晶，庭宇明潔，桂花未盡，菊英半舒，時就窗而觀書，或循砌而閑步，俯仰自足，天地霩然。因念平生之懷，蕭澹獨至，丘壑之趣，賞會尤深，可稱古之畸人，今之獨行。又喜爲歌詠，工於語言，不難接迹陶韋，把臂王孟，乃一官久困，三徑無期，造物不仁，於斯爲至。每讀公理樂志之論，脩仁誡子之書，以及江文通之論隱，蕭大圜之言志，未嘗不流連忘倦，悽愴興懷。今日偶讀徐獻忠《山家月令自序》，愛其簡静，録之於此，云：『經曰，用天之道，因地之利，謹身節用，以養父母，至哉！言乎小人，俯仰所資，其斯有道矣。夫山原異土，習尚各宜，濟以聞識，協諸節候，庶乎不失太平之政，以符擊壤之化。至於柴門洞啓，牧豎前驅。夕照光回，篝燈自命。佳蔬在盤，濁酒可漉。布被擁寒，農書作枕。足以怡神，不知老至。斯又蒙之至樂也。舍是而遠有所慕，余所不能，夫亦習而成性者耶。』夕陽在樹，偕梅卿移几庭前，劇棊三局，佐以苦茶。楊惺吾來，不晤。夜校《世説新語》，以李氏惜陰軒本校周氏紛欣閣本，皆明袁褧本也。

初三日壬寅　晴，上午微陰。校《世説新語》。同司譚敬甫郎中嫁女，送禮錢四千。剃頭。得紱丈書，即復。是日付甜井水錢六千。夜讀《淮南子・説林訓》，此即近人之撰子史粹語耳。二更後雨滴歷有聲。

初四日癸卯　晨陰，上午有雨，旋大風作寒，下午晴，風不止，落葉滿庭，蕉柳都折。殷萼庭招飲萬福居，作片辭之。牧莊來。紱丈來。校《世説新語》。夜疾動。

初五日甲辰　晴，秋氣甚潔。校《世説新語》，因以雜考諸書，甚費翻閲之力。有奉賢優貢阮西生其昌持嚴菊泉師手書來見，言其父宰平湖，因受業菊泉師學署中，今來充教習。得伯寅書，言自南苑隨閲回，即復。夜校《世説・言語》篇畢。

邸鈔：詔：朕閲看神機營操演，隊伍整齊，管理神機營事務和碩醇親王、大學士文祥、尚書崇綸、都統明慶、副都統希拉布、侍郎榮禄、恩承各賞加二級，管隊、翼長、侍衛、章京等著該王大臣擇尤保奏，其餘侍衛、章京各官員等各賞加一級，兵丁等每名賞銀二兩。額兵萬八千人。詔：本日看鵠射，親王銜多羅孚郡王中三箭，著加恩賞穿黄馬褂。詔：本日徹圍，伊昌阿著挑在御前，吉凌著賞穿黄馬褂，芬車著賞給頭等侍衛，並賞穿黄馬褂。副都統銜駐藏大臣承繼卒。承繼覺羅，正黄旗人，壬申七月由通政司副使任。詔旨褒惜，由藏照例發給恩賞銀三百兩，外加恩再賞銀三百兩，由藏庫發給，准其入城治喪。内閣學士兼禮部侍郎銜松溎賞給副都統銜爲駐藏辦事大臣。

初六日乙巳　晴。閲《晉書》。爲伯寅侍郎評點《南苑唱和詩》。得袁爽秋書，乞書尺帙。作書并詩還伯寅。自澆菊花。風日甚佳，讀書甚樂。梅卿邀游城南諸寺，不往。夜燈下爲《晉書》揭櫫。梅卿以近詩二首寫示，皆思家之作也，戲以二絶調之，云：『緑窗深映月團欒，露濕羅鞋未覺寒。轉盡梧桐池上影，夜深猶自憑闌干。』『連霄秋雨太瀟瀟，一樣寒燈各自挑。爲怕相思無夢到，天涯兩地翦芭蕉。』

邸鈔：詔：御前大臣管理奉宸苑事務景壽、御前侍衛奉宸苑卿廣科、奉宸苑卿毓清、南苑郎中舒麟豫備南苑等處行宮差務，一切妥協。景壽、廣科、毓清均著賞加一級，舒麟著賞給小卷江紬袍褂一套，并賞給紀録一次。詔：榮全所進黑花馬一匹，朕乘騎合式，此馬著賞給鐵龍駒名號，賞給榮全大卷江紬二卷，小刀一把，大荷包一對，小荷包兩個。

初七日丙午　晴。閲《晉書》。牧莊來。施敏先來。夜揭櫫《晉書》列傳畢。

初八日丁未　晴和。閲《淮南子》，并揭櫫畢。澆菊花。洗足。王信甫來，不晤。牧莊來，坐庭下共弈兩局。信甫邀飲廣和居，夜赴之，坐有龐俊卿户部、張編修清華、硯秋工部兄弟、楊子恂工部。二更時歸寓，同牧莊、梅卿夜談。

邸鈔：文華殿大學士、兩廣總督瑞麟卒。上諭：瑞麟老成端恪，練達勤能，歷受先朝知遇之隆，洊升卿貳，入贊樞機。咸豐三年，特命赴直隸、天津等處督兵剿賊，克奏膚功。朕御極後簡授廣州將軍，調任兩廣總督，在粤十年，練兵訓士，綏靖邊疆，旋晉綸扉，仍留總督之任。揚歷中外，懋著勤勞。前因患病賞假調理，方冀漸次就痊，長承恩眷。兹聞溘逝，悼惜殊深，著加恩追贈太保，照大學士例賜恤，入祀賢良祠，准其入城治喪，其靈柩回旗時，著沿途地方官妥爲照料。伊子候選知府懷塔布著俟服闋後，以四品京堂候補。主事佛呢音布著賞給員外郎。花沙布、哈芬布著俟百日孝滿後，由該旗帶領引見，用示篤念耆臣至意。瑞麟旋予謚文莊。以安徽巡撫英翰爲兩廣總督，以湖北巡撫吴元炳調補安徽巡撫，即赴新任，毋庸來京請訓。以前陝西巡撫翁同爵爲湖北巡撫。英翰未到任以前，兩廣總督著張兆棟暫行兼署。翁同爵未到任以前，湖北巡撫著李瀚章兼署，英瀚俟吳元炳到任後，即行來京陛見。上諭：毛昶熙等奏覆核朝審人犯，刑部原擬情實緩決等起俱屬允協。英桂等奏刑部所定成禄勘語與軍機大臣會同刑部原擬似未昭合各一摺，著刑部查明具奏。毛昶熙、殷兆鏞、温葆深、徐桐爲一奏，英桂、崇綺、榮禄、慶陞爲一奏，則言刑部定擬官犯成禄入情實未經敘入，諭旨究係誤聽人言一節。上諭：英桂現在駐工，吏部尚書著崇綸兼署，步軍統領著廣壽署理。上諭：廣壽奏各衙門保送滿洲御史請飭更定章程一摺，著吏部議奏。原奏稱各衙門保送漢御史皆於殿廷考試，至保送滿御史則由各堂官酌保，臨時在署考試，半屬虛文。在勤習部務，將列京察一等者，又因御史升路無多，不願保送。故近年來，滿御史中見識卑鄙，操守平常者，不一而足。擬請嗣後由吏部奏定日期在殿廷試以漢論一篇，其升階亦勅部量爲疏通云云。上諭：廣壽奏步軍統領衙門向設郎中、員外郎、主事等官，定制已極周妥，請裁徹兼辦司員等語，所奏不爲無見，著步軍統領衙門將從前奏調各員，飭令仍回本衙門當差，其候選各員仍回本旗候選，嗣後不得再行奏調，以符定制。原奏稱前因京城盜案迭出，原任步軍統領存誠奏准於各部司員中指名奏調，名曰兼辦司員。此端一開，每獲一案，輒連篇累牘保舉若干員，甚至外任被議回京，營謀奏調，一邀保舉，竟得開復原官。

初九日戊申　晴，午後微陰，比日温煦如春中。共牧莊、匡伯劇棋。菊花半開，清賞多暇。晡後偕游南下窪諸寺。先入龍樹院，游人甚盛，無復坐處，裴回花竹間，觀魚而出。步詣龍泉寺，門外貴官車騎填闐，遂却回入山西人所造高廟，有亭翼然，金碧晃耀。又有閣道横跨蹊間，設級儗橋，環堵如堞，南北倚眺，高下曠列，夕陽在山，野色無際。青林黄葦間以塔寺，其南有敞軒，繞以修闌一帶，可以列坐，爲少年數人所占，不得流連吟賞，可惜也。又有游女四五人來，遂出。又入一寺，亦名高廟，山門聳峙，石徑曲抱，而殿廡迫窄，無可憩息。欲游隔巷觀音院，以日已暮回車。詣廣和居，坐客已滿。

詣紫泉小談，復至廣和居，匡伯爲主人，飲至二更歸。

邸鈔：是日召見惇王、總管内務府大臣、御前大臣、奉宸苑大臣，聞爲修理三海事也。内務府諸人估直白金三百萬兩，大修須九百萬兩，不知上意若何也。翁巡撫同爵及江西糧道李衢亨謝恩，俱不得見。以詹事府詹事鐵祺爲内閣學士兼禮部侍郎銜。

初十日己酉　晴暖，下午暫見微陰。讀《淮南子》。趙心泉招飲廣和居，心泉長者，而所交多市儈及滿洲人，予作書辭之，心泉必欲致予往，不得已赴之，則湖南人李篁軒、直隸人魏某、樊某、楊某，皆傖楚也。李、樊、楊皆同司。李丙辰庶常今以主事捐升湖北候補道，不識文理而自命名士風流，狂傲之甚。亦喜學北魏碑書，今日在坐，亂涂紙片，且謂予曰漢碑甚工，惜少楷書。又極歎金華人胡鳳丹詩之佳。胡鳳丹者，監生訾郎，今亦爲湖北候補道，卑鄙齷齪，目不識丁，而喜作詩者也。舉此兩端，其人可想，然予與之同署十年而不知予爲何人，則予之遁迹自晦，自可爲衰世處俗之法。甘陵白馬，吾知免矣。楊以監生主事爲倉場監督，魏官署正，亦爲倉監督，故尚書元烺之子也。是日坐間有招琴香、蕙仙者，予亦招秋菱。晡後歸。

十一日庚戌　晴。梅卿於寓齋餞海蕉壑海霈出守臨江，邀予與金忠甫、孫鏡江、杜葆初作陪，日暮而散。得仲弟、季弟八月二十五日書。

邸鈔：禮部題請十月十日慈禧端佑康頤皇太后四旬萬壽，照例行禮筵宴。詔：奉懿旨，是日在慈寧宫行禮，禮成後内廷自有筵宴，所請照例筵宴毋庸舉行，其在外公主、福晉、命婦著進内行禮。以新授安徽巡撫吴元炳調補江蘇巡撫，即赴新任，毋庸來京請訓。以安徽布政使裕禄爲安徽巡撫。以河南按察使紹誠爲安徽布政使。以前浙江按察使興奎爲河南按察使。江蘇巡撫張樹聲丁繼母李氏憂。

十二日辛亥　晴，晡後微陰。校《世説・政事》篇。閲《晉書》。得王弢甫書，催題辭，即復。殷萼庭來。李李村來，不晤。夜作復季弟書，以季弟與馬春暘之封翁共開正德典鋪，西郭久絶，此業利入甚微，日用甚繁，又須割田以濟，故勸其停閉此鋪，并入柯橋也。

邸鈔：上諭：翰林院侍講張家驤著在南書房行走。張家驤，鄞人，壬戌進士，甲子保舉南書房試詩賦報罷，今不知何以得之也。

十三日壬子　晨至午陰，下午晴，有風，微寒，夜月甚佳。作復仲弟書，致大妹及鄭妹夫書。剃頭。同司滿郎中承勛死來赴，此人京察一等，記名專用道矣。年止四十，無子，予素不知其人，今日見訃始知之。閲《晉書》。夜飯後月皎如晝，庭下黄白菊花數盆盛開，賞玩久之。作致嚴菊泉師秀州書，菊師不見二十年矣。今年已七十餘，聞其讀書、健步如少年，可喜也。得紱丈書。

邸鈔：命左副都御史童華爲武會試正考官，翰林侍讀學士許應騤爲副。

十四日癸丑　晨晴，午微陰，下午陰。是日亥正二刻七分霜降，九月中。作致陳討堂師仁和書。嚴、陳兩師皆以正月寄予書，而予至今始復，可謂慣遲作答者矣。發家書，交輪船局寄去，陳仁和、嚴嘉興書交文茂差局。閲《晉書・載記》。是日《晉書》揭櫫始畢，凡列傳人名皆詳書之，既便檢尋，且正目録之誤。以《晉書》無敘例，故事目不清，累經傳刻，分合多誤，間有標目錯失者，如八王之類，皆未晰舉，李雄號成，李壽號漢，並無後蜀之號而誤稱後蜀，又不列西燕慕容沖，皆轉寫之失也。夜雨三更時漸密，蕭騷達旦。

十五日甲寅　風雨甚寒，落葉滿庭，蕭寥萬狀，傍晚雨止。

終日讀《晉書・禮志》《儒林傳》《文苑傳》《隱逸傳》《藝術傳》。范長文之《與王珣書》，辭直氣壯，不畏彊禦。王彦伯之《釋時論》，情苦思深，微文刺譏，一時之傑出也。永和初之議祧廟，太康初之議王昌前母服制，衆論並陳，各有據依，足以徵六朝禮學。然徐邈謂『傳稱毁主升合乎太祖，升者自下之名，不可降尊就卑』，其誼最正。故當日禮官亦謂昔周室太祖世遠，故遷有所歸，今晉廟宣皇爲主，而四祖居之，是屈祖就孫，足以折一時之議矣。王昌前母因地絶於吴，不得往來，故昌父在魏更娶昌母。衛恒議謂地絶死絶誠無異也，宜一如前母，不復追服。劉卞議謂前妻爲元妃，後婦爲繼室。數語皆足以定名分、析是非，而諸人同異紛然，各執其説，此則聚訟之積習，伐異之褊心也。

十六日乙卯　晨及午晴，下午陰晴相間，晡後陰。以佩表質銀五兩，付賃屋銀四兩。閲《晉書》。移菊，芟其繁枝。孫鏡江來。得伯寅書。夜考晉時凶門柏歷之制，補郝氏《晉宋書故》。

十七日丙辰　晨薄晴，巳後陰曀，晡後霡陰。今日市俗傳是財神生日，亦以酒脯祀之。張廒民來。李篁軒來。夜改定一文字，作書致伯寅。

十八日丁巳　晨至午陰，下午澹晴。

終日校《世説新語》。其《文學》門僧意在瓦官寺中一條，下注云『諸本無僧意最後一句，意疑其闕，慶校衆本皆然，唯一書有之，故取以成其義』云云。案注者劉孝標，本名峻，《梁書》《南史》皆同，義慶乃臨川王之名，不得自注其書。蓋本作峻，傳寫者因孝標止以字行，故此書卷首但題劉孝標注，不知其本名峻，遂妄改爲慶，以爲臨川自注語耳。各本皆誤。

十九日戊午　晨溦雨，上午陰，微晴，午後西風甚勁，晡後晴，晚風驟寒。上午校《世説·文學》篇訖。

同司樊葵圃忠、楊聯恩邀飲廣和居，不往。爲袁爽秋書册葉近詩二首。夜三更後小雨。四更疾動。

《晉書》無許詢、支遁等傳，名言佳事刊落甚多。蓋以鳩摩羅什、佛圖澄皆有道術，故入之《藝術傳》，遁既緇流，而以風尚著稱，無類可歸，遂從闕略。然不列詢於隱逸，又何説乎？若收許詢，便可附入道林，因及釋道安、竺法深、慧遠諸人，標舉勝會，亦自可觀，作史者所不當遺也。許詢《剡録》中有傳，集《晉書》《世説》及《晉陽秋》《中興書》而成者。《晉書·藝術傳》有會稽嚴卿，善卜筮，又韓友受《易》於會稽伍振元。《四王傳》有琅邪國散騎常侍會稽孫霄上疏諫立凶門柏歷。晉時會稽爲國，尚未置會稽縣，三人不詳其爲何縣人，然志府縣人物者不宜遺之，而自來府志皆失載。《嚴卿傳》有西郭外獨母家尋白狗語，予嘗欲仿厲樊榭《東城雜記》之例，撰《城西小志》如此等者，較厲志爲古雋矣。

夜晴，有大風，是日始設風門。

邸鈔：上諭：軍機大臣、刑部奏官犯成禄呈遞呈詞請派大臣覆訊一摺。已革烏魯木齊提督成禄誣斃多命一案，前經降旨改爲斬監候，已屬法外施仁，豈容該犯任意狡辯？成禄著仍照原擬斬監候，該犯所遞呈詞等件毋庸置議。

二十日己未　晴寒，有風。校《世説·方正》篇。移菊花就日景，手自澆之，漸有可觀。

比日校《世説》，因牽連校《後漢書》《晉書》，略記兩事於此。《後漢書·蔡邕傳》邕上疏有『臣年四十有六，孤特一身』之語，不言其後有子否也。其女文姬傳謂曹操愍邕無嗣，案《晉書·羊祜傳》，祜爲蔡邕外孫，討吴有功，當晉爵，上請以封舅子蔡襲，遂封襲關内侯。是邕有孫，昔人已有言之者，今案《世説·輕詆篇》注，引《蔡充别傳》曰：『充，祖睦，蔡邕孫也。』則邕孫不止一人，尤爲明證。充，司徒謨之父，《晉書》作克，附見謨傳。邕女文姬，人盡知之，其一女適上黨太守泰山羊衜，生女爲司馬師夫人。晉武帝即位尊爲皇太后，居弘訓宫，稱弘訓太后，殁謚景獻皇后，追尊母蔡氏爲濟陽縣君，謚曰穆，即祜之母也。祜傳稱其賢行，較文姬爲生色矣。《晉書·向雄傳》，雄爲河内主簿，太守劉毅、吴奮皆以非理辱之。後雄爲黄門侍郎，毅、奮皆爲侍中，同省，初不交言。武帝敕雄復君臣之好，雄不得已乃詣毅再拜，云云。《世説·方正篇》以爲河内太守劉淮，孝標注引王隱、孫盛之言，以爲太守是吴奮，非劉淮。考《晉書·劉毅傳》，晉有兩劉毅，一與劉裕同起兵者，此則在武帝時。毅一生未嘗歷外任，初無爲河内太守之事。蓋唐人修《晉書》雜采諸説，既並列兩事，又誤淮爲毅。上云毅、奮同爲侍中，下止云詣毅再拜，皆其疏也。

是日見張竹汀訃。竹汀名澐，湖南人，壬子進士，今爲御史，年七十三矣，以九月八日卒。今年會試前，竹汀語予鐵門所居宅不利，宜移居。其人蓋好談青烏之術者也。

邸鈔：陝西道御史沈敦蘭授江蘇常鎮通海兵備道。此君大興舉人，今年三月間始由户部郎中補御史，忽有此授，以通商衙門章京敘勞得之。原任道李常華，河南舉人，亦以户部員外郎通商章京授此官者，以中風暴卒。

二十一日庚申　晴，寒風勁甚，始裘。雜考《後漢書》《世説》《晉書》。爲王弢甫母盧孺人《焦尾閣集》作書後文一首。

書焦尾閣遺集後

《焦尾閣遺集》一卷，同年王君禹堂母盧孺人所爲詩也。孺人有賢行，詩亦清雅有法，不假予言以傳。而讀王君所撰行述及孫按察衣言所爲序，有不覺涕之泫然者。始黄巖被寇，孺人倉黄奔避，及事平而孺人旋病。其卒也，王君方應試於杭州，故君述之以爲至痛。按察則言其太淑人之卒，按察兄弟皆羈宦於外，病久而不知，既殯而始歸，以爲痛猶有甚於王君者。夫人不幸而遭大故，莫不有難言之隱恨。王君及按察之言，蓋人子自責之常也。

若予之遭先太恭人之喪，則誠有出於事理之外而百喙莫寬其罪者。粤寇之陷紹興，予在京師，諸弟皆弱而病，太恭人挈八口徙會稽之馬山，轉徙山陰之柯山，風鶴屢警，星夜奔走。至於數日不得食，以絺衣禦冬，猶拮据以活家人。家人竟以俱免，而太恭人以勞致病矣。病屢瀕危，而予不知。暨乙丑之夏，予以假歸，值大水，薄田盡廢，又出謀衣食，而當事者又强挽之治海塘。至次年，太恭人已病甚，時尚居柯山，予羈郡城，猶不得日侍疾，間數日一省覲。及治任歸，而太恭人已不能言，越二日而棄養矣。悲夫！當避寇時，太恭人之憂危艱苦，有百倍於王君所述者，而予兵火隔絶，釁指無效。既歸矣，菽水之養無一旬，湯藥之奉無一日。其始出也，非仕非吏；其既歸也，非公非私，而劬勞之日畢，終天之恨始也。

嗚呼！誰非人子，謂之何哉！王君雖未親視琀斂，而其出也以試事，按察之在鳳陽以王事，皆不可與予同年語者。至按察言其兄弟之再出非其親意，然按察奉天子命以監司淮右，按察之弟又入爲侍從，顯榮光大，以視予之傾家入呰以博銅臭之末級，又何啻霄壤？而王君與按察之自述猶悲痛如是，則如予者，又何以爲人也？王君年少而惇行力學，坐致通顯，其所以慰孺人者，將未有艾。今年識予於都下而屬爲一言，予與按察亦故交也。因略舉身世之痛以復於兩君，亦可以塞王君之悲也。

二十二日辛酉　晴，稍和。爲董雲舫題其先人《撫膝隸書圖》五古一首。牧莊來。

董雲舫太守麟爲其祖霽堂翁追繪撫膝隸書圖以翁精書法年七十餘尚時於膝上演波掠之勢因以屬題

古人精一藝，經營必慘澹。所以事造極，實飫非名啖。古籀既代衰，篆隸興以漸。章草濫漢源，法帖噓晉焰。唐初益講求，争工在戈點。波磔本八分，撇掠無取疐。先生究其微，指法剖毫斂。畫被布悉穿，臨池水盡黕。貌此撫膝圖，淵乎思若儼。近世務高論，動欲二王掩。變楷入篆形，惝怳迷視覽。妄或詡北碑，醜怪蹙頤顩。無傷晉賢雅，徒爲漢人玷。君家守先芬，捧硯有餘感。玉麟賞可思，野鶩愛豈敢。任彼蘁芽徒，蜉蝣肆譏貶。

二十三日壬戌　晴。得紱丈書，即復。剃頭。作書致王弢甫，還其詩册，并告以徵詩宜慎，不必務多。作片致董雲舫，還《附膝圖》卷。再得紱丈書，即復。得雲舫復。是日始見冰。夜校《世説·方正》篇畢。作復王月坡仙居書。月坡，予舊交，不見者十四年矣。今年兩得其書，今始答之，并贈以《越三子集》一部。

邸鈔：詔：此次覆試武舉刀力不符之黄用斌等十二人均罰停殿試一科，所有原圍監射大臣、較射大臣交吏、兵二部照例議處。　理藩院左侍郎正藍旗滿洲副都統護軍統領宗室載鷟因病奏請開去差使。許之。載鷟，奕山子，輔國將軍。

二十四日癸亥　晴。作片致吴玉粟，以寄月坡書託其轉寄，吴君亦仙居人也。作書致袁爽秋。得殷萼庭片，即復。得爽秋復書。得伯寅書，即復。是日付聽事表黏風門錢三千。夜得紱丈書，即復。

邸鈔：理藩院右侍郎成林轉補左侍郎。以都察院左副都御史蘇勒布爲理藩院右侍郎。棍楚克林沁調補鑲黄旗護軍統領。綿宜調補正藍旗滿洲副都統。明安補授正黄旗蒙古副都統。户部左侍郎宋晉卒。晉，溧陽人，甲辰翰林，年七十三。詔：宋晉由翰林洊擢卿貳，服官三十餘年，老成勤慎，克盡厥職，兹聞溘逝，軫惜殊深，加恩照侍郎例賜恤。　以内閣學士袁保恒爲户部左侍郎，兼管三庫事務，未到任以前，以詹事府詹事周壽昌署理。雲南提督馬如龍調補湖南提督。四川提督胡中和調補雲南提督。

湖南提督宋慶調補四川提督。宋慶現在軍營，胡中和俟宋慶到任後再赴新任。仍以普琲鎮總兵博昌署理雲南提督。

二十五日甲子　晴，微陰。答拜李壽蓉、阮其昌，俱不值。進城訪盛伯希，門外駐車半晌，始以它出爲辭。伯希自去冬至今，見過者五六次，予以其所居遠竟不答之，甚愧於懷。今日入城專詣，乃遭此辱，平生不好詣人正爲此耳。出城詣牧莊，不值。詣吴松堂，晤。詣嚴六谿、胡石查、濮紫泉，俱不值。詣袁子九，賀其兄升侍郎。晡後歸。牧莊來。

邸鈔：富明調補鑲紅旗護軍統領。慶陞補授鑲白旗護軍統領。翰林院侍講學士王之翰轉補侍讀學士。以翰林院侍讀孫詒經爲侍講學士。右春坊右庶子徐鄜轉補左春坊左庶子。以翰林院侍讀黄體芳爲右春坊右庶子。

二十六日乙丑　晴甚和，復去裘。作書致紫泉，屬其向伯希取還詩文集。殷荨庭來，以其兄某之妾錢蕙所作詩詞求作序。蕙，温州人，其詩頗能成句調，年二十二卒，其生時喜誦《文選》，可嘉也。得紫泉復。牧莊來，同作象弈。王信甫來。偕牧莊夜談。三更風起始寢。

邸鈔：予告太子太保武英殿大學士賈楨卒。楨本名忠楨，字藝林，一字筠堂，黄縣人，故侍郎允升子，道光六年進士第二人，歷今官，嘗四主會試，八主鄉試，掌翰林院，充上書房總師傅，皆最久。庸鄙尸位而已。上諭：賈楨持躬端謹，學問優長，受先朝知遇之隆，由翰林入直上書房，洊陟正卿，入贊綸扉，迭司文柄。朕御極後，派充實録館監修總裁，優加簡畀，倚任方殷。旋以病請致仕，賞食全俸，方冀頤養安和，長承恩眷。兹聞溘逝，悼惜殊深。著賞給陀羅經被，派載濂帶領侍衛十員，即日往奠。加恩晉贈太保，照大學士例賜恤，入祀賢良祠，靈柩回籍時，著沿途地方官妥爲照料。伊子道員用河南彰德府知府賈致恩著俟服闋後，以道員遇缺即選。伊孫員外郎銜主事賈孝珍著以郎中分部即補，用示篤念耆臣至意。旋予謚文端。

二十七日丙寅　晴，有風。偕張、胡二君終日劇棋清談。芸圃族伯母以昨日去世，今日雅齋等來赴。阮酉生來，不見。晡後風漸止，夜仍温和。三更時偕兩君吃火鍋，湯飯甚佳。閲梁氏《瞥記》。

二十八日丁卯　晴和。牧莊借去《文選旁證》，以嚴菊泉師請封誥履歷及印結一紙，託其轉辦。鈔補高注《戰國策》一葉。何竟山自越來，以同知入都待引見。讀《戰國策》。王大理榕吉以十六日卒，送公障錢一千。

二十九日戊辰　亥正初刻十四分立冬，十月節。晴。印結局送來是月公費銀十六兩二錢。陳六舟來。温味秋喪，其嫂來赴，送賻分錢四千。下午出門詣門樓胡衕本家，唁雅齋、慧叔、小圃兄弟。答拜何竟山，不值。訪許竹篔，亦不值。詣楊子恂及翰臣，俱晤。傍晚歸，付車錢十千。龍翰臣布政之子繼棟送乃翁所著《古韵通説》一部來。董芸龕來，胡石查來，俱不值。比日菊花盛開，晚坐庭下賞詠久之，得五律一章。夜校《世説》及《晉書》數事，覺甚倦，復閲《瞥記》。

手栽菊花數盆比日盛開欣然成詠

自課山經罷，循階數瓦盆。餘暄耽晚景，秋色在閑門。偶亦成高詠，時還近酒尊。看花常獨笑，此意與誰論。

三十日己巳　晨至午晴，日微陰。閲《瞥記》。付聽事、門房兩處風門棖楣兩旁謂之棖，見《爾雅》；其上謂之楣，見《説文》。等錢十四千，又以舊製風門兩扇配之。付岑福工食錢六千，印結隨封錢二千。移菊花於書室及聽事，分置十餘盆。王弢甫來。安仁軒來。阮酉生來。付米錢五十八千，邸鈔錢二千。夜校《世説》一卷至《賞譽》上篇訖，比婁作輟，計止得半耳。然正文及注各本並誤，今確有據依更正者不下數十事，其參證補注者亦數十事，俟後半部校成足爲佳本矣。即無力付刊，當條舉所校者刻之。初更小雨旋止，二更復作，點滴有聲，蕭然達旦。

邸鈔：詔：已故安徽巡撫李孟群殉難慘烈，已於廬州府城建立專祠，該撫前在湖北迭著戰功，克復武昌、漢陽各城，遺愛在民，准其祔祀伊父李卿穀，湖北省城專祠列入祀典。從湖廣總督李瀚章等請也。

冬十月庚午朔　晨至午密雨，上午有雪，下午霒陰，夜晴，有風，甚寒。何竟山饋仙居朮一匣，湖筆四枝，甌紬一方，杭府學阮刻天一閣本石鼓文拓本一通，又《天香樓法帖》中汪退谷所書先中書公《鑑湖垂釣圖記》八紙，予前年致書竟山託其刷拓者也。即作書復謝，犒其使二千。得綬丈書，以今日所作七絕二首見示，即復并寫前日五律寄閱。

初二日辛未　晴。祖妣倪太君忌日，供饋素饌八器，加豚肩、小牲，酒三巡，栗子湯一巡，茶一巡，晡後畢事。得綬丈書，并和予賞菊五律一首云：『詩人偏愛菊，手自理甆盆。夜靜頻燒燭，官閑早閉門。淡交少同調，小疾且開尊。耐久秋容好，惟君可共論。』其詩澹遠，不愧老輩風流也，即復。楊翰臣來。再得綬丈書，夜口占絕句四首酬之。

綬庭丈辱和賞菊詩走筆成四絕句柬之

風流此老地行仙，我亦桑榆近暮年。安得五湖攜手去，詩情無限晚霞天。

一年幾負看花約，老圃商量到菊花。爲掃青苔黃葉地，杖藜時過冷官家。

蓉城久住秦淮海，謂宜老。蓬島新除宋侍郎。謂雪翁。猶喜兩翁清似鵠，白頭分占午橋莊。兼柬輕薄兒曹奈爾何，老懷同調劇無多。沈秋已嫁錢青弱，消遣年光一曲歌。

初三日壬申　晴，寒甚。晨至午大風，下午少止，晚又風。寫單約潘孺初、楊惺吾、王信甫、何竟山明日小飲。得紱丈書。校《世説·賞譽》篇訖。楊翰臣來。夜閲《一切經音義》。

邸鈔：上諭：十月十日恭遇慈禧端佑康頤皇太后四旬萬壽，京外實任文武一二品大員老親有年屆八十以上者，宜特加賞賚，著吏部、兵部、八旗都統即行查明，咨報軍機處開單呈覽，候旨施恩。上諭：已革提督劉銘傳加恩開復原官。上諭：左宗棠奏特參專閫大員請旨革職一摺。陝西陝安鎮總兵魏添應於上年十月會哨時禁止支應，嗣千總周國瑞因知仍不能免，禀知游擊徐昌壽出示免操，節省操餉，以供哨差。乃該總兵既受供應，反責周國瑞等不應出示免操，且將免操改爲停操，捏以重罪，實屬鄙詐不職。魏添應著即行革職，陝西陝安鎮總兵員缺著余虎恩補授。

初四日癸酉　晴。剃頭。閲《一切經音義》。午偕梅卿詣廣和居，竟山、信甫、孺初、惺吾先後來，予招秋薐，日晚始散。是日對門張温和之妾五十生日，其子主事茂貴張樂請客，送分子二千。付秋薐車飯二千，廣和居下賞三千。夜考《廣雅》《駢雅》諸書。五更後有小偷逾墻入，竊車夫衣服去。

初五日甲戌　晴。閲《一切經音義》。校《世説·品藻》篇訖。

邸鈔：詔：殿試武舉弓刀石力不符之穆成虎等八人罰停殿試一二科，有差原圍監射較射之大臣交部議處，覆試之王大臣交部察議。

初六日乙亥　晴，晨大風，午後稍止。祖妣余太君忌日，供饋豚肩、鷄、魚、肉膾等六器，素饌四器，加火鍋一器，栗子湯一巡，酒三巡，茶一巡，晡後畢事。校《世説·規箴》《捷悟》《夙惠》《豪爽》篇訖。令圬人治西窔過墻。夜校《世説・容止》篇。始剪梧桐，以草裹之，并盡衣諸花樹。

初七日丙子　晴，稍和。校《世説・自新》《企羡》《傷逝》《栖逸》篇。牧莊來。楊翰臣來，不晤。

初八日丁丑　晴，大風，晡止。校《世説・賢媛》《術解》《巧藝》《寵禮》篇。買白灰爐連木架抽底一具，付錢七千五百。

邸鈔：上諭：京外大員老親有年逾八十者，承歡禄養，愛日舒長，洵屬昇平人瑞。朕心實爲嘉悦，允宜優加賞賚。軍機大臣工部尚書李鴻藻之母姚氏賞給御書扁額一面，福壽字各一方，紫檀三鑲玉如意一柄、大卷江紬袍褂料二匹、大卷八絲緞袍褂料二匹。輔國將軍載鶩之父奕山賞同上。吏部尚書毛昶熙之母姜氏賞給御書扁額一面，紫檀三鑲玉如意一柄、大卷江紬袍褂料二匹、大卷八絲緞袍褂料二匹。刑部左侍郎恩承之母許氏賞給御書扁額一面、紫檀三鑲、玉如意一柄、小卷江紬袍褂料二件、小卷八絲緞袍褂料二件。副都統成明之母葉和那拉氏、副都統尚宗瑞之母祖氏、廣東碣石鎮總兵李楊陞之母鄧氏賞俱同上。用示朕錫類推恩至意。上諭：大學士直隸總督一等肅毅伯李鴻章、湖廣總督李瀚章之母教子有方，均能爲國宣勞，疊膺重寄，李鴻章削平巨憝，勛績尤多，朕心甚爲嘉悦。其母年近八旬，禄養承歡，康强逢吉，允宜特沛恩施，著賞給御書扁額一面、紫檀三鑲玉如意一柄、大卷江紬袍褂料二匹、大卷八絲緞袍褂料二匹，以示闓澤覃敷至意。

初九日戊寅　晴。楊翰臣來。作書致潘孺初，借官本《晉書》。作書致紫泉。作書致牧莊，邀夜談。是日無風，午後天氣和煦，室内如春。得孺初復。校《世説・任誕》《簡傲》篇訖。王信甫來，不晤。

初十日己卯　晴和。慈禧皇太后四髒萬壽。以綿袍褂質錢八十千。賞浙館長班皮襖錢。校《世説·排調》篇。翦菊花數枝作瓶供。傅子蕁來。夜閲《晉書》。

邸鈔:上諭:本年恭逢慈禧端佑康頤皇太后四旬萬壽,普天同慶,所有王公及京外文武官員現有降旨議罰及以前有革職留任及降級罰俸之案,著加恩悉予豁免。上諭:慈禧端佑康頤皇太后四旬萬壽,普天同慶,所有隨班祝嘏之革職等員自應量予恩施。前馬蘭鎮總兵慶錫、前太僕寺卿焦佑瀛、前光禄寺少卿程恭壽、前國子監司業馬壽金、前吏部左侍郎匡源、前鑲黄旗漢軍副都統、科布多參贊大臣、署烏里雅蘇臺將軍長順、前翰林院侍講學士現六品頂帶晉康、前記名副都統二品頂帶圓明園營總文惠、前頭等侍衛、科布多幫辦大臣文碩等五品以上者,均照原官降二等賞給職銜,六品以下者均賞還原銜,其已有職銜者,均加一級,隨同叩祝之耆民等應如何賞賚,著該衙門查明成案辦理。詔:三等承恩公廣科以都統遇缺提奏,照祥挑御前侍衛。

十一日庚辰　晴和。作書致盛伯希,取還詩文集。海康舉人李元楷來。何竟山來,以《洞天訪石圖》乞題,談至夜二更去。其話永嘉孤嶼及桐江之勝,令人神往,計平生往來渡錢唐江者不下百餘次,其去桐廬不過百里耳,片帆一日可至,竟不問津。每誦吴叔庠書云:『水皆縹碧,千丈見底。游魚細石,直視無礙。』『夾嶂高山,皆生高樹。』『横柯上蔽,在晝猶昏。疏條交映,有時見日。』輒當卧游而已。得江西人吴金輅書,乞題阮儀徵所摹孫登琴圖。得伯希復。晚飲微醉,夜月甚佳。

十二日辛巳　晴和。得伯寅書。得施均甫九月一日蘭州書。雅齋兄弟乞輓聯,因撰長聯一副,自書六尺洋布與之。張磢民來。殷蕁庭來。夜月清而不寒。

十三日壬午　晴和。閲《龍龕手鏡》。楊翰臣來,牧莊來。劉仙洲來。得何竟山書,借《經訓堂叢書》,即復,借之。夜月甚佳。五更陰晦,風旋起。

十四日癸未　終日大風，晨有霰，微雪，日出旋陰，午後亦有飛雪，是日戌初初刻十四分小雪，十月中。以上虞王氏石刻先六世祖天山府君《鑑湖垂釣圖記》汪退谷書裝池成横幅，謹題五古一章。題陶子縝墨蘭七絶一首。得族子文寬保定書，雪樵之子也。校《世説·輕詆》《假譎》《黜免》《儉嗇》篇。夜大風徹旦，二更月出皎甚。

題汪退谷先生書先六世祖天山府君鑑湖垂釣圖記及退谷自作歌行後

達人蜕塵垢，結情山水區。我祖濟物懷，平世鬱未舒。道高嬰衆忌，學富成獨殊。垂老得一第，不曳時相裾。康熙盛朝彦，文酒多怡娱。每念釣游地，久狎漁樵徒。三山陸賀宅，選勝據鏡湖。巖壑相錯峙，長橋故縈紆。蒼翠莫名狀，烟雲時有無。孤嶼出湖面，亭亭擢纖趺。清流四迴映，列岫長眉敷。歸隱終未遂，遐襟傳畫圖。退谷老詩叟，作歌散憂虞。下渶今盡失，寢丘虚未居。緬維舊德永，家風異時趨。湖桑埭上路，常與輕舟俱。會當謝簪紱，言就先人廬。結亭繞梧柳，垂竿隱菰蒲。

題子縝墨蘭

采采幽香遠欲聞，鄭公書帶與繽紛。虚堂客去風來候，繞壁尋詩總爲君。

十五日甲申　晴，風，嚴寒，始用爐。作書致伯寅。致何竟山，借以《釋名疏證》篆隸本。致王信甫。致紫泉問其疾。得伯寅復、竟山復、紫泉復。梅卿眷屬至都，饋以肴饌四器。再作書致竟山，致紫泉。校《世説·汰侈》《忿狷》《讒險》《尤悔》《紕漏》《惑溺》篇。晚風止，夜月皎如晝。

十六日乙酉　晴。校《世説·仇隙》篇訖，其與《漢》《晉》諸書互異者，俱已勘出，再當取《藝文類聚》《太平御覽》諸書校之。

譜系之學，唐後遂絶。李延壽《南》《北史》多以一家合傳，自緣六季亂離，譜牒散逸，故於國史存《世本》之意，深爲有識。歐陽《新唐書·宰相世系表》雖考據甚疏，其法不可非也，惟六朝世家至唐已多不競，故如陳郡謝氏、潁川荀氏、泰山羊氏、汝南袁氏諸家無爲宰相，遂至泯如。《世説》注所引家譜甚多，其姻親亦頗詳備。予前日偶取羊氏譜出之爲表，自漢及梁，粲然可觀。又據羊秉敘知，祕與祉皆續之子，可正《晉書·羊祜傳》以祉爲祕子之誤。惟《晉書》有羊鑒，又有謝安之甥羊曇，皆泰山人，而《世説》不見，遂無由考其世系矣。

剃頭。牧莊來。是夕望，月皎而寒甚。

邸鈔：以内務府堂郎中文錫爲總管内務府大臣。文錫，時以開缺郎中署堂郎中。是月十日，以皇太后萬壽恩賞頭品頂帶，貴寶亦同日開復原官。上諭：巡視北城給事中春慶等奏拏獲多年在逃逆犯，請交部審辦一摺。已革署參將張兆綬係因通匪奉旨正法之員，膽敢逃匿提督馬如龍門下，改名張瑞臣，潛行來京，實屬不法已極。現經北城拏獲，供認不諱，著即交刑部嚴行審訊，按律懲辦。湖南提督馬如龍著先行解任，聽候傳質。上諭：前據總理各國事務衙門奏日本國、美國使臣先後籲請覲見呈遞國書各摺片，著准其覲見。上諭：御史恭鏜奏請嚴定開缺道府人員送部限期章程一摺，著吏部議奏。

十七日丙戌　晴。曾祖考忌日，供饋肴饌十器，加火鍋一具，酒三巡，杏酪一巡，茶一巡，晡畢事。梅卿饋醉蟚、笋乾、茶葉、乾菜，又五采大瓶一，藍花大盤一，即作小狀復謝，犒使五千，又賞其僕吴升之婦脂粉錢八千。校《晉書·帝紀》，官本之誤不減汲版，蓋此書中秘亦無舊槧，又屬於金銀白芨之流，每卷下考證不過一二條，有并無一字者，皆極可笑。翰林人材雖乾隆初亦不過如是，然在今日，即此一二條亦不知何語矣。夜二更時大風驟起，三更止。疾動。

邸鈔：莊親王奕仁薨。謚曰厚，子載勛襲。詔：奕仁於道光年間承襲親王，咸豐年間賞戴三眼花翎，賞穿黄馬褂，管理圓明園八旗事務，授爲御前大臣，均能勤慎持躬，恪恭盡職。嗣因骸疾給假調理，賞食親王全俸，方冀頤養安和，長承恩眷。兹聞溘逝，悼惜殊深，著賞給陀羅經被，派睿親王德長即日帶領侍衛十員往奠，其飾終典禮該衙門照例辦理。

十八日丁亥　晴。校《晉書·帝紀》。同年鄭暉吉來，不見。楊翰臣來，此年少喜狎游，有其父叔之風，近窘甚，託予向人貸錢。日日來見，拒之不得，今日又來，借冠服，不知何事，或恐其付質庫矣。吴金輅來，如此短日，與此輩作周旋，可歎之至。而世人尚以予不見客傳爲怪事，天譴司命，動負奇冤，往往如是。得雅齋書，即復。夜月出後循行墻屋，内外皓然。

邸鈔：以太常寺卿宗室岐元爲内閣學士兼禮部侍郎銜。以翰林院侍讀學士宗室奎潤爲詹事府詹事。翰林院侍講黄毓恩轉補侍讀，司經局洗馬楊紹和升翰林院侍講，國子監司業錢桂森轉右春坊右中允。

十九日戊子　晴，下午有風。

校《晉書·帝紀》訖，計共十卷，中自嘉定錢氏、王氏所舉外，又得十餘條，皆以志、傳互勘出之。《晉書》先冠以宣帝、景帝、文帝紀已是紕繆。《三國志·三少帝紀》稱高貴鄉公少好學夙成，齊王廢，公卿議迎立，其下備述公之辭讓有禮；又云即皇帝位，百僚陪位者欣欣焉，此明言高貴之爲令主。而《晉書·景帝紀》則言帝本欲立彭城王據，太后不聽，乃迎高貴。高貴受璽，惰舉趾高，帝心憂之，其下又備載帝訓高貴之言，浮辭譫語，令人憤邑。此皆當時司馬之黨如王沈輩者醜誣妄造。其後孫盛、魚豢、王隱、朱鳳之流，傳播穢言，以爲信史。承祚身仕晉武之世，羈旅孤危，其時典午方隆，王沈諸黨逆之徒，咸據高位，其書盛行，乃悉歸刊削，絶不顧忌，此所以爲良史也。裴世期注遍搜異説，而於高貴紀注，未有《晉書》所稱一字。彭城王據傳亦不注司馬師本欲迎立之言。蓋晉人多誣，世所共悉，而高貴賢明好學，見酷逆臣，亦古今所共痛。唐修《晉書》，何嫌何疑，乃舍承祚之直筆，拾王沈之奸唾，滿紙醜言，自成穢史，許敬宗輩真犬彘也。劉子玄云：『古之書事也，令亂臣賊子懼；今之書事也，使忠臣義士羞。』每誦斯言，爲之三歎！

夜取明人薛蕙《老子考異》與畢氏所刻《道德經考異》及彭耜《釋文》勘録一過。蕙字君采，工五言詩，所稱薛考功也。著《老子集解》二卷，後附《考異》一卷，三原李氏《惜陰軒叢書》刻本。明人著書，不知體例，薛氏自謂擇善而從，則其本全不足據；其注亦多勦襲浮辭。《考異》止列一作某字，一無某句某字，不載所引之本，亦是明人習氣。然自云家藏有十餘本，則容有今所未見者，間亦往往與彭氏所引及畢氏所據傅休奕本合，因附録畢氏本中，以備采擇焉。

邸鈔：上諭：榮禄奏請開總管内務府大臣差使一摺。榮禄辦事尚屬勤慎，毋庸開去内務府差使。吴贊誠補授直隸天津道。黎兆棠補授直隸海關道。沈應奎補授陝西陝安道。

二十日己丑　晨晴，上午微陰，午晴。作書致紫泉，還《惜陰軒叢書》一函，得復。終日雜閲考辨諸書。夜讀《後漢書》周舉、左雄、黄瓊傳論，李固、杜喬傳論，黨錮傳序、李膺傳論、張儉傳論、陳蕃傳論，竇武、何進傳論，儒林傳論，邵子湘《書金谿兩烈婦紀略後》，汪容甫《李惇墓志》《吊馬守貞文》《彭二林秋士先生墓志》，忼慨激烈，有幽并豪士悲歌之風，此予平生所最憙者也。

邸鈔：上諭：明善奏請開總管内務府大臣差使一摺。明善辦事有年，尚爲熟練，毋庸開去内務府差使。原奏稱，奴才之子文錫蒙恩簡放總管内務府大臣，實非奴才夢想所及。惟父子共事一堂，實有未便。請開去奴才總管差使，俾得專心辦理部旗事務云云。上諭：吏、兵等部續查大員老親有年逾八十者，盛世嘉祥，允宜普加賞賚。户部侍郎袁保恒之祖母郭氏、盛京副都統清凱之母馬佳氏、庫爾喀拉烏蘇領隊大臣孝順之父法什尚阿均賞給御書扁額一面，紫檀三鑲玉如意一柄、小卷江紬袍褂料二件、小卷八絲緞袍褂料二件。上諭：正黄旗漢軍都統安興阿、鑲藍旗蒙古都統察杭阿、工部左侍郎何廷謙、内閣學士祥泰均加恩在紫禁城内騎馬。詔：南書房翰林需人，著寶鋆、毛昶熙於翰詹各員内擇其品學兼優者酌保數員，候旨考試。旋保舉修撰鍾駿聲、洪鈞，編修孫欽昂、陳翼、汪鳴鑾五員，二十六日試於上書房，擬唐宋璟《梅花賦》以題爲韵詩，題歲寒三友得寒字五言八韵。

二十一日庚寅　晴。校《晉書·天文志》《地理志》，僅得大略而已。署中知會保送倉監督候引見，此非清流所爲也，以不願保送復之。爲人畫屏幅一。

二十二日辛卯　晨雪，終日霒陰。校《晉書·律曆志》，此非予所解也，然因此合《續漢志》劉昭注校之，遂是正杜豫《春秋長曆序》文一二處，其中誤文衍字，孫氏岱南閣刻本亦有未及正者，以此歎校書之難而有功也。夜校《禮志》一卷，計是正二十事，多以沈約《宋志》參之，皆錢氏、王氏所未及。

邸鈔：上諭：喬松年奏敬陳管見，請裁河東河道總督，改歸巡撫兼辦一摺，著吏部、工部會同妥議具奏。　唐瑞廷補授湖南鎮筸鎮總兵。

二十三日壬辰　晨陰霧，午晴。得孫琴士六月二十四日陝西書。

校《禮志》一卷，計是正三十九事。晉武帝純孝性成，三代以下不多得。《禮志》中載其答諸臣請復膳易服詔云：『吾本諸生家，傳《禮》來久，何至一旦便易此情於所天。』上陵詔云：『此上旬先帝棄天下日也，便以周年，吾煢煢，當復何時一得敘人子之情邪？』答諸臣請不服衰絰詔云：『亦知不在此麻布耳，然人子之思，爲欲令哀喪之物在身，蓋近情也。』又云：『患情不能跂及耳，衣服何在？』答群臣請除太后喪詔云：『不能篤孝，勿以毀傷爲憂也，誠知衣服末事耳，然今思存草土，率當以吉物奪之，迺所以重傷至心，非見念也。』其言皆真摯可味，漢文短喪，意以便民，後遂不知其本。晉武能以身帥先，毅然行之，而當日群臣必奪其志，不知是何肺府也。試問降膳素衣，人主行此於宫中，何損於天下之事？而諫者動以海内未平，萬幾事殷爲言。其時首列名者，太宰司馬孚、太傅鄭沖、太保王祥、太尉何曾、司徒司馬望、司空荀顗。孚，司馬氏所稱名德，沖、祥、曾、顗皆當時所謂至孝也，而力劈其君以從短喪，忠孝之道如是而已矣。其後杜豫造皇太子短喪之議，謂天子古無行服三年之制，高宗諒闇者除服而不言，故不云服喪三年而云諒闇三年，明不復寢苫枕土以荒大政也。夫既云百官總己聽於冢宰，則固不聽政矣。言且可以不言，而身不可以行服，遁辭害理，可謂無人心者也。又引翟方進自以身爲漢相，居喪三十六日而除，明國典之不可逾，而況於皇太子，是所謂飲狂藥以藥人也。豫之經學從可知矣。王彪之議喪終，遇閏即當先除，不宜取閏以逾期限，而以博士吴商謂當俟閏終。小官之言不足準，則蒙面喪心出此糞土，此其爲桓温草廢海西奏，故能悍然不疑，而當時史臣猶夸其朝服當階，神采毅然也。典午之世，名教掃地，深可悲哉！

邸鈔：詔：山西太原鎮總兵王巨孝前在軍營剿賊出力，自簡任太原鎮後，歷年辦理河防，不辭勞瘁，著交部照例議恤。從山西巡撫鮑源深請也。黄秉鈞補授太原鎮總兵。

二十四日癸巳　晴。得伯寅書，饋龍井茶四瓶，即復謝，犒使一千。紫泉來談，至晚去。以江紬一匹質錢五十千。伯寅以《南齋唱和詩》屬閲，下午作書還之，其《寧壽宫夜宴詩》最爲高作。夜校《禮志》一卷，是正二十九事，至三更後畢。

邸鈔：詔：廣壽、夏同善馳驛前往陝西查辦事件，隨帶司員一併馳驛。所按實四川也，聞侍讀廣安有封奏。

二十五日甲午　晴。剃頭。詣門樓胡同本家送喪，送奠儀十千，午後歸，付車錢二千。

邸鈔：山東道御史佘培軒選補河南彰德府知府。

二十六日乙未　陰。牧莊來談，梅卿留共夜飯，至一更後去。夜讀古今人文字數篇。

二十七日丙申　晴。鄭同年暉吉來，不晤。校《晉書・樂志》二卷，《職官志》一卷，皆訛奪甚多，共是正十餘事，止得其大略而已。得張香濤書，并銀二十兩，書無月日，言夏間按試雅州、嘉定時所作，不知何以今始達也。夜讀古今文字數篇。

邸鈔：上諭：王文韶奏記名道唐繩武向充原任乾州廳同知俞舜欽長隨，輒敢投效軍營，蒙混賁緣，歷保至記名道，平日遇事招摇，欺詐百出，亟應嚴行懲辦。唐繩武著即行革職，仍照律杖一百，交地方官嚴加管束，以肅官常。

二十八日丁酉　晴。校《晉書・輿服志》一卷，是正二十六事。夜校《晉書・食貨志》一卷。

二十九日戊戌　未正初刻十分大雪，十一月節。晴，比日無風，覺稍和。

校《晉書・五行志》一卷，以《漢》《宋志》參校，僅得是正十條。然因此得正《漢志》者二事，附録於此，以見互校之益云。

《漢書・五行志》『水不潤下』條引京房《易傳》云：『顓事有知誅罰絶理。』《晉》《宋志》皆作『顓事者加誅罰絶理』，『有知』乃『者加』之字誤也。此謂執事者誅罰過當，但『絶理』句尚有脱字耳。《續志》誤同。

『大敗不解，兹謂皆陰。解，舍也。王者於大敗誅首惡，赦其衆，不則皆函陰氣，厥水流入國邑。』《續志》《晉》《宋志》『兹謂皆陰』下即接『厥水』句，無『解舍也』至『皆函陰氣』二十字。案上文『兹謂狂，厥灾水流殺人』，又『兹謂追非，厥水寒殺人』，又『茲謂不理，厥水五穀不收』，皆與此文法一例。『解舍也』等二十字乃『大敗』二句之注，不知何時混入正文，上文『歸獄不解』注引張晏曰：『解，止也。』此處解字與上異義，故注曰『解，舍也』，蓋亦師古所引舊注而傳寫失其名耳。又『皆函陰氣』下有『師古曰函，讀與含同』八字小注，案上以『皆函陰氣』釋『皆陰』二字，故師古以函同含釋之，然『皆陰』二字不成文義，疑本當作『函陰』，故舊注既以『皆函陰氣』釋『函陰』字，師古復以『含』釋『函』字也。全書中師古并釋舊注者，雖所在多有，此則函字當本是正文，非注文耳。惜此段脱誤衍文甚多，《續志》及《晉》《宋志》亦同其誤，不得盡正之。

夜校《晉書·藝術傳》一卷、《列女傳》一卷，皆僅得其略耳。

三十日己亥　晨晴，上午微陰旋晴，午陰。印結局送來是月分公費銀十四兩四錢。梅卿贈碧玉根筆筒一枚，即作小啓復謝。

校《晉書·四夷傳》一卷，王敦、沈充傳一卷，桓溫、孟嘉傳一卷，桓玄、卞範之傳一卷，皆是正甚鮮，《四夷傳》序論皆佳。《桓玄傳論》備言帝王之興，必有符瑞，而玄無之，故敗。此等鄙識妄言，污之信史，深爲可笑。蓋又出許敬宗、李義府輩奴才之筆耳。其言玄之生有大星墜於盆，如二寸火珠，其母馬氏以瓢接取吞之，遂有娠。夫二寸之大，既不可吞，星火鑠金，豈敢入口？馬氏溫之孽嬖，並非異人，揆之情理，萬無此事。且玄驕淫狂豎，絶無才能，乘晉不綱，反覆得利，竟行篡竊，旋致殲夷。觀其行事，昏惰恇怯，鄙陋詐僞，不特羿卓所羞稱，亦爲豷莽所不取。晉之豺狼，桓之梟獍，不祥莫大，厲氣所鍾，而猶誇其誕生，詫其奇異。蓋以當日桓氏門客如王、謝之徒，妄相造飾，而玄又小有文藻，自稱名士。篡立以後，卞殷醜類，導諛獻媚，作此禎符，以僞孽之盜干比娀嫯之降瑞，豈知燕卵本可吞之物，大星非下咽之需，史臣載之，無識甚矣！

殷蕚庭來，偕梅卿同留夜飯，談至一更後去。

邸鈔：以前宗人府府丞朱學勤爲大理寺卿。

十一月庚子朔　晨晴，上午微陰，午陰。校《晉書》王彌至譙縱等傳一卷。撰宋雪帆侍郎輓聯云：『粉署暫從行，笑平生祇愛看山，官閣未曾來拄笏；竹林還預末，歎老輩盡隨逝水，靈床誰更與彈琴。』予與侍郎僅數面耳，未嘗至其家，亦未與官署相見，而風流結契，頗荷欽遲。每歲賀年，侍郎必先過予，始以一刺報之，老成典型，令人可念。作片致潘孺初，還其《晉書》兩帙十册。得孺初復，并《載記》五册。是日付宋公輓聯及燭楮等錢四千四百，岑福工食錢六千，陳媪五千，更夫綿衣錢五千。夜風。

初二日辛丑　晨、傍晚陰。校《晉書·載記》劉元海及子和、劉宣一卷，劉聰及子粲、陳元達一卷。作書致紫泉，并寫單約仙洲、飈坪、忠甫、松堂、紫泉明晚飲泰豐樓。聞上自二十八日聖躬欠安，昨始知是出痘，因詔百官皆花衣，内人披紅，乾清門内外皆施紅氍毹。是日決張兆綬於市。兆綬以巨盗入馬如龍營，改名保至游擊。今秋隨如龍入都，居邸中，出入自如也。雲南人編修李肇南、吏部主事陳維周請之如龍，如龍堅稱非是，乃告巡城及坊官譎而獲之，就鞫刑部。兆綬言本雲南署參將，同治五年正月殺守備常勝等，勾結苗匪陷鎮雄州，既投如龍。如龍知而匿之，及讞定惟磔兆綬而已，如龍置不問。而次年二月，巡城御史李肇南、維周有獲逆犯功，請與指揮吏目等俱遷官，維周升郎中，肇南加侍讀銜，俱賞花翎。法度之弛，廉耻之喪，概可知矣。

初三日壬寅　晴，上午有風。

校《晉書·劉曜載記》一卷。劉元海僭位時，下令稱紹修三祖之業，追尊蜀後主爲孝懷皇帝，立漢高祖以下三祖五宗神主而祭之。案五宗者，文帝太宗、武帝世宗、宣帝中宗、明帝顯宗、章帝肅宗也。

元帝號高宗，成帝號統宗，以議出王莽，中興時已去之。宣帝中宗之號亦莽所議加，故光武時復特詔追尊孝宣皇帝爲中宗，《後漢書》本紀中特書之，以見非用莽之議也。和、安、順、桓四帝亦有穆、恭、敬、威四宗號，董卓時因蔡邕議四帝無功德，亦去其號。故元海此令，自高帝、光武外，亦止舉文、武、宣、明、章五帝功烈之盛，所謂五宗，無可疑矣。惟三祖則漢自高帝號太祖，光武號世祖外，無稱祖者。而《王彌傳》載元海謂彌之言稱昭烈爲烈祖。三國時魏、吴皆有祖宗之號，孫堅號始祖，權號太祖。惟蜀漢昭烈以天下未一，謙而不居，疑烈祖之號亦元海所追尊，與謚後帝爲孝懷同出一時，史失載耳。漢高號太祖，謚高皇帝，而《史記》《漢書》皆於紀首即稱高祖，以下亦俱作高祖，不知何故也。劉元海自以承漢後，此令首云『昔我太祖高皇帝』固未嘗誤，其下言『高祖以下』者，史文耳。

劉氏《載記》論曰：『懿彼武王，殷之列辟，載旆乘時，興兵誓野，投焚既隕，可以絶言，而輕吕旁揮，彤弧三發，豈若響清蹕於常道之門，馳金車於山陽之館。故知黔首來蘇，居今愛古，白旗陳肆，古不如今。』是謂曹丕、司馬炎賢於武王、舜、禹之事，吾知之矣。唐史臣許敬宗輩雖謬妄，不至於此。其爲此言者，蓋爲唐之待酅公地，故不覺其辭之悖也。然陳留王終晉之世，禮極優崇，朝會位在皇太子上，三代以後。晉之待曹氏，宋之待柴氏，可謂厚矣。晉與趙宋國勢最弱，亂亦最甚，而曹、柴兩姓，卒無風塵纖芥之警，盜賊亦未有假之以生心者，然則大公爲心，報固不爽，其動以禁防前代爲言者，胡弗思哉。

剃頭。下午出門答詣客數家，夜與牧莊、仙洲諸君飲泰豐樓，予招秋蔆，琴香亦至，二更時歸。付車錢十千，秋、琴車飯等錢八千。孫鏡江來，不值。得紫泉書。以包金小兒銀軟鎖一串詒梅卿孩子，二字出今文《尚書》，見《論衡》。付錢二十四千五百有奇。買明年新曆。得金忠甫書。

初四日癸卯　晨至午陰，午後微晴，傍晚復陰。校《晉書・石勒載記》上下兩卷，附石弘及張賓。汪柳門編修來。夜閲《水經注・沔水》篇。

初五日甲辰　晴。牧莊來。張芝圃編修端卿來。得孫鏡江書，約初八日飲麟春堂。閱《水經注·江水》篇。

初六日乙巳　晴。何竟山來。阮酉生來。許竹篔來。

夜校《晉書·石季龍載記》一卷。《晉書》於石氏、慕容、苻、姚諸酋，皆先舉其所居郡縣，而後系之曰羯人、或鮮卑人、或氐人、或羌人，獨於劉元海曰新興匈奴人，僅舉郡而無縣，於例既不畫一。且《四夷傳》言魏武分匈奴爲五部，左部居太原故茲氏縣，北部居新興縣。此縣字衍。元海《載記》亦云左部居太原茲氏，北部居新興。元海爲左部人，世爲左賢王，領左部帥，則當爲茲氏人，非新興人矣。茲氏魏時改屬西河郡，晉時西河爲國，移治茲氏，改茲氏曰隰城。是元海當曰西河隰城匈奴人，於例方合。《四夷傳》《劉元海載記》兩茲氏，官本俱改曰泫氏，蓋以《地理志》晉時太原無茲氏，而上黨有泫氏也。不知泫氏自漢及晉皆屬上黨，未嘗屬太原。茲氏兩《漢志》皆屬太原。晉時所屬既移，縣名又改，故《四夷傳》曰太原故茲氏縣，加一故字，明爾時已無此縣也。泫氏今山西澤州府高平縣，茲氏今山西汾州府汾陽縣及孝義縣地。《載記》曰建武初，『南單于入居西河美稷，今離石左國城即單于所徙庭也』。案：後漢西河郡本治離石，《晉志》西河統縣四，尚以離石居首，離石今汾州府之永寧州及臨縣地。左國城在永寧州東北二十餘里，左部城在孝義縣南，美稷廢縣在汾陽縣西北。明元海家世所居不出今汾州府境。故元海初爲離石都尉，此據《前趙録》，《載記》作北部，蓋誤。後始僭位，亦都離石，其不當作泫氏明矣。

《三國志·魏武帝紀》建安二十年『省雲中、定襄、五原、朔方郡，郡置一縣，領其民，合以爲新興郡』，明所統有四縣也。《續漢志》注引脱兩郡字，遂不可解。《晉志》言後漢靈帝末，『羌胡大擾，定襄、雲中、五原、朔方、上郡等五郡並流徙分散』，建安二十年，『始集塞下荒地立新興郡』。闞駰《十三州志》、《元和郡縣志》所言略同。其所領縣仍有定襄、雲中之名，改五原爲九原，亦仍秦時之舊，以九原爲郡治，漢時五原郡，所統本有九原、五原兩縣。而九原、定襄皆移置於太原陽曲縣界，非漢時故地矣。漢故陽曲縣，爲今忻州地，非今太原郭下之陽曲縣也。晉時新興郡統縣五，惠帝改爲晉昌郡，今山西忻州及所屬定襄縣保德州、太原之岢嵐州及嵐縣、大同府之大同縣、寧武府之五寨縣，皆其地也。

初七日丙午　晨陰，上午微晴，傍晚復陰。校《晉書·石季龍載記》一卷，附其子世、遵、鑒及冉閔，前燕慕容廆載記一卷，附裴嶷、高瞻，又慕容皝載記一卷，附其兄翰及陽裕。

初八日丁未　晴。外祖母節孝孫太孺人忌日，供饋牲饌十器，加火鍋一具，酒三巡，蓮子湯一巡，茶一巡，時果四盤，饅頭一盤，皆如故事，并請外祖茂才倪公及三舅、四舅，晡後事畢。得紫泉書，爲牧莊館事，即復。校《晉書·慕容儁載記》一卷，附韓恒、李産及産子績。金忠甫約十一日飲萬福居，辭之。得紱丈書，借《道園學古録》。孫鏡江再作書來邀曲宴麟春，夜偕梅卿月下同車赴之。秋芬新娶婦，偕新人出拜，贈以纏頭二十千。予招秋蓤。坐有同年朱中書丙熊。四更時歸。

初九日戊申　晨晴，上午陰，下午晴。校《晉書·慕容暐載記》一卷，附慕容恪、陽(鶩)〔騖〕、皇甫真，前秦苻洪、苻健、苻生載記一卷，附苻雄、王墮，又苻堅載記一卷。吴松堂邀夜飲泰豐樓，辭之。得紱丈書，借《春融堂集》。

初十日己酉　晴，比日和煦，過於江南冰凍融釋。校《晉書·苻堅載記》一卷，附王猛、苻融、苻朗。徐鼎琛來。夜月甚佳，偕梅卿近行里許而回。

邸鈔：上諭：朕於本月遇有天花之喜，經惇親王等合詞籲懇，静心調攝，朕思萬幾至重，何敢稍安。惟現在尚難耐勞諸事，深虞曠誤。再三籲懇兩宫皇太后，所有内外各衙門陳奏事件呈請裁定，仰荷慈懷俯允，權宜辦理。朕心實深感幸，將此通諭中外知之。以協辦大學士、兵部尚書寶鋆爲大學士，管理吏部事務。以大理寺卿惠林爲都察院左副都御史。廣東廣韶南連道林述訓升長蘆鹽運使。

十一日庚戌　晴，晡後陰。校《晉書》苻丕、苻登載記一卷，附索泮、徐嵩。得紱丈書，還《春融堂集》，即復。作片致季士周，付是月賃屋銀八兩。金忠甫來。得劉仙洲片，約明日夜飲其家，即復。夜雜校《晉書》，又是正數事。

邸鈔：以都察院左都御史廣壽爲兵部尚書。以吏部左侍郎魁齡爲都察院左都御史。刑部左侍郎恩承調補吏部左侍郎。以内閣學士紹祺爲刑部左侍郎。前陝西□□□道華祝三補授廣東廣韶南連道。

十二日辛亥　晨雪，終日霒陰，夜晴，月色如晝。以《華陽國志》校《晉書》李特、李流、李庠、李雄、李班、李期、李壽、李勢載記。後日冬至矣，今日先祀故寓公。傍晚仙洲以車來迓，適校《赫連勃勃載記》訖，遂赴之，肴饌甚絜，二更後歸。

邸鈔：上諭：太醫院左院判李德立加恩以三四品京堂候補，右院判莊守和加恩以四五品京堂候補。

十三日壬子　晴。是日市中錢鋪以折負停閉者六家，予前日换銀十二兩，得票錢百五十千，今日盡成畫餅，真無妄之灾矣。閲畢秋帆《晉書地理志新補正》，以《元和郡縣志》《太平寰宇記》等書參校之，可補正者尚多也。夜月甚佳，五更後雪。

十四日癸丑　辰初二刻十三分冬至，十一月中。晨微雪，上午止。祭曾祖考妣、祖考妣、本生祖考妣、先考妣，計肴饌十六器，雙豚肩、雙鷄，加火鍋一，點心六色，肉饅頭一大盤、糖饅頭一盤、肉餛飩一大盤、糖餛飩兩盤、芙蓉鷄卵餳一碗，杏酪一巡、酒兩巡、時果四色，傍晚畢事。是日校《晉書》後秦姚弋仲、姚襄、姚萇、姚興、姚泓載記共四卷；成李特、李流、李雄、李班，漢李壽、李勢載記共二卷；後凉呂光、呂纂、呂隆載記一卷都畢。夜校後燕《慕容垂載記》一卷。

邸鈔：詔：每日入值王大臣官員等至明年二月十一日以前均穿蟒袍補褂。詔：寶鋆行走班次著在左宗棠之次。

十五日甲寅　晴。校《晉書》慕容寶、慕容盛、慕容熙、高雲載記一卷。閲《元和郡縣志》。得伯寅書，以近作詠梅詩三首見示，復伯寅書。夜閲《魏書》。是日下午風起，夜月望，皎甚而極寒。

邸鈔：上諭：朕于本月遇有天花之喜，仰蒙慈安瑞裕康慶皇太后、慈禧端佑康頤皇太后調護朕躬，無微不至，並荷慈懷曲體，將内外各衙門章奏代爲披覽裁定，朕心實深欣感，允宜崇上兩宮徽號，以冀仰答鴻慈于萬一，所有一切應行典禮，該衙門敬謹辦理。上諭：朕奉慈安瑞裕康慶皇太后、慈禧端佑康頤皇太后懿旨，慧妃著封爲皇貴妃，瑜嬪著封爲瑜妃，珣嬪著封爲珣妃，貴人西林覺羅氏著封爲瑨嬪。上諭：朕奉慈安端裕康慶皇太后、慈禧端佑康頤皇太后懿旨，皇帝天花之喜仰賴蒼穹默祐，諸臻康吉，中外同歡，允宜普沛恩綸，優加賞賚。内廷行走惇親王奕誴著賞食親王雙俸。恭親王奕訢前經賞食親王雙俸，著再賞加親王俸一分。醇親王奕譞著賞食親王雙俸。孚郡王奕譓、惠郡王奕詳均著賞食親王俸。郡王銜貝勒載治、載澂均著賞食郡王俸。貝子銜奉恩鎮國公奕謨著賞食貝子俸。御前大臣科爾沁博多勒噶台親王伯彦訥謨祜著賞食蒙古親王雙俸。郡王銜貝勒奕劻著賞食郡王奉。固倫額駙景壽著賞食貝子俸。御前行走貝勒載漪、貝勒載瀅均著賞食郡王俸。奉恩輔國公載濂著賞食奉恩鎮國公俸。頭品頂帶載湉著賞食輔國公俸。貝勒那爾蘇著賞食蒙古郡王俸。軍機大臣大學士文祥、寶鋆，尚書沈桂芬、李鴻藻均著賞戴雙眼花翎。總管内務府大臣尚書英桂、崇綸，左都御史魁齡均著賞戴雙眼花翎。侍郎榮禄著賞加太子少保銜，並賞戴雙眼花翎。太子少保銜侍郎明善著賞加太子太保銜，並賞戴雙眼花翎。貴寶、文錫均著賞戴雙眼花翎。弘德殿行走尚書廣壽、侍郎徐桐、候補内閣學士翁同龢均賞戴花翎。翰林院侍講王慶祺著賞加二品頂帶。南書房行走侍郎黄鈺著賞戴花翎。候補三品京堂潘祖蔭著以侍郎候補。翰林院侍講學士孫詒經、詹事府左庶子徐郙、翰林院侍講張家驤、詹事府左贊善歐陽保極均著以應升之缺儘先升用。所有王公及京外大小官員均著賞加二級，京師八旗及緑步各營兵丁均賞給半月錢糧，用示行慶推恩至意。上諭：奉皇太后懿旨，所有刑部及各省已經結案監禁人犯除情罪重大及常赦所不原者外，著軍機大臣會同刑部酌量輕重分别請旨減等發落，其軍流徒杖以下人犯一併分晰減等完結。俾霑寬大之恩，勉圖自新之路，用示子惠兆民，法外施仁至意。

十六日乙卯　晴，晨至午有風，嚴寒。作書致牧莊約夜談。吴金軺來，催題孫登鐵琴拓本，此傳是項墨林所藏，本是李斯狗枷，相如犢鼻之流。嘉興骨董家張廷濟爲賦長歌，阮儀徵因張之請亦題款識其上。世間無目者多，遂傳拓之。其琴池上刻『孫登公和』四篆字，下有一方印曰『孫登之印』。此真是明季及近日江湖行販攢技，而謂蘇門高嘯草衣石屋者爲之乎，乃信筆書五律一首還之。張應民來，以梅花四盆爲贈，此君赤貧，而以予愛花，質衣見惠，其情可感。阮酉生來。朱偉侯丙熊來。校《晉書》西秦乞伏國仁、乞伏乾歸、乞伏熾磐，北燕馮跋，附馮素弗載記一卷，南凉秃髮烏孤、秃髮利鹿孤、秃髮傉檀載記一卷。

邸鈔：户部右侍郎慶陞丁憂穿孝。兵部左侍郎崇厚兼署户部右侍郎。兵部尚書廣壽、右侍郎夏同善出差，吏部尚書英桂兼署兵部尚書，吏部左侍郎彭久餘兼署兵部右侍郎。户部顔料庫郎中啓莊授廣西右江兵備道。

十七日丙辰　晨晴，有風，午後晴陰相間。質衣得錢七十千。祖妣倪太君生日，以貧甚僅供香燭，炒麵一大盤，肉紗帽、笋紗帽各一盤，山藥羹一器，燒雉、菽乳各一器，雉片火鍋一具，摩菌白菜湯一碗，酒兩巡、飯兩巡，茶一巡，至晚畢饋。作書致張颴民。是日校《晉書》南燕慕容德載記一卷，又慕容超，附慕容鍾、封孚載記一卷，北凉沮渠蒙遜載記一卷，夏赫連勃勃載記一卷。

邸鈔：上諭：朕奉慈安端裕康慶皇太后、慈禧端佑康頤皇太后懿旨，彤妃等位侍奉宣宗成皇帝多歷年所，允宜加崇位號，以表尊榮。彤妃晉封爲彤貴妃，佳妃晉封爲佳貴妃，成妃進封爲成貴妃，貴人蔡佳氏晉封爲恒嬪，貴人尚佳氏晉封爲豫嬪。又奉懿旨，麗皇貴妃等位侍奉文宗顯皇帝均稱淑慎，麗皇貴妃著封爲麗皇貴太妃，婉妃著封爲婉貴妃，祺妃著封爲祺貴妃，玟妃著封爲玟貴妃，璷嬪著封爲璷妃，吉嬪著封爲吉妃，禧嬪著封爲禧妃，慶嬪著封爲慶妃。上諭：湖南提督馬如龍于逆犯張兆綬改名張瑞臣潛隨來京，未能覺察，實屬咎無可辭，著照部議革職留任。山東候補道潘駿文補授兖沂曹濟兵備道。

十八日丁巳　昧爽大風，終日不止，晨陰，上午微見日景，下午晴，嚴寒凜冽。得何竟山書。得牧莊書，即復。梅卿招飲廣和居，畏風不往。作片致楊惺吾，爲何竟山乞其《雙鉤漢碑》，得復。夜風。

十九日戊午　晴，嚴寒。爲何竟山題《容成訪石圖》五律二首，即作書還之。容成洞在温州華蓋山之麓，道家稱爲第十一太玉洞天，今在永嘉學署内，有三生石、蒙泉、丹井諸勝，詩不存稿。校《晉書·隱逸傳》一卷，晉人此傳至四十人，又附傳者二人，頗不寥寂，蓋以世亂方甚，又士尚清談，玄宗多悟，故巖枯澤槁，較爲多耳。孫登、范粲、陶潛尤其眉目，非唐宋以下人所及也。序論皆拙劣之至，讀之邑邑。是日付水仙花錢三千六百。剃頭。夜讀《後漢書》諸名士傳論。

邸鈔：鑲紅旗護軍統領正黄旗蒙古副都統管理火器營富明卒。詔：富明前在軍營出力當差勤慎，兹因病溘逝，殊深軫惜，加恩賞銀三百兩治喪，由廣儲司給發。岳林補護軍統領，訥仁補副都統。

二十日己未　晴。校《晉書·五行志中》一卷，計是正四十九條，其中或不過文字異同及起接脱誤，而關系要義者亦有三十餘事，皆以《漢》《宋志》及本書紀傳參互鉤稽而得。又校出《漢志》誤字一條，皆昔人所忽過者。惜案頭一時無《隋志》及《通志》《通考》諸書，未能悉正耳。何竟山來辭行。

二十一日庚申　晴，終日大風，比日寒冽異常，今日尤甚。作致傅節子閩中書，還其所撰《傅獻簡遺集序例》，并贈以《鹽法論略》《消夏金石詩》二種，託何竟山附去。夜偕梅卿至邑館，送竟山行。是日以寒甚手瘃輟校書。夜疾動。

邸鈔：内閣侍讀丁士彬授安徽鳳陽府知府。

二十二日辛酉　晴，嚴寒。袁爽秋來。夜校《晉書·五行志下》一卷，是正三十事。

邸鈔：文祥奏病久未痊，仍請開缺調理。詔：再賞假三月。

二十三日壬戌　晴，無風，較前稍和。校《晉書·刑法志》一卷，是正二十一事。此志錯誤甚多，惜不得取《通典》校之，僅以《後漢書》《三國志》各傳及《唐律疏義》略正十之一二而已。比來專事此書，計紀、志、載記俱訖矣。它年有暇力，當取三《通》、《通鑑》、《册府元龜》、《太平御覽》諸書再校之。

張樾民來。

二十四日癸亥　晴。以手瘃不能校讎作小字，因篆寫《三國志》目録數百字，題於每册書面，既便檢尋，亦資消遣。

邸鈔：詔：於二十七日祈雪，命恭親王奕訢詣大高殿代拈香，時應宫等分遣諸王。　以江蘇蘇松太道沈秉成爲河南按察使。原任興奎以任歸綏道時催征，處分降調。

二十五日甲子　晴。再作篆數百籤題諸書。同年馬良駿來。張樾民來。夜校《晉書·后妃傳》二卷，此傳序論贊皆佳，傳亦有法，蓋出房、褚諸公之手。

邸鈔：詔：吏、兵等部續查大員老親有年逾八十者，署兩廣總督廣東巡撫張兆棟母宋氏、廣西右江鎮總兵周盛傳之母栗氏均賞給御書扁額一面，三鑲紫檀玉如意一柄、小卷江紬袍褂料二件、八絲緞袍褂料二件。　江蘇候補道馮焌光授蘇松太道。

二十六日乙丑　晴。王星鋤綷爲子娶婦送禮錢四千。錢辛伯來，不晤。

校《晉書》王祥、王覽、鄭沖、何曾、何劭、石苞、石崇傳一卷，此卷極狀祥、沖、曾三人之浮湛固位，史文之微婉者。曾傳備引傅玄《傅子》中語，歎曾之爲大孝，而下歷著曾行事之醜，又以旁見玄之爲人，亦可想而知也。蓋曾與傅嘏、荀顗同爲司馬之死黨，曹氏之賊臣，而却自居正人，不歸賈充等下流之惡，故史特著之。祥雖彼善於此，然傳載其高貴以祥爲三老日，云祥几杖南面，以師道自居，未識其所謂道者何道也二語，言外之意，不堪其醜。王氏鳴盛論《晉書》此卷，與《後漢書·胡廣傳》同一筆法，有識哉。

是日録何超《音義序引》於《晉書》卷端，又補校《帝紀》《后傳》，增注一二條。夜對門陳刑部家火，燒死二人。刑部今日已移居它處，此二人乃守屋者，是何辜耶！

邸鈔：上諭：丁寶楨奏請調員差委刑部候補郎中文天駿、湖北候補道張蔭桓，著吏部李瀚章飭令該員等迅赴山東交丁寶楨差遣。

二十七日丙寅　晴，有微風。終日作篆寫《三國志》目録、人名都畢，又揭案頭書籤共數百字。蕚庭來，梅卿留之夜飯，小飲微醉。夜校《晉書·良吏傳》一卷。

邸鈔：翁同龢補内閣學士兼禮部侍郎銜。

二十八日丁卯　晴。雜閲《晉書》。下午爲張飈民撰《南皮張氏兩節母傳》，道光辛巳舉人張全懋之妻戰氏，生員張全儒之妻姜氏，飈民之伯母及母也。孝達皆爲之請旌於朝，兩母之節甚苦，飈民已求施均甫、譚仲修分撰其祖父傳，故予更爲兩孺人傳之後系以論，極言世族之重在節義，不在科名，頗有功於名教，以文甚長别存稿。

二十九日戊辰　子正三刻十二分小寒，十二月節。晴。爲《宋書》揭籤。聞上疾甚危。是日邸鈔，召見軍機、御前、弘德殿、内務府、諸王大臣，外間有選立皇子之説，甚可憂也。

三十日己巳　上午晴，下午陰。作書并傳稿致飈民。爲殷蕚庭點閲鄭蕙《素心閣詩集》，其死時年僅二十餘，詩亦小有思致，又有擬古數篇，亦女子之慧者。惜所儷者是俗吏，無所觀法，爲可惜也。予重違蕚庭之請，爲略删改之，即作書致蕚庭。是日撰《李氏辛酉殉義傳書後文》一首，此昔年壬申所欲爲者也。因巡撫楊昌濬請更正職員王政恤典之疏，顛倒誖繆，蓄憤久矣。而文未及作，今日始草成，不特李氏關系甚鉅，亦朝章國故所當考覈者也。其稿别存。得蕚庭復。夜爲鄭蕙撰墓志，以蕚庭之請甚堅，予亦憐嬋娟此豸，勉爲作之，具草於後云。

平陽殷君姬人鄭蕙墓志銘

鄭孺人名蕙，字雪蘭，浙之永嘉人，平陽殷君□□之副室也。華蓋一峰，實應婺女，甌水卅里，别爲江沱。孺人父殿鼇，與殷君故中表也。母林，生母馮，滎陽舊望，代振衣冠，洛浦風流，偏鍾姝淑。孺人幼徵玉燕，慧過金鑾，桃李映其襛姿，芷茝播其芬質，愛操觚翰，美著幃房。歲在困敦，灾纏回浦。城震白鼉之鼓，江照青犢之烽。時殷君以福建同知攝政和縣事，霜羽承檄，絳袜從軍。率湟中義從之營，散城頭子路之黨，單騎朝涉，重圍夜穿，以提督秦君如虎兵至，一郡遂得全焉。泗州義徒，咸推辛讜，南陽婦女，亦頌趙熹。熹，《後漢書》作憙，惠氏補注謂以字伯陽推之，當作熹是也，今從之。殿鼇幸覆巢之得安，祝善人之有後，謀之愛息，屈以少房。孺人忼慨請從，婉娩聽命，願助箴於蘧氏，甘爲姒於穆姜，時年十五，遂委身殷君焉。華年碧玉，嬌繫香纓，滿斛明珠，艷馱寶馬。燭花盈路，争迓靈芸，璧月當簾，新栽絳樹。螺丸屑硯，鬥却扇之新篇；蟢子緣釵，讖宜男之佳兆。女君樂芣苢之采，諸姬殷蕑芍之詒，庭娥娥以三妹，帳鶼鶼而雙笑。蓋中闈勝事，於兹爲多矣。無何殷君佐郡漳南，孺人留居長樂，海波潮汐，常寄魚箋，梁岳烟霞，遲迎油壁。楊柳登樓之什，葛藟憶遠之吟，未嘗不勉官守以清風，勖稿砧以遠志。東方千騎，喜夫婿之獨殊；南部七城，傳細君之篇詠焉。既而殷君反次閩江，却居霞浦。西湖春水，泛官舫以聯吟；長谿白雲，喜家山之可望。以晏父母，暫辭陌上之花；見此良人，親擁江頭之楫。方且期歡百歲，誓愛三生。眉黛可餐，絶念白頭之怨；鈿樹有秩，將分紫泥之榮。而禀命不融，穠華易謝，未斷裁綃之寵，偏徵脱鞋之妖。鉤印莫懷，簪珥先委，以同治十一年壬申某月某日得疾，卒於福鼎之寓舍。漢濱珠墜，巫嶠雲沉，傷鸚鵡之呼人，指鴛鴦以殉葬。阿耶慟訣，空憶崔護之題詩；小妹悲思，欲製令嫻之哀誄。

計自生於道光三十年庚戌某月日，得年二十有三焉。

孺人少喜讀書，偏能記誦，殷君始授以《列女傳》，遂知儀型芬懿，跂迹珩璜，粉印青編，不離素手，麝凝墨點，常在朱唇。尤愛《楚辭》及《杜工部集》，玉窗倦繡，輒取評量，銀燭向晨，猶聞朗誦。蓋湘江香草，已傷飲泣之心；蜀道啼鵑，遂有斷魂之恨。平生作詩至數百首，臨歿命悉焚之。斯又優曇已空，靳留其香色；卷施既拔，欲絶其纏綿。不求語言之工，恥入婦人之集者也。殷君愴深墜鏡，憶切新銚，收拾錦囊，猶盈緗帙，刻爲《素心閣遺集》一卷，既傳堅木，欲壽貞珉。元相悼亡，亦撰仙嬪之誌；東坡作偈，曾書朝雲之碑。以予與君弟葶庭刑部同官京師，久叨密契，屬以文字，紀厥靈芬。

烏虖！瑶諸星辰，自綿天上；馬塍花藥，猶在人間。在昔太府鍾情，表廣陵之外婦；明經慕色，稱河内之夫人。遣彼悲懷，非無恒例，蘼蕪可采，莫樵齊女之墳，環佩歸來，永認韓陵之石。系以銘曰：展矣邦媛，生南國兮，能知所從，心儀一兮，荃彼蕙心，協蘭質兮，胡促其年，苕玉折兮，有絜斯土，安弱魄兮，我彰其幽，庶不沫兮。

桃花聖解盦日記自甲集至癸集，共十册終。起徒維大荒落九月，訖閼逢閹茂十一月。